新會碑刻

广东省江门市新会区博物馆编委会 编
区小健 袁梅梅 编著

北京时代华文书局

图书在版编目（CIP）数据

新会碑刻 / 广东省江门市新会区博物馆编委会编；区小健，袁梅梅编著 . -- 北京：北京时代华文书局 , 2024.3
ISBN 978-7-5699-5050-2

Ⅰ.①新… Ⅱ.①广…②区…③袁… Ⅲ.①碑刻—汇编—新会区 Ⅳ.①K877.42

中国国家版本馆 CIP 数据核字 (2023) 第 189570 号

XINHUI BEIKE

出 版 人：	陈　涛
责任编辑：	余荣才
装帧设计：	孙丽莉　赵芝英
责任印制：	訾　敬

出版发行：北京时代华文书局 http://www.bjsdsj.com.cn
　　　　　北京市东城区安定门外大街 138 号皇城国际大厦 A 座 8 层
　　　　　邮编：100011　电话：010-64263661　64261528

印　　刷：	北京毅峰迅捷印刷有限公司		
开　　本：	710 mm×1000 mm　1/16	成品尺寸：	170 mm×240 mm
印　　张：	35.5	字　　数：	655 千字
版　　次：	2024 年 3 月第 1 版	印　　次：	2024 年 3 月第 1 次印刷
定　　价：	288.00 元		

版权所有，侵权必究

本书如有印刷、装订等质量问题，本社负责调换，电话：010-64267955。

本书
获广东省2021年十件民生实事之一——
岭南书院项目资助

由江门岭南书院（新会学宫）组织完成

编委会名单

主　　任　袁梅梅

副 主 任　区小健

顾　　问　陈桂霞　李卓邦

指导专家　陈履生

委　　员　赵汝运　黄发强　陈　妍　李样好　邓明杰
　　　　　李灵宁　余耀强　罗海涛　李国良　李荣照
　　　　　赵子峰　陈飘石

摄　　影　区小健　黄发强（图片有署名的除外）

书名题签　区翰飞

前言

广东新会，素有"海滨邹鲁"之美誉，文化底蕴深厚，历史上名人辈出，尤以明代心学的奠基者、大儒陈白沙先生为最。他成为广东唯一入祀孔庙的著名人物代表。在古代，新会民间建筑多样，尤其是每乡每村都建有庙宇，有的村甚至建有多座庙宇。至今，新会的古建筑尚存近千座，其中古庙宇100多座，散落于各城镇乡村。这些古庙宇及其中的碑刻*一直存在着保护力度不够的问题。当前，全社会都在高度关注包括碑刻在内的文化遗存的保护工作，其中的碑刻恰是我们高度关注的对象。这些碑刻，少数出自名家之手，记录了古代新会的一些重大事件；绝大多数则非名家之作，记载的多是民间事物。其数量众多，又散落于民间，在现有条件下，难以做到全面保护。当下我们力所能及的事情，就是全面搜集和整理这些碑刻，编撰成《新会碑刻》一书，以为日后的研究服务。

一、编撰《新会碑刻》的意义

第一，从文物整理的角度看，通过搜罗散落于新会各地的碑刻，对碑文进行系统性的点校整理，并将其与史籍收录的相关文章进行比较，就能形成一个比较好的辑本。碑刻文物价值高，其中不乏明代大家之作，包括当时一些朝廷高级官员的书刻，如霍韬、方献科、湛若水、林云同、蔡经、岑万等，尤以号称"岭南第一碑"的广东

---

* 碑刻：刻在碑上的文字或图画。

大儒陈白沙先生的慈元庙碑上的书刻最为珍贵。它们有助于学界进一步开展对陈白沙先生的生平事迹，以及对崖山海战等历史事件进行研究。

第二，从文化传播的角度看，对于研究古代新会人立村后，在缺医少药的情况下如何依据自然地形修建庙宇，奉祀神灵，祈求福荫，并逐渐形成一些民间信仰及由此而衍生的人文习俗，有着重要的价值。

第三，从碑刻记录的内容来看，对研究新会历史上的人口迁徙、分布状况有着重要意义。北宋庆历七年（1047）刻的《仙涌山地藏院碑》尤为珍贵，它不仅仅是新会尚存的唯一的宋代碑刻，更重要的是碑阴刻有《开山住持先师和尚迎大德，用衣钵钱一百贯文求记并置石》一文。该文详细记录了当时参与修建地藏院的50个姓氏，共计294人舍钱舍田的情况，是研究历史上新会乃至珠三角地区人口迁徙、分布状况的极为珍稀的实物资料。

第四，碑刻记录的内容除了如何筹资建庙、建祠外，还有一些乡规民约及官府判决的争讼文书之类，它们对研究古代新会人的生活习俗、文化特性有着重要的参考价值。

二、《新会碑刻》收录范围

《新会碑刻》收录的碑刻，主要来自新会区博物馆、慈元庙、陈白沙纪念馆，以及新会各自然村落的庙宇、祠堂等。具体收录范围如下：

1. 收录地区：以当前新会区行政区域为主，包括与陈白沙先生相关的、同时又是古代新会所辖的潮连、荷塘、广海和大江*等地域。

2. 收录年代：宋、明、清、民国时期，共收录碑291块，计碑刻295面、碑文268篇。

另外，在搜集碑刻过程中，我们还发现诗屏2扇、摩崖石刻4面，以及印文1篇，它们同样具有史料价值，故一并收录。

---

* 潮连、荷塘、广海和大江：现在分别称为潮连街道、荷塘镇、广海镇和大江镇。其中，潮连街道和荷塘镇现同属江门市蓬江区，广海镇和大江镇现同属江门市台山市。

三、《新会碑刻》的创新点

《新会碑刻》收录的碑刻,最大的创新点表现在对与明代大儒陈白沙先生相关的文献做了整理,分别以所能搜寻到的不同时期、不同版本及与其相对应的文献进行了比对,并做出注释,形成以碑刻为主的校本,为研究陈白沙先生的心学的广大学者提供了真实的参考材料。

四、《新会碑刻》的排序

以行政区域为群组,以会城街道为中心,再由东、南、西等方向排序,在群组中又按时间先后进行排序。

五、《新会碑刻》中碑的命名

对《新会碑刻》中收录的碑的命名,遵循以下几项原则:

其一,碑文有完整题名且题名中提及碑的名称的,直接依其名称来命名。如,碑文题名为《重建广济堂碑记》,则命名该碑为"重建广济堂碑";又如,碑文题名为《慈元庙碑》,则命名该碑为"慈元庙碑"。

其二,题名中未提及碑的名称,但该题名体现了建立该碑的意旨的,以该题名来命名。如碑文题名为《游心楼归趣》,则命名该碑为"游心楼归趣碑";又如,碑文题名为《重修南山庙记》,则命名该碑为"重修南山庙记碑"。

其三,碑文没有题名且有关其文献记载中亦没提及碑名的,依碑文意旨或体裁、碑的特点或地点来命名,并在注释中做出说明。如,弘治元年(1488)正月陈献章所赋五言律诗《登陶公壮哉亭》被镌刻于碑上,则命名该碑为"登陶公壮哉亭诗碑"。

其四,碑的阳面和阴面均有碑文的,选取阳面的碑文并对照以上三项方法来命名。如,明代成化辛丑(1481)夏五月知县丁积命工匠镌刻的碑,将其命名为"敬义碑"。

其五,因碑体残缺,以至于看不清题名或题名不全的,依碑的特点等来命名,如

"残碑"或"残缺碑"等。

其六，对于出土的墓志或墓志铭，均将其碑以"墓志碑"或"墓志铭碑"来定名，如"吴、林二公墓志碑"。

其七，依上述方法命名出现碑名相同时，通过括注立碑纪年来区分。

另外，原碑已损毁、散失但碑文仍留存的，则依碑文对照上述方法来命名原碑。

六、《新会碑刻》中涉及的地方志简称

对于《新会碑刻》中出现的地方志，在简称时，一律采用帝王年号加地方志名称的方式。如：万历年间编修的《新会县志》，简称万历《新会县志》；道光年间编修的《新会县志》，简称道光《新会县志》；等等。

七、《新会碑刻》中的文字处理

对《新会碑刻》中收录的碑刻进行文字处理时，遵循以下几项原则：

其一，根据国家相关文字使用规定，凡碑刻中出现的繁体字、异体字、古今字，除人名用字酌改外，其余一律改为通用规范汉字。

其二，凡碑刻中出现的错别字，一律予以更正。

其三，凡碑刻中出现的汉字数字，若同一碑刻中汉字数字的大小写不统一，除依文意不可更改或金额一律大写不做更改者外，其余一律改为小写汉字数字。

其四，对于碑刻中出现的一些通假字，或有异于现今用法但仍能在一定情境或语境下解释得通的用词，尊重原文，不做更改，如"已上"不改为"以上"，"拥跃"不改为"踊跃"，等等。

其五，对于碑刻中出现的现今不再使用且很难通过有关资料查到其出处的单位名称，如"兀""微"等，保留原字，不做更改。

目 录

新会区博物馆

敢勇祠记碑	2
敬义碑	5
游心楼归趣碑	6
处士容君墓志铭碑	12
祭文碑	14
道源亭记碑	17
陈渭川墓碑	20
三广公传碑	21
重修石斋陈先生祠堂记碑	25
太中大夫祠记碑	28
重修岳伯祠记碑	30
重修南山庙记碑	32
官设潮连、荷塘义渡碑	34
卧碑	37
重建广济堂碑	39
圣旨碑	42
会邑城濠修浚碑	44
残碑	47
西南学堂捐款题名碑	48
创建新会书院碑	52

慈元庙

- 大忠祠记碑 …………………………………… 60
- 诗碑（陈献章）………………………………… 64
- 慈元庙碑 ……………………………………… 65
- 全节庙碑 ……………………………………… 68
- 重修崖山全节、大忠二祠记碑………………… 71
- 修复崖山慈元殿、大忠祠记碑………………… 75
- 敬题全节庙、大忠祠诗各一首诗碑…………… 78
- 宋文丞相信国公《正气歌》石碑……………… 79
- 重修崖山全节、大忠祠记碑…………………… 81
- 崖门览古诗碑 ………………………………… 85
- 时万历戊申岁孟夏穀旦立碑…………………… 87
- 重修慈元庙碑 ………………………………… 90

陈白沙纪念馆

- 孝思堂记碑 …………………………………… 94
- 嘉会楼记碑 …………………………………… 96
- 恩平县儒学记碑 ……………………………… 99
- 张氏迁墓志碑 ………………………………… 103
- 鲁妙贤墓志碑 ………………………………… 104
- 指挥倪君墓志铭碑 …………………………… 105
- 祭白沙陈先生碑 ……………………………… 107
- 明翰林院检讨白沙陈先生祠记碑……………… 109
- 重修白沙先生乡祠碑 ………………………… 113
- 丁亥中秋恭谒白沙先生家祠敬赋碑…………… 116
- 祭文碑 ………………………………………… 118

白沙公园

- 白沙先生改葬碑 ……………………………… 122

私人收藏

- 登陶公壮哉亭诗碑 …………………………… 128
- 和白沙先生梅花诗屏 ………………………… 130
- 和白沙先生菊花诗屏 ………………………… 131

潮连街道

诔潘季亨诗序碑…………………………………… 134
马氏拨田文碑……………………………………… 136
古冈处士马君墓表碑……………………………… 139
奉天诰命碑………………………………………… 143
岳伯区家庙碑……………………………………… 145
追远堂祀事凡例碑………………………………… 148
慈母石碑…………………………………………… 151

会城街道

重修钟楼碑………………………………………… 156
重建新开滘石洲文昌阁碑………………………… 157
重建慈尊宫碑……………………………………… 160
敕封忠勇太尉陈圣侯王像赞碑…………………… 162
重修天后宫碑……………………………………… 164
重建天后宫碑……………………………………… 165
建立文武庙芳名碑………………………………… 166
建立帝尊碑………………………………………… 170
义冢碑……………………………………………… 171
捐资砌石碑………………………………………… 173
吕纯阳仙师庙碑…………………………………… 175
重修佛祖殿捐银芳名碑（同治十二年）………… 176
重修佛祖殿捐银芳名碑（光绪二十四年）……… 177
建庙碑……………………………………………… 178
建厅碑……………………………………………… 180
重修庙宇整路捐款芳名列碑……………………… 182
创建龙母夫人庙记碑（乾隆己酉）……………… 183
创建龙母夫人庙记碑（嘉庆元年）……………… 186
万福攸同碑（嘉庆四年）………………………… 187
万福攸同碑（嘉庆二十三年）…………………… 189
重修真武庙碑……………………………………… 191
重建真武庙碑……………………………………… 192
嘉宁告示碑………………………………………… 193
七堡村冲沥里竹庄李公祠碑……………………… 195

3

会城街道

重建文武庙碑	197
重修文武庙碑	198
华侨义冢碑	199
新会天禄乡抗战纪念塔碑	200
冈州重修接潮庙小引	202
创建云峰寺碑	203
白沙讲学亭石刻	204
吴、林二公墓志碑	205
关兆沅君墓志碑	207
李子葵君墓志铭碑	208
陆军中校光汉仲兄墓志碑	209
朝安亭碑	211
思源池碑	213
李澹愚先生圭峰祝寿序碑	214
新会县长李公纪念塔碑	215
公直路碑	217
正堂示碑	219
明锡坊碑	220
爱敬台碑	222
养拙亭记碑	223
秋月台碑	224
半山亭碑	225
布告碑	226
林仲騆先生象山纪念亭碑	228
亦台碑	230
修筑象山公园山路碑	231
烈士纪念碑	232
景堂图书馆记碑	234
家训碑	236
碑志碑	237
阖乡全路砌石捐银芳名碑	238
礼拜堂碑	243

三江镇

洋美重建圣堂庙碑……………………246
临潮堡重建圣堂庙碑…………………248
无碑额碑………………………………250
临潮堡重建圣堂祖庙碑………………251
洋美乡重建圣堂祖庙碑………………253
洋美堡修整圣堂祖庙碑………………254
残碑……………………………………255
圣堂祖庙重建祖庙各捐助碑…………256
倡建避雨亭劝捐纪念碑………………258
重修二圣宫碑…………………………260
创建斋堂前关帝行宫碑………………261
创建文阁捐题工金碑…………………262
社约碑…………………………………264
冠带义士思仁公纪念碑………………266
新建岳王庙碑…………………………269
重修雷霆庙芳名碑……………………270
重修慈尊宫石碑………………………272
重建北极殿劝捐序碑…………………274
重修关圣宫碑…………………………275
建造关圣宫慈尊宫公所记碑…………277
白骨坟记碑……………………………278
抗战烈士碑……………………………279
重建玄坛庙石记碑……………………281
本里砌石路碑…………………………282
士迪祖祠捐款芳名开列碑……………283
重修洪圣庙捐银碑……………………284

古井镇

重修琼台寺芳名勒石碑（乾隆四十五年）…286
重修琼台寺芳名勒石碑（嘉庆二十三年）…287
重修琼台寺碑…………………………288
重修观音、六祖金容碑………………290

古井镇

创建岩龙庙碑……………………………………… 291
重修岩龙庙捐题芳名碑…………………………… 292
重修岩龙庙石碑…………………………………… 294
建造艺林捐款芳名开列碑………………………… 296
旅美昆仲发起筹办本厚学校捐款芳名碑… 298
一九四八年重修学校捐款芳名碑………………… 299
新建怡雅轩纪念碑………………………………… 300
重修帝王庙碑（道光二十九年）………………… 301
重修帝王庙碑（光绪元年）……………………… 303
重修帝王庙捐银芳名碑…………………………… 305
重修三仙岩庙乐助芳名碑………………………… 308
建关帝庙捐银芳名碑……………………………… 310
重修关帝庙捐款题名碑…………………………… 311
重修安澜庙捐工金碑（一）……………………… 313
重修安澜庙捐工金碑（二）……………………… 316
中和里新建房屋章程碑…………………………… 317
重修慈圣宫捐工金芳名碑………………………… 319
筹建书室纪念碑…………………………………… 321
安闲书塾碑………………………………………… 323
重修北帝庙前石桥碑……………………………… 324

沙堆镇

石台寺碑…………………………………………… 326
重修石台古庙碑…………………………………… 327
那伏长堤桥碑……………………………………… 329
新会第九区梅阁乡建筑渡路码头捐款
　芳名刻石碑……………………………………… 331

大鳌镇

重修碑 …………………………………………… 336
重修北极殿碑（道光六年）…………………… 337
重修北极殿碑（咸丰三年）…………………… 338
重修北极殿碑（同治十二年）………………… 339
奉宪勘明碑 …………………………………… 340
吴敦本堂田界碑 ……………………………… 342

双水镇

悠久无疆碑 …………………………………… 344
德泽骈蠓碑 …………………………………… 347
恩波浩荡碑 …………………………………… 348
重修长生殿芳名碑 …………………………… 350
沙富龙头经界涉讼碑 ………………………… 352
康王庙碑 ……………………………………… 357
重建康王庙碑 ………………………………… 359
重修康王庙碑 ………………………………… 361
重建关帝庙碑 ………………………………… 363
无碑额碑 ……………………………………… 366
建文昌宫碑 …………………………………… 368
重建本庙捐题碑 ……………………………… 370
塔岭乡重修关帝庙碑 ………………………… 372
重修关帝庙碑（道光十五年）………………… 374
重修关帝庙碑（道光二十一年）……………… 376
重建观音庙记碑 ……………………………… 378
重修观音庙纪念碑 …………………………… 380
建庙小记碑 …………………………………… 382
重建仁武庙碑 ………………………………… 384
重修凌川石桥碑 ……………………………… 386
重修军山社学庙记碑 ………………………… 387
重修大圣殿碑 ………………………………… 389
大圣乩示碑 …………………………………… 391

双水镇

建避雨亭捐题芳名碑…………………… 392
牧野简公祠碑…………………………… 394
寅初公遗训碑…………………………… 395
合约碑…………………………………… 396
重修文庙碑……………………………… 398
邑侯李公去思碑………………………… 400
三仙岩诗刻……………………………… 404
重修三仙岩碑…………………………… 405
重修三仙碑……………………………… 406
残碑……………………………………… 407
重建武帝天后庙碑……………………… 408
重修武帝天后庙碑……………………… 410
重建太祖祠碑…………………………… 412
重建茶溪祖庙捐资芳名碑……………… 414
重修陈巧祖师庙劝捐芳名开列碑……… 417

罗坑镇

仙涌山地藏院碑（碑阳）……………… 420
仙涌山地藏院碑（碑阴）……………… 423
重建碑…………………………………… 429
重建光禄祖祠碑………………………… 431
金山祖祠重建碑（道光三十年）……… 436
金山祖祠重建碑（光绪二十七年）…… 438
重修圣母古庙题名碑…………………… 440
重建文庙碑……………………………… 441
甲子年重修碑…………………………… 443
银米碑…………………………………… 445
重建长生殿各捐助工金芳名石碑……… 446
陈澄波公事迹碑（汉字碑）…………… 449
陈澄波公事迹碑（道字碑）…………… 451
山咀乡学校地捐款芳名碑……………… 452
裘焯学校纪念碑………………………… 454

崖门镇

题庙地碑 …………………………………… 456
重修胜玄祖祠捐题碑 ……………………… 458
建祠碑 ……………………………………… 460
邺香堂更夫规例碑 ………………………… 462
邺香堂陵山祖、守仁祖批塞草坦款式碑 … 466
陆氏祖祠捐银碑 …………………………… 469

大泽镇

建庙捐题芳名碑 …………………………… 472
科外捐题银修庙碑 ………………………… 474
重建龙母庙碑（嘉庆四年） ……………… 476
重建龙母庙碑（道光十七年） …………… 478
敬义堂置立庙尝碑 ………………………… 479
重建文武二帝庙碑 ………………………… 480
协恭堂捐会重修碑 ………………………… 481
重修龙母庙捐题碑 ………………………… 482
重修龙母庙捐工金芳名碑 ………………… 483
无碑额碑（嘉庆二年） …………………… 485
迁建三帝庙叙碑 …………………………… 486
重修三帝庙捐题碑 ………………………… 488
无碑额碑（光绪十七年） ………………… 490
新捐长湾闸桥社劝捐序碑 ………………… 491
重建张村太祖祠神主坐位碑 ……………… 493

司前镇

祖祠碑 ……………………………………… 496
修祠碑 ……………………………………… 498
重修帅府庙碑（嘉庆十九年） …………… 500
重修帅府庙碑（光绪五年） ……………… 502
溢波祖敬送戏金田亩碑 …………………… 505
乔轩祖敬送田亩入庙收租碑 ……………… 507
伯俊、子彬二祖敬送田亩演戏碑 ………… 509

9

司前镇

文赞祖敬田碑……………………………… 512
孟才祖、玲祖、绩奇祖拨田入庙碑……… 514
亦川、进兴二祖拨田碑…………………… 516
主静汤公祠碑……………………………… 518
残缺碑……………………………………… 520
河村乡乐本会筑围记碑…………………… 521
本祠略规碑………………………………… 523

附：台山市

伍氏诫子书碑……………………………… 526
永恃堂记碑………………………………… 529
故昭勇将军广东都指挥佥事陈公墓碑…… 532
太淑人王氏墓志铭碑……………………… 535

碑刻年代分布统计………………………… 538

新会区博物馆

敢勇祠记碑

本碑砚石质，现收藏于新会区博物馆。碑尺寸：110厘米×216厘米×28厘米。

敢勇祠记

广东按察司副使郁林陶鲁撰❶
太学生邑人陈献章公甫书❷

国家承平日久。正统间，帅臣失守广右，诸瑶始为边患，延及广左，高廉以东，戍守迄无（宁）岁。至天顺间，民窘甚，浸起为盗。维时守令或弃❸或罢，武❹夫制胜无术，贼❺由是充斥，所在骚然矣。

余自景泰甲戌❻来丞新会，至是满九载。将去，民❼相率以保障，乞留❽于上，寻被命尹兹邑。当是❾时，旁邑屡破，有唇亡齿寒之忧，余乃进诸父兄，告之曰："贼气吞吾❿城矣，不备必至。若诸父兄愿留我，必尽发若子弟从我击贼，不然城垒虽坚，未足守也。"诸父兄（许）诺，退即选子弟之才者，甲胄之坚者，马⓫之壮者，不日而集。先是人心恟恟，惟贼锋之为畏，至是（始有）固志。

邑西北当贼骑之冲，相地为寨，寨各有长。其险于外者为长堵⓬，置候火⓭，设逻卒以伺⓮。贼将至，一寨有急，诸寨毕应，（凡此）所以捍其外也。环郭为辅城沟，其旁施铁蒺藜，晓夜戒严，燎火烛天，枹鼓如雷，所以防吾内也。子弟以技击相高，遇贼辄殊死战，屡破之。三⓯数年间，危者以安，怯者以勇，邻有被贼者，恃此以为应援。是岂余之所能哉？实由圣天子威德与诸父兄之⓰教，子弟之力也。予累迁今秩，子弟以（功）显者，冠带受禄有差，其尤可念者，奋不顾身，冒险阻、触白刃，弃其妻子，死者实众。

成化辛卯⓱，予巡视至邑，俯仰今昔，问诸父兄存（殁）。（诸）父兄咸愿作祠以祀之，为请于钦差⓲都宪韩公，买地城西，造屋三十间，正北为堂，傍列两庑，命曰"敢勇祠"。祀于此者通六十五人，报（死事）也。割废寺田一十二亩⓳为祭需，复⓴一人为祠籍，专掌之。

於戏㉑！死者有㉒知，其无憾乎。因书其（始末）于此。

　　　　成化十五年㉓岁次己亥冬十月望日知县丁积、指挥同知倪麟㉔立石

【按】

　　据陈白沙裔孙陈应耀编撰的《白沙先生遗迹》载："谨按成化十五年佥事陶鲁创建敢勇祠于新会城内高第街，祀所部亡卒。弘治十八年[25]乙丑，知县罗侨改祀陶鲁，称三广公祠，而以死义将士配祀祠内。考先生书石时五十二岁。"这段文字有讹误。据《大明宪宗纯皇帝实录》，陶鲁于成化十二年（1476）六月戊寅升广东按察使司佥事，到成化十五年，陶鲁已经是按察使司副使而非佥事了。这段文字忽略了《敢勇祠记》所写："成化辛卯，予巡视至邑，俯仰今昔，问诸父兄存（殁）。（诸）父兄咸愿作祠以祀之……"也忽略了陈白沙先生于成化丁酉年［指成化十三年（1477）］撰写的《登陶公壮哉亭》提及的"建祠于邑城西"。故敢勇祠始建于成化七年，碑立于成化十五年。

【又按】

　　已将本碑文分别与清代道光《新会县志·坛庙》（卷四）所收录的碑文及陈应耀编撰的《白沙先生遗迹》中所收录的碑文进行了比对。括号中文字为本碑文中较模糊之字，依清代道光《新会县志·坛庙》（卷四）所收录的碑文填补。以下"注释"中的"志文"均指清代道光《新会县志·坛庙》（卷四）所收录的碑文，"陈文"均指陈应耀编撰的《白沙先生遗迹》所收录的碑文。

【注释】

　　①撰：组织文字写成文章或词句，此处指写作碑志。②书：将文章或词句以某种艺术风格的字体写出来，这种书写艺术被称为书法。③弃：志文作"暴"。④武：陈文作"至"。⑤贼：志文缺。⑥景泰甲戌：指景泰五年（1454）。⑦民：志文作"其民"，衍字。⑧留：陈文作"旨"。⑨是：志文缺。⑩吾：陈文作"长"。⑪马：志文作"丁"。⑫堵：陈文作"埔"。⑬候：志文作"堠"。⑭伺：陈文作"同"。⑮三：志文缺。⑯之：志文、陈文均缺。⑰辛卯：指成化七年（1471），陈文作"辛丑"。⑱钦差：志文缺。⑲一十二亩：志文作"若干顷"。⑳复：志文作"后"。㉑於戏：志文作"呜呼"。㉒有：志文作"自"。㉓成化十五年：1479年，该年为农历己亥年。㉔倪麟：指挥同知倪雄子，陈白沙先生婿。陈白沙，即陈献章（1428—1500），字公甫，号石斋，又号白沙子，广东新会县白沙里（今江门市蓬江区白沙街道）人，居白沙里，世称"白沙先生"。明代理学家，教育家，心学的奠基者，岭南地区唯一一位入祀孔庙的大儒，被后世尊为"岭南第一人"。著作被编为《白沙先生全集》。㉕弘治十八年：1505年。

敬义碑

本碑砚石质，现收藏于新会区博物馆。碑尺寸：102厘米×157厘米×13厘米。

碑阳

碑阴

成化辛丑夏五月知县丁积命工勒[1]石
敬义
陈献章书

圣谕
尔俸尔禄，民膏民脂；下民易虐，上天难欺。

【注释】

①勒：雕刻。

游心楼归趣碑

本碑砚石质,现收藏于新会区博物馆。碑尺寸:107厘米×174厘米×16厘米。

游心楼归趣　东海居士[1] 隶古

题游心楼

城外青山楼外城，城头山势与楼平。
坐来白日心能静，看到浮云世亦轻。
高阁只宜封断简，半年刚好及西铭[2]。
乾坤一点龙门意，分付当年尹彦明。
　　　　　　　——古冈陈献章

心到不游元兀兀，此心游极更存存。
老夫欲说游还否，月满西斋无一言。

眼中鱼鸟自高深，何物人间更可寻。
手把《南华》书一卷，先生多少佩韦[3]心。
　　　　　　　——江浦庄昶

何处游心楼欲飞，西风沥沥吹我衣。
江湖廊庙多儒硕，得借吟风弄月归。
我欲游心游太虚，乾坤风月共模糊。
楼外青山招不至，相看捻断几茎须。
　　　　　　　——五羊张诩

【按】

庄昶撰的《定山集》及张诩撰的《东所先生文集》中均未见收录该诗。

【注释】

①东海居士：指张弼（1425—1487），字汝弼，家近东海，故号东海，晚称东

海翁。华亭县（今上海奉贤青村）人。明宪宗成化二年（1466）进士，久任兵部主事，议论无所顾忌，出为南安（今江西大余县）知府，律己爱物，大得民和。长于诗文，草书甚佳。尝自言"吾书不如诗，诗不如文"，著有《东海集》。②刚好及西铭：何熊祥版、碧玉楼版《白沙子全集》中作"方可读西铭"，陈志平撰的《陈献章与广东地方名宦交游及相关书迹考证》中作"刚好读西铭"。③佩韦：将韦佩在身上，以此来提醒自己要像熟皮那样软韧，诸事不可急躁。韦，熟皮，其性柔韧。典出《韩非子·观行》："西门豹之性急，故佩韦以缓己；董安于之心缓，故佩弦以自急。"

游心楼记

群动不可以不息，息之者所❶以闲之也❷。冗之至者，动之极也。冗不可厌，惟闲者然后能冗。不闲者未有不冗于冗也。冗于冗者，物大而我小，受役于物而不能役物，此无它❸，神昏而诚不至也。直人乎哉？尝验草木于旦朝，其露凝者，其精神百倍；其受风暮夜挠乱不息（者），其容憔悴而生意自欠。（是）故闲岁以冬，闲日以夜，闲雷于地，闲龙于渊，闲百虫于蛰，其理然也。不闲其心而应天下之务，是犹汨泥扬波而求照于水也。予❹少之时，学不得其要，穷日夜疲❺精神以觊旦夕之效，书册满前，甲矛乙盾，注说益❻多而思益乱、神益昏，非欠伸瞌睡不已也。故俗诮诸生，有谓邻媪借书睡儿者，是皆不闲其心之过也。如是而学，假令终生不悟，可哀也已，可哀也已❼！昔尹和靖初见伊川，半年而后，授以《大学》《西铭》，岂无故哉？浴沂咏归，夫子与点，亦以其无所累而中闲也，故说者谓其有尧舜气象。

夫人之一心，息之极而闲之至，足以参两间而役❽群动，万物不足以相挠，（死）生不足以为变，视仁义者❾犹若拘拘，而况于功名富贵乎？三江丁君彦诚以名进士来尹古冈，既三年❿，为楼于治第之北，以（为）游息之所。经始于成化辛丑⓫二月二十一日，逾两月而落之⓬。石斋先生名曰"游心楼"，为赋玉韵八句诗，有曰："坐⓭来白日心能静，（看）到浮云世亦轻。"予过白沙，丁君来拜予，求文为记。予谓（令）尹，天下之剧吏，而古冈又岭南之冗邑，其地广衍，其民殷富，（上）牒下讼、钱谷出入、文书簿会，旁午沓至，日行乎利害之途，而涉乎忧患之境，使不⓮闲其心以应之，徒屹屹⓯终日，不几于蹈（予谬）学之悔乎⓰？故为⓱是说以复于君。惜予未及登君之楼，（然知斯）楼北面玉台，山势耸然，日临于前⓲，蓝飞翠滴，烟云景状，

（布）满几席，而君问治之隙，徜徉逍遥于中，其心与白云相缥缈。（予）又⑲将洗耳重听弦歌，以瞷⑳君所得之浅深也。虽然，不出（蔀屋）之下，不足以既日月之无穷；不挟太空而游，不足以睹山河之有限。君其不迂予言，请劂诸石。

成化十八年㉑岁次壬寅二月十八日宝安林光缉熙撰文
八月七日古冈陈献章公甫书于白沙之社亭，时被征命将就道㉒

【按】

已将本碑文分别与明代林光著的《南川冰蘖全集》，明代林光著、罗邦柱点校、中国文史出版社出版的《南川冰蘖全集》，明代林光著、黎业明点校的《南川冰蘖全集》所收录的碑文进行了比对。括号中文字为碑文中较模糊之字，依以上《南川冰蘖全集》各版本所收录的碑文填补。

以下"注释"及其后《〈游心楼记〉不同版本比对小考》中的"文集版"均指明代林光著的《南川冰蘖全集》，"点校本"均指明代林光著、罗邦柱点校、中国文史出版社出版的《南川冰蘖全集》，"黎文版"均指黎业明点校的《南川冰蘖全集》。

【注释】

①所：点校本缺。②也：点校本作"地"。③无它：文集版、黎文版、点校本均作"无他"。④予：文集版、黎文版、点校本均作"余"，下同。⑤疲：点校本作"疲劳"。⑥益：点校本作"愈"。⑦已：点校本作"忆"。⑧役：文集版、黎文版、点校本均作"后"。⑨视仁义者：文集版、点校本均作"视世之为仁义者"。⑩三年：黎文版作"二年"。⑪辛丑：文集版、点校本均作"丁丑"。⑫落之：文集版、黎文版、点校本均作"落成之"。⑬坐：文集版、点校本均作"生"。⑭不：点校本作"不得"。⑮屹屹：文集版、黎文版、点校本均作"矻矻"。⑯"不几于蹈（予谬）学之悔乎"与"故为是说以复于君"之间，文集版、黎文版、点校本均作"虽然，所以闲其心者，有要也。要者，一而已矣。事之未至，一其心则静而闲矣；事之既接，一其心则动而闲矣。知静养而不知动应，是有体而无用，非吾儒之学也"，系他作窜入之文。⑰故为：文集版、黎文版、点校本均作"故又为"。⑱日临于前：文集版、黎文版、点校本均作"日临乎前"。⑲又：点校本缺。⑳瞷：看见。点校本将该字拆分为"日间"二字。㉑成化十八年：1482年。㉒文集版、点校本均缺以下部分（黎文有注）："虽然，不出（蔀屋）之下，不足以既日月之无穷；不挟太空而游，不足以睹山河之

9

有限。君其不迁予言，请劚诸石。成化十八年岁次壬寅二月十八日宝安林光缉熙撰文八月七日古冈陈献章公甫书于白沙之社亭，时被征命将就道"。

《游心楼记》不同版本比对小考

我们对新会区博物馆收藏的游心楼归趣碑上的《游心楼记》（以下简称碑文）与赵晓涛博士提供的《广州大典》收录的文集版中的《游心楼记》、黎文版中的《游心楼记》和点校本中的《游心楼记》三者进行了比对，并做出断句。由于各版本的《新会县志》收录的《游心楼记》中为"略曰"（节选），故没有列入比对。

通过反复比对，我们认为本碑文是《游心楼记》原文。其理由是，在古代立碑是一件非常严肃的事，尤其是在明代，在新会县衙内立著名乡贤陈白沙先生的书写碑，更是一件重大的事情。

镌刻碑文，必须先对纸本经过多道程序的阅读、改动、核对，甚至要得到作者、书者的审核认可，经共同确定，再借众人之手，才能上碑镌刻。镌刻完毕，实是表明碑上的文字已处于完整成篇状态。即使像游心楼归趣碑，尽管碑上在诗的那一部分仍然留有空余的地方，但就文字内容来说，实是已经完结了。镌刻一经完工，通常就没法更改。

再看上述书籍中的文本，实际上是没有完结的文本，留有一些未定项和空白项。比如《南川冰蘖全集》这本书，曾有过多次重印。在每一次重印的过程中，或多或少都带入编者的一些个人喜好，如对原文进行一些增删，以表达自身对文章的解读，以致与前版相比对就出现了一定的差异。

为此，我们将碑文与文集版、黎文版和点校本上的文字逐一做比对。经过比对发现，碑文与后三者大体上是一致的，只是在文字方面存在一些差异。这些差异主要表现在四个方面。

一、纪年方面。碑文为"成化辛丑"，《南川冰蘖全集》和点校本收录的碑文中均为"成化丁丑"。经查，明代成化年间没有丁丑年，这表明《南川冰蘖全集》的编者没有核对年份，所以出现纪年讹误。

二、引用陈白沙先生游心楼诗句方面。碑文是"坐来白日心能静"，而《南川冰蘖全集》和点校本收录的碑文中均是"生来白日心能静"，这虽然仅是一字之差，但是但凡对陈白沙先生心学有所了解的人都会明白，其心学理论中"坐"与"生"的意思有着天壤之别。"勿忘勿助",以静求道,从"静坐"中求得顿悟,以悟求仁,是陈白沙先生心学理论的根本。《南川冰蘖全集》和点校本收录碑文的编者显然未能完全理解陈白沙先生的思想精髓。

三、衍文方面。碑文在"不几于蹈(予谬)学之悔乎"之后接续的是"故为是说以复于君",这在行文习惯和文风上一气呵成,自然流畅;而《南川冰蘖全集》、黎文版和点校本收录的碑文接续的均是"虽然,所以闲其心者,有要也。要者,一而已矣。事之未至,一其心则静而闲矣;事之既接,一其心则动而闲矣。知静养而不知动应,是有体而无用,非吾儒之学也"。这段接续文字完全不及原作者林光的水平,显得不伦不类,从而可确定这一段文字当为他人出之窜改文。

四、缺文方面。碑文以"虽然,不出(蔀屋)之下,不足以既日月之无穷;不挟太空而游,不足以睹山河之有限。君其不迁予言,请劙诸石"作结尾,《南川冰蘖全集》、点校本收录的碑文则以"以瞯君所得之浅深也"作结尾。与之比对,碑文的结尾部分,对全文做了归结,标志文章至此结束,符合古文行文惯例;而《南川冰蘖全集》、点校本收录的碑文的结尾部分则显得有些仓促,不是一个完整意义上的结尾。

五、陈白沙先生落款方面。"成化十八年岁次壬寅二月十八日宝安林光缉熙撰文八月七日古冈陈献章公甫书于白沙之社亭,时被征命将就道",这个落款体现了陈白沙先生内心价值取向的重要性。

综上所述,可以得出结论:碑文是陈白沙先生书其门人林光撰写的《游心楼记》的完整版本;《南川冰蘖全集》、点校本收录的碑文则是经过后人处理的文字,并且其在最重要的信息及文章的完整性上存在较大缺陷。因此,可以得出《南川冰蘖全集》、点校本收录的碑文非林光撰写的《游心楼记》的原文。

从碑文上陈白沙先生的落款来看,其既叙述了林光撰写《游心楼记》的时间为成化十八年二月十八日,同时又叙述了陈白沙书写的时间为成化十八年八月七日。该叙述意味深长,耐人寻味。陈白沙先生将于八月十五日启程赴京应征,启程前的八月七日是其人生中的一个重要时间点。选择在这一时间点书林光撰写的《游心楼记》,除了林光是其喜爱的门人之外,更是借用《游心楼记》中"闲其心"的理念,表达自己不出仕的决心。故此,落款暗含陈白沙先生心迹,至于为何要赴京,窃以为乃是陈白沙先生应酬之举:一是不违抗朝廷多次召唤的命令,二是照顾一众推举之人的情面。

处士容君墓志铭碑

本碑砚石质,现镶于蓬江区荷塘容氏宗祠。新会区博物馆收藏碑刻拓片。碑正面尺寸:62厘米×91厘米。

处士容君墓志铭

　　东良处士既殁之二十八年，为今成化之十一年，岁值乙未，其子珪始以其墓乞铭于白沙陈先生，辞之曰："铭以昭德考行，予生也晚，不及见乡先进，而今谈者亦不闻乡先进某有某事某异也，恶乎铭？"珪以状进，予阅状，喟曰："是何足以惊动世俗，侥誉于乡党闾里耶？盖世所恒称道者，其事必有异乎其众，骤而语之，可喜可愕，故相与乐道而传之也。处士才不为世用，施于其家者，亦曰'为子不得罪于父，为弟不得罪于兄，为父兄不虐弃其子弟'云耳❶。处士之不见称于时，宜也。虽然，常道如菽粟布帛，时而措之；如冬裘夏葛，不离人伦日用之间，故道率其常者，无显显之形也。惟夫事变生于不测，智者尽谋，勇者尽力，捐躯握节，死生以之，夫然后见其异也，而岂人之所愿哉！处士韬光里闾，正终衽席，则其见诸铭者，殆亦不过是而已，兹其常也。"

　　处士姓容氏，名恪，字允敬❷。娶阮氏，生四男一女。处士之生以永乐庚寅❸二月十九日，卒时年三十九。珪率其弟珽、璿、玑以景泰甲戌十一月❹葬处士于三冈社马鞍山，木已拱云。铭曰："伏其龙蛇，逍遥云霞。纲纪孝友，以裕乃家。干我铭者，其在兹耶！"

　　　　成化十八年夏五月辛巳❺同邑陈献章公甫撰文并书

【按】

　　已将本碑文分别与黎业明编校的《陈献章全集》所收录的碑文、《广州大典》收录的《白沙文集》（第六卷）中所收录的碑文进行了比对。

　　以下"注释"中的"黎文"均指黎业明编校的《陈献章全集》所收录的碑文，"集文"均指《广州大典》收录的《白沙文集》中所收录的碑文。

【注释】

　　①耳：黎文、集文作"尔"。②名恪，字允敬：黎文、集文作"名某字某"，黎文在文后有笺注。容恪，字允敬，为荷塘容氏始祖第十六代孙云谷翁次子。其子珪、珽、璿、玑，均为陈白沙弟子。③永乐庚寅：指永乐八年（1410）。④景泰甲戌十一月：黎文、集文作"某年某月日"，黎文在文后有笺注。⑤成化十八年夏五月辛巳：黎文作"成化十八年夏五月"。

祭文碑

本碑砚石质,现收藏于新会区博物馆。碑尺寸:93厘米×150厘米×13厘米。

祭文

维成化二十三年❶岁次丁未四月庚午朔,越十三日壬午,皇帝遣广东布政司官左参议姜瑛,谕祭于都察院右副都御史鲁能。曰:"尔以淳厚之资,疏通之学,发身科第,擢属地官,历参大藩而荐长方伯,晋陟都宪而巡抚西陲。才名久著,于旬宣功业复称于保障,顾方隆于委任,胡一疾而遽终!追念往劳,可无恤宠?特兹遣祭,仍命有司,为营葬域,尔灵不昧,庶其歆承。"

【注释】

①成化二十三年：1487年。

初探鲁能祭文碑碑文的书写者

新会区博物馆藏有一块谕祭右都御史鲁能碑，碑宽93厘米，高150厘米，厚13厘米，篆额*，文用正书。该碑原竖立在会城河北小梅村的象山上，于1992年征集回馆，馆内简介牌标示为"都御史鲁能墓神道碑"。同时还有一尊较大的碑座，形制为赑屃，现仍存于新会区博物馆内。目测该碑座，无疑为神道碑的碑座，并且祭文碑的体量与该碑座不相匹配。为弄清原因，经翻查资料知，明代万历《新会县志》（卷六）有关于鲁能墓的详细记录，清代道光《新会县志·金石》（卷十二）对神道碑的记录则更加详细，还对神道碑写了按语。

据明代万历《新会县志》（卷六）记载："鲁能墓在怀仁都。成化二十三年，诏遣进士林廷玉营造，广东左参议姜瑛赐谕祭，少保礼部尚书兼大学士丘濬撰神道碑，陈献章书丹**。"

又据清代道光《新会县志·金石》（卷十二）记载："谕祭右副都御史鲁能碑……右刻在小梅村后象山。鲁能，字千之，其先卫所籍，景泰五年进士。《广州乡贤传》称能巡抚甘肃时，父已年八十三。阅月，父讣至。制，凡守边大臣有故非得代，不许擅离。能缘墨视事，摧委劳瘁，形神瘠耗，代者乘传至而疾已作，归，至关内而卒。此谕祭文云'一疾而遽终'，即其事也。"

同上一章节又记载：

"右副都御史鲁公神道碑正书，赐进士第光禄大夫柱国少傅兼太子太保兵部尚书武英殿大学士国史总裁前礼部尚书掌詹事府事翰林学士国子祭酒经筵官琼台丘濬撰文，赐进士第资善大夫南京吏部尚书前左春坊左谕德国子祭酒同修国史经筵官三山林瀚篆额，赐进士第通议大夫南京刑部左侍郎前都察院右副都御史上党阮勤书丹，弘治

---

* 篆额：用篆字写在碑额上。

** 书丹：刻碑前先用朱笔把要刻的文字写在碑石上，后用"书丹"泛指书写碑志。

改元龙集戊申夏四月吉日孤子文衡、文鉴等百拜立石。右刻在小梅村后象山。

"按：铭词有云，宝安罗者，谓东莞罗亨信也，巡西北边，边人思之。丘濬，琼山人，景泰五年进士。林瀚．闽县人，成化二年进士。阮勤，交趾人，亦景泰五年进士，并见太学题名碑录。《万姓统谱》谓阮勤宣德进士，官尚书者，误也。考阮氏族谱，勤之祖居中，本邑之潭冈人，洪武初被家难后，随沐国公征云南，遂寓居焉。其后乃占籍上党云。勤事附详《余子俊传》。考《明史·宰辅年表》，弘治四年（1491），丘濬以太子太保礼部尚书入兼文渊阁大学士，列传亦同。何以此碑于元年夏立石，已书入阁衔？盖立石必在四年以后，无识者，追书羼入耳。"

从可目验的碑刻和碑座以及县志记载的上述资料分析，鲁能墓上当有两块碑，一块为祭文碑，另一块为神道碑；现神道碑已毁，碑座尚存；祭文碑尚存，但无落款。明代万历《新会县志》中记载的最后一句是"陈献章书丹"，至于是祭文碑还是神道碑为陈白沙先生书丹，其中记述模糊。不过，通过清代道光《新会县志》中的记载可找到线索。当时县志的编修者目验过此神道碑，并对神道碑上的落款提出了质疑，亦即神道碑最初也没有落款，是后人羼入的。如果真是这样，依照万历时期的县志，祭文碑上必是陈白沙先生书法。陈白沙先生现在存世的墨宝、书法，多为行书和草书，罕见正书，且多是陈白沙先生晚年与门人或友人之间的往来应酬。但在成化年间，陈白沙先生间或写正书，特别是为鲁能书谕祭文，就必须用正书。因此，这块碑上为陈白沙先生的书法，也就不足为奇了。

祭文碑上为什么没有陈白沙先生书丹落款呢？那是因为所书祭文是谕祭之文，是皇帝遣使下祭的文辞，不书落款不是不书，而是不能书。然当时为了彰显它是陈白沙先生书写，就在官方编写的《新会县志》上记述下来，以示后人。另外，新会区博物馆标示牌上所称"都御史鲁能墓神道碑"，疑为讹误，现已改正。

由于本人不是研究陈白沙先生书法的专业人员，故未能确定该碑刻是否为陈白沙先生的书法，此文纯粹是依据史料做出的推断分析，权作抛砖引玉，供大家一起讨论。若成立，将是一个大发现，能丰富陈白沙先生书法研究的范围和内容，故命题中加"初探"二字。

壬寅初春区小健于自然草堂记之

道源亭记碑

本碑砚石质，现收藏于新会区博物馆。碑尺寸：77厘米×130厘米×16厘米。

道源亭记

　　新会之学宫❶，无别胜也，惟湛然有沼，翼然有亭❷，亭之上颙然，多士琅然（铿）然而有声。盖邑令罗侨澄其沼而华其亭，提学潘子聚四方之英以讲六经也❸。潘子曰："六经者❹，圣人❺之迹也，道之攸寓也，诸生❻（能）因其迹而求道之源乎？"夫斯道之传也久矣，由孔子之前，伏羲尧舜、禹汤文武周公传，所传以作经者也。由孔子而后，颜曾思孟、周程张朱传，所传以修经者也，而我圣祖❼神宗尤有功焉，此其源也。诸生曰："言尽（于）此乎！"曰太极生天地、天地生圣人，圣人垂六经以教万民，教化者，道之流（也）；太极，道之源也。曰言尽于（此）乎？曰无极而太极，通书其至矣，道之源无复加矣❽。曰太极妙矣、圣人（远矣），六经浩繁矣，求之❾近且要者可乎？曰道心要矣，道心微，人心危❿，苟舍（六经）将奚治⓫？为六经一中而已中者，治心之要尤万世道学之源也。曰（言）愈要理愈奥，曷举其易见者乎？乃指而笑曰："斯⓬沼之水也，混混其源与道（为）体也，古之亟称者，称其源也⓭。"祭川者祭其源也⓮，观澜者观其源也，皆有见于道者也⓯，道之源易见者，水也。水之在沼，可坐⓰而见者⓱，斯亭也。

　　　　　　　　　　　　　　　　弘治甲子⓲夏五月壬寅越人南山潘府书
　　新会县知县罗侨、县丞魏汝贤、主簿屠夔（同）儒学教谕黄科、训导徐祥⓳、
　　　　　　　　　　　　　　　　　　　　　　　林文璧立石

【按】

　　与本碑文进行比对参阅的版本有明代万历《新会县志》、清代道光《新会县志》所收录的碑文。括号中文字为碑刻中较模糊之字，依清代道光《新会县志》所收录的碑文填补。

　　以下"注释"中的"明志文"，均指明代万历《新会县志》所收录的碑文，"清志文"均指清代道光《新会县志》所收录的碑文。

【注释】

①新会之学宫：明志文作"新会学宫"。②惟湛然有沼，翼然有亭：明志文作"惟湛然有亭"。③六经也：明志文作"六经"。④六经者：明志文作"六经"。⑤圣人：明志文作"圣贤"。⑥诸生：明志文作"诸子"。⑦圣祖：明志文作"圣皇"。⑧曰无极而太极……道之源无复加矣：明志文缺。⑨求之：明志文作"求诸"。⑩道心微，人心危：明志文作"道心微而人心危"。⑪苟舍（六经）将奚治：明志文作"六经将奚治"。⑫斯：清志文作"新"。⑬古之亟称者，称其源也：明志文作"古之亟称其源也"。⑭祭川者祭其源也：明志文缺。⑮皆有见于道者也：明志文作"皆有见于斯道者也"。⑯可坐：清志文作"可望"。⑰水之在沼，可坐而见者：明志文作"水之源可见者"。⑱弘治甲子：指弘治十七年（1504）。⑲徐祥：江西清江人，明志文、清志文均作"周祥"。

陈渭川墓碑

本碑砚石质，现收藏于新会区博物馆。碑尺寸：80厘米×91厘米×8厘米。

弘治丁巳[1]冬十二月甲午吉
皇明处士渭川陈先生、室吕氏夫人合葬墓
　　　　　　　　　　　　　　　孝孙献文、翰林院检讨献章同立石

【注释】

①弘治丁巳：指弘治十年（1497）。

三广公传碑

本碑砚石质，现收藏于新会区博物馆。碑尺寸：78厘米×198厘米×16厘米。

三广公传

三广公陶氏，讳鲁，字自强，广西郁林人，由父成荫为新会丞，升知县、升府同知、升按察佥事、升副使、升按察使、升湖广左布政使兼广东（按察）副使，辖治广西寇贼，民因称曰"三广（公）"云。三广公父成，由典史为浙江按察副使。宣德间，柄臣养乱，至于正统极矣。己巳之变，王师溃于土木，七省盗起，儒臣益震怖。成立栅于浙之❶金华，独御贼冲，且招降贼。功垂成，为忌夫横沮，贼卒至无援，遂战死。景皇帝嘉成忠，命官子鲁。鲁由荫丞，以至于有功历显职，故岭表称忠勋之后，必曰陶氏云。鲁丞新会，年弱冠。广右瑶贼流劫雷、廉、高、肇，破城杀官吏，（戮掠男、妇，四郡无完庐。香山、顺德）之顽，复袭黄贼萧养之遗风劫杀，人无宁日。鲁泣语于民之父兄，曰："贼毒痛四境，气吞吾城，今为若父兄谋，非战不可保城邑，非致死命不可战，若父（兄能率若子弟而❷从我乎？若）父兄子弟能效❸死命以共守城，保若家族乎？其听予誓。"父兄曰："诺。"乃筑寨堡，誓民以守以蔽，扼贼冲径。复筑辅城，复于城外沟为濠，复外布铁蒺藜，（植刺竹以坚城守。贼至则人守）土，分以死力战❹，别寨分兵相缓急赴援，一邑之民乃遂如臂指❺腹心之相联络，兵称能战而贼不敢犯。父老迄今言曰"邑民保妻长子孙，皆丞之功"云。鲁由（丞至布政使，平后山贼，）置从化县；平恩平、平阳江贼，置恩平县；平新宁、白水贼，置新宁县；平浔、梧、荔浦府、江田州诸贼，凡斩首恶二❻万一千四百有奇；拯回被虏民，暨（抚）散向化之民，（凡十又❼三万七千有奇），为两广保障寄民生❽安危。凡四十又❾五年，建议置帅府梧州，控两广遏浔、梧府江之贼冲，君子曰梧有帅府，两广乃如两臂护其胸腹，（浔、梧）府江之顽，自是不东❿，雷、（廉、高、肇），民有（宁）宇。是役也，盖百世之功云。鲁行兵，兵不先知，或先半年调兵食，或先数月运军械，多疑兵，多屯寨，戍守兵调，多寡无常⓫数，贼益不能测。运（粮）聚兵，惟（曰）戍守，（贼惧为之备或遁，兵则）不进。贼懈驰备或遁，久不得耕以食或归，即数路兵进，贼奔不及，亦不能战而殪。鲁行兵，兵檄⓬裨将不先知，惟檄面署曰"某封某日某时"发，及发乃知进兵，（即数路如期至，贼亦不）及备而待殪。故鲁征贼，贼无能遁，亦无误戮一良。常宴客樽俎未彻⓭，馘贼已报捷，坐客骇愕，夸且贺，曰陶公"神筭"。云鲁用兵，惟抚按臣与闻谋议[14]，有司不知调（兵食，民不知兵役，功）成奏捷且有忌谗。四十年间，惟都御史韩雍、邓廷瓒上鲁绩于朝且不沮。鲁亦因成功[15]，然亦屡谗危。鲁没三十年，两广贼复炽，焚民室庐，污民妻女，荒其田不得耕，耄稚流离，有司不以时闻。贼益炽，将危及城邑，震惊省藩，乃议征司府议兵，复哑哑然无可否。或如杂讼狡胥，先泄兵议于贼，贼得预为备或遁。司府上抚按，抚按复数月议乃奏，（复数月乃得报征，又数月）乃集兵。比集兵，贼已逋山谷，兵抵空巢无馘功，乃戮[16]迩贼之良，或万及千以谬功级，括其妻女为污孥。抚按官亦幸功，亦苟侥[17]无戮罚，甚则纵狼猫残郡（邑沿海之居民。故迩年两）广兵兴，贼[18]未闻兵期，里甲已骚；兵未及贼境，良民已荼；兵退未移贼穴，贼已房民妻女为室胥居，曰官军抚我室，我于若取偿捷报[19]，赏未行，民复诉，云（贼复出劫，复焚数千家矣。民）习[20]观山险之氓从乱无祸，为良独荼，不荼则骚，以故多从贼，贼益[21]炽不可御。君子曰："昔也，鲁也，无恙垂五十年，粤人赖宁，人亦莫念鲁之功，乃（今）怀鲁，（岂可得也。谚亦有云：'桃李不）言，下自成蹊。'以实也，鲁之功垂诸后人，其实之谓乎？又曰：'鲁之功，由今乃益著。'"云鲁恒言除寇贼，化之为先，杀之不得已也。故古贤之除寇贼也，先除戎（器，以戒不虞，乃修比间族）党以正民纪[22]，乃修庠序学校以崇民化。古贤之以安奠天下也，凡以格民也。故鲁平阳江县贼，即修阳江县学；平恩平县贼，即修恩平县学；徙电白县，曰避（寇也，即修电白县学。平）寇而修学，避寇而建学，吏治所云迂也。鲁曰："吾以广化也。"又曰："表忠烈以劝为臣也，亦化顽也。"乃修崖之三忠祠，复修新会之忠勇祠。又曰："礼（贤儒所以劝也，示民以有趋也。邑人[23]）陈献章世訾焉[24]，曰[25]："禅也[26]。"鲁独时造其庐咨政理，君子又曰"知化寇以礼，惟三广公"云。作陶三广[27]传。

嘉靖八年[28]岁次己丑秋九月八日
赐进士通议大夫詹事府詹事兼翰林院学士经筵官修《大明会典》
副总裁南海霍韬书

【按】

　　新会区博物馆所藏三广公传碑，碑的下部分，约占碑的三分之一，已风化剥落，碑文中有168个字已经消失。本碑文括号内文字系依《霍文敏公全集·传》（卷六）所收录的碑文填补。另外，将可辨析的碑文分别与《霍文敏公全集·传》（卷六）、明代万历《新会县志》（卷四）所收录的碑文进行比对，发现存在差异。

以下"注释"中的"集文"均指《霍文敏公全集·传》(卷六)所收录的碑文,"志文"均指明代万历《新会县志》(卷四)所收录的碑文。

【注释】

①之:志文缺。②而:志文作"能"。③效:集文作"致"。④贼至则……分以死力战:志文作"贼至则人守,分土以死力战"。⑤臂指:志文作"指臂"。⑥二:集文作"一"。⑦又:志文作"有"。⑧民生:集文作"生民"。⑨又:集文作"有"。⑩江之顽,自是不东:志文作"江贼不复东"。⑪常:志文作"计"。⑫兵檄:志文作"兵机"。⑬彻:志文作"撤"。⑭与闻谋议:志文作"与谋议"。⑮成功:志文作"成其功"。⑯戮:志文作"截"。⑰侥:志文作"倖"。⑱贼:志文缺。⑲曰官军扰我室,我于若取偿捷报:集文作"曰官军扰我于若取偿捷报"。⑳习:集文作"俗"。㉑益:集文作"亦"。㉒民纪:志文作"民化"。㉓邑人:志文作"真儒"。㉔陈献章世訾焉:志文作"陈献章所世宗焉。"㉕曰:志文缺。㉖禅也:志文缺。㉗陶三广:志文作"陶三广公"。㉘嘉靖八年:1529年。

重修石斋陈先生祠堂记碑

本碑砚石质,现收藏于新会区博物馆。碑尺寸:130厘米×227厘米×19厘米。

重修石斋陈先生祠堂记❶

　　白沙先生年二十七，喟然事圣贤之学，闻康斋先生名，往从之。康斋每教人读书穷理，（下学上达，截然无凌躐，先据德而后依）仁，由涵养而致知，而力行。其学大要以伊川为宗。先生笃任穷研，以规于成，竟无所从入，乃辞归白沙。杜门（谢俗，朝夕❷拥蒲团）静坐，编籍无一入瞬者。久之，觉心体森然，万象具在，恢乎有不安排而定、不旁求而足者。于是涣然自信曰："作（圣之功，其在兹）乎！"自是专意本原，以勿忘勿助为极则，种种色色，听其本来，而我无与焉。故能识动于无，会神于近，藏而后发，形而斯（存，与他）门所谓积累至者不相为谋。先生尝有云："周子主静，程子见人静坐辄称善，得之周也。朱子不言，有象山也。"又曰："戒慎（恐惧），所以闲此心而非劳之也。宋儒言之备矣，吾尝恶其太严焉。"由此观之，先生从违之微指，意之所归，类可概见，岂非冥造自得不由师传者耶？时论兢以其出处剂质是非，微哉！桂自结发知重先生名，长而服教前哲，始❸闻先生之学之大致，而深以未及见与不得究其止为憾。戊申之秋，桂与甘泉翁会于增江。其论先生之学，若茹饴谈蔗❹，服先生若七十子服仲尼。桂是以得闻其学术之详，而愿为执鞭无从焉。是岁仲冬，按新会，首谒祠拜之，祠弗称人，士从行者咸请改作。大参沈君应龙、佥宪诸君敬之相谓曰："树德作人，政之经也，弗可以已。"于是命通判王子辂相度，命知县林子腾蛟经庀事，事❺以公廨易民居之相参谬者，中为神室，遗像栖焉。东西构堂舍，视❻其地，翼以两庑，昂廓其门宇。复亭于后山之高平处，以志仰止。暨明年三月，工告竣，有司请题其额。嗟夫！先生盛德士也，安敢易言哉？尝读先生《答张东白书》云："虚其本也，致虚所以立本。"《元旦》诗云："除却东风花鸟句，更将何事答洪钧？"《与李世卿闲谈》诗云："五湖烟水能多少，更整丝纶钓八溟。"是故读溟海丝纶之句，可以观志焉，以名东堂；读东风花鸟之句，可以观趣焉，以名西堂；读致虚之文，可以观学焉，以名亭。亭，冯虚也。后之同志者，入是祠，睹遗像，若见其人；睹诸题辞，若亲闻其教。志先生之所志，学先生之所学，必冀有得于东风花鸟之趣，与舞雩游咏鸢鱼飞跃❼同一襟况。是以先生之道尊之者，尊之至也。而余今日之役，亦岂徒哉❽？或又曰："《记》有之：士有田则祭，祠而无祭，虚器也。"乃复籍闲田三顷有畸❾，岁征所入共❿祀事，余以周其子若孙之不给者，或缮葺遗业，公家理之。

嘉靖己酉⓫夏四月吉旦⓬
赐进士第文林郎巡按广东监察御史后学庐陵黄如桂撰
知县林腾蛟立石

【按】

本碑文括号内文字为因碑损而缺失之字，共有33个字，系据清代道光《新会县志·坛庙》（卷四）所收录的碑文填补，填补后重新将两碑文进行了比对，然后又与黎业明编校的《陈献章全集》（据碧玉楼本《白沙子全集》辑录）所收录的碑文进行了比对。

以下"注释"中，"黎文"均指黎业明编校的《陈献章全集》所收录的碑文，"志文"均指清代道光《新会县志·坛庙》（卷四）所收录的碑文。

【注释】

①重修石斋陈先生祠堂记：黎文作"改建邑城马山祠碑记"。②朝夕：黎文作"昕夕"。③哲，始：黎文缺。④谈麈：黎文、志文作"啖蔗"。⑤事：黎文缺。⑥视：志文作"膕"。⑦鸢鱼飞跃：黎文、志文均作"鸢飞鱼跃"。⑧徒哉：黎文作"徒然哉"，衍字。⑨有畸：黎文、志文均作"有奇"。⑩共：黎文、志文均作"供"。⑪嘉靖己酉：指嘉靖二十八年（1549）。⑫吉旦：黎文缺。

27

太中大夫祠记碑

本碑砚石质，现收藏于新会区博物馆。碑尺寸：99厘米×300厘米×10厘米。

太中大夫祠记

明太中大夫江西左参政西屏区公祠记

赐进士第河南布政使司右布政使奉诏

进阶封通奉大夫年家晚生岑万顿首拜撰

余昔释褐日，以使事道玉山，邂逅西屏先生于逆旅。时先生由浙江副使赴江西参政，适张东沙先生督学江西，来自南昌。西屏先生以余年家子，特设酒肴，夜集默谛二公，言动皆卓绝出风尘，而西屏公尤醇谨温雅，足可师法。已而予奔走宦途，不一再见。比谢事归，公之嗣子惟康君过五羊，予问公起居，则墓木拱矣。是岁初秋，惟康君书来，令其侄效忠以公祠属予记之。予忝年家后谊，不可辞！第愧学殖荒落，刌阓葺不足为公重。虽然，记以志不忘公之德重，则予言亦重。又奚暇计词之文不文哉？

公讳越，字文广。西屏，其别号。先世来自南雄，因家于广之新会。祖，观颐，父，鉴。公少岐嶷异凡儿，稍长即通经义，诵古文，习举子业，下笔滚滚，千言立就。补邑庠弟子员，校官嘉其器局，每试辄优异。无何，领乙卯❶乡荐第七人。登乙丑❷进士，授浙江嘉善知县。入觐时值逆瑾用事，苞苴肆行。公

行李萧然，卒不阿瑾。故人郁生密怀金置茗中为贶，公峻拒之，人以为难。寻升户部主事，历员外郎、郎中，转运粮储诸所，经画皆切中时病，凿凿可行。监兑清江仓粮，与中贵人共事。中贵人侈靡，以币交。公却而不受。事多所裁抑，且劝其崇俭惜费。自是，公私无苦。大司徒邵二泉雅重公，尝语人曰："司官清慎有识，无如区郎中者。"升福建建宁府知府，以莅事甫三月，多惠政，以忧去，民悲号塞道，如失怙恃。服阕，补直隶宁国。郡有冤狱，公为雪理详谳。当道难之，公曰："罪疑惟轻，况在不疑？脱有错误，罪在守臣，不以累公。"当事者不能夺，竟从公议。尝夜大雪，亟披衣起，命吏释负枷者数人，曰："此辈非死刑，奈何拘常套，令寒夜冒风雪？若冻死，是杀无辜也。其咎，在予。"仁慈恳恻，类多如此。迁浙江按察副使，民为立去思之碑。至则持廉秉公，以洗冤泽物为己任。寻升江西参政，分守湖东。湖东鄱阳湖，巨浸滔天，盗贼所出没，常白日杀人，官军旁睨，莫敢谁何。公谋之兵宪柴公，简武弁，料兵夫，利器械，分处要害，授之方略，示以信赏必罚。自是人人思奋所向，殊死战，盗贼不敢窥江湖间矣。公为政大率严明果断，而一念仁慈之意，未尝不蔼然行于其间，使之居高位任大事，必能树功勋，播令名，垂之竹帛。乃致为臣而去。悲夫！汉李陵有言，人之相知贵相知心。嘻！难矣，难矣！所著有《西屏集》。嘉靖三十二年❸十二月二十八日考终命于正寝，距生成化四年❹十月二十八日，享寿八十有六。配宜人黎氏，生成化四年八月二十八日，先公十一年终。子五人，长元泰，有学行；次元履，江西弋阳教谕；次元复，邑廪生；次元晋，即惟康，由举人累官兴化府同知；次元益，附学生。惟康君建公祠于县治之东，未有记也。祠地深凡十五丈五尺，广凡七丈五尺，寝五间，堂三间，仪门一间，前门三间。有庑，有阶，有庖厨。礼卿大夫，莫不有庙，制各以其爵，所以崇先德，严祀事，继往诏来，至秩尊卑，序昭穆，咸于是乎。在予，故备书之，俾区氏万叶子孙有考焉。

【按】

本碑刻风化严重，字迹难辨，碑文依《乡贤区西屏集》抄录，并与碑刻中可辨识的文字进行了比对。

【注释】

①乙卯：指弘治八年（1495）。②乙丑：指弘治十八年。③嘉靖三十二年：1553年。④成化四年：1468年。

重修岳伯祠记碑

本碑砚石质，现收藏于新会区博物馆。碑尺寸：90厘米×226厘米×9厘米。

重修岳伯祠记

重修岳伯区公祠记

西屏区公，繇进士令嘉善，历江西左参政归。葆有遐龄，厚有名德，迩则乡贤祀矣。先公之子，教谕元履、同知元晋暨诸庠生凡五人，祠公城东隅，西屏学宫，相宅者谓："宫墙峨峨，不足以妥公神。"今公孙世勋，毅然首倡，遂辟公祠而易其向、新其制。孝义所风，诸孙回应，莫不酾金，率底于成。复请诸伯父，并考祔公享，更另置祠，请祀小宗、贞节二祠，不迁之主，于祠之左。《诗》曰"孝子不匮，永锡尔类"，其世勋之谓乎？淳一日偕世勋之甥、千户侯吴继爵谒公祠，则见公端坐如生。堂廉竦岜，廊庑峻翼，诸门洞开，鸟革翚飞。钟山肩卓，泮水背环，东楼弼焉，青城带焉。凡曳裾蹑屐其间者，不肃而敬。徐拂读通奉岑大夫碑，公之世系政绩，则綦详矣。世勋率诸孙拜手请曰："岑大夫之碑，昔虽详矣，今日之事，敢以烦公。"淳固辞而请教固，淳乃端拱对公扬言曰："公祠修矣，亦知修公明德，以永厥祀乎？诚事继母，文恭有咏，追祀远祖，潮连有祠，孝则征矣；雪宁国冤狱，醳寒夜荷校，救荒剔弊，浙民安堵，慈则普矣；逆瑾擅权，郁生代赂，觉即却之，节则劲矣；鄱阳薮盗，合谋柴公，旋即靖之，勇则宣矣；经略运储，大裨国计，邵大司徒，叹之识之，才则伟矣；清江诸俗，结纳奢靡，礼以已之，三纪居官，俯仰仅足，义以安之，廉则振矣。且淳犹及见公之家居也，雍雍乎其闲于度也，恂恂乎其和而无町畦也，昂昂乎其雅操而弗随也。碧玉楚云间，时见与甘泉子游，朱颜鹤发，飘飘乎若仙而不凡也。仰止斯祠，犹如昔日，繇此诸孙必有由祠新而显者，顾名位可必以名德致也，诸孙必知法公以自修矣。吴君曰："于维舅氏，率祖攸行，有为表表，俱可人意。尝修宗祠，建绰楔，池流带映，栋宇焕然。兹复首倡新祠，其孝义尤可风也。"淳曰："唯唯！"遂纪公之名德，为公诸孙勖，若琐琐工程，不备载云。祠重修于万历四十一年❶癸丑孟秋八日，落成于万历四十四年❷岁次丙辰孟春初吉。

邑进士黄淳叔化甫顿首拜撰
曾孙耀曾书丹、元孙玛篆额

【按】

本碑刻风化严重，字迹难辨，碑文依《乡贤区西屏集》抄录，并与碑刻中可辨识的文字进行了比对。

【注释】

①万历四十一年：1613年。②万历四十四年：1616年。

重修南山庙记碑

本碑砚石质,现收藏于新会区博物馆。碑尺寸:90厘米×210厘米×11厘米。

重修南山庙记

　　南山庙，古庙也，其创建不知何时。年久颓圮，复兴于嘉靖庚申❶。其前堂则奉事大王，后座则观音岩，中立奶娘，神灵赫奕，庙貌辉煌，众福赖之。今日久又将废坏，前堂香火熏蒸，神像暗晦，观音堂则瓦木将颓，奶娘所居屋宇、神像颓坏过半矣。及今不修则颓废在目，何以栖神而福众也？众信秉虔，欲行修整，但工程浩大，尚有待于众檀越❷焉，众信具簿一扇，乞余一言以为檀越劝，余不能文，何以劝檀越？第敬神一心，人人有之，谨题数语，请诸檀越，随缘发心，多寡题簿，以便鸠工，重修庙宇，神像焕然一新，万福攸同，实式赖之矣。但今之题缘者，皆假修神祠，诬神罔众，余甚厌之。此举出自众诚，余故喜而言之。

坚窗伦大礼❸书

　　时皇明天启三年❹龙集癸亥孟春上旬之吉，王万基书丹、勒石李其毓

【注释】

　　①嘉靖庚申：指嘉靖三十九年（1560）。②檀越：施主。晋陶潜《搜神后记》（卷二）："晋大司马桓温，字符子，末年忽有一比丘尼，失其名，来自远方，投温为檀越。"③伦大礼：新会人，伦肇修父，从子累封大理寺右少卿。清代道光《新会县志》（卷六）有传。④天启三年：1623年。

官设潮连、荷塘义渡碑

本碑已毁,新会区博物馆收藏有碑刻拓片。碑正面尺寸:80厘米×207厘米。

官设潮连、荷塘义渡碑记

　　署广州府新会县事留粤候补州正堂主，为吁宪广恩等事，乾隆四年❶十一月，奉广州府正堂加四级又加一级纪录三次汪，信牌奉广东等处承宣布政使司布政使加四级纪录五次王，宪牌奉总督两广部院马、署理巡抚都院王，批据本署县，申详县属潮连、荷塘两乡，中隔大河，为顺、香二邑及县属通津要路，有区轮渭、刘通昌之祖，呈承横水渡船共四只，共纳渡饷银六两。缘该渡收取船钱不无过于多索，该乡里民俱怀不平，而李健勋等遂倡议公设义渡，永不取钱。于本年二月内具呈到县，续缴公捐银一千零二十一两八钱，前来当经据情详请本府，转详在案。嗣奉宪批李鸿图等词，仰县严查定议等因。奉此查，饷渡不如义渡，可以杜需索之扰；而在民又不如归官，并可化彼此之形。请将各姓贮库银两，照李姓等单，开造渡船三只，约需银六十两，渡夫六名，每名每年工银十二两，共需银七十二两，尚余八百八十余两，或置田收租，或设法生息，为嗣后渡夫工食、修葺船只、渡头之用，俱归官经理，置籍登记支发销算。永为久计，不惟区、刘二姓，不得借饷告阻。即李姓诸人，亦不致借捐为名，庶义举得以义终，而两争可以两息。至区、刘两姓原承饷银，请予开除并请将义渡饷银，恳予恩免区、刘两户坝头路各三亩税粮，请于公项内代为完纳。所有旧筑坝头，两姓获利既久，事已归官，无庸置议等由，详奉批照，议饬遵在案，合行勒石，永远遵奉。嗣后渡经官理，两造俱不许再生事端。其渡夫每月工食银两，按月当官给领，以杜胥役需索之弊。该渡夫不许私取过客分厘，船只应修之年，禀官修葺。至每渡船一只，如遇过渡人少，听其随便开行；如遇过渡人多，每只连人货止许装载八分，不许希图省事多装及借称人数未足等候，至阻行人。违者许公捐人及行人等禀究本署县，仍不时查察以杜各弊。其区、刘两姓渡头税各三亩，于公项内代为完纳，所有公捐士民姓名及旧坝头缘由，俱于碑阴附镌，俾后人知所自来，以垂不朽，须至碑者。

　　碑阴题名（略）

乾隆四年十一月

重修官渡坝头碑记

官渡坝头，为潮连、荷塘两乡之要津也。两乡地接而人稠，烟火万家，更有邻乡过客，其旦夕之往来不知凡几，故前人公捐而设官渡，筑坝以济行人。溯厥由来，旧碑可考也。第历今数十年，两岸当西潦之奔流，风撼寿摧，斯坝日就倾颓，石圮泥泞，行客每虞失足。然事善创于先，尤贵善继于后，有其举之，罔敢或废。于是两乡人士建议合修，倡捐如前，诹日鸠工并选良材。越月而告竣焉。复见两坝夹流，层级递升，壮观逾旧，而两乡之人熙熙穰穰，莫不利有攸往矣。爰记其事并乐助倡修之名，而镌诸石。

捐题芳名（略）

嘉庆八年❷癸亥二月吉旦立石

【注释】

①乾隆四年：1739年。②嘉庆八年：1803年。

卧碑

本碑砚石质，现收藏于新会区博物馆，碑尺寸：100厘米×135厘米×13厘米。

卧碑

顺治九年❶二月礼部题定，奉钦作刊立卧碑，晓示生员。

朝廷建立学校，选取生员，免其丁粮，厚以廪膳，设学院、学道、学官以教之。各衙门官以礼相待，全要养成贤才，以供朝廷之用。诸生皆当上报国恩，下立人品。所有教条，开列于后。

——生员之家，父母贤知者，子当受教；父母愚鲁或有为非者，子既读书明理，当再三恳告，使父母不陷于危亡。

——生员立志，当学为忠臣清官，书史所载忠清事迹，务须互相讲究。凡利国爱民之事，更宜留心。

——生员居心忠厚正直，读书方有实用，出仕必作良吏。若心术邪刻，读书必无成就，为官必取祸患，行害人之事者，往往自杀其身，常当思省。

——生员不可干求官长，交结势要，希图进身。若果心善德全，上天知之必加以福。

——生员当爱身忍性，凡有官司，衙门不可轻入。即有切己之事，止许家人代告，不许干与他人词讼，亦不许牵生员作证。

——为学当敬先生，若讲说皆须诚心听受，如有未明，当从容再问，毋妄行辩难。为师者亦当尽心教训，勿致怠惰。

——军民一切利病，不许上书陈言，如有一言建白，以违制论。

——生员不许纠党多人，立盟结社，把持官府，武断乡曲。所作文字不许妄行刊刻，违者，听提调官治罪。

时乾隆三十七年❷岁次壬辰孟夏吉旦，
新会县儒学训导兼署教谕谢廷知捐俸重刻

【注释】

①顺治九年：1652年。②乾隆三十七年：1772年。

重建广济堂碑

两碑均砚石质，现收藏于新会区博物馆。碑尺寸分别为：80厘米×153厘米×5厘米；71厘米×108厘米×6厘米。

重建广济堂碑记

黄佛堂记

　　吾乡之西，大江之滨，一峰屹然秀拔，名曰道北山。山之南岩谷幽邃，林木蓊郁而岿然，古刹存焉。相传以为昔有黄真人羽化于此，其家人迹之数日，见其端坐于巨石上，容色如生，乡人以为神，塑其遗蜕而祀之，因名曰"黄佛堂"云。然堂无碑石，真人生于何代？堂建于何年？殆不可考。堂之西行二里许，有黄边村者，黄族所居也，谓真人出于其族，因建堂于乡，遥礼其神而奉祀焉。考其碑字，称始祖平田翁□□□□之世，自福之莆田来居兹土。平田翁毓有三子，仲曰归南，即真人也，于宋僖宗之四年九月初九日，在潮阳道北山坐化成佛云。余读之不觉断然曰："甚矣❶！"其陋宋❷乌得❸有宪、僖二宗耶，抑黄家之篆石，与闵氏之□□□□同□其谱系，出处固存而不可论也。余初祖金紫光禄大夫，公宋南渡时入粤，历五世而分三大支。支各设蒸尝以祀其小宗，而载在祀典者，则有十一月初二日为黄佛诞辰，由孟而仲而季，各修其祀事。一曰□□□□祖□并建，必有所谓。丙戌、丁亥❹之交，余避乱乡居，往往岁亢旱，父老匍匐而祈祷，辄甘澍立沛，率有奇验。客岁，自秋徂夏，旱魃为灾，反侧子❺乘间❻啸聚，树帜招摇，所在都有乡人忧之，相率而告哀于堂。不数日而霖遍天，潢池赤子荷插而赴田工，乡之童叟啧啧颂神功不衰。呜呼！此祖宗世祀之所由来也。

　　迨农事毕，素疏清酤，跻堂而称报，乃仰瞻榱桷蠹于蚁虫，俯视垣墉颓于风雨，不独漏湿为忧抑，且飘摇是惧，悯然相与谋曰："神既粒我蒸民❼，我不能为，神奠厥攸居，皇神得无怨恫乎？"然持筹仰屋，巧妇难炊，因为簿若干扇，推族之才能者若干人分题族属，随其家之厚薄而捐助。而族之贫者，皆倾囊倒箧无所资，于富家巨室焉，会计其资，相度其材力，庶几可以成厥规模，而俟后人之涂墍矣。乃鸠工庀材，梓匠咸乐事劝工，越数月而告竣。由是轮奂既美，黝垩❽重光，禅慧❾有托，妙相增彩，所以报前功而祈后效者，于是乎在然。非董督捐资相与有成，未易构□崇基，光复旧物也。凡一手一足之劳，一丝一粟之助，皆得书其姓字，勒之贞珉，非以为名也，亦将使千百年后，知前此有人踵而继之，庶永斯堂于不朽也，云尔。

时龙飞康熙三十有一年❿岁次壬申中秋，
潮阳檀溪弟子顺庠林楚林熏沐拜书

首事林崇对、林学仰、林学憸、林学盛、林学赓、林学榜、林应苈、林应矫众信官员士题助工金芳名开列于后。慕本祠捐土名李坑递年租谷五石、朔望灯油。住持僧比丘光……

（芳名及捐资额略）

乾隆五十五年⓫岁次庚戌仲冬榖旦复修

【按】

新会区博物馆共收藏两块砚石质重建广济堂碑，形制不一，一大一小。本碑文依大碑上所刻，其字迹清晰，只是碑的底部断失。小碑上的文字部分保存完整，但没有落款，且有些字迹已模糊不清。本碑文系综合这两块碑上的刻字收录。

【注释】

①甚矣：错得太过了。②陋宋：指积弱的宋代。③乌得：怎么能。④丙戌、丁亥：分别指乾隆三十一年（1766）、乾隆三十二年（1767）。⑤反侧子：指怀有二心的人。⑥乘间：指利用机会，趁空子。⑦既粒我蒸民：指百姓都安定下来。⑧黝垩：指涂以黑色和白色。⑨禅慧：谓禅定和智慧。⑩康熙三十有一年：即康熙三十一年（1692）。⑪乾隆五十五年：1790年。

圣旨碑

本碑花岗岩石质，现收藏于新会区博物馆。碑尺寸：65厘米×125厘米×15厘米。

圣旨

奉天承运，皇帝制曰：恪共奉职，良臣既殚厥心；贞顺宜家，淑女爰从其贵。尔捐职州同❶梁廷衡之妻谭氏，含章协德，令仪夙著于闺闱❷；黾勉同心，内治相成于夙夜。兹以尔夫遵例急公❸，封尔为安人。於戏！龙章载焕，用褒敬戒之勤；翟笫❹钦承，益励柔嘉❺之则。

敕命。

道光十三年❻二月十四日
之宝

【注释】

①州同：官名，即州同知，为知州的副职。②闺闱：内室。③急公：热心公益。④翟笫：古代贵族妇女所乘的一种车子。⑤柔嘉：指温和善良的人。⑥道光十三年：1833年。

会邑城濠修浚碑

两碑均砚石质，碑文分刻在两碑上，现收藏于新会区博物馆。两碑尺寸均为：45厘米×26.5厘米×3.5厘米。

会邑城濠修浚碑记❶

　　会邑城濠二千一百余丈，泽国通衢也。西接江门之水入大悦滘，南接崖门之水入沿滘，并汇于县治之南。国朝乾隆初年，王署令以淤浅浚修，称一时盛事。今将百年，西潦屡至，阏积尤甚，而民居濒海者又争为占筑，舟楫遂以候潮为艰。道光五年❷，动工兴修，以虚縻未成。予初莅兹土，即访求民瘼，因知其事，遂先捐银三百两为之倡，并集邑绅劝签。不数日，经费云集，于是定其程式，先挑瓦砾，继乃筑坝。开锹分其地段，以绅士谭兴然、何朝昌等治其中，以罗鸣銮、陈冠等治其东，以张佩玉、黄丕基等治其西，时道光十八年❸二月初四日也。入春已深，土坝防雨，克日计工，昼夜不辍。予公余之暇，即至其地，指画形势，俾得速成。财不虚縻，功有实效，遂于四月初五日工竣。开坝天乃大雨，人谋亦神助也，而疏浚虽施，善后有待。大悦滘之坝不筑，则西流不入县治，脉络不通；都会之坝不修，则沙泥易淤，东道全河必壅，且沿河之田，沙泥叠积，有伤民稼，皆当铲除。予复为筹款，以谭兴然、何朝昌兼总其成。周年之间，涸者浚之，弇者廓之，泥之压田者除之，岸之崩陷者修之，石礁之阻流者锄之，木栏之占据者毁之，未期年，大告厥成。是役也，始莫不畏其难，继莫不喜其易，而经费有节，迟速殊形，则神灵之默佑，经理之勤劳，与邑人之捐输者，皆不容没也。谨书于石，以记其事焉。

　　　　　　　道光十九年❹岁次己亥季春上浣知新会县事闽县林星章❺撰
　　　　　　　　　　　　　　　　　　　　　　　　香山鲍俊❻书
　　　　逸卿太史书法擅名一时，此帖苍秀趫媚❼，洵与古畬，父师❽善政
　　　　　　　　　　　　　　　　　　　并传不朽，临池❾家其宝之
　　　　　　　　　　　　　　　　　　　　　　谭锡朋❿百峰谨跋
　　　　　　　　　　　　　　　　　　　　　　端州罗竹隐勒

【注释】

①标题系编者添加。②道光五年：1825年。③道光十八年：1838年。④道光十九年：1839年。⑤林星章：字景芸，又字锦云，号古畬，又号坦甫，乳名鸿，侯官（今

福州市区）人，邑庠生。嘉庆二十四年（1819）己卯科举人，道光六年（1826）丙戌科进士。道光十六年（1836）由江西石城县调任新会知县，道光二十年（1840）主修《新会县志》。⑥鲍俊：生于1797年，卒于1851年，字宗垣，号逸卿，自号石溪生。香山县山场乡（今珠海市香洲区山场社区）人，出身于书香世家。道光二年（1822）中举人，次年中进士，曾授翰林院庶吉士，后调刑部山西主事，候选员外郎、即用郎中。⑦遒媚：苍劲而妩媚。⑧父师：指告老还乡的官宦。⑨临池：学习书法谓"临池"。西晋卫恒作《四体书势》云："弘农张伯英者，因而转精其巧，凡家之衣帛，必先书而后练之。临池学书，池水尽墨。""临池"之义出此。⑩谭锡朋：邑廪生，道光年间参与撰修《新会县志》。

残碑

本碑现收藏于新会区博物馆,但缺失征集于何处的资料。

西南学堂捐款题名碑

两碑均砚石质，现收藏于新会区博物馆。左图为序文碑，碑尺寸：81厘米×148厘米×6厘米；右图为外埠款碑，碑尺寸：75厘米×146厘米×6厘米。

西南学堂捐款题名碑记

倡建西南学堂告成碑序

邈矣神州，极于南离，崖海在焉。生其间者，民物蕃殖，咸知节宣。海滨邹鲁，蔚为美俗，歌咏先贤。迄于近世，商旅海外，何啻万千。橐载而归，既富且庶，击毂骈肩。兹土之爰，远近川阜，灵秀郁然。笃生俊义，弁冕端委，比户诵弦。奈何食古，囿于风气，莫为之先。沉酣结习，糟粕儒术，几千百年。辛丑变政，乃始兴学，人心则坚。惟我圣朝，奋思雪耻，文化是同。参贯中外，吸收精粹，以迪愚蒙。德育智育，兼及体育，而牖其衷。大冶濯俗，鼛鼓轩舞，廓然至公。惟我人士，经始之始，实代天工。倡于万众，群策群力，金谋乃同。开僿销鄙，以绥幸福，亦涤浇风。惟我绅富，各肩厥任，于焉效忠。唇舌鼓吹，闻而兴者，和乐服从。明本知向，分财曰惠，而款斯充。惟我学堂，楼阁宿舍，环列西东。左右森竖，熙天曜日，两树英雄。惟我少年，执经请业，乐也融融。能自树立，期于报国，武达文通。凡是数端，当其可焉，唯时而已。倪遇其时，废者以兴，坠者以起。智者倡之，群才任之，而事济矣。

是为伊谁之功？其在礼曰，有功则祀。孰运其谋而是纲是纪，孰助其资而是欢是喜，请视斯碑，垂诸无穷，庶几信史。惟光绪三十有四年[1]，议长梁国士、校长黄震川，与西南两方志士等相与议，曰乙巳[2]之岁始，以西南书院为开学基础，旋经学务处允准，将冈州书院改建西南学堂，越明年丙午[3]而工程告竣。其经费浩繁，胥赖中外诸君子之力，爰议以中座楼上正偏三间为纪念室。至丁未[4]七月，崇奉纪念石碑，凡捐银二十元以上，均镌姓名里居于碑为禄位以祀焉；其不满二十元者，则勒石以记姓名而已，盖所以符原议，示不忘也。自兹兴学，乃建筑斯堂，而隆其规制，将以转移士风。匪惟仅校文艺，故存古者道之经，而知今者时之泰，有国弗爱，曷云其材？应变则滞，有众弗爱，曷云其智？阶祸则厉必训之，于童年毋拘守于锢蔽。今日之事，事类创始，发凡起例，宜诏后人，敦之勉之，永垂弈世。于是两方人士，额手而颂曰："学堂万岁！"宣统元年[5]春王正月里人林文骢谨序并书。

学务处第一次立案批

据新会县绅董黄震川等禀，为变通，书院就地开学批示，由批此事。前据该县绅士梁国士具禀，当批令指定校地，拟将详细办法、各项规则禀缴并核在案。兹据绅等禀称，即拟将冈州书院改办西南学堂，自应照准。该书院借为西南团防局，但改书院为学堂，系奉旨办理之事，而团防局各绅等声称，不乏开通明义、热心教育之人，又有紫水义学可以挪迁借用。仰新会县谕令团防各绅将局另迁，腾出书院屋宇；一面酌提款项，详定办法，从速开学，并将书院基址并该书院产若干、房舍若干，造具清册、绘图式，缴查核。切切！禀抄发。

学务处第二次存案批

据新会西南学堂绅董梁国士等禀，将开学日期并呈名册图表、章程，请察核立案，颁钤记，由批禀及图表均悉。前据该绅等以冈州书院改建西南学堂，业经批准立案。据禀又以建造需时，学业难旷，暂将西南学务议所改为学堂，先行开学并择期将书院改建。一候竣工，即改议事所为初级小学情形办理，亦颇有秩序。具见学如不及之心，良堪嘉予。图式既属完备，章程亦甚妥晰，足征于学校管理上极为究心，应准立案。惟该学堂经费既甚支绌，有待筹措，而教员六人，较定章程，多几加倍；物理、图画各专门容或不能相兼，若修身一科教授，时间无多，自应以国文教习兼理，不必另设专员，致多糜费。禀请钤记，候编号刊齐札发，仰新会县转饬该绅等知照，禀抄发图表存。

外埠捐款

海防[6]缘首[7]谭槐昭翁　暹罗[8]福和店缘首梁纯甫翁　星加坡[9]缘首何若簪翁　旧金山、罗省忌利[10]缘首广和店吕子良翁　旧金山、主咕[11]缘首恒昌号　兰顿[12]缘首德源号　檀香山义和珍缘首林英威翁　纽约缘首广信昌　锦卜碌[13]缘首钟功允翁　域多利[14]缘首梁世林翁　当士伟路[15]缘首义和隆　加拿大鲁埃仑缘首同和店林德调翁　纽约缘首赵俊翁　砵仑[16]缘首永茂隆号　砵仑缘首安昌和赵礼南翁　水路者化[17]缘首李君则翁　安南[18]提岸[19]缘首南隆行刘蔼春翁　西贡[20]缘首李冠南翁　夏湾拿[21]缘首蒋森鼎翁
（芳名及捐资额略）

另有两块碑图片如下：

【注释】

①光绪三十有四年：即光绪三十四年（1908）。②乙巳：指光绪三十一年（1905）。③丙午：指光绪三十二年（1906）。④丁未：指光绪三十三年（1907）。⑤宣统元年：1909年。⑥海防：越南北部沿海港口城市，越南第三大城市，民国时期有很多新会人到此经营大米生意。⑦缘首：广结善缘的领头人，这里指募捐的负责人。⑧暹罗：中国对泰国的古称。⑨星加坡：今称新加坡。⑩罗省忌利：美国城市洛杉矶（Los Angeles）的旧译称。⑪主咕：美国加利福尼亚州北部城市奇科（Chico）的旧译称，该城市距旧金山约200公里。⑫兰顿：美国华盛顿州城市，与西雅图市相邻。⑬锦卜碌：加拿大不列颠哥伦比亚省小镇克兰布鲁克（Cranbrook）的旧译称。⑭域多利：加拿大维多利亚市（Victoria）的旧译称。该城市是不列颠哥伦比亚省的省会，位于加拿大西南的温哥华岛的南端，是温哥华岛上最大的城市。⑮当士伟路：澳大利亚汤斯维尔市（Townsville）的旧译称，该城市是澳大利亚昆士兰州北部的最大城市。⑯砵仑：美国俄勒冈州波特兰市（Portland）的旧译称。⑰水路者化：美国宾夕法尼亚州东南部城市费城（Philadelphia）的旧译称。⑱安南：越南古名，用来指称越南。⑲提岸：越南胡志明市最古老的地区，唐人街位于此区。⑳西贡：越南胡志明市的旧称。㉑夏湾拿：古巴首都哈瓦那市的旧译称。

创建新会书院碑

三碑均为砚石质,现镶于新会书院。碑正面尺寸分别为:79厘米×188厘米,81厘米×188厘米,82厘米×174厘米。

创建新会书院碑记

天下非常之基业,必有非常之时机以成之,时机所至,虽极其事之委曲蕃变,而所得恒逾乎意量所期,此古今创垂之大较也。我邑县署,位处中枢,枕圭峰而襟银海,望气者目为天然形胜。自明清递嬗以来,吏治之循良,异人之辈出,以及忠孝节义、儒林文学之卓著，世素称"海滨邹鲁"。民国肇建后，县署改迁新址，而旧署遂归官产。招变时，邑人士以桑梓关系，多方筹画，一再加价，承回图作地方自治机关，此即本书院创建之莫大时机也。然构造伊始，时事多故，旋议旋搁，苦未就绪。况吾邑风气习惯，分方任事，素相阂隔，故以书院为兴学育才之地，则名实宜副；以书院为合群自治之区，则情意宜洽。而一二明达之士遂援宗法之制，以为征资之方。年余，巨款立集，庀材鸠工，植基以渐，自戊午❶迄丁卯❷，十易寒暑而院宇告成矣。

昔唐始作丽正书院，以集文学之士，至宋而四大书院踵兴，朱子因白鹿书院遗址重复建之，而增订学规，其揭橥立学大纲，终及于处事接物之要，凡以正人心而维世教也。方今道德沦丧，教泽浸微，即吾邑盗风之猖獗、械斗之剧烈，重以健讼好胜，私债豪夺，积习相沿，变而加厉，自非联合群情，扫除更张，纳之于讲让型仁之域，导之以明伦劝学之风，必不足以步前规而资矜式。今创建，诸君子热心宏愿，首以化除畛畦，为乡邦谋幸福，几经艰难缔造，而鸣琴旧治，游心遗迹，卒焕然改观，而庆广厦之成，此岂无时机于其间耶！

今社会事业，其有待于群治者亟矣。百端兴废，日有进化，惟愿于已建设者完成之，未建设者筹备而扩充之。而复于建设之后，若或有破坏者，维持而保护之，则虽时机或有变迁，而合志同方，爱力团结，恒足以奠丕基于不敝。百世下闻风兴，感当必有景仰前徽，导扬文治以成伟大之事业者。

语曰，作始也简，将毕也巨，宁非地灵人杰之足为邑乘光欤。芳于缔造之始，忝参末议，谨叙崖略，以谂来者。若夫地址之宽广，集资之踊跃，章程之完善，群策群力之贤劳，则并泐❸诸贞珉，及有倡办董事之镌名碑，在兹不备书。

民国十有六年丁卯嘉平月，新会书院坐办董事李扬芳谨撰，林树人书丹

附记：筹建本书院缘起及各章程之大纲

一、价承旧县署地址之经过。本书院地址，即新会旧县署，民国四年❹，蔡前令以县署日圮，时适参署因裁缺旷置，遂迁驻焉。而旧县署遂归官产招变之列，计全间面积达二十六亩余，官产处订以二万八千三百元为底价，邻邑人余某，加价二万元争承，经有成议。邑人闻耗，登即由西南、东北两局绅士何子操、陈季樵、陈蔚林及商会长何锦堂等，招集全邑各界会议，派员赴省官产处，依加价再增五千元承回，另加价并承回守府署，计共产价五万六千余元，另补中央纸水八千余元。

诅余某复诡谋，由官产处电部抗阻，致奉北京，部令再招商投承，以银多者得。此事初由谭绅学衡办理，至部令出，虽欲以重价角胜，仍无把握。幸得黎绅藻泉赴龙将军处，设法转圜。先由何会长锦堂力筹巨款缴价，续由各姓祖尝及殷户、绅商等；再备足产价缴案，始得准照加价由本邑人承回，图作阖邑自治机关。其当日诸绅干事之勤劳，财团垫款之踊跃，亦足见众志成城，为我邑人最有价值之义举。此外价承捕厅署、看守所、军械局以及崖门炮台、社稷坛、接龙庙、院前社地各官产，并价买铺户民地，节次购置管业，并有价承旧县署及捕厅署、看守所面积，合图以明基址而垂不朽。

二、创建新会书院之宗旨。本邑地方习惯分邑城、东北、西南三方任事，向无公共机关，凡社会公益及兴利除弊等事，最难集合全邑社团公同筹办。今既购得旧县署及各地，决议以入主筹款，除建筑费外即增置尝项，藉为兴办一切公益事业并以联络全邑乡情为主旨。则一举而数善备，即为合群自治之初基。

三、入主筹款章程之完善。本书院倡建章程，先由出力出财承回县署地者选举主任；人员继由各区各乡承认招报主位者，广集临时董事；终由缴到主位银满足一千元者，方得为正式董事，其兼督理工程者，举为坐办董事。每董事论功筹奖，分别奖以正、副龛等。各主位至入主价目：正龛三百元、副龛一百五十元、又副龛一百元；另中龛正中两行顶炉主二千元；其余副龛顶炉及各傍顶炉，以次递减，分别定若干元；其五龛主位另泐坐次图碑，以留纪念。

四、建造工程估价之公开。本书院全间图仄，正附间合计，横过七间，直分三大进，前面池塘，后面大洋楼一座，计占面积六亩有奇。另两旁及前后余地不在内，所有工程建筑价目，均招工投承，正座全间估价十八万元，洋楼估价十二万二千元，此外，照墙、围墙、锹塘及各项小工程并改仄补价，合计约三万元，均详列征信录纪实，另有图仄泐石，以供众览。

五、规定尝祭专章之恪守，另将公定本书院章程，泐石以为遵守。

新会书院始末记

民国肇基有四载，省大吏以京师协饷故设官产处，檄各县凡废廨泛地属官中业，悉举报招变得值以裕皮支。明令甫下时，蔡知事国英宰吾邑，忽举所居县署报而迁参府置办公焉。乃并附守府署，伪约绅商以廉价请承，官产处鲜之，委员复勘，综核估值二万八千三百元为底率牌示。夏历九月二日集处公投，邑人固未之知也。适孔子诞前夕，杨商会副长子襄阅省报，觉促期招投必有故，夜向午遣伻以报见示，业思县署乃全县首善地，倘被别县人投承，实为邑人羞。翌晨，士商诣孔庙会祭，因提议保存法，佥以期限过迫，咄嗟弗能办，先用三公局名义电请展期，继思示若迅雷当有主动者，电决无效，复推陈绅蔚林、何绅子操赴省觅谭治河督办学衡，向官产处陈述公意，愿依底率归邑众承领，经邀处长允准，乃即旋邑筹资。越日督办忽来书谓处长翻前议，人有增价二万元，问取进止，业以志在必得为言。复出与督办商："如彼此涨价，财力断不敌，议照加价再增五千元，请免争竞，处长重违，督办意许焉？"适何商会长锦堂旅省，即筹缴五千元以资定实。乃不旬日，突有电京财政部，告官产处招投不果，赡徇私授，处奉部令再示期，十月二日公投，督办避嫌，仍由三公局会呈龙巡按使觐光，丐予维持。久未获报，而距投期仅二日耳。维时业偕张孝廉月坻、林学博郁如，宴黎星使荣耀于一景酒家，知星使为龙将军济光顾问官，属具白争投窒碍，将军乃调检局，呈代电部请命。遂获准邑众承回，诚幸事也！旋得黄、刘、李、何、梁、莫等巨族借款缴由中央银行，谭行长砺江认足领照，遂定案焉。

繇是倡建阆邑书院。论者谓地属中枢，乃由圭峰蜿蜒至西山落脉，实揽全邑形胜。当时青乌家咸具意见书论书院方向，纷纷聚讼，公决仍旧，贯向始定。以是知蔡前县移居报废，官产处加价翻案，财政部电令再投，皆他方迷信家涎羡名胜，从中横生波折，有以致之也。噫！此地果开投，非邑人有矣。随由董事诸君艰难缔造，垂十数年乃藏厥事。惟是院堂堂大观，亟望我邑人士，能结大团体基此，能谋大发展亦基此，勿溺形家言以邀福自封，致为通人所诟病也。爰纪始末，庶跻堂释，莫者知所观感云尔。

民国十七年[5]戊辰春月邑人梁鸿业、纪常甫谨述，林树人书丹

【注释】

①戊午：指民国七年（1918）。②丁卯：指民国十六年（1927）。③泐：同"勒"，雕刻。④民国四年：1915年。⑤民国十七年：1928年。

旧县署典史署习艺所军械局等地之全图

新会书院平面图（略）

旧县署及所买铺屋地之面积共一千五百四十三华井三十六方尺五十六方寸；

内新建书院全图占面积六百九十五华井三十三方尺四十四方寸；

旧典史署之面积一百一十二华井八十九方尺六十方寸；

旧习艺所之面积一百二十六华井六十一方尺八十方寸；

旧军械局全间及前面相连余地面积三百九十二华井四十一方尺；

合共二千一百七十五华井二十八方尺九十六方寸，伸三十六亩二分五厘四毫八丝三忽（全图面积缩尺，每一十八英尺七寸五□一英寸）[1]。

邑人谭叔泉测绘

【注释】

① 数字统计有误，系依碑文照录。

正龛主位碑记

（共分二十一级　名录略）

新会书院卜吉兴工时间小考

新会书院始建于何年，坊间有两种说法：一为1918年，另一为1919年。

前者的依据有二。其一，据1927年李扬芳撰、现存于书院内的《创建新会书院碑记》所载："自戊午迄丁卯，十易寒暑而院宇告成矣。"其中的"戊午"，指的是1918年。其二，据1964年《新会文史资料·第二辑》刊登的《兴建新会书院的经过》一文（该文是文史资料编辑人员根据座谈会记录整理而成）所写："到民国七年，便筹得白银六十三万四千多元……是年书院建筑工程开始动工。"其中的"民国七年",即1918年。

后者的依据有三。其一,1919年出版的《冈州星期报》(第47期)刊出《倡建新会阖邑书院招登主位章程》公告,在《新会倡建阖邑书院之缘起》一文中注明:"本书院于己未年旧历八月初二日卜吉兴工。"其中的"己未年",指的是1919年。其二,据新会书院当年的征联广告:"本书院自客岁十月开始建筑……"又据《筹建新会书院征信录》中的"进支明细记录"所载:"支九年三月征求对联奖,首、二、三名奖金银贰拾元正(整)。"其中的"九年"指民国九年,即1920年。这表明前面征联广告中的"客岁"指的是1919年,即书院始建于1919年。其三,据《筹建新会书院征信录》中"风鉴先生利试川资数",即新会书院动工前所聘请风水师开线口的费用明细记录:"支八年三月李次笙等二位董事往省请陈景堂川资银贰拾肆圆贰毫伍仙。""支八年三月陈景堂先生看定书院向主步金川资共银陆拾陆圆正(整)。""支八年四月择吉上梁建筑日课笔金银贰圆正(整)。"由此可知,"八年"(指民国八年,即1919年)建造阖邑书院时,筹建人士在当年的三四月份聘请风水师看定座向再择日动工,包括上梁等细节也聘请风水先生前来指点。《筹建新会书院征信录》提及的细节,也与该年《冈州星期报》(第47期)公告刊登的开工日期相对应。

从以上资料可以判断,新会书院筹建募集资金时间始于1918年,卜吉兴工时间为1919年农历八月初二。

慈元庙

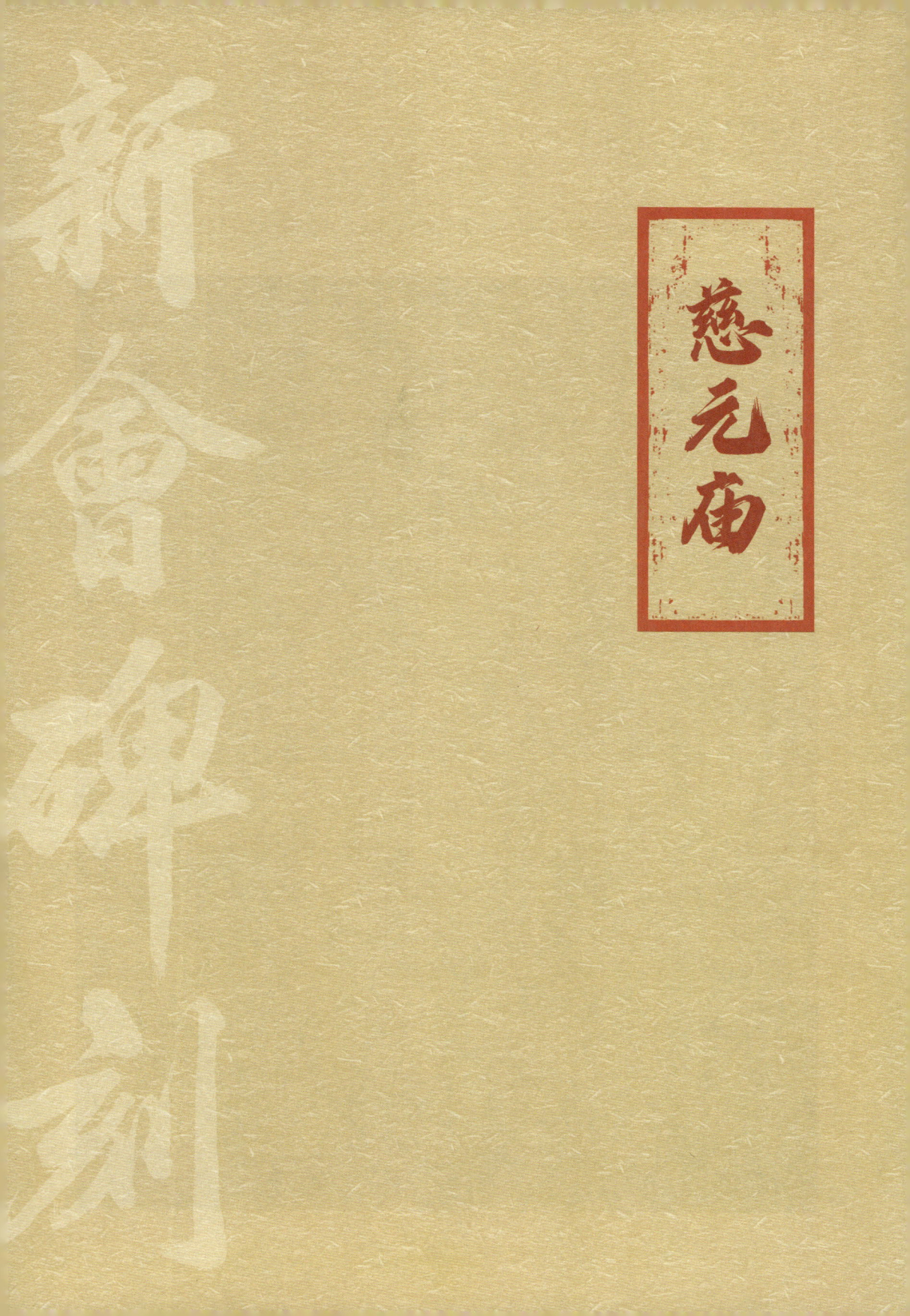

大忠祠记碑

本碑绿砚石质，现立于古井镇慈元庙。碑尺寸：171厘米×123厘米×18厘米。

大忠祠记

赐进士及第翰林院修撰永丰罗伦撰文

赐进士文林郎监察御史莆田丘山书丹

君臣、父子之伦，天之经，地之义，人之秉彝也，不可解于心。孟子曰，生我所欲，所欲有甚于生者，死我所恶，所恶有甚于死者，不可解于心也。若宋丞相文公天祥、陆公秀夫，枢密使张公世杰，杀身成仁，舍生取义，参天地而独立，贯万古而不往[1]，夫岂有为而然哉，不可解于心也。夷狄祸宋盛矣，辽横于初，富寇[2]诸公折[3]之。金侵于中，张、郑诸公死之，韩、岳诸公御之。元灭[4]于终，忠臣义士纷起而以死御之。三公者，其大也。元师[5]渡江，自鄂入卫，上下惊叹。卞彪说降，断舌磔之，以死自誓，继立二王，力竭势尽，瓣[6]香祝天，飓风覆舟者，枢密使世杰[7]也。外筹军旅，内调工役，正色行[8]朝，劝讲大学，抱帝赴海，从死十万者，丞相秀夫[9]也。起义赣州，乌合万余，鼓行赴难，出使皋亭，奋骂不屈，被留厔[10]营，镇[11]江亡归，开督南剑，袭执五坡，目击崖山，悲歌慷慨，正气塞天，就囚燕狱，从容南向[12]而后死者[13]，丞相天祥[14]也。三公者，其死不同，其心一也，一者何也[15]义之？尽仁之至也。乌虖[16]！乐人之乐者，忧人之忧，食人之食者，死人之事，此公之所以为心也。自古[17]夷狄之祸，未有盛于元[18]矣，宋亡则中国夷狄[19]矣[20]，春秋之义，万世之大[21]防在此也，两国兴亡而已乎？此公之所以为心也。宋以仁厚立国，礼义养士，卒食其报，自时厥后合尊之子卒嗣，大统阴易元祚，已帝中华，世主沙漠，天之助宋，踣而复起仁义，何负于国哉！先是伦谓陈公甫曰："表异先贤，教德劝忠。"公甫以告金宪陶君鲁，君[22]慨然曰："吾事也。"崖山宋亡处，二百余年莽为丘[23]墟，表章之典有大此乎[24]？乃相地建祠于行宫之旁[25]以祀三公。公甫题其额曰"大忠"，立哀歌亭于西沚，刻信国诸诗其下，祠两庑以勤王义士伍隆起等[26]祔焉。买[27]田若干顷，复伍氏之后一人主之。君[28]敏于为政，多边功，民赖之，又出余力修废典，是大有功于名教也。防御金事林君锦、提学金事胡君荣，咸相厥成。以公甫门人易元[29]、陈庸[30]告纪成事。乌虖[31]！此祠成而忠义劝人极立[32]。此道明而中国尊，夷狄惧[33]。

　　　　　　成化十三年岁次丁酉夏五月己卯新会县知县京山曹伟立石

【按】

已将本碑文分别与明代黄淳撰的《崖山志》所收录的碑文、清代道光《新会县志·金石》(卷十二)所收录的碑文、明代罗伦撰的《一峰集》(嘉靖版)所收录的碑文进行了比对。另外，关于《一峰集》的内容，明代嘉靖版与清代《四库全书》版存在一些差异，主要是针对少数民族统治者的称谓，后者对其做了删改。

以下"注释"及其后"小考"文中的"崖志文"均指明代黄淳撰的《崖山志》所收录的碑文，"县志文"均指清代道光《新会县志·金石》(卷十二)所收录的碑文，"罗文"均指明代罗伦撰的《一峰集》(嘉靖版)所收录的碑文。

【注释】

①往：崖志文作"移"。②富寇：县志文、崖志文均作"富弼"。③折：罗文作"拆"。④灭：县志文、崖志文均作"炽"。⑤师：崖志文、罗文均作"帅"。⑥瓣：罗文作"办"。⑦世杰：县志文、崖志文均作"张世杰"。⑧行：崖志文作"立"。⑨丞相秀夫：县志文、崖志文均作"丞相陆秀夫"。⑩房：县志文作"行"，罗文作"北"。⑪镇：县志文作"锁"。⑫向：崖志文作"面"。⑬后死者：县志文作"后就死者"。⑭丞相天祥：县志文、崖志文均作"丞相文天祥"。⑮也：县志文、崖志文均缺。⑯乌虖：县志文、崖志文均作"呜呼"，罗文作"於戏"。⑰自古：崖志文缺。⑱元：崖志文、罗文均作"宋"。⑲夷狄：崖志文作"夷"。⑳"自古夷狄之祸……宋亡则中国夷狄矣"：县志文作"亡国之惨，未有甚于宋矣"，系他作窜改文。㉑大：县志文、崖志文均缺。㉒君：县志文缺。㉓丘：县志文作"邱"。㉔表章之大典有此乎：县志文、崖志文均作"甚非所以表异先贤，教德劝忠之意也"，系他作窜改文。㉕之旁：罗文缺。㉖等：县志文、崖志文均缺。㉗买：罗文作"置"。㉘君：县志文、崖志文均作"陶君"。㉙易元：县志文、崖志文均缺。㉚陈庸：县志文、崖志文均作"陈庸辈"。㉛乌虖：县志文、崖志文均作"呜呼"。㉜极立：县志文作"极立矣"。㉝此道明而中国尊，夷狄惧：县志文缺。

罗伦撰《大忠祠记》小考

新会崖山慈元庙《大忠祠记》碑文，为赐进士及第翰林院修撰永丰罗伦撰，赐进士文林郎监察御史莆田丘山书丹。碑文有记述"以公甫门人易元、陈庸告纪成事"，落款为"成化十三年岁次丁酉夏五月己卯新会县知县京山曹伟立石"。

清代阮榕龄编的《编次陈白沙先生年谱》（卷二）中记载："成化十一年乙未，与罗一峰书《大忠祠碑》《夏赠陈秉常容彦昭易德元使永丰谒罗一峰》。"

据明代黄淳撰的《崖山志》中收录的陈洙撰的《忠义祠碑》一文记述："岁辛巳秋，广省大参淳安胡公过之，而慨然作……祠成，陶公请文立石，因详论之以为劝诫云。"又据《大明宪宗纯皇帝实录》（卷一百四十八），广东按察副使陶鲁于成化十一年（1475）十一月奏请赐庙额"大忠祠"。而大忠祠之前名为"忠义祠"，罗伦所撰《大忠祠记》，是容斑、易元、陈庸等人受陈白沙先生之托，于成化十一年夏天往江西永丰谒罗伦请记，而《大忠祠记》文中仅提及易元、陈庸二人。

据此可知，"忠义祠"始建于天顺五年（1461），并撰有《忠义祠碑》一文。《大忠祠记》当在陶鲁请赐庙额"大忠祠"之后，于成化十二年撰写。然该文是不是成于陈白沙先生门人易元、陈庸二人于成化十二年再一次请记之时，需做进一步考证。

诗碑（陈献章）

本碑绿砚石质，现立于古井镇慈元庙。碑尺寸：51厘米×88厘米×10厘米。

醉者[1]

沙水东西两石桥，
夕阳飞马剪山腰。
不知酒兴还多少，
一路清风吹不消。
————石斋稿付倪麟[2]。

【注释】

①醉者：《白沙子全集》以"与倪麟"作诗题。②倪麟：字圣祥，高邮人，新会指挥同知。

慈元庙碑

本碑砚石质，现立于古井镇慈元庙。碑尺寸：105厘米×192厘米×21厘米。

慈元庙碑

　　世道升降，人有任其责者，君臣是也。予少读《宋史》，惜宋之君臣，当其盛时，无精一学问以诚其身，无先王政教以新天下，化本不立，时措莫知，虽有程明道兄弟，不见用于时。迹其所为，高不过汉唐之间。仰视三代以前，师傅[1]一尊而王业盛，畎亩既出而世道亨，之君臣何如也？南渡之后，惜其君非拨乱反正之主，虽有其臣，任之弗专，邪议得以间之。大志弱而易挠，大义隐而弗彰，量敌玩仇，国计日非，往往坐失机会，卒不能成恢复之功。至于善恶不分，用舍倒置，刑赏失当，怨愤生祸。和议成而兵益衰，岁币[2]多而民愈困，如久病之人，气息奄奄，以及度宗之世，则不复惜，为之掩卷出涕，不忍复观之矣。孔子曰："人之生也直，罔之生也幸而免。"刘文靖广之以诗曰："王纲一紊国风沉，人道方乖鬼境侵。生理本直宜细玩，蓍龟万古在人心。"噫！斯言也，判善恶于一言，决兴亡于万代，其天下国家治乱之符验欤？宋室播迁，慈元殿草创[3]于邑之崖山。宋亡之日，陆丞相负少帝赴水死矣。元师退，张太傅复至崖山，遇慈元后问帝所在，恸哭曰："吾忍死万里间关至此，正为赵氏一块肉耳，今无望矣！"投波而死，是可哀也！崖山近有大忠庙，以祀文相国、陆丞相、张太傅。弘治辛亥[4]冬十月，今户部侍郎、前广东右布政华容刘公大夏行部至邑，与予泛舟崖门[5]，吊"慈元"故址，始议立祠于"大忠"之上。邑著姓赵思仁请具土木，公许之。予赞其决，曰："祠成，当为公记之。"未几，公去为都御史，修理黄河，委其事府通判顾君叔龙。甲寅[6]冬祠成。是役也，一朝而集，制命不由于有司，所以立大闲，愧颓俗而辅名教，人心之所不容已也。碑于祠中，使来者有所观感。弘治己未[7]夏，予病小愈，尚未堪笔砚，以有督府邓先生之命，念慈元落落，东山作祠之意久未闻于天下，力疾书之，愧其不能工也。南海病夫陈献章识。

　　兹文已脱稿，久未入石者，闻东山再请西涯先生为此作记，许之，姑留以待之耳。弘治己未夏，府别驾高君行部至邑问其故，叹息久之曰："先树此碑于庙中，俟西涯文字至再刻两碑并立。"金辉玉映，光照宇宙，慈元得之，尤为全美，东山之意，宁不在是耶！寻通之督府邓先生，遂命别驾终其事云。

门人增城湛雨跋

【按】

　　已将本碑文分别与明代黄淳撰的《崖山志》所收录的碑文、清代道光《新会县志·金石》（卷十二）所收录的碑文、《广州大典》收录的明代刻版《白沙先生全集二十卷》中所收录的碑文进行了比对。现本碑左下角缺损，"君行部至邑""为全美东山之意宁"这13个字依新会区博物馆藏《慈元庙碑》拓片填补。

　　以下"注释"中的"志文"，均指清代道光《新会县志·金石》（卷十二）所收录的碑文。

【注释】

　　①师傅：碑刻作"师传"。②岁币：志文作"岁帑"。③慈元殿草创：志文作"慈元殿创"。④弘治辛亥：指弘治四年。⑤泛舟崖门：志文作"泛舟至崖门"。⑥甲寅：指弘治七年（1494）。⑦弘治己未：指弘治十二年（1499）。

全节庙碑

本碑砚石质，现立于古井镇慈元庙。碑尺寸：109厘米×175厘米×17厘米。

全节庙碑

全节庙，在新会县❶崖山之上，弘治辛亥，今兵部尚书华容刘公大夏为广东右布政使❷时建，以祀宋❸杨太后者也。于时庙额祀典未之请也。庚申，金事武进徐公纮，适分巡是邦也❹，乃疏上，特赐今额，而祀典如祀历代帝王。于时新庙碑未之树也。甲子，左❺参政慈溪王公纶，适分守是邦也，乃属笔于诩，谨按❻：后，度宗之淑妃也。当胡兵之入寇也❼直捣临安，一时帝后王臣尽为俘虏，独后负其子益王昰与广王昺航海奔闽。于是群臣奉昰即帝位，册后为太后。帝崩，复立昺，奔崖山，依二三大臣陆秀夫辈，卧薪尝胆，为宗社恢复图。既而胡兵进逼崖山，破之，秀夫❽知事不可为也，负帝昺赴海死之，而宋祚遂移矣。后闻之，抚膺大恸曰："我间关至此者，正为赵氏一块肉耳，今无望矣！"亦赴海死焉。

惟宋三百年，后妃之贤，前称高曹，后称向孟，亦❾可以为难矣，然皆处常而能正者耳。至于流离患难，卓然能炳大义，一君亡复立一君，君亡而以身殉之❿。其死也为社稷死，为家国⓫死，为纲常死，为谨内外辨华夷死，所谓死有重于泰山者也。其有功于世教也大矣，岂非处⓬变而不失其正者，尤不易乎？是虽丈夫子读书说理道者，事君则欺其君，相国则卖其国，专城则弃其城，贼至则或闭门或迎降，甘心臣犬羊而服左衽⓭，平时君以高爵厚禄待之，谓何一旦视弃其君父如弃弁髦者，盖亦多矣。顾后蔼然以坤柔之姿，目或不知书，而理道或不能出诸口，及乎临大变，毅然视死如归，何哉？盍亦求其故乎？盖体道在率性而已矣。性无不具者也，故以妇人女子之质之美者，往往所行不期与道合而自合，如后之流是已。性昏于蔽者也，故丈夫子而不能率性者，类为物欲所蔽，故无事则雍容委蛇，谈何容易。至于小小得丧利害，临之于前而不丧志失守者，或寡矣，况死生之际乎？欺君卖国之流是已，彼为祸水，为牝晨者，又何怪乎？

然则我皇明全节之褒，元祀之飨，以为后待者宜也，非过也。然自后赴海后，二百余年而得刘公始建庙，又九年而得徐公始请祀典，又四年而得王公始征文勒之金石。岁阅七世，事更三贤，然后全节之庙貌俎豆，后之流风遗烈，殆与崖山俱高，海水俱长矣。诩近辑⓮《崖山新志》，载后事亦既详矣，复惧夫世之昧者，或不知率性以为道也，借为之辞，以为王公复俾刻⑮之。系以诗曰：

朗朗性天，古谓明德。明德克明，不惧不惑。有龙失所，嗟日之昃。星月从之，崩于海国。谋岂弗臧，大命已革。视死如蜕，就义如食。以扶天常，以辅人极。以尊中国，以攘夷狄。堂堂丈夫，破釜失色。孰能死生，从容拥翟。高曹向孟，光昭史册。于赫后烈，允迈前蘘。二百余祀，贞风沦落。有严庙貌，臣大夏作。有隆祀典，臣纮建白。帝曰俞哉，宜屋宜秩。岁飨太牢，庙襃全节。臣纶扬化，用播金石。臣诩操觚，敬述帝则。先烈煌煌，圣教赫赫。五岭以南，雷厉风廓。碑于庙门，垂示千亿。

弘治十七年甲子夏六月上浣南海病夫张诩撰并书
广东左参政慈溪王纶、新会知县罗侨立石

【按】

已将本碑文分别与张诩撰的《东所先生文集十三卷·记》（卷四）所收录的碑文、明代黄淳撰的《崖山志》所收录的碑文、清代道光《新会县志·金石》（卷十二）所收录的碑文进行了比对。

以下"注释"中，"集文"均指张诩撰的《东所先生文集十三卷·记》（卷四）所收录的碑文，"县志文"均指清代道光《新会县志·金石》（卷十二）所收录的碑文，"崖志文"均指明代黄淳撰的《崖山志》所收录的碑文。

【注释】

①县：县志文缺。②使：崖志文作"司"，县志文缺。③宋：崖志文缺。④也：崖志文缺。⑤左：崖志文、县志文均作"右"。⑥按：崖志文作"案"。⑦也：崖志文缺。⑧秀夫：崖志文、县志文均作"陆秀夫"。⑨亦：县志文作"皆"。⑩君亡而以身殉之：县志文作"而以身殉之"。⑪家国：集文、县志文、崖志文均作"国家"。⑫处：县志文、崖志文均作"死"。⑬甘心臣犬羊而服左衽：县志文缺。⑭辑：崖志文作"集"。⑮刻：崖志文作"为"。

重修崖山全节、大忠二祠记碑

本碑绿砚石质，现立于古井镇慈元庙。碑尺寸：约75厘米×146厘米×9厘米。

重修崖山全节、大忠二祠记

知新会县事零都何廷仁撰

全节庙、大忠祠原建于崖山。崖山滨海,风波险阻,有司岁时艰于修祀,乃议迁行宫、行祠于邑圭峰山❶,有司修祀遂成常典,而崖山庙祠因而废坠十有三载矣。乡大夫赵君善鸣悯祀❷典不正,白于❸提督大司马半洲蔡公❹、巡按泽山姚公,移核宪副退斋林公,议修复之。于是复核新会县知县何廷仁、主簿孙从善,务协谋经度,尽振其颓而督责修理,主簿孙从善尤专委焉。或曰:"环崖皆海也,惟东枕九曲山,延袤八十里,风潮时作浪卷沧溟,舟师股栗不敢进,瞻祠者往往望崖而止,孰若附祀圭峰,将有以慰钦崇者之思耶。况忠烈精英无往不在,正所谓掘地求泉,随在见水❺,又何必崖山之祀也哉?"噫!是非三公修复之意耳❻。夫元人凭陵侵我中国,威逼二乘逾河蹈❼海。而丞相陆公秀夫、少傅张公世杰,乃收残败之余拥帝崖门,将致力中原以期恢复。岂期事势穷促❽,秀夫犹从容收玉玺,负幼帝同投崖石❾。帝崩而秀夫死之,继而皇太后死之,张世杰又死之,扈从之臣如刘鼎孙、茅湘之与三军同赴,而死者尸浮蔽海❿。丞相文公天祥虽死于帝崩五年之后,而诗赞世杰其心,盖已决于崖山之战矣。呜呼!死重太⓫山而举国之师⓬轻犹鸿毛。夫岂不爱生也哉⓭,志在纲常,义不与虏夺也。是故,幼帝之死,死于国也。幼帝死则君死,社稷之义尽而父子之伦明。太后之死,死于国也,太后死则守身之道尽而夫妇之伦明。三忠之死⓮,死于国也,三忠死则托孤之心尽而君臣之伦明。若夫刘鼎孙、茅湘、赵樵、高桂、伍隆起之死,固皆以身徇⓯国者,而士卒数十万⓰亦随赴之,此何谓耶⓱?昔田横士五百⓲,守死海岛不肯叛横而降汉⓳,至今义之⓴。况于崖门之士,死义之正,乃不肯背帝而降虏㉑,又岂横士可同日而论哉㉒!由是观之,中原土宇,元固能夺之矣,而五帝三王历数正传,元不能夺,乃得使授首于崖山之阳㉓。中国冠裳,元固能裂之矣,而数十万㉔忠贞,元不能夺,乃得使就缚于沧波之上㉕。是其所能者,虽足以胜天,未定之数要之中国,礼义自定之天,又非胡虏所能尽胜之也。是故,光岳之气不随没于腥风而独存于崖巅,岂天欲自定将有所付属以胜之耳。呜呼!崖山之祠,关系若此,今日修复,又岂细故也哉!况于三公阐幽之意,亦不过㉖崇重纲常以补前人未发之旨,盖又不㉗专以祠之修否为重轻也。虽然，钦崇祀典㉘，有司之责也。后之有司，不能倡义修复，显光祠宇，乃畏险自阻。若尔使在当时得随张、陆之后，亲冒矢石而出入沧溟，则视崖门不知又何如也？予㉙并及之将以告夫后之修祀君子。嘉靖二十一年十二月二十二日也㉚。

【按】

已将本碑文分别与明代黄淳撰的《崖山志》、清代道光《新会县志·金石》（卷十二）所收录的碑文进行了比对。碑文首行中的"雩都"，今改为"于都"，指江西于都县。

以下"注释"中，"崖志文"均指明代黄淳撰的《崖山志》所收录的碑文，"县志文"均指清代道光《新会县志·金石》（卷十二）所收录的碑文。

【注释】

①行祠于邑圭峰山：崖志文作"行祠于邑之圭峰山"。②祀：县志文作"祠"。③白于：崖志文作"呈请"。④公：崖志文作"经"。⑤或曰："环崖皆海也，惟东枕九曲山……随在见水"：崖志文"其间若教谕沃惟禄，训导王天祈、陈凤仪、李守正，亦预赞佐之力者。或曰：'崖山南海荒陬，风涛汹涌，山谷险巇，虎豹所栖，非人迹之所致，孰愈圭峰附邑修祀，人得时致钦崇之思，又况忠烈精英无往不在，所谓加水行地中，随地掘泉皆足以见水'"。系他作窜改文。⑥噫！是非三公修复之意耳：崖志文作"呜呼！此恃论其末耳，半洲、泽山、退斋三公之忧思深长，盖不在此"。系他作窜改文。⑦蹈：崖志文作"渡"。⑧将致力中原……岂期事势穷促：崖志文作"与全盛之虏相距数里，当此之时，虽三尺之童亦知其不敌也，而二公方将修行宫、布营垒、贯舳舻、起楼棚，麾叱胡虏，视犹蟻蠓，纵兵海涛，连战二月而气不少挫，至于事势危迫"。系他作窜改文。⑨同投崖石：崖志文作"俱投海中"。⑩之与三军同赴，而死者尸浮蔽海：崖志文作"赵樵、高桂与士卒同赴死者万数"。系他作窜改文。⑪太：崖志文作"泰"。⑫举国之师：崖志文作"诸公"。⑬夫岂不爱生也哉：崖志文作"若尔夫岂苟然而已哉"。系他作窜改文。⑭三忠之死：崖志文作"三忠死"。⑮徇：崖志文作"而殉"。⑯数十万：崖志文作"数万"。⑰此何谓耶：崖志文作"此又何谓耶"。⑱田横士五百：崖志文作"田横之士五百"。⑲叛横而降汉：崖志文作"叛横降汉"。⑳至今义之：崖志文作"至今称之不衰"。㉑况于

崖门之士，死义之正，乃不肯背帝而降虏：崖志文作"今崖门败卒乃不肯背帝而降虏，则其死义之正"。㉒又岂横士可同日而论哉：崖志文作"又非横士所可同日语者"。㉓乃得使授首于崖山之阳：崖志文作"使之授命崖山之阳"。系他作窜改文。㉔数十万：崖志文作"数万"。㉕乃得使就缚于沧波之上：崖志文作"使之就义沧波之上"。㉖虽足以胜天，未定之数要之中国……亦不过：崖志文作"固人也其不能者，要天翼之不使尽，为人所胜也。是故先王一脉犹存，崖巅塞天，地横四海，耀日月而辉光河汉，绵延不绝，至我太祖高皇帝龙飞尽附，属之一扫腥风，恢复旧业，皆借此以基之也。呜呼！崖山之祠其关系世教，若此其重则今修复之也，其可已耶！是义也，半洲诸公阐幽之意要，皆"。系他作窜改文。㉗盖又不：崖志文作"又非"。㉘祀典：县志文作"祠典"。㉙予：县志文作"又"。㉚嘉靖二十一年十二月二十二日也：县志文作"嘉靖二十一年十二月二十一也"，崖志文作"嘉靖二十一年十二月廿二日"。嘉靖二十一年：1542年。

修复崖山慈元殿、大忠祠记碑

本碑砚石质,现立于古井镇慈元庙。碑尺寸:99厘米×183厘米×14厘米。

修复崖山慈元殿、大忠祠记

　　赐进士出身资政大夫前南京兵部尚书奉敕参赞机务国子监祭酒翰林侍讲同修国史经筵讲官赐一品服增城湛若水撰

　　余弱冠游郡庠时，则闻崖山为宋亡之地而哀之，然而未知所谓崖山者。及壬子，举于乡，会试报罢因弃，去从白沙先生游。游崖山，始知所谓崖山矣。而慈元太后全节殿，其后文公、陆公、张公三忠庙❶，其前则犹未知。所谓行朝体制草昧，固如是乎而疑之。及余由翰林历迁国子祭酒，礼、吏、兵三部尚书，皆在南京，以近时则闻李侍御按新会，迁殿与庙于圭峰废寺之址徒以附郭，便祀览焉而异之，未知所谓以神就人，非地罔歆者。及余致政南归二年，壬寅仲冬之廿❷，再谒白沙先师墓，遂因友人汤子霌，复游崖山。过是邑，见同志，旧知何邑尹治兹二年，爰兼政教，曰："崖山修复，乃督学林退斋公之卓见，巡抚都宪蔡半洲公、巡按侍御姚泽山公之断制，赵太守丹❸山公之倡议，沃教谕君惟禄等之协赞。而任其责者，廷仁与孙主簿从善也。经始于壬寅四月廿九❹日，迄❺工于癸卯六月初五日。然是役也，废兴之故匪轻，岁月之迹宜记❻。前有白沙、一峰、东所诸先生之记，非公之文莫克绍光焉。"及余至崖山，则见慈元殿凛乎而在其上；大忠祠为四楹者二，则退然而避于左；歇官厅亦为四楹者二，则偃然而居于右。于是，君臣内外之制始明矣，天冠地屦❼之义分矣，来观者而❽其秉彝人伦之心油然而生矣，虽亡犹存矣。考览故迹，目奇石，则曰："此陆公秀夫负幼帝赴海之地也。"目其前崖，曰："此杨太后闻幼帝赴海，叹无复望，投波而死之地也。"望两山会合，海口如门，则曰："此张公世杰瓣香祝天，巨风覆舟而死处❾也。"北望燕云，俯悲宋祚，曰："兹非文相国天祥，屡执不屈，死节时乎而感慨之情，忠义之气勃然而兴矣。"

　　由是追憾有宋立国之弱，举措之乖，议论之多，高宗之渡，武穆❿之祸，和议之胜，社稷之死⓫，奔逐之穷，至于如此，而令人握腕感愤，痛哭而流涕者矣。夫然后知殿庙之迁复而易制者，大有补于名教，而叹诸君子之谋之善也。或曰迁复易制之善，则吾既闻命矣。敢问三忠之为，忠也！何为也哉，甘泉子曰："三忠则何为也哉，无所为而为之者也。夫三忠者，不自知其为忠，不自欺其心而已焉者也⓬。知其为忠而为之，则非三忠矣。夫三忠者，自尽自心，自存自性，知杀身而不知成仁，知舍生而不知取义焉[13]者也。"殷有三仁焉[14]，曰："人自靖自献于先王，若三忠者，亦知自靖而不知自献于先王者也。自尽自忠，于人何与焉？是则三忠也已矣。"

【按】

国家图书馆藏《甘泉先生续编大全》（三十三卷），系明嘉靖三十四年（1555）刻、万历二十三年（1595）修补本，该卷收录《修复崖山慈元殿大忠祠记》。编者未能目验其文，然从钟彩钧先生（2004年5月于台湾"中央研究院"文哲研究所）的点校本看，缺字较多，故未与之进行比对。查明代万历七年（1579）吴沦刻本《湛甘泉先生文集》（三十五卷），未见收录该文。现据明代黄淳撰的《崖山志》所收录的碑文、清代道光《新会县志·金石》（卷十二）所收录的碑文，与本碑文进行了比对。

以下"注释"中，"县志文"均指清代道光《新会县志·金石》（卷十二）所收录的碑文，"崖志文"均指明代黄淳撰的《崖山志》所收录的碑文。

【注释】

①庙：县志文作"祠"。②壬寅仲冬之廿：县志文作"壬寅仲冬之二十"，崖志文作"壬寅仲冬之日"。③丹：崖志文作"舟"。④廿九：县志文、崖志文均作"二十九"。⑤迄：崖志文作"讫"。⑥记：崖志文作"纪"。⑦屡：崖志文作"履"。⑧而：崖志文缺。⑨死处：县志文作"死之处"。⑩武穆："穆"，碑刻作"稷"，疑为讹字。武穆，即岳飞（1103—1142），字鹏举，宋代相州汤阴县（今河南安阳汤阴县）人，南宋初抗金名将，中国历史上著名军事家，位列南宋中兴四将之一。1142年1月，宋廷以"莫须有"的"谋反"罪名，将岳飞及其长子岳云和部将张宪一同杀害。宋孝宗时岳飞冤狱被平反，改葬岳飞尸骨于西湖畔栖霞岭，追谥武穆，后又追谥忠武，追封鄂王。⑪死：崖志文作"厄"。⑫焉者也：崖志文缺。⑬焉：崖志文缺。⑭三仁焉：崖志文作"三仁者"。

敬题全节庙、大忠祠诗各一首诗碑

本碑绿砚石质，现立在古井镇慈元庙。碑尺寸：113厘米×228厘米×15厘米。

敬题全节庙、大忠祠诗各一首

海舶❶飘零事可知，间关忍死护孤儿。
庶几一旅兴王日，或副三闽立帝时。
尽拟龙翔回宋历，讵期鱼腹葬舟师。
贞魂不与沧波逝，峻节犹堪张四维。

国事艰虞何代无，独怜宋室扼狂胡。
攘夷志切安中夏，雪耻谋先复上都。
赤手临危终捧日，丹心誓死有捐躯。
纯臣谁更论成败，万古纲常已赖扶。

嘉靖癸卯❷之秋
提督两广军务兼理巡抚兵部尚书兼都察院右都御史蔡经❸书

【按】

明代黄淳撰的《崖山志·题诗杂咏》（卷五）收录了蔡经三题四首诗，这是其中的两首。

【注释】

①海舶：黄淳撰的《崖山志·题诗杂咏》（卷五）作"海泊"。②嘉靖癸卯：指嘉靖二十二年（1543）。③蔡经：生于1492年，卒于1555年，字廷彝，号半洲，福建侯官(今福州市)洪塘乡人，明朝中期抗倭将领。父亲张海，家贫而孤，随母蔡氏回外祖父家；外祖父家无后，张海和张经都袭用蔡姓。蔡经及第成名后，恢复张姓。蔡经与当时新会乡贤江西布政使司左参政区越交集颇多，相互间有诗往来。

宋文丞相信国公《正气歌》石碑

本碑砚石质，现立于古井镇慈元庙。碑尺寸：116厘米×192厘米×15厘米。

宋文丞相信国公《正气歌》石碑

天地❶有正气，杂然赋流形。下则为河岳❷，上则为日星。于人曰浩然，沛乎塞苍冥❸。

皇路当清夷，含和吐明廷。时穷节乃见，一一垂丹青。在齐太史简，在晋董狐笔。在秦张良椎，在汉苏武节。为严将军头，为嵇侍中血。为张睢阳齿，为颜常山舌。或为辽东帽，清操厉冰雪。或为《出师表》，鬼神泣壮烈❹。或为渡江楫，慷慨吞胡羯。或为击贼笏，逆竖头破裂。是气所磅礴，凛烈万古存。当其贯日月，生死安足论。地维赖以立，天柱赖以尊。三纲实❺系命，道义为之根。嗟予❻遘阳九，隶也实不力。楚囚缨其冠，传车送穷北。鼎镬甘如饴，求之不可得。阴房阗鬼火，春院闭天黑。牛骥同一皂，鸡栖凤凰食。一朝蒙雾露❼，分作沟中瘠。如此再寒暑，百沴自辟易。哀哉沮洳场，为我安乐国。岂有他缪巧，阴阳不能贼。顾此耿耿在，仰视浮云白。悠悠我心悲，苍天曷有极。哲人日已远，典刑在夙昔。风檐展书读，古道照颜色。

巡按广东监察御史杨以诚篆
提督学校广东按察司副使陈垲建
嘉靖丁未❽正月吉广州府通判龚良猷刻

【按】

已将本碑文分别与清代道光《新会县志·金石》所收录的碑文、黄淳撰的《崖山志》所收录的碑文进行了比对。

以下"注释"中，"县志文"均指清代道光《新会县志·金石》所收录的碑文，"崖志文"均指明代黄淳撰的《崖山志》所收录的碑文。

【注释】

①天地：碑刻作"天下"。②河岳：碑刻作"河渎"。③苍冥：碑刻作"苍溟"。④壮烈：崖志文作"庄烈"。⑤实：县志文、崖志文均作"掬"。⑥嗟予：碑刻作"嗟余"。⑦雾露：碑刻作"雾雾"。⑧嘉靖丁未：指嘉靖二十六年（1547）。

重修崖山全节、大忠祠记碑

本碑砚石质，现立于古井镇慈元庙。碑尺寸：113厘米×179厘米×11厘米。

重修崖山全节、大忠祠记

赐同进士出身资政大夫南京都察院右都御史前兵部右侍郎[1]都察院左副都御史建业王以旂撰文

赐进士出身通奉大夫浙江布政使司左布政使前广东按察司副使奉敕提督学校莆田林云同书丹

赐进士出身中宪大夫广东按察司副使奉敕提督学校前[2]江西提督学佥事晋江蔡克廉[3]篆盖

广东新会县南八十里即大海，海中有山，曰[4]崖山，巉岩峻[5]拔，形势阻郁，两崖对峙若门，人曰[6]"崖门"。上[7]多平地，故宋行宫遗址在崖巅[8]，有庙祀宋丞相文[9]天祥、陆秀夫，太傅张世杰。复即慈元殿基立祠以祀杨太后，皆创于成化弘治年间。名公巨[10]卿连章累奏表扬，殿[11]实赐额曰"大忠"、曰"全节"，奉以血食，风示天下后世者。呜呼[12]！当宋运告终，元人逼逐帝昺至此，外无蚍[13]蜉蚁子之援[14]，三君子独毅然以兴复为任，矢心殚力于幼主[15]。千钧之余，栖险于山，结舟为城，引十数万之师，置之危地以图存[16]。夫[17]忠义激烈，十万同心，苟天意，果从出奇制胜，资[18]援兵而假饷道卷土重来，天下尚未可知也。顾以夷狄侵陵，积岁已久，奸回卖国，境土日蹙[19]，卒令人众胜天，虽有善者亦未如之何已。文山被执，天柱遂倾，郡县已收复失[20]，兵威稍振，后□□旗一仆[21]，大事竟去。陆秀夫负帝死于海，一时从官、后宫、宦寺、军兵随死者十万余众。继而杨太后死，张世杰又死，彼[22]洪涛巨浸，咸为安居正路之区。后五[23]年，天祥亦死，百折不回，从容就义，尤人之所难者。呜呼！自古亡[24]国，君臣辱身，受降不可缕数，未有能死社稷如此之烈者也。夫岂有为而为之耶，天纲[25]民彝之在人心，自不容已者也。无尊卑[26]，无疏戚[27]，无古今[28]，此心所感，亦自无不同者也。世谓宋自艺祖以来[29]，仁义忠厚，历代相承，故[30]有三君子之报，扶植纲常[31]，掀揭宇宙不可尚矣。如刘鼎孙、茅[32]湘、赵樵[33]、高桂、苏刘[34]义、刘师勇、伍隆起辈，率彼[35]忠义所感，视死如归。夫士[36]既委质以事君焉，往而不竭[37]忠，虽以身殉国亦常经也。而杨太后独以女子妇人，间关万里，保抱遗孤，生死以同，数语之间，感痛切至，度越丈夫，远甚若彼。士卒其丽不亿，不从[38]

义死，不荣幸生，亦何可[39]所驱迫哉，不过此心之感耳。尝考文天祥手帖云，赣州起义旅相从者，如欧阳冠侯辈、宁都陈蒲塘父子，凡二十三家。张世杰亦称，兴化陈瓒起家丁□[40]百余人应援。伍隆起谓世受宋禄，躬率民兵为报，则知当时勤王者，多非乌合之众。是故忠义之感无间于尊卑疏戚焉，传曰："诚者，非自成己而已也，所以成物也。"三君子之大忠，杨太后之全节，仁至义尽而能感人，如此不谓之成己成物，可乎？夫以死勤事，祀典攸宜矧其功烈卓伟，天地正气以续万世彝伦，以明先民，所以兴祀[41]立庙，岂特式昭崇极之意哉。惟兹旧祠圮[42]于岁久，有司往祭常病[43]涉海，辄移祭于圭峰行宫，苟且毕事，神不愿享。嘉靖壬寅，督学宪副退斋林君云同见而悲之，谂于众曰："嗟，彼崖山为[44]宋君臣同死社稷之地，忠魂义魄，流为川融，凝为山峙，上与日月争光，下与明珠并耀，奋百代而特立，亘万古而常存者也。匪祠于此，曷致向往，行将撤新祠而复故庙，俾神有所依，有所感奋[45]焉。"佥曰："诺！"复白诸抚、按，谋诸藩、臬，亦罔不协从。遂委知县何廷仁经理其事，专责成于主簿孙从善。更定庙制，以明君臣上下之分。体统尊[46]严，规模宏远，三百年海上之英灵洋洋乎，如在其上，如在其左右，俾吾人拜祠下而得于亲炙之者，忠义之心有不油然兴起乎？临大节，有不为臣死忠？为子死孝乎！昔箕子过故墟而歌《麦秀》，大夫闵周室而赋《黍离》，诚有所感也。明年，祠宇落成，士民大会，咸用感奋至有泣下者。呜呼！忠义人心之所同，然何古何今，退斋斯举，其为世道关系，岂小补欤！未几，从善致仕归梓[47]，乡进士区元晋[48]状来请纪事，余不文且病，未许。岁余，复来固请，历道退斋留心风化，此其大者，愿勒坚珉。余昔承乏闽巡，退斋与有一朝之义，其德学政教盖雅知也，何可辞？遂次第其事归之。呜呼！从善果何所为耶。于[49]此益知忠义之能感人也。

嘉靖二十七年[50]岁次戊申八月既望新会知县林腾蛟、县丞张吉、主簿刘景哲立石

【按】

因无法找到有关本碑文的王以旗撰写的其他版本，故仅将本碑文与清代道光《新会县志·金石》所收录的碑文进行了比对。清代道光《新会县志·金石》所收录的碑文中，用"□"表示的缺字，在保存下来的碑刻拓片上大部分尚能辨识。本碑文依其填补。

以下"注释"中，"志文"均指清代道光《新会县志·金石》所收录的碑文。

【注释】

①赐同进士出身资政大夫南京都察院右都御史前兵部右侍郎：志文作"赐进士出身资政大夫南京都察院左都御史前兵部左侍郎"。②前：志文作"□"。③蔡克廉：志文作"蔡克勤"。④曰：志文作"□"。⑤巉岩峻：志文作"□□□"。⑥人曰：志文作"□"。⑦上：志文作"山"。⑧崖巅：志文作"□□"。⑨祀宋丞相文：志文作"□□□□□"。⑩巨：志文作"□"。⑪殿：志文作"故"。⑫呜呼：志文作"□□"。⑬虮：志文作"□"。⑭援：志文作"□"。⑮于幼主：志文作"□□□"。⑯存：志文作"□"。⑰夫：志文作"□"。⑱资：志文作"合"。⑲蹙：志文作"□"。⑳复失：志文作"□□"。㉑兵威稍振，后□□旗一仆：志文作"兵威振复□□□□□"。㉒彼：志文作"□"。㉓五：志文作"□"。㉔亡：志文作"□"。㉕纲：志文作"□"。㉖卑：志文作"□"。㉗戚：志文作"□"。㉘古今：志文作"□□"。㉙艺祖以来：志文作"□祖以□"。艺祖，指有才艺文德的祖先，系对祖先的美称。碑文中指宋太祖。㉚承，故：志文作"□□"。㉛扶植纲常：志文作"□□常"。㉜茅：志文作"□"。㉝樵：志文作"□"。㉞刘：志文作"□"。㉟率彼：志文作"□□"。㊱士：志文作"亦"。㊲竭：志文作"□"。㊳从：志文作"□"。㊴何可：志文作"□□"。㊵起家丁□：志文作"□□□□"。㊶祀：志文作"祠"。㊷圮：志文作"祀"。㊸病：志文作"□"。㊹为：志文作"□"。㊺奋：志文作"人"。㊻尊：志文作"□"。㊼梓：志文作"□"。㊽区元晋：生于1503年，字惟康，号见泉，区越第四子，广东新会人。嘉靖四年（1525）乙酉科举人，嘉靖三十九年（1560）云南镇南州知州，乙丑年（1565）迁庙学于城东，嘉靖四十五年（1566）升兴化府同知，隆庆二年（1568）致仕，卒于万历三年（1575），享寿七十三岁，著有《区奉政遗稿》。㊾于：志文作"□"。㊿嘉靖二十七年：1548年。

崖门览古诗碑

本碑绿砚石质，现立于古井镇慈元庙。碑尺寸：82厘米×172厘米×15厘米。

崖门览古诗

遗恨前朝事，吾来问水滨。
乾坤存一旅，社稷有三臣。
惨淡勤王志，间关护主身。
至今崖畔石，风雨洗胡尘。

极地南浮日，敷天左衽时。
殒身徒有客，误国每❶由谁。
百战江山破，三军恸哭辞。
海门霞几片，犹闪旧旌旗。

北伐歼良将，南迁❷失令图。
人心非去宋，天意乃强胡。
行殿秋烟冷，荒陵夜月孤。
徒衔精卫恨，沧海几时枯。

万里穷何路，双崖壮此门。
吁天惟决战，航海岂图❸存。
虏骑能追宋，王师实灭元。
聊持一尊❹酒，波上酹忠魂。

亡国遗墟❺在，扁舟访古行。

崖无灭宋字，波有撼胡声。

冠履元❻华夏，乾坤仗圣明。

回思驱逐日，极塞虏尘清。

——端溪区大相书

【按】

已将本碑文分别与清代道光《新会县志·金石》所收录的碑文、明代黄淳撰的《崖山志》所收录的碑文、清代道光庚寅（1830）孟夏重镌的《区海目诗集》所收录的碑文进行了比对。

以下"注释"中，"志文"均指明代黄淳撰的《崖山志》所收录的碑文，"集文"均指清代道光庚寅孟夏重镌的《区海目诗集》所收录的碑文。

【注释】

①每：集文作"始"。②南迁：集文作"南征"。③图：志文作"徒"。④尊：志文作"杯"。⑤墟：志文作"圩"。⑥元：志文作"原"，集文作"仍"。

时万历戊申岁孟夏榖旦立碑

本碑砚石质，现立于古井镇崖山祠。碑尺寸：99厘米×183厘米×8厘米。

时万历戊申岁孟夏穀旦立

次白沙先生题崖海慈元殿杨太后吊古七言一律

山河破尽只留碑，恨卷沧烟压九疑。
崖海何缘藏玉碗，空山寂尔闪阴旗。
黄泉掩袂临先帝，黔首无能祚小儿。
满目沧波千古咽，停骖不忍问前时。

次崖门吊古七言一律

自古皇图不亿年，崖门旧❶恨更堪怜。
三忠若肯先当国，羯贼何由敢坏边。
万里风波将母子，千秋冰玉泣皇天。
凄凄芳草斜阳下，系马题诗和泪涟❷。

次崖门三忠祠五言二律

胡尘飞白日，崖海斗星沉。
江汉千秋泪，乾坤万古心。
苔碑人代旧，庙貌世如今。
永作华夷障，烟波灵爽临。

立马吴山上，江河已欲沉。
三仁殉亳社，千载照丹心。
世代虽殊旧，胡元不到今。
沧波涵庙宇，日月共照临。

丙午岁孟秋偕何玄谷❸老公祖伦五知老先生诣崖山吊三忠祠五言排律

关山戎马黯，箕尾悼星沉。
节义文章腹，崎岖控御心。
零丁嗟共苦，惶恐叹重阴。
颠沛坚臣节，流离献主箴。
中兴期一旅，秉政矢同任。
正笏匡时笃，瓣香报国深。
力绵悲运绌，鹃血泪江浔。
忠魄乘潮咽，孤魂带雨吟。
停骖追旧事❹，掩袂湿衫襟。
宋鼎嗟沦没，天纲幸不侵。
千秋铭石碣，亿载听锵金❺。
特泛南来棹，幽衷❻寄素琴。

——闽漳龙岩王命璿题

【按】

本碑额题"时万历戊申岁孟夏穀旦立"十一字隶书，"古无此体，仅见此"。已将其碑文分别与清代道光《新会县志·金石》所收录的碑文、黄淳撰的《崖山志》所收录的碑文进行了比对。

以下"注释"中，"县志文"均指清代道光《新会县志·金石》所收录的碑文，"崖志文"均指黄淳撰的《崖山志》所收录的碑文。

【注释】

①旧：县志文作"遗"。②涟：县志文作"连"。③何玄谷：县志文作"何元谷"，系避清康熙皇帝讳。④旧事：崖志文作"往事"。⑤锵金：县志文作"铿金"。⑥幽衷：县志文作"幽哀"。

重修慈元庙碑

本碑砚石质，现立于古井镇慈元庙。碑尺寸：120厘米×195厘米×20厘米。

重修慈元庙碑

光绪二十一年[1]乙未，台山文学赵集来学于简岸读书草堂，三年而归。越二十八年壬戌，谒见于省会旅次，再拜而言曰："集系出赵氏，故宋裔也。"宋亡后二百余年，迄明弘治间，白沙陈文恭创议建崖山慈元庙，居先有大忠祠之上，刘方伯大夏如议成之，既而义士祠亦继作。丁邑令积割废寺田三顷有畸，以供其祭慈元庙、祭杨太后也。其称曰"全节庙"，明代诏称焉。大忠祠祭文信国、陆丞相、张太傅也，义士祠祭从军众士也。

历代诏行祭礼，向由新会潨头系、三江系、霞路系、香山南门系四房轮管办祭。乾隆五十六年[2]辛亥，四房均醵重金为修庙资，祠亦同修，侯邑令学诗纪其事。光绪间修义士祠贷金，以递年由租抵还。迨民国壬子，慈元庙倾矣，以遭风雨且盗扰多也。当修复且修大忠祠，乃议如乾隆辛亥，每房醵金例，而助以台山浮石系，共为五房，各醵金三千两，凑力捐修。自兹以后，五房轮管办祭，斯为永也。今议决事成，请书之。予起而言曰："全节，后孝孙之事其书之则宜，而予于宋适有感焉。"

呜呼！天下岂不有国亡而学亡者哉？宋之国虽亡，宋之学不亡也。《礼》曰："国君死社稷。"如其学不明，则背礼焉。制礼者察民，人非土谷，不生社稷，以土谷为民人之利，天职也！以保社稷，故而立国君以承天职，此国君所由死社稷也。而学不明者，天职之人乃不为社稷亡而死。朋从盗国之佞，遁忘敌国之仇，遂使天职可悲，不知为古所称。天役者，昧昧然不思社稷亡，竟何事也！于是乎，亡国大夫，方幸变通。尧舜为光天之下苍生，谓数千年来开未有之文明。伯夷可不饿于首阳，箕子可为仆于朝鲜，凡古之志士仁人，皆不足与知新同语。如其然也，是背礼而其学不明也，是国亡而学亡也。以视宋亡之日，社稷臣负幼主而沉海，从军不二心，众士皆从之以俱沉。虽亡犹不背礼者，其学何如哉？君子言学，追论宋亡则叹其学之明，可守死以终也。

夫学不明者，时有"执一"之端梗其中，何其不审"执一"之端，乌可以穷四海九州之变？考诸《春秋》，其国人既君之者，则《春秋》自其国人而书之，曰其君盖其国人，既君之乃其君也。其国人既君之者，义不得旋而不君其君也。此《春秋》止乱之义也，绝其以反复生乱也。奚为而所学不于《春秋》明其变也，文信国曰："读圣贤书，所学何事？"今以其久囚，死义之事，观之其所学，光天地间矣。

宋濒亡之日，陆丞相在舟中讲《大学》，诚忧其学不明也，岂其迂乎！《大学》曰："孝者，所以事君也；弟者，所以事长也；慈者，所以使众也。"此非国君当令其国人欤，惟孝惟弟惟慈，斯谓之仁；不孝不弟不慈，斯谓之暴。故曰尧舜率天下以仁而民从之，桀纣率天下以暴而民从之，其所令反其所好而民不从。《大学》察于斯矣，苟出令者，尧舜其名，桀纣其行，安可令欤。《大传》曰："亲亲也，尊尊也，长长也，男女有别，此其不可得与民变革者也。"其义于《大学》通矣，亲亲尊尊，孝也。《孝经》曰："君子之事亲孝，故忠可移于君。"长长弟也。《孝经》曰："事兄悌，故顺可移于长。"亲亲则其慈可知也，男女有别，孝弟之家齐也。《孝经》曰："居家理，故治可移于官。"《大学》之义，犹《孝经》也，其义皆圣人之法也，顾敢非耶。《孝经》曰："要君者无上，非圣人者无法，非孝者无亲，此大乱之道也。"国人其能无念乱耶。《大学》曰："长国家而务财用者，必自小人矣，彼为善之。小人之使为国家，灾害并至，虽有善者，亦无如之何矣。"盖小人之祸，争财于民，则民乃交争而相夺。其相夺也，由上施之，故曰争民施夺。当其争夺不休，民怨伤天，和腾咎征[3]，而天灾至民，贼逞人强，动敌兵而人害至，遽见国亡，皆无可救。故曰："有国者，不可以不慎，辟则为天下僇矣。"《大学》告之危，俾深戒也。宋禁《大学》，国亡之兆。寤而弛禁，其义复明。陆丞相日书其义进陈于幼主。因《小学》时以蒙养，豫《大学》之先，非躐等[4]也。幼主读《大学》《书》，日闻其义，故能天性相感。丞相负之则从其负之，从负而丞相沉海，死节之心遂焉。知微者以此为蒙养功也。世议兴学，以废为兴，谓读《大学》《书》，宜于《大学》，非《小学》所宜，下令《小学》废读，顿与昔殊。昔之，令甲《小学》，读《大学》《书》，欲其成诵易而终身不忘也。其幼不豫，其长难成，《小学》废之，无异《大学》废之，此与宋禁《大学》，事不同而病同，亦国亡之兆也。彼禁终复，此废谁兴？呜呼！天下岂不有国亡而学亡者哉，宋之国虽亡，宋之学不亡也。

顺德简朝亮

端州伍羲书丹

端州梁俊生镌石

【按】

本碑文撰写者简朝亮（1852—1933），字季纪，号竹居，顺德简岸村人，系朱九江弟子。五应试不第，遂绝意仕进，在阳山辟读书堂，从学者众，著有《读书堂集》。

【注释】

①光绪二十一年：1895年。②乾隆五十六年：1791年。③咎征：过失的报应，灾祸应验。《书·洪范》云："曰咎征：曰狂，恒雨若；曰僭，恒旸若。"④躐等：逾越等级，不按次序。

陈白沙纪念馆

新会碑刻

孝思堂记碑

本碑砚石质，归属江门市博物馆，现镶于陈白沙纪念馆内。碑正面尺寸：42厘米×49厘米。

孝思堂记

人之生，乐莫乐于父母之具❶存。番禺陈生献章，方娠而严亲弃世，则不幸之大者也，赖三迁之教，中戊辰乙榜进士。笃漆雕之信，复淹吾馆。每痛鲤庭之永隔，感孟机之多违，闻者动心焉。家僮之返，予为大书"孝思"题其白沙之堂，而文以广其意曰："君子之于亲，跬步不忘于孝，矧❷幽明之异、侍养之旷哉？然全其大，必当略其小。慈颜无恙，伯氏❸综家❹，正自求多福之时也。及是时，悉其心以立乎己，俾人❺知陈氏之有子，先君为不亡矣。陈生勉乎哉！"伯氏朝夕为我申其说于定省之余，亦足少慰倚门之况云。景泰五年❻，岁在甲戌八月甲申，临川吴与弼记并书。

【按】

已将本碑文分别与清代道光《新会县志·金石》（卷十二）所收录的碑文、黎业明编校的《陈献章全集》所收录的碑文进行了比对。

以下"注释"中，"黎文"均指黎业明编校的《陈献章全集》所收录的碑文，"志文"均指清代道光《新会县志·金石》（卷十二）所收录的碑文。

【注释】

①具：黎文作"俱"。②矧：黎文作"况"。③伯氏：碑刻中，两字无法辨析，依志文补。④综家：志文作"总家"。⑤俾人：志文作"俾之"。⑥景泰五年：志文作"时景泰五年"。景泰五年：1454年。

嘉会楼记碑

　　本碑砚石质，归属江门市博物馆，现立于陈白沙纪念馆内。碑尺寸：104厘米×210厘米×17厘米。

嘉会楼记

民国九年陈子褒捐款筑亭移竖于此

嘉会楼在新会县东南二十里许，地名白沙之江湄。楼为重斯道而作者也，而其名则于《易》"嘉（会）足以合礼"之义也。白沙先生倡道东南，几四十年矣，天下之士闻风景从，而（凡）东西往来与夫部使（过）者❶（必）谒焉，村落茅茨土栋至无所于容。

弘治甲寅夏六月，巡按广东监察御史南昌熊君成章，始谋（创楼为）衣冠盍簪之地。会藩宪郡守诸公，议甫定，即檄通判顾文，时❷来卜地，百工力作，浃数月乃告成焉。地凡若干亩，楼凡三❸楹，高若干丈❹，广如之❺。

南望崖山大忠诸❻祠，西接圭峰玉台寺，北联丁令祠、（贞）节桥，东控江门，山环水绕，足称名胜云。维斯道之在人心，犹日月之丽天❼，川岳之列地也。无日月（则）万古冥冥矣，无川岳则化育功亏矣。人心一失，则贸贸焉（亦❽焉所底止也）。然倡之者，盖❾难乎其人（焉）。苟非心传❿神会，有以默契数千载（不）绝如缕之传，则（穷）理之功有憾，涵养之力莫施，无（论死生⓫之）变，祸福之大，虽功（利得丧丝毫）不断，物我是非一念（犹）存，以是诬己欺人，彼⓬愚懵或信矣，贤智者（信之乎？在）人者或感矣，天地鬼神感之乎？《中庸》曰："诚之（不）可掩，如此夫！"又曰："诚者，非自成（己而已也，所以成物也）。"世（道幸而）有真儒者作焉，（如日）月、如川岳，开迷育物之功大矣，见之者得不谓之（嘉会乎？慨）自唐虞三代，君臣（以斯）道（嘉）会于上，而道寓于政者，天也；如洙泗、如濂洛，师（友）以斯道嘉会于（下，而道）寓于言者，亦天也。（又寂寥）数百年，始得先生者为之倡焉，虽不见（用于时，而）溯流穷（源），指示来学，（异）时出而为世用（者，安）知非其人也？然则，先生所遇独非（天）乎？今刑部侍郎白洲李先生，时为广东按察使⓭，征记于定山庄（先生），记未成而白洲迁官去，定山寻亦物故矣⓮。穹碑（卧）荆棘中，殆十年⓯。

弘治癸亥⓰，吉水罗（君惟）升⓱，以名进士来知县（事），不胜羹墙之思，且念楼记⓲（久不树），无以纪前功而启嗣修也。以（诩）一日在先（生）门下者，（属）

记之。夫楼之创不创，记不记，乌足以系斯道之加损也哉？所谓在人心者，亦必有因而见，不（可少也），故曰楼为重斯道而作者也。於戏[19]！先生往矣，传其道者见（之）闻之，世岂无人？而散处四方亦已久矣。独（斯）楼之在白沙，岿然如鲁灵光之存。千载之下，过阙里而起敬，味昌歜而致思者，亦必有感（于记之云）乎！罗君名侨，为人惇信[20]，治邑绰越[21]廉能之誉云。

（弘治十六年岁在癸亥秋八月）下浣，南海病夫张诩廷实撰并书

【按】

本碑由于风化剥落，部分碑刻已模糊，有103个字已经消失。碑文括号内部分文字依张诩撰的《东所先生文集十三卷·记》（卷五）所收录的碑文填补。将可辨析的碑文分别与《东所先生文集十三卷·记》（卷五）所收录的碑文、明代何九畴编刻的《白沙子全集》（附录）所收录的碑文进行了比对，发现存在差异。

以下"注释"中，"集文"均指张诩撰的《东所先生文集十三卷·记》（卷五）所收录的碑文，"何集文"均指明代何九畴编刻的《白沙子全集》所收录的碑文。

【注释】

①部使（过）者：集文作"部使者过"。②时：何集文作"特"。③凡三：集文作"若干"。④丈：集文缺。⑤广如之：集文缺。⑥诸：何集文缺。⑦犹日月之丽天：何集文、集文均作"犹日月之丽于天"。⑧亦：集文作"将"。⑨盖：集文缺。⑩传：集文、何集文均作"领"。⑪死生：何集文作"造化"。⑫彼：何集文作"将"。⑬今刑部侍郎白洲李先生，时为广东按察使：集文缺。⑭记未成而白洲迁官去，定山寻亦物故矣：集文作"未几而定山先生随以物故矣"。⑮殆十年：集文作"二十年"。⑯弘治癸亥：指弘治十六年（1503）。⑰罗（君惟）升：指罗侨，字惟升，江西吉水县（今江西省吉水县）人，弘治十二年（1499）登进士，授新会县知县，受到民众爱戴。升，何集作"斗"。⑱记：何集文作"碑"。⑲於戏：集文作"呜呼"。⑳惇信：何集文作"慷慨"。㉑越：集文、何集文均作"著"。

恩平县儒学记碑

本碑砚石质,归属江门市博物馆,现立于陈白沙纪念馆内,碑尺寸:106厘米×184厘米×10厘米。

恩平县儒[1]学记

恩平,古恩州之域。国朝置恩平驿,隶阳江县,今恩平堡是也。堡[2]立于成化之己丑[3]。先是西獠入寇,景泰、天顺间,剽掠高凉以东,亘数百里无完城。民争起从贼,远迩巢垒相望,此其地也[4]。成化改元,圣天子念两[5]广夷贼未平[6],命将讨之,而用其偏师于此[7]。既而贼势复炽,当道[8]者以恩平地四达难守,简畀[9]我邑令郁林陶侯鲁。侯[10]素有威略,至则急捣其巢穴,既杀其桀黠者[11],遂以其众还各郡县且数万人。而又[12]虑其向背靡常,即一旦复起为患,有如前日充[13]斥,其将何以待之?此堡所以建也。成化丙申,右[14]都御史郴[15]阳朱公[16]奉敕总[17]督两广军务。既至,环视列郡,昔尝[18]为贼所破者,亟[19]谋所以善其后。谓恩平故多虞,且其地介数邑之间,当东西行[20]之冲,送往迎来,民劬于道路者无虚日,不如以堡为邑便。会我陶侯亦以边[21]功累升按察副[22]使,奉玺书专经略是方。公于是俾侯成之。区画既定,悉以上闻。凡割阳江、新会、新兴三县人户[23]三千户,粮一万石。县仍驿名,城以堡建,无所改于其[24]旧。城之中为治戎之所,东则县治,西则学宫。学宫[25]既成,诸士子远近云集,学舍不能容[26],诵弦之声盈耳。过者叹曰:"美哉,洋洋乎!昔为盗贼之垒,今为诗书之府。谁之力欤?"邑令翁君[27]以书属予记其事,而尤[28]于学宫[29]惓惓焉。嗟夫[30],翁君其知理民之本乎[31]!自有边[32]患以来,狼吞虎噬以残民之生,人所知也;汤沸火烈,以贼民之性,人[33]未必知也。颠沛流离,死生利害怵于前，而父子失其亲，兄弟失其爱，水㉞火之患不息，斗争㉟之情日炽，则五品之伦、五常之性，几何而不与生俱灭耶？故夫君子之政，在于拯民，则军旅之兴有时而不获已；在于防民，则俎豆之事不可一日而不讲也。今寇患虽平，民俗未新，邑长以是为政，而忠信发之；学官以是为教，而忠信导之；诸士子以是为志，而忠信体之㊱。习端而俗正，教立而风行，民乐生而好乱者息，士有耻而慕㊲义者众，则刑罚可省，礼义可兴，囹圄可空，干戈可戢，守令之责尽矣。而君之心㊳，宁不亦乐于斯乎！予不文，谨具其事之㊴始末，与其所当先者以复君，碑于学宫，俾来者有考焉。君名俨，莆田㊵人㊶。

成化十八年岁次壬寅冬十二月古冈陈献章公甫撰文

丁未春三月知县陈汉昌求书立石

【按】

已将本碑文分别与民国时期卢湘父版《白沙子全集》，陈志平撰的《陈献章与广东地方名宦交游及相关书迹考证》，黎业明编校的《陈献章全集》，明代崇祯《肇庆府志》，清代康熙《恩平县志》，孙海通点校的《陈献章集》，碧玉楼藏本《白沙子全集》，明代正德戊辰（正德三年，即1508年）版、门人张诩撰的《白沙先生全集·序》，莆田林齐识撰的《识陈白沙先生全集后》的八千卷楼珍藏善本《白沙文集》等所收录的碑文，以及《广州大典》收录的《白沙先生全集二十卷》（三卷）中的《恩平县儒学记》进行了比对。馆藏恩平县儒学记碑，其上半部分已风化，碑文已有点难辨，依新会区博物馆藏拓片抄录。

以下"注释"中，"肇庆志文"均指明代崇祯《肇庆府志》所收录的碑文，"恩平志文"均指清代康熙《恩平县志》所收录的碑文，"陈文"均指陈志平撰的《陈献章与广东地方名宦交游及相关书迹考证》所收录的碑文，"集文"均指民国时期卢湘父版《白沙子全集》所收录的碑文，"孙文"均指孙海通点校的《陈献章集》所收录的碑文，"楼文"均指碧玉楼藏本《白沙子全集》所收录的碑文，"广文"均指《广州大典》收录的《白沙先生全集二十卷》（三卷）中的《恩平县儒学记》，"张文"均指明代正德戊辰版、门人张诩撰的《白沙先生全集·序》、莆田林齐识撰的《识陈白沙先生全集后》的八千卷楼珍藏善本《白沙文集》所收录的碑文，"黎文"均指黎业明编校的《陈献章全集》所收录的碑文。

【注释】

①儒：黎文缺。黎文在其文中有笺注（下同）。②堡：肇庆志文缺。③成化之已

丑：恩平志作"成化己丑"。成化己丑，指成化五年（1469）。④此其地也：肇庆志文缺。⑤两：陈文作"而"。⑥夷贼未平：恩平志文作"贼尚未平"。⑦于此：肇庆志文作"于此镇焉"。⑧道：恩平志文缺。⑨畀：肇庆志文缺。⑩鲁……侯：集文、孙文、楼文、广文、张文均缺。⑪既杀其桀黠者：陈文、黎文、孙文均作"亦既杀其桀黠者"，广文、张文均作"六既杀其桀黠者"。⑫又：集文、陈文、黎文、孙文、广文、张文均缺。⑬充：张文作"克"。⑭右：陈文作"左"。⑮郴：陈文、广文、张文均作"彬"。⑯朱公：陈文、黎文、肇庆志文均作"朱公英"。⑰总：肇庆志文缺。⑱尝：恩平志文、陈文、广文、张文均作"常"。⑲亟：肇庆志文作"遂"。⑳行：肇庆志文作"路"。㉑边：陈文、肇庆志文均作"武"。㉒副：肇庆志文缺。㉓户：肇庆志文缺。㉔其：肇庆志文缺。㉕学宫：集文、陈文、肇庆志文、孙文、广文、张文均缺。㉖容：恩平志文缺。㉗翁君：陈文作"翁俨君"，肇庆志文作"翁君俨"。㉘尤：集文、黎文、孙文、广文、张文均缺。㉙学宫：孙文、广文、张文均作"掌宫尤"。㉚嗟夫：集文、黎文、孙文、广文、张文均作"甚矣"。㉛其知理民之本乎：集文、陈文、黎文、孙文、张文均作"之明于保民也"。㉜边：肇庆志文作"寇"。㉝人：肇庆志文漏。㉞水：肇庆志文作"汤"。㉟斗争：陈文、恩平志文均作"争斗"。㊱斗争之情日炽，则五品之伦……诸士子以是为志，而忠信体之：集文、黎文、孙文、广文、张文均作"鼓之以斗争之风，置之于水火之地，则五品之伦、五常之性与生俱灭，诚不可不惧也。卫灵公问军旅之事，孔子辞以未学，曰：'俎豆之事，则尝闻之矣。'自今观之，昔者军旅之兴，虽以拯民，亦以弊民。弊民之政，孔子所不忍言，岂得已哉！今地方宁谧，文教聿新，俎豆之事安可一日而不讲耶？邑长俎豆其政而忠信发之，学宫俎豆其教而忠信导之"。系他人窜改文。㊲慕：肇庆志文作"气"。㊳心：黎文、孙文、广文、张文均作"志"，肇庆志文缺"而君之心宁不亦乐于斯乎"。㊴之：黎文、孙文、广文、张文均缺。㊵田：黎文、孙文、楼文、广文、张文均作"阳"。㊶肇庆志文缺"君名俨，莆田人"。

《恩平县儒学记》不同版本小考

根据江门市陈白沙纪念馆收藏的恩平县儒学记碑刻，民国时期卢湘父版《白沙子全集》，陈志平撰的《陈献章与广东地方名宦交游及相关书迹考证》，黎业明编校的

《陈献章全集》，明代崇祯《肇庆府志》，清代康熙《恩平县志》，明代正德戊辰版、门人张诩撰的《白沙先生全集·序》，莆田林齐识撰的《识陈白沙先生全集后》的八千卷楼珍藏善本《白沙文集》等所收录的碑文，通过反复比对，编者认为本碑文是《恩平县儒学记》原文。

兹将各种版本的文字差异逐一分列如下。

一、黎业明编校的《陈献章全集》所收录的碑文，是以何九畴编刻的《白沙子全集》所收录的碑文为底本，参考陈志平撰的《陈献章书迹研究》中的内容做了修正。存在差异多处，详见"注释"。另外从"翁君其知理民之本乎"始至"而忠信体之"，则采用何九畴编刻的《白沙子全集》所收录的碑文，系他人窜改文。（详见注释㊱）

二、陈志平撰的《陈献章与广东地方名宦交游及相关书迹考证》一文，是采用其好友梁基永收藏的碑刻拓片剪裱册页为考证依据，文中按语表述："此碑拓片为吾友梁基永先生收藏，为剪裱册页，每开二十九厘米乘以八十厘米，文见于《陈献章》卷一第三十六至三十七页，文字多有不同。"从中可知，该考证是从拓片剪裱册页本中得来的结果，而未目验实物碑刻；又从拓片上看，有一些字体与实物碑上的字体亦存在差异，且存在差异多处，详见"注释"。

三、明代崇祯《肇庆府志》收录的《恩平县儒学记》与碑文存在差异多处，详见"注释"。

四、清代康熙《恩平县志》收录的《恩平县儒学记》与碑文存在差异多处，详见"注释"。

五、孙海通点校的《陈献章集》收录的《恩平县儒学记》与碑文存在差异多处，详见"注释"。另外，从"嗟夫（甚矣）"始至后面，与黎文一致，系他人窜改文。

六、碧玉楼藏本《白沙子全集》收录的《恩平县儒学记》与碑文存在差异两处，详见"注释"。

七、《广州大典》收录的《白沙先生全集二十卷》（第三卷）中的《恩平县儒学记》与碑文存在差异多处，详见"注释"。另外，从"嗟夫（甚矣）"始至后面，与黎文一致，系他人窜改文。

八、明正德戊辰版、门人张诩撰的《白沙先生全集·序》、莆田林齐识撰的《识陈白沙先生全集后》的八千卷楼珍藏善本《白沙文集》所收录文与碑文存在差异多处，详见"注释"。另外，从"嗟夫（甚矣）"始至后面，与黎文一致，系他人窜改文。

张氏迁墓志碑

本碑砚石质，现收藏于江门市博物馆。碑尺寸：45厘米×35厘米×4厘米。

张氏迁墓志

冈脉旁起推车岭，正南面积水池，作己丙向者，吾先室张氏藏也。张氏卒，葬孔家山二十五年，为今成化之末年十二月甲申，其子景云、景易始易棺衾，奉迁于此。翰林国史检讨陈献章志。

【按】

据清代阮榕龄编的《编次陈白沙先生年谱》（卷二）载，成化二十三年丁未，《白沙子全集》中收录本碑文，并有按语："此碑本集缺载，今补入。"然查各种版本《白沙子全集》，均未见收录本碑文。

鲁妙贤墓志碑

本碑砚石质,现收藏于江门市博物馆。碑正面尺寸:201厘米×44厘米。

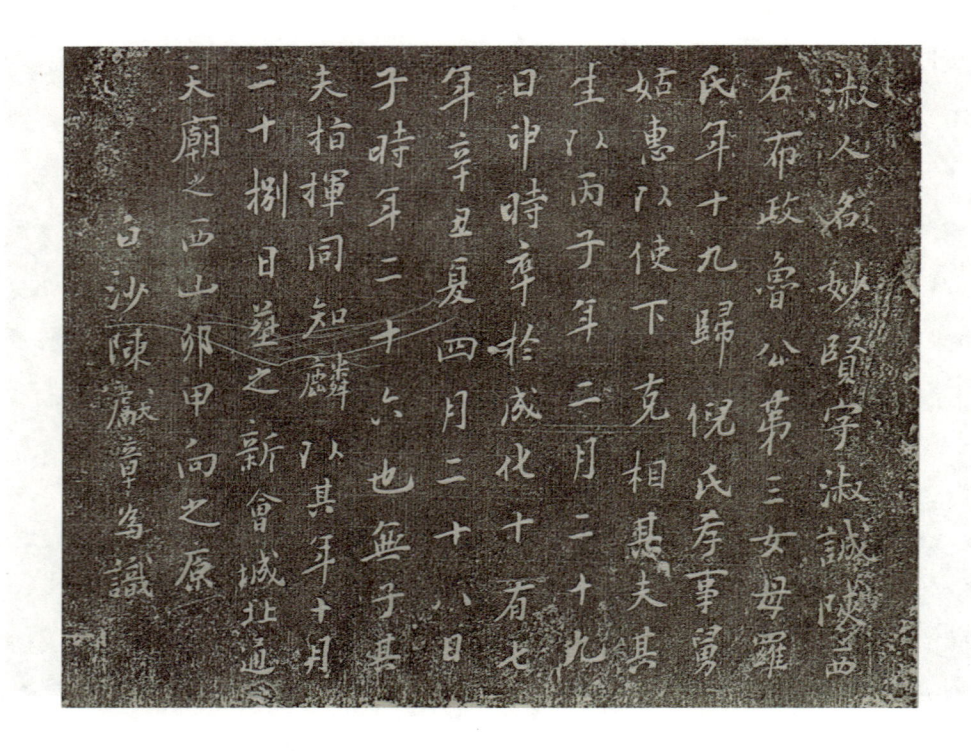

鲁妙贤墓志[1]

淑人名妙贤,字淑诚,陕西右布政鲁公第三女,母罗氏。年十九归倪氏,孝事舅姑,惠以使下,克相其夫。其生以丙子年二月二十九日申时,卒于成化十有七年[2]辛丑夏四月二十八日子时,年二十六也,无子。其夫指挥同知麟,以其年十月二十八日葬之新会城北通天庙之西山卯甲向之原。

白沙陈献章为识

【注释】

①标题系编者添加。②成化十有七年,即成化十七年(1504)。

指挥倪君墓志铭碑

本碑砚石质，现收藏于江门市博物馆。碑正面尺寸：28厘米×42厘米。

指挥倪君❶墓志铭

怀远将军指挥同知麟，姓倪氏，字圣祥，其先高邮人。祖敬，以千户调广东新会守御千户所，有征讨功，升佥事。父洪，继以功升同知，官新会者三世。圣祥年二十而袭官，以才敏受知于当道，摄所事九年。弭寇盗，惜士卒，人人重违其令，安及鸡犬。圣祥生天顺丁丑❷三月七日，少岐嶷，从白沙陈先生学，志将以功名见于世，不幸以疾卒于家，年二十七，成化癸卯❸八月晦日也。母苗氏。娶鲁都宪能女，无子，先圣祥二年卒，葬憨山之原。圣祥之弟凤既袭官之三年，以今弘治戊申❹十一月壬申，奉其兄之枢，与鲁氏合葬焉。铭曰：

天道无知，斯人之不寿也。商断朱弦，不究于奏也。车摧于岐，矢折于縠也。世行攸遗，死无先后也。铭岂我私，收众言于又也。

湖广嘉鱼李承箕世卿撰

【按】

已将本碑文与《大崖先生诗文集》收录的碑文进行了比对，两文存在一些差异。

【注释】

①倪君：指倪麟。本碑文记述倪麟为都宪鲁能之女婿，而清代道光《新会县志》载："雄子，有文学，陈献章婿。"据《陈氏族谱·五世文恭公》记述"……生女二人，一适黄彦文；一适倪麟，乃指挥同知倪雄之子，有文学，袭指挥。"依此，其中的"雄子"即指倪麟，则倪麟为陈献章女婿。②天顺丁丑：指天顺元年（1457）。③成化癸卯：指成化十九年（1483）。④弘治戊申：指弘治元年（1488）。

祭白沙陈先生碑

本碑砚石质，归属江门市博物馆，现立于陈白沙纪念馆内。碑尺寸：105厘米×125厘米×12厘米。

祭白沙陈先生

维正德改元，岁次丙寅，五月庚辰朔，越十有五日甲午，晚学见素子林俊，谨具殽醴，托乡友丘❶君泰致祭于老友石翁陈先生有道之祠❷。

呜呼！先生澄莹开阔，韵致极高。自游康斋而心学正，友一峰而节概明，友定山而诗学更❸大进。勾押烟霞，陶写风月，尧夫之襟度，识量高洪，才虑深远，有道之风致；而春容懿纯，轩特崒绝，则又❹叔度之雅与子陵之风焉。先生非隐者也。元亮

107

八十日县令,晦翁四十日朝官,先生盖无一日焉。处士名高而用多不副,先生盖未尝试焉。彭从吾首荐,朱郴阳再荐,不揆小子默致力其间,然所以处先生者诚情耶❺!翰林之授,我宪宗之特见云耳❻。木高风摇,行高人毁。然而攻洛者蜀人也,先生则乡人焉,何心哉?我孝宗恭默思贤,言者恒及焉。而彼人方据要,使清朝缺审像❼征聘之盛举。彼人死,先生老且病,无复周公梦矣。先生虽不用于时,而道风义概,起乡人而歆动天下。广之风所以大异畴昔者,谁之功?天下之士稍知自立而不随风以靡者,又谁之力欤?呜呼!东汉名节之士,固亦有赖于此者,况先生重非其俦耶?使游濂洛关闽,得其微言奥旨,侣群哲,会数圣,以肩项四子无疑也。

俊自京师幸亲光霁,慨岁月之永违,而晤言之不可复再。今已矣,矣❽墓草几绿❾,一觞未致,托心语于便鸿,寄世风于远涕。呜呼哀哉!浩浩南海,巉巉❿崖山,张陆俨在,公神其间。呜呼哀哉!尚飨。

【按】

已将本碑文分别与清代道光《新会县志·金石》所收录的碑文、黎业明编校的《陈献章全集》所收录的碑文进行了比对。

以下"注释"中,"志文"均指清代道光《新会县志·金石》所收录的碑文,"黎文"均指黎业明编校的《陈献章全集》所收录的碑文。

【注释】

①丘:志文、黎文均作"邱"。②祠:黎文作"祠曰"。③更:志文作"又"。④又:志文缺。⑤耶:志文缺。⑥耳:黎文作"尔"。⑦审像:黎文缺。⑧矣:音奚,指兽迹。志文、黎文均缺。⑨绿:志文缺。⑩巉巉:黎文作"岳岳"。

明翰林院检讨白沙陈先生祠记碑

　　本碑砚石质，归属江门市博物馆，现立于陈白沙纪念馆内。碑尺寸：93厘米×180厘米×9厘米。

明翰林院检讨白沙陈先生祠记

　　赐进士资政大夫南京礼部尚书致仕（前）吏部左右侍郎都察（院）左副都御史协管院事翰林院庶吉士同郡后学何维柏撰

　　赐进士第文林（郎）新会县知县（古）丰后学袁奎篆（额）

　　（赐进士）第邑（后）学黄淳书（丹）

　　白沙先生生都会里，里俗悍。先生长，迁（白沙小庐山）下，筑春阳台、碧玉楼，奉太夫人居之。先生笃志圣学，德成道尊，天下学者（称为）白沙先生。东西使节取道进谒。观风者欲（于）居南（建道）德坊以风来学，先（生）止不可，乃（改）创为嘉会楼，今岿然（屹）于（江）门之（滨，过）者必式。

　　万历辛巳冬，维柏泛舟江门，谒先生居里，偕陈子（吾德）行释奠礼，其孙观光等奉遗像设位为祭。礼成，历观（旧）庐（台，鞠为草）莽，楼半欹圮，抠蹑凛（凛，不能安）履。（迟回久之❶），大令丰城❷袁侯奎至自邑，（相）对太息，有改创之议。未几❸，制府临武刘公尧诲遗金修祠❹，议（遂决）。陈子吾德暨邑博萧（子端升❺、郝子翀）、马子堪❻，（各捐金）来助。越岁，莆阳郭公应聘莅镇，以诸生之请，檄邑从宜措处，务底厥成，为文遣官（祭）之。于是袁侯（得以行其议。捐田若干），计值（若干，召巨室❼）董厥役而归之田。应之者，乃先生门（人）聂元会之孙九赋❽，矢志殚力，以隆（兹）创。

　　以癸未冬，定度审式❾，拓楼（后隙地，建于❿上为碧玉楼）。楼前接檐为堂三楹，祀其先公与太夫（人，匾）曰"贞节"，存制也。中建崇正（堂⓫以）祀先生，四方（学者谒奠⓬，咸）在此。祠（前春阳堂⓭，宾客告虔）式宴，亦咸在此。堂之前为门⓮），表曰⓯"圣代真儒"，志实也。

　　甲（申）九月（既望⓰，告成，袁侯致书山中，质予）言为记。（予⓱曰）："维柏责也。"柏少（时稍知）学，村居无师友，杜扃读（性理）诸（书）⓲，笃（信）李延平"默坐澄心，（体）认天（理⓳）"之⓴旨），夙夜端省，（弗敢有懈）。逾二年，出（就试，计偕㉑）至京师，取友天（下）。只见侈谈玄虚、依傍光景。觇其（行，类）多不掩；同心观磨，鲜当（意者。疏归）山中㉒，与一二同（志静修讨论。时吟咏先生诗教㉓，泬）泬乎有旷世同然之感。及得白沙子与（京中初）稿，参玩要旨，穷竟先生之学。先生（尝自）言曰："仆年（二十七，始发愤从吴聘）君游，（然未知）入处。（比）归白沙，杜门不出，专求所以用（力之）方。既无师友指引，惟日靠书册寻之，（累年而未有得。于是）舍繁（反㉔）约，静坐久之，（然后见心体）隐然（呈露）。日用应酬，各有头绪来历，（如）水之有源委，始涣然自信为作圣之功。"既而又曰："（道无）动静也，无将迎，无内外，苟欲静即非（静）矣。善学者，主于静以观动之所本，（察）于用以观体之所存。动静周流，体用一致，默而（识）之，而吾日用所出，固浩浩其无穷也。故曰：藏而（后）发，明其几矣；形而斯存，（道在我）矣。"此先生学力功案与时偕进，真积充实，驯致光大，历可睹述如此。柏得于私淑而终身服膺㉕，惟先生为得力。

程叔子有言："孟子没，千载无真儒。"慨自汉、唐、晋、魏以来，（训）诂支离，溺于影响；清谈顿悟，沦于虚无；见解搜玄，竟肆幻弄；词章踵陋，何异俳优。入宋，理学大明，濂、洛、关、闽诸儒并起，其间尚有不（免）各守（师）说，徇于（角胜）之私；躬励局持，昧夫㉖自得之妙；高旷不疑，多歉允蹈之实；易简直截，（末㉗）底涵造之纯。求（其）智崇礼卑、（下）学上达，致广大而尽精微，极高明（而）道中庸，盖自濂溪、明道以来，惟先生独得其宗。（是）故由先生（致）虚立本之教，以深造动静合一之妙，过则圣，及则贤，不及（亦不）失为令名，是在吾同志；法先生事亲从兄之实，以致谨于（家庭）宗（族）之间，则可以称孝称弟，是在其后昆；熏先生乐易温良（之德），以敦睦于党里，是在其乡人；道德齐礼、平政明刑、迪民知方、以崇弦歌之化，是在良牧；作率匡翼、长善救失，以崇成人之美，是（在）名师矣㉘。自今生于斯，居于斯，游于斯，学于斯㉙，各思奋起于先生之（后，庶乎）崇重之道有在也。

万历十二年㉚岁次甲申秋九月吉旦四世孙观光同立石

【按】

本碑风化剥落较为严重，碑文有200多字已经消失，括号内的文字依南海沙滘何氏祠堂旧抄本、南州书楼藏孤本——明代何维柏著的《天山草堂存稿》所收录的碑文填补。将可辨析的碑文分别与《天山草堂存稿》、清代道光《新会县志·金石》（卷十二）所收录的碑文进行比对，发现存在差异。

以下"注释"中，"志文"均指清代道光《新会县志·金石》（卷十二）所收录的碑文,"祠文"均指明代何维柏著的《天山草堂存稿》所收录的碑文。

【注释】

①迟回久之:志文缺。②丰城:祠文缺。③未几:祠文作"壬午春"。④遗金修祠:祠文作"遗金五十"。⑤端升,指萧端升,潮阳人,举人,万历八年(1580)任新会教谕,升琼州,有去思碑,有传,祀名宦。⑥郝子翀……马子堪:志文缺"翀",祠文作"马子堪、郝子翀"。郝翀,广西马平人,岁贡,万历五年(1577)任新会训导,以升去。马堪,广西桂平人,岁贡,万历十年(1582)任新会训导,轻利重士,以升去。⑦捐田……召巨室:祠文作"捐田若干亩计直若干金召巨室出资"。志文作"捐田□□计直若干召巨室"。⑧聂元会之孙九赋:祠文作"聂某之孙某"。聂元会,字时嘉,号淇波,河塘人,陶鲁第五女婿。⑨以癸未冬,定度审式:祠文缺。癸未,指万历十一年(1583)。⑩建于:志文缺。⑪中建崇……堂:祠文作"中建祠三楹曰崇正堂"。⑫者谒奠:志文作"□□□"。⑬祠……春阳堂:祠文作"祠前春阳堂亦三间"。志文作"祠前春□□"。⑭堂之前为门:祠文作"匾曰春阳堂之前为门",志文作"堂之前为□"。⑮表曰:祠文作"匾曰"。⑯甲……既望:祠文缺。⑰予:祠文缺。⑱柏少(时稍知)学,村居无师友,杜扃读(性理)诸(书):祠文作"柏自羁贯稍知正学杜扃读书"。⑲理:志文作"□"。⑳之:志文作"□"。㉑出(就试,计偕):祠文作"出就省试计偕"。志文缺"就试计偕"。㉒疏归……中:祠文作"疏归西樵山中"。志文作"□□山中"。㉓论……先生诗教:祠文作"论时讽吟咏先生诗教"。志文作"□□□□□□"。㉔反:祠文作"求",依文意,当为"反"。㉕终身服膺:祠文作"终身服膺之者"。㉖昧夫:祠文作"昧于"。㉗末:志文作"未"。㉘名师矣:祠文作"明师矢"。㉙游于斯,学于斯:祠文作"游于斯,仕于斯,学于斯"。㉚万历十二年:1584年。

重修白沙先生乡祠碑

本碑砚石质,归属江门市博物馆,现镶于陈白沙纪念馆内。碑正面尺寸:102厘米×212厘米。

重修白沙先生乡祠碑记

赐进士及第光禄大夫太子太保礼部尚书兼文渊阁大学士顺德黄士俊撰文

赐进士第资德大夫正治上卿南京吏部尚书邑人何熊祥篆额

赐进士第文林郎吏部文选司郎中邑人梁应材书丹

神庙时，以理学从祀者凡四，陈先生居一焉，谥曰"文恭"，重真儒也。居新会白沙里，海内咸称"白沙先生"。会省邑城各建先生专祠，而祠在白沙则尤钟灵讲学故址，往两台司、道郡县屡有表章，乃岁久渐颓，诸裔孙议修而限于力。属右司马张公督两粤，纬武经文，念江门当兵燹❶之余，士民甫脱汤火，一切利弊嘉与兴厘，复念先生乡祠圮者弗葺，非崇儒重道至意，其谓风化何？特捐月奉钱，下记❷邑令，庀材鸠工，如期竣事。于是署邑别驾张君谒记于余。

余生也晚，然先生流风未远，带水非遥，景行私淑之日久矣。先生自幼器度超人，每读忠孝节烈传❸，辄奋然起。二十领乡书，再罢礼闱，从吴康斋聘君学，获窥濂洛之绪。归而博综载籍，寝食俱废，已却扫见闻，筑春阳台，静坐其中。即家人罕见其面，积数载，仍未有入处。已乃闲啸长林，孤吟别屿❹，或倚棹垂纶于江于❺月下，始自信焉驯悟。又廿余年，觉广大高明，不离日用；勿忘勿助，非假人力；把柄在手，动静两融。繇濂洛之心传，溯源邹鲁。其曰："至无，无欲也；至近，近思也。宇宙为体，乾乾为功。"

总之，道本自然，学惟中正，故能与❻天地同运，与万物同流。当日主静致虚，有以禅见疑者。试绎"理无内外、无精粗，无一处不到，无一息不运。会此，则天地我立，万化我出，行所无事，而流行充塞于无穷。"此岂空寂语乎哉？当游太学，试和《此日不再得》诗，大司成邢公叹赏曰："龟山不如也！"名震京师，咸谓真儒复出。一时贤士乐与为友，且师事之。而先生志笃潜修，退处江门。远近来学者，户外屦❼常满。比历荐入都门，随以母贫，早岁孀居，老而衰病增剧，沥陈母子相依为命，一字一血。上览疏感动，授翰林简讨❽。归，昕夕膝下承欢，不离跬步。筑小庐山书院，究圣贤之蕴，探天人之微，当事为创嘉会楼，及门宾友相与讲论不倦。自是岁有荐书，悉坚辞。母寿九十一而终，先生年六十有八矣。虽在山林，念念不忘君父。或问其出处,曰疏陈始终愿仕云。为教不立语言文字,而春浴⑨咏归意趣,光风霁月襟怀,往往发之于诗。读其诗,想见其为人,谓之"诗教"不虚尔。

先生未及大用于时,然存而明道开来,殁而廉顽敦薄,有功于人心世教,岂渺小耶?祠祀千秋,久而无斁,固其所也。夫名贤,国之纪也;正学,化之原也。张公以重道崇儒之盛举,阐发幽潜,则茂绩壮猷,奠安两粤,信乎其有本也已。祠楼栋宇焕然一新,经始于崇祯庚辰⑩季夏十日,落成于是岁季秋壬午日。张公名镜心,号湛虚,河南彰德府磁州人,天启壬戌⑪进士。初董役者,邑令王君,名泰徵,湖广江陵人,丁丑⑫进士,未几以艰去。摄篆为广郡别驾张君名玮,四川宜宾人,繇恩选,实课成事,得附书。

崇祯十三年庚辰季秋吉旦

【按】

已将本碑文与黎业明编校的《陈献章全集》所收录的碑文进行了比对。

以下"注释"中,"黎文"均指黎业明编校的《陈献章全集》所收录的碑文。

【注释】

①兵燹:战争造成的焚烧破坏等灾害。②记:黎文作"饬"。③忠孝节烈传:黎文作"忠孝节烈之传"。④已乃闲啸长林,孤吟别屿:黎文作"已乃孤啸长林,闲吟别屿"。⑤于:黎文作"干"。⑥与:黎文作"于"。⑦屡:黎文作"屡"。⑧简讨:本作"检讨",系避崇祯皇帝朱由检的讳而改。⑨春浴:黎文作"春沐"。⑩崇祯庚辰:指崇祯十三年(1640)。⑪天启壬戌:指天启二年(1622)。⑫丁丑:指崇祯十年(1637)。

丁亥中秋恭谒白沙先生家祠敬赋碑

本碑砚石质，归属江门市博物馆，现立于陈白沙纪念馆内。碑正面尺寸：60厘米×60厘米。

丁亥中秋恭谒白沙先生家祠敬赋

古冈瞻礼具文告，景仰典型弘圣教。远近良朋鼓棹来，偕我白沙谒家庙。庙前一水自洋洋，巍然敕建旌表坊。母节子贤垂宇宙，身跻庙庑足显扬。爰有延陵题贞节，兴酣泼墨将衣裂。烟云飞舞光陆离，银钩铁画真奇绝。仰瞻遗像沐光风，道貌温恭迥不同。春阳默契问道早，尽在遗容图画中（先生行乐图及遗像，光霁洒落，与文集所刻迥别[1]）。当时崛起肩开继，生遇成弘逢盛世。君臣一德际明良，荐刻征辟无虚岁。锡扁锡联沛纶音，天章巍焕冠古今。一代真儒挺紫水，致虚立本作传心。肃诚复礼乐芸子，启贤应从启圣祀。碧玉楼荒修者谁，风雨萧萧忍倾圮？文孙携玉邀我观，质润体洁一圭桓。色应四时浮苍碧，辟邪镇恶壮文坛。更有绿溶颁大内，双龙交舞云叆叇。礼贤征聘荷殊恩，岂容冒攘为匿赖。固知神物不易藏，何时完璧归祠堂。君不见，延津双剑终复合，万事如棋叹沧桑。犦牲酾酒冀歆飨，拜辞前去神独往。丹山碧水恣徜徉，又纂闽学存天壤。

谒白沙先生墓

遗编纂罢拜坟茔，幸接文孙握❷手行。
一片秋光开老眼，无边瑞气护佳城。
松楸碧荫千年泽，道学徽流百代名。
瞻仰渊源溯洛水，钓台烟外一鸥轻。
——云间后学张恒拜稿

【按】

已将本碑文与黎业明编校的《陈献章全集》所收录的碑文进行了比对。

以下"注释"中，"黎文"指黎业明编校的《陈献章全集》所收录的碑文。

【注释】

①与文集所刻迥别：黎文缺。②握：黎文作"携"。

祭文碑

本碑砚石质，归属江门市博物馆，现镶于陈白沙纪念馆内。碑正面尺寸：45厘米×62厘米。

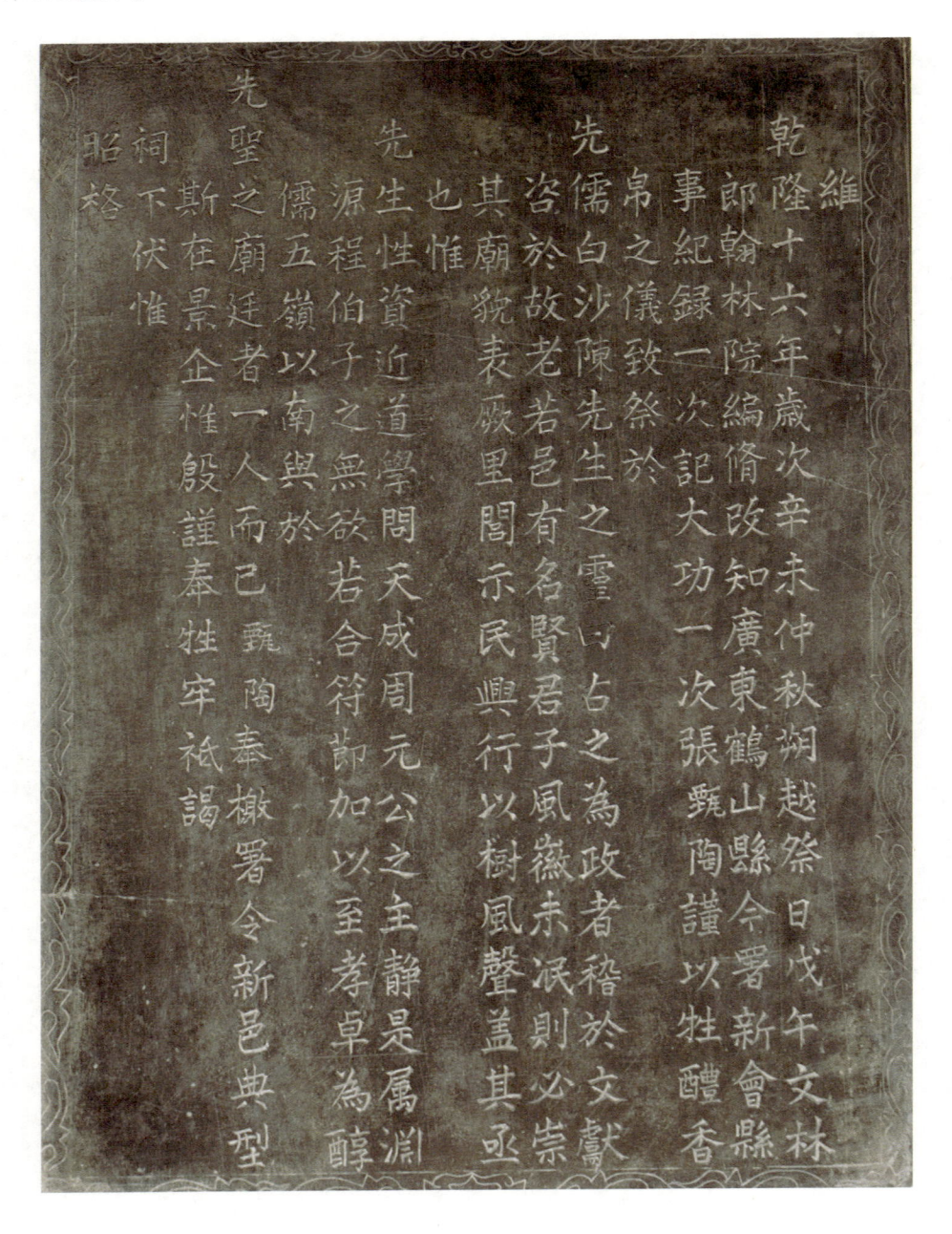

维
乾隆十六年岁次辛未仲秋湖越祭日戊午文林
郎翰林院编修改知广东鹤山县今署新会县
事纪录一次张甄陶谨以牲醴香
帛之仪致祭於
先儒白沙陈先生之灵曰之为政者稽於文献盖其
咨於故老若邑有名贤君子风徽未泯则必崇
其庙貌表敬里闾示民兴行以树风声
也惟
先生性资近道学问天成周元公之主静是属渊
源程伯子之无欲若合符节加以至孝卓为醇
儒五岭以南与於
先圣之庙廷者一人而已甄陶奉檄署令新邑典型
昭格斯在伏惟景企惟殷谨奉牲牢祇谒
祠下

祭文

维乾隆十六年❶岁次辛未，仲秋朔越祭日戊午，文林郎翰林院编修、改知广东鹤山县，今署新会县事，纪录一次、记大功一次张甄陶❷，谨以牲醴香帛❸之仪致祭于先儒白沙陈先生之灵曰：古之为政者，稽于文献，咨于故老。若邑有名贤君子，风徽未泯，则必崇其庙貌，表厥里间❹，示民兴行，以树风声，盖其亟也。惟先生性资近道，学问天成。周元公之主静，是属渊源；程伯子之无欲，若合符节。加以至孝，卓为醇儒。五岭以南，与于先圣之庙廷者，一人而已。甄陶奉檄署令新邑，典型斯在，景企惟殷。谨奉牲牢，祗谒祠下，伏惟昭格！

【按】

已将本碑文与黎业明编校的《陈献章全集》所收录的碑文进行了比对。

以下"注释"中，"黎文"指黎业明编校的《陈献章全集》所收录的碑文。

【注释】

①乾隆十六年：1751年。②张甄陶：字希周，一字惕庵，福建福清人，1713年出生，卒于1780年。少通经史，文章师法苏轼。清代乾隆十年（1745）中进士，选庶吉士。乾隆十三年（1748）授翰林编修。乾隆十六年任新会知县。著有《正学堂经解》《周易传义拾遗》《尚书蔡传拾遗》《诗经朱传拾遗》《礼记陈氏集说删补》《四书翼注论文》《杜诗评注集成》《松翠堂文集》《惕庵杂录》《学政实录》等传世著作。③牲醴香帛：古代特指供宴飨祭祀用的牛、羊、猪三牲和香烛纸表等祭祀用品。④里间：黎文作"间里"。

白沙公园

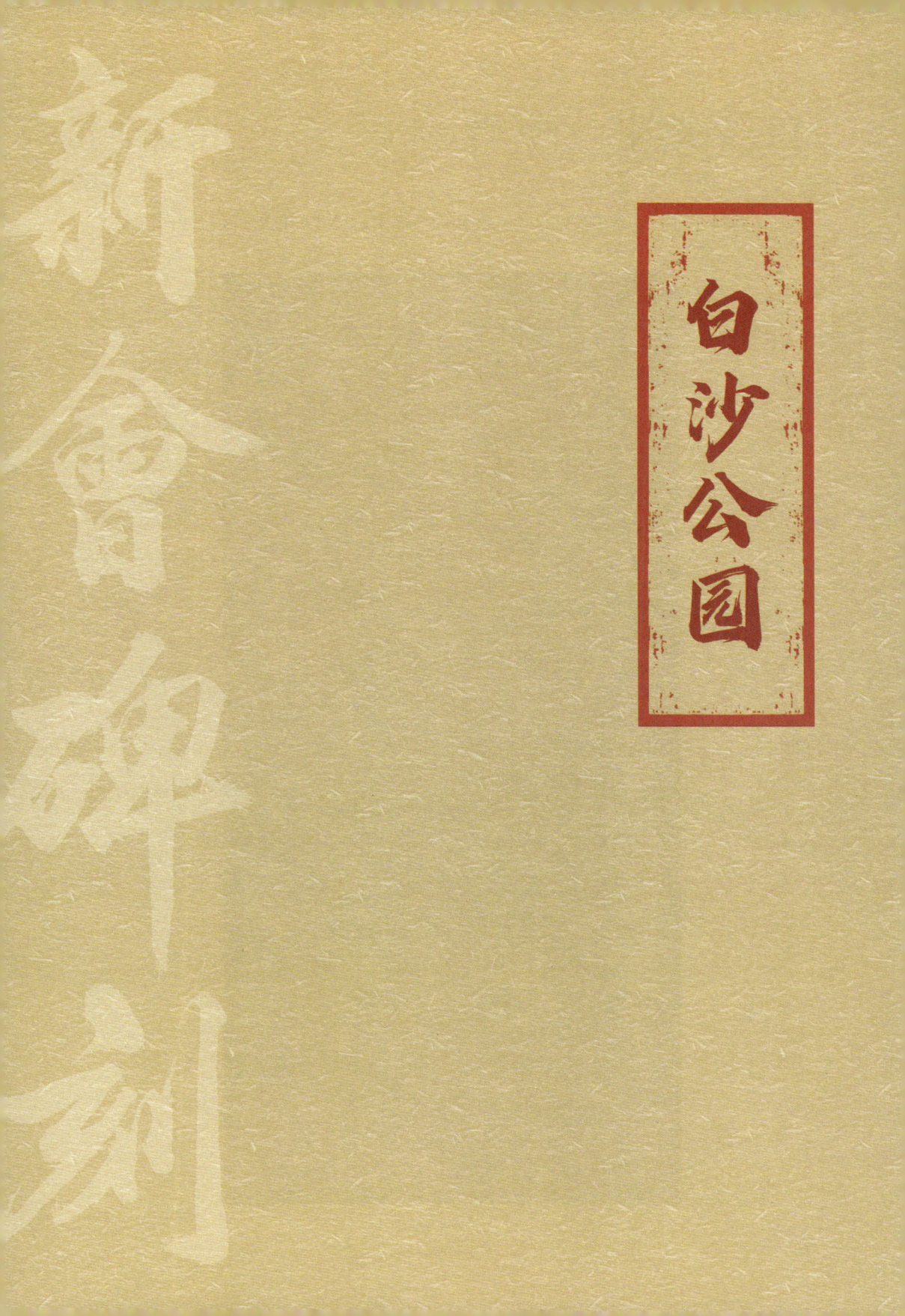

白沙先生改葬碑

本碑砚石质，现立于蓬江区白沙公园内。碑正面尺寸：115厘米×240厘米。

白沙先生改葬碑铭

（明故翰林院检讨白沙陈先生改葬墓碑铭）

（赐进士出身资政大夫前南京兵部尚书奉敕参赞机务国子祭酒❶翰林侍读同修）国史经筵讲官门人八十四甘泉生湛若水撰并重书

（惟明宣德戊申岁十月廿一❷日，白沙陈夫子公甫诞于新会，惟育成于妣旌节林氏❸），惟生于考琮乐芸之既卒。乐芸生于渭川，渭川生于东原❹，（东原生于判乡❺，惟❻乃高祖。惟夫子生乃有异❼，始读《孟子》，志于天民。二十年举于乡），二十有七年罢于礼闱，从学于❽吴聘君，闻伊洛之绪。既博记于群（籍，三载罔攸自得❾；既又习静于春阳台，十载罔协于一，乃喟然叹曰："惟）道何间于动静，（勿忘）勿助❿何容力，惟仁与物同体，惟诚敬斯存，惟定性无（内外，惟一无欲，惟元公、淳公其至矣。"故语东白张子曰："夫）学（至）无而动，至近而神，藏而后发，形而斯存。知至无于至近，则何动而非神？（故藏而后发，明其几矣；形而斯存，道在我矣。夫动，已形者也，形斯实矣，其未形）者，虚而已矣。虚其本也，致虚所以立本也。"语南川林生曰："夫斯理无内外，（无终始，无一处不到，无一息不运，会此，则天地我立，万化我出），而宇宙在我矣。得此把柄，更有（何）事？（上下四）方，往古来今，浑是一片。自兹已往⓫，更有分（殊，合一理会⓬，终日乾乾，存此而已。"甘泉湛生因梁生⓭景行）以见，语之曰："噫！久矣！吾之不讲于（此学也⓮。惟至）虚（受）道，然而虚实一体矣。惟休乃得，然⓯（语其功也。勿忘勿助，一也，中正也，自然之学也，皆原诸周、程，至矣）。惟夫子道本乎自然，故与百姓同其日用，与鬼神同其幽，与天地同其运，与万物（同其流，会而通之，生生化化之妙，皆吾一体充塞流行于无穷）。有握其机，而行其所无事焉耳矣。（惟夫子道⓰本乎）中正，中正故自然，自然故有诚，（而休而非休乎。惟勿忘勿助，学其自然矣。惟无在无不）在，斯无忘助矣。"问体认天理，曰："其兹可以至圣域矣。"问参前倚衡，曰："惟子是学矣。"问："东所（张子⓱敏也，子何不之讲？"曰："弗问弗讲，且顺其高谈⓲，然几⓳）禅矣。"甘泉生曰："夫至无无⓴，无欲也；至近，（近思也；神者，天之理也。宇宙），以语道之体也乾乾，以（乾乾故动物。惟岁丁亥，游于太学，祭酒邢公为之彰誉[21]），一峰罗子、定山庄子为之左次，辽阳贺（子为之执挚[22]。惟岁壬寅，方伯）彭公，督府朱公为之（荐其才，夫子疏于朝曰："臣母以[23]贫贱早寡，俯仰无聊，殷）忧成疾，老而弥剧，使臣远客异方[24]，臣母之忧臣日甚，愈忧愈病，愈病愈忧，忧病相仍，理难（长久。臣又以病躯忧老母，年未暮而气则衰[25]，心有为[26]而力）不逮，乞归养。"钦授翰林检讨，不敢[27]（辞；自尔荐书岁至，不行）；或劝之著书，不答。夫不辞，以（尝[28]系仕籍也，恭君命也；不行，达可行志也[29]；不答，著述）之精[30]，寓诸诗也。夫道，知语默动静[31]而不失其正焉耳矣。惟弘治戊午遘疾，弥留弗（兴），越二（年庚申二月十日乃卒。方伯周公[32]葬之于[33]圭峰，越二十）有一年，惟正德辛巳，胤子景（云谋及门下晋江知县梁生景行、翰）林院编修湛若水、庠生（邓生德昌、汤生霑、太学生赵善鸣、处士梁生景孚[34]曰）："惟予家中否，惟予兄弟二人，景（易也先折[35]。惟诸子弗振，惟我显考之藏卜冈知吉，至以累子。"若（水辈乃以邓生、汤生具[36]，以十一月十二日改葬皂帽）峰下。闻于宪长汪公铉，以闻（于巡按谢公珊，下）于府太守（简公沛），为助之白金。总镇韩公庆（闻而先助之，吏部方公献科益助之，府命县典史贺）恩、义官邓南凤[37]、士人马国馨董（葬事，乃）襄事。余置祭田，买其前湖，湖曰"自然"，昭至学也。昔者（水也闻诸夫子曰："天下未有不本于自然，而徒以智）力[38]收显名于当年[39]、精光射来世者也。"夫自然则诚矣。故夫子之生也，人荣之；其死也，人哀之；（其诚之所为乎！铭曰：混沌既凿，源远益分，分乃支离，体）用弗原。孔孟而下[40]，若更一门，门各为户，竞出异言。浑浑濂溪，有沿其源，一为圣学，示我大（全。学绝道丧，千载棼棼。天笃夫子，握会之元。溯程而周，再）复浑沦。何名浑沦[41]，溥博渊泉，直指本体，挽漓而淳。孰惑寓言[42]，孰惑其禅，惟此天理，二途（判然。师于救世。可谓元勋，念功考德，永护兹坟，毋毁支木，以）伤其根[43]。

民国九年陈瑞祺捐款筑亭移竖于此

（嘉靖二十八年己酉二月廿七日知新会县事□进士闽永安三泉）林腾蛟刻石

（玄孙陈观光等立）

【按】

本碑文括号内文字录自碑的拓片文字。

以下"注释"中，"堂文"均指陈应耀编撰的《白沙先生遗迹》（香港陈氏耕读堂1959年增订版）附篇第17页收录的碑文，"集文"均指《泉翁全集》所收录的碑文，

"典文"均指《广州大典》收录的《湛甘泉先生文集·墓志铭》（三十五卷之三十）所收录的碑文，"黎文"均指黎业明编校的《陈献章全集》所收录的碑文，"志文"均指明代万历《新会县志》所收录的碑文。

【注释】

①祭酒：堂文缺。②宣德戊申岁十月廿一：其中的"廿一"，堂文、集文、典文、黎文均作"二十一"。宣德戊申，指宣德三年（1428）。③林氏：志文作"林氏夫人"。④东原：堂文、集文、黎文均作"东源"。⑤判乡：志文作"判卿"。⑥惟：堂文作"为"。⑦生乃有异：集文、典文、黎文、堂文均作"有生乃异"。⑧于：堂文缺。⑨罔攸自得：集文、黎文、志文均作"罔攸得"。⑩（勿忘）勿助：典文、黎文均作"勿助勿忘"。⑪已往：志文作"以往"。⑫合一理会：集文、黎文、志文均作"合要理会"，典文缺。⑬湛生因梁生：典文、志文均作"湛生因天壶梁生"。⑭也：典文、黎文均作"矣"。⑮然：所有比对文本均由此处窜行。⑯道：堂文、集文、典文、黎文均作"学"。⑰张子：典文作"张生"。⑱且顺其高谈：志文作"吾且顺其高谈"。⑲然几：典文作"然而"。⑳夫至无无：堂文、集文、黎文、志文均作"夫至无"。㉑彰誉：堂文、集文、黎文、志文均作"彰厥誉"。㉒挚：黎文作"赞"。㉓以：黎文缺。㉔异方：志文作"异乡"。㉕气则衰：堂文、集文、黎文均作"气已衰"。㉖心有为：堂文作"心欲为"。㉗不敢：典文作"不"。㉘尝：志文作"常"。㉙达可行志也：堂文、集文、黎文、志文均作"达可行志也，夙志也"。㉚精：堂文作"请"。㉛动静：志文作"进退"。㉜周公：堂文、集文、黎文均作"周公孟中"，志文作"周君孟中"。㉝于：堂文缺。㉞门下晋江知县梁生景行……处士梁生景孚：堂文作"门下梁生景行、湛若水、邓生德昌、汤生霑、赵善鸣、梁生景孚"。典文在"梁生景孚"后作"黄生昊"。㉟景易也先折：集文、黎文均作"景旸也先折"，志文作"景旸也先逝"。㊱若水辈乃以邓生、汤生具：堂文作"若水辈乃"。㊲闻于宪长汪公铉……义官邓南凤：志文作"以告，于是宪长汪公铉、巡按谢公珊、吏部方公献科皆助之，府命县典史贺恩义官郑南凤"。堂文、集文、黎文在"助之白金"处均作"助之金"。方公献科：堂文作"方公献夫"。㊳力：志文缺。㊴显名于当年：黎文作"显名当年"。㊵孔孟而下：志文作"孔孟而后"。㊶何名浑沦：志文缺。㊷孰惑寓言：志文作"就惑寓言"。㊸伤其根：志文在其后作"祭田若干亩，知县张文凤使祀守之"。

小考

　　白沙先生改葬碑立在江门市蓬江区白沙公园内，现碑刻仅存五分之二左右，有些字迹较模糊，有700多字已经消失。在碑文"以伤其根"下刻字"民国九年陈瑞祺捐款筑亭移竖于此"。本人先得黎业明老师提供陈应耀编撰的《白沙先生遗迹》中收录的民国时期的全碑拓本照片，后又得新会区博物馆收藏的民国时期的拓片，并依其抄录碑文。碑文括号内的文字是依碑刻的拓片填补上的。将可辨析的碑文分别与陈应耀编撰的《白沙先生遗迹》（香港陈氏耕读堂1959年增订版）附篇第17页收录的碑文，《泉翁全集》所收录的碑文、《广州大典》收录的《湛甘泉先生文集·墓志铭》（三十五卷之三十）所收录的碑文、黎业明编校的《陈献章全集》所收录的碑文、明代万历《新会县志》所收录的碑文进行比对，发现存在的差异较大，用以比对的各版本收录的碑文均窜衍。

区小健于自然草堂（第五次校勘）
2022年10月30日

新會碑刻

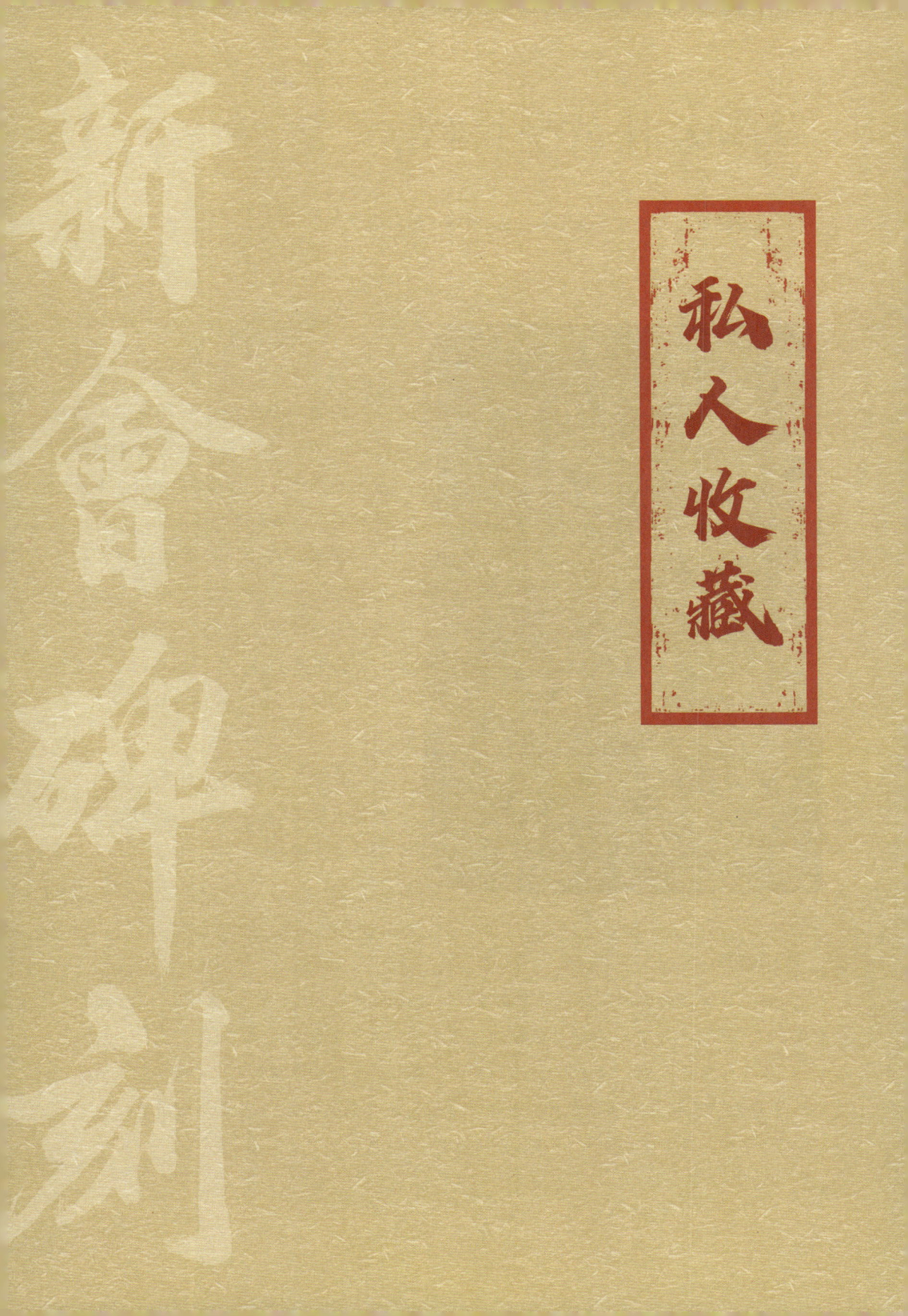

私人收藏

登陶公壮哉亭诗碑

本碑砚石质，尺寸：66厘米×108厘米×6厘米。

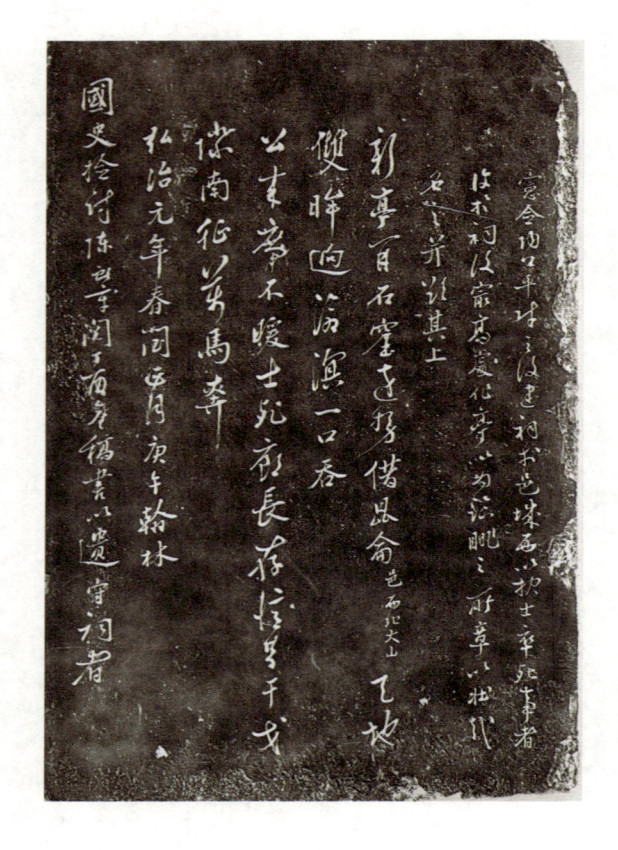

登陶公壮哉亭 ❶

宪金陶公平贼之后，建祠于邑城西，以报士卒死事者；复于祠后最高处作亭，以为临眺❷之所。章以"壮哉"名之，并题其上❸。

新亭开石窟，远势借昆仑（邑西北大山❹）。
天地双眸迥，沧溟一口吞。
公来席不暖，士死庙长存。
忆昔干戈际，南征万马奔。

弘治元年春闰正月庚午翰林国史检讨❺陈献章阅丁酉旧稿书以遗守祠者

【按】

与本碑文进行参阅比对的版本有清代道光《新会县志·金石》（卷十二）、黎业明编校的《陈献章全集》、陈永正笺校的《陈献章诗编年笺校》。

以下"注释"中，"笺校文"均指陈永正笺校的《陈献章诗编年笺校》所收录的碑文，"黎文"均指黎业明编校的《陈献章全集》所收录的碑文，"志文"均指清代道光《新会县志·金石》（卷十二）所收录的碑文。

【注释】

①标题系编者添加。②临眺：笺校文作"眺望"。③宪佥陶公平贼之后……并题其上：黎文缺。④邑西北大山：志文、黎文均缺，笺校文作"邑东南圭峰山"。⑤检讨：笺校文作"检查"。

小考

本碑由民间收藏，其碑刻拓片图由李达荣先生提供。碑体砚石质，尺寸：66厘米×108厘米×6厘米。明代成化七年辛卯，曾任新会县丞、时任广东按察使司佥事陶鲁巡视至新会，忆及当年抗贼之事，邑中父老愿作祠以祀。陶鲁为此请于钦差都宪韩公，在邑城西（今会城高第街南宁小学）买地，造屋三十间，正北为堂，旁列两庑，命曰"敢勇祠"。其后又在祠内最高处建亭，陈白沙先生遂赋五言律诗《登陶公壮哉亭》。弘治元年春闰正月，陈白沙先生将丁酉年（指成化十三年）旧稿书给遗守者，并镌碑立于壮哉亭中。

据清代道光《新会县志·坛庙》中记载："弘治中，知县罗侨曰：'岂有陶公从者得祀而主将不血食乎？'乃改祀陶鲁，而以死义将士配食两庑。祭田土名天字地、南安等处八十二亩。嘉靖中额曰'三广公祠'。"后来改"敢勇祠"名为"三广公祠"，祠内原有三块碑，分别是敢勇祠记碑、登陶公壮哉亭诗碑、三广公传碑。后敢勇祠、壮哉亭均毁。敢勇祠记碑、三广公传碑现均收藏于新会区博物馆，原以为壮哉亭诗碑已毁失，今得知其仍然存世，是为幸事。

和白沙先生梅花诗屏

两屏均砚石质，现由江门市林至诚先生收藏，尺寸均为：32.5厘米×30.5厘米×3.5厘米。

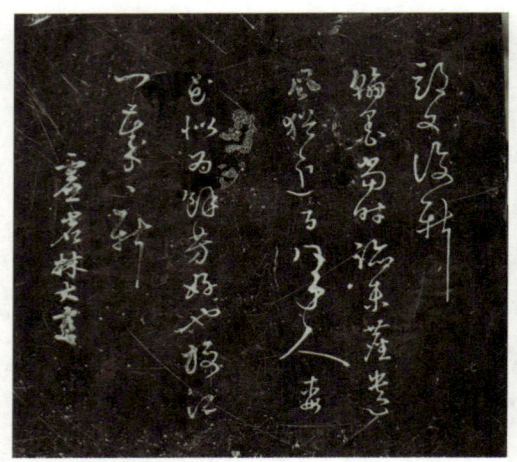

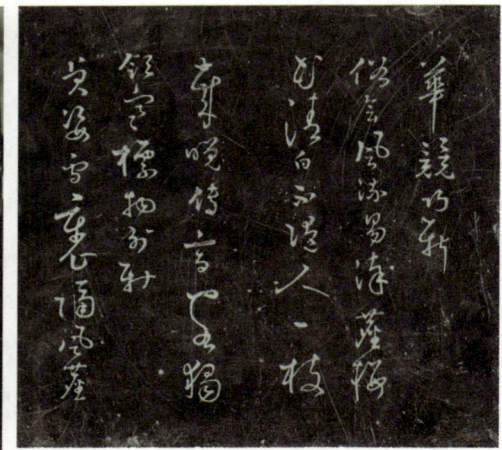

和白沙先生梅花

俗会风流易染尘，梅花清白不随人。
一枝岁晚传高客，独领寒标物外新。

翰墨当时迹未尘，遗风犹近百年人。
梅花似为余芳好，也放江门岁岁新。
　　　　　——虚岩林大章

【按】

本诗标题系编者添加。见上图，第一首诗前一行"华竞巧新"为另一首诗的残句，末行"贞姿雪里隔风尘"当为另一首诗的残句；第二首诗前一行"头又复新"为另一首诗的残句。

和白沙先生菊花诗屏

两屏均砚石质,现由江门市林至诚先生收藏,尺寸均为:32厘米×30.5厘米×3.5厘米。

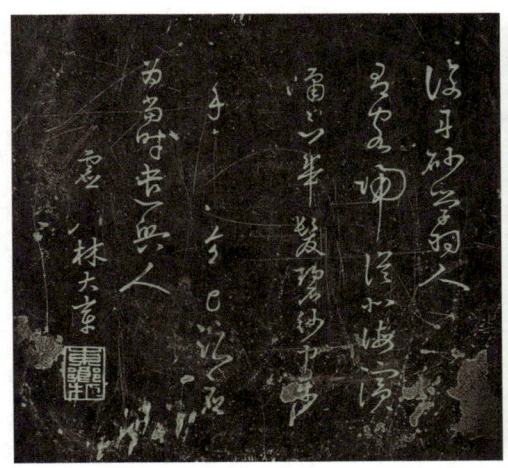

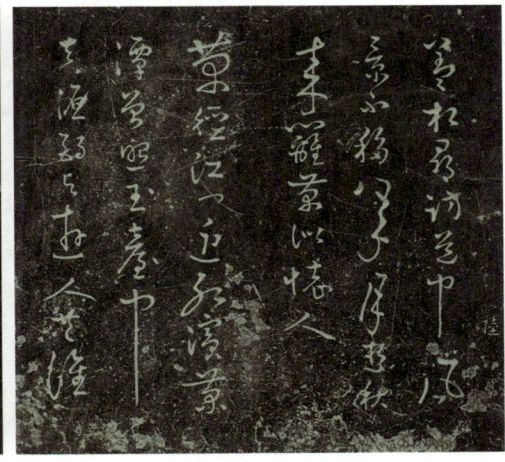

和白沙先生菊花

□□□□□□□,□盖相寻访道巾。
风景不移年月□,秋来篱菊似怀人。

菊径江门近水滨,菊潭曾照玉台巾。
真源酌与游人共,谁复丹砂学羽人。

有客归从北海滨,萧萧华发碧纱巾。
乐□□□今已□,应为当时遣兴人。
——虚岩林大章

【按】

本诗标题系编者添加。

小考

  作者林大章，字文经，号虚岩，沙冈人，年十三打架觚即见奇，督学吴默泉器之。嘉靖二十二年举人，二十五年（1546）授江西东乡知县，至则先修庙学与教化，有政声。清代温汝能编纂的《粤东诗海》收录有其诗。

  前文诗均为林大章的佚诗，分别镌刻于两扇砚石材质文房小插屏的正、背面。现可目验的两扇插屏，一扇正面刻有编号"陆"，背面刻有编号"柒"，分别镌刻了林大章《和白沙先生梅花》诗二首和《和白沙先生菊花》诗一首及两句残诗；另一扇正面刻有编号"三"，背面刻有编号"七"，分别镌刻了林大章《和白沙先生菊花》诗一首和两首缺字的诗句。此两扇插屏现由江门市林至诚先生收藏，是仅存至今可目验的插屏，原来的插屏应该是多屏组合的。

潮连街道

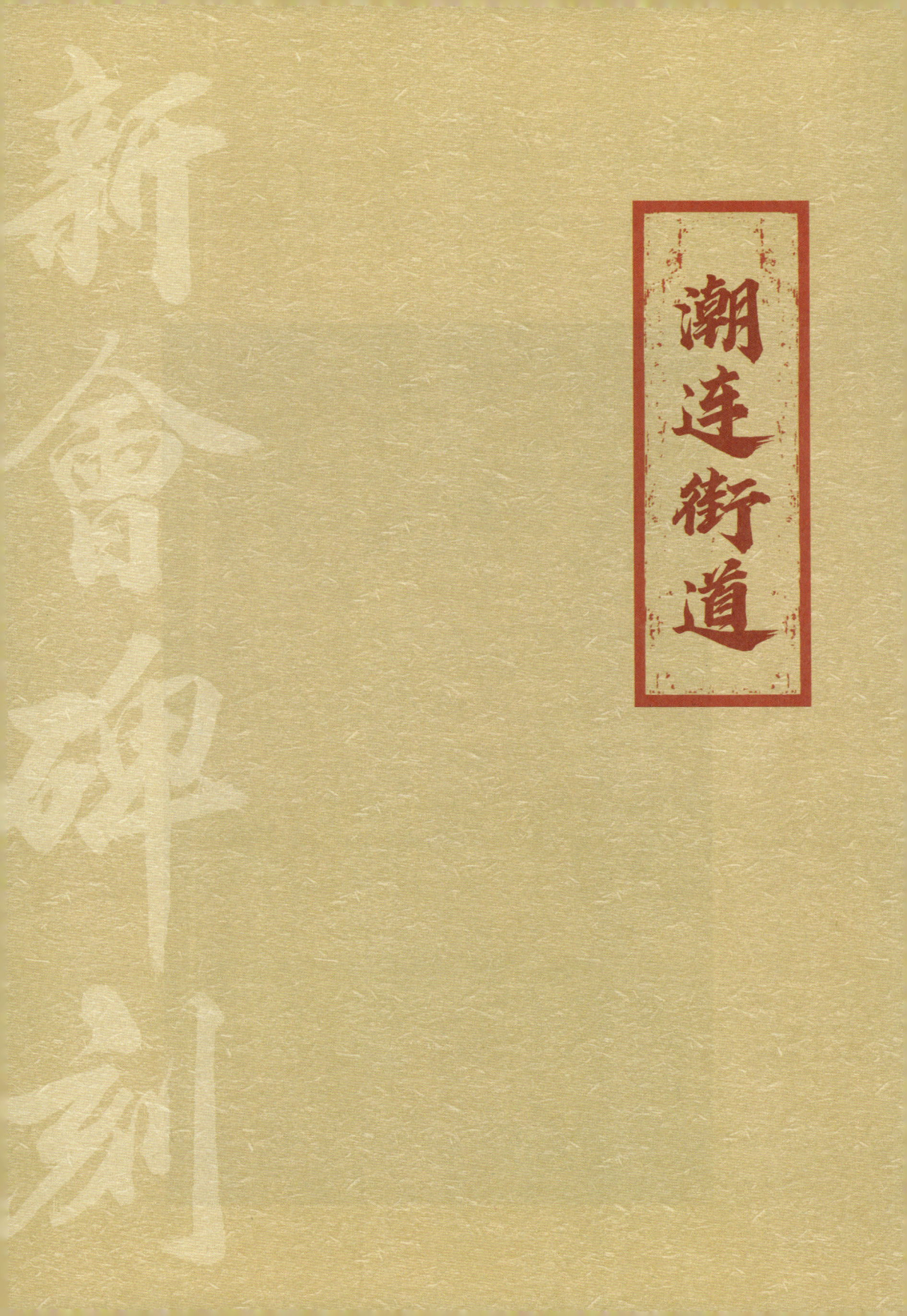

新会碑刻

诔潘季亨诗序碑

　　本碑砚石质，原镶在蓬江区潮连街道坦边社区一民居外墙上，现收藏于江门市博物馆。碑正面尺寸：52厘米×73厘米。

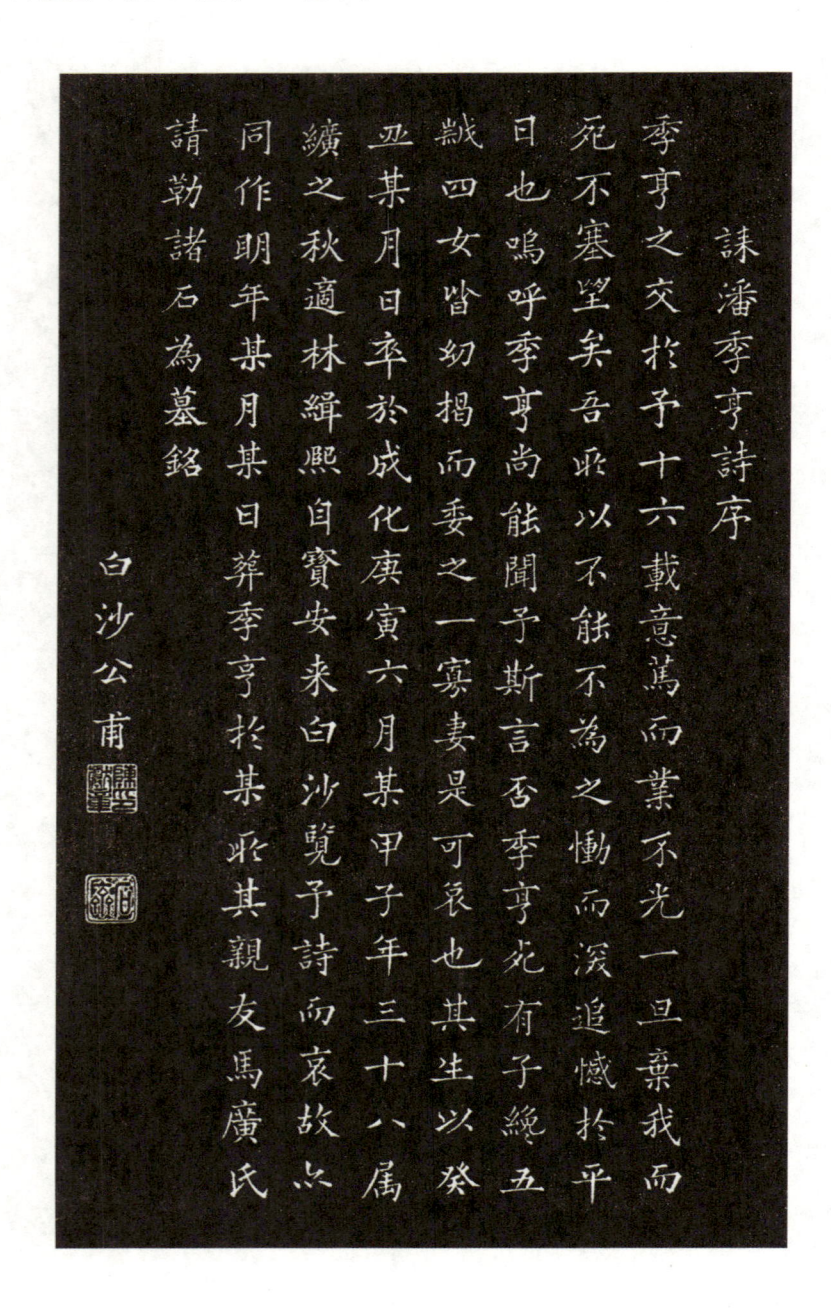

诔潘季亨诗序

季亨之交於予十六载意蔼而业不光一旦弃我而死不塞望矣吾乐以不能不为之恸而深追憾於平日也呜呼季亨尚能闻予斯言否季亨死有子绝五戬四女皆幼揭而委之一寡妻是可哀也其生以癸丑其月日卒於成化庚寅六月某甲子年三十八属纩之夕适林缉熙自宝安来白沙览予诗而哀故出同作朙年某月某日葬季亨於某乘其亲友马广氏请勒诸石为墓铭

白沙公甫

诔潘季亨诗序

　　季亨之交于予十六载，意笃而业不光，一旦弃我而死，不塞望矣，吾所以不能不为之恸而深追憾于平日也。呜呼！季亨尚能闻予斯言否？季亨死，有子才五岁，四女皆幼，揭而委之一寡妻，是可哀也。其生以癸丑某月日[1]，卒于成化庚寅六月某甲子，年三十八。属纩之秋，适林缉熙自宝安来白沙，览予诗而哀，故亦同作。明年某月某日，葬季亨于某所，其亲友马广氏请勒诸石为墓铭。

白沙公甫

【按】

　　本碑原镶在蓬江区潮连街道坦边一民居外墙上，现已赠予江门市博物馆收藏。已将本碑文与黎业明编校的《陈献章全集》所收录的碑文进行了比对。

　　以下"注释"中的"黎文"，即指黎业明编校的《陈献章全集》所收录的碑文。

【注释】

①某月日：黎文作"某月某日"。

马氏拨田文碑

本碑砚石质，现镶于蓬江区潮连街道世乡贤马大夫祠。碑正面尺寸：62厘米×100厘米。

马氏拨田文

先考莲坡府君，生广生兄弟四人。长观生、次宜生，正出也；次相如，次广生，庶出也。观生、宜生二兄，皆先府君卒。宜生兄一子曰贞，府君当垂殁之年，故所有田租，八百石内拨三十石与贞，承重主祀。乃谓观生兄死无后，拨五十石与其女为奁。余三分之，每分二百四十石，相如兄一分，广生一分，贞一分。府君殁，各耕收至今二十余年。不幸相如兄又即世，有子四人，曰鸣汉、腾汉、鸣阳、鸣皋，颇以恒产不足为忧。广生乃告贞曰："推同气之仁，以长骨肉之爱，均先世之业，以杜争夺之萌，其在今日乎！"贞色喜，退取旧拨文，进原租八百石。今除府君命主祀三十石，永归家庙与世世宗子掌之不动，另余四分之，每分一百九十二石。府君原作三分，今增入长兄一分，除兄拨与侄女五十石，实有一百四十二石与鸣汉兄弟轮流耕收，供应长兄祭扫，族之长老咸曰"均田"。继立，此非出于莲坡之意，贞已承莲坡命主祀，故田业可均而名分不可紊，于是广生详书其事，乃告后之子孙云。

　　　　　成化己亥八月吉日马广生书，诸侄贞、鸣汉、腾汉、鸣阳、鸣皋立石

【按】

此文刻于碑阳，系佚文。

书马氏均田文后

乌虖❶！与不伤惠，虑不失几❷，马氏不替其世欤！古冈之俗，有恒产者，死无子❸，人争为之后。其争也，仇亲戚、捐躯命弗❹顾。长老❺不能化，朋友不能谏，官司不能决，甚矣哉！《礼》："为人后者，为其父母服期。"夫生我者，父母也；所后之人，乃旁亲也，以其所轻，易其所重，虽有父母之命，贤者犹不甘心焉，况❻争夺以为之后乎？孔子，人伦之至也，薄乎欲为人后者，俾不得观射，果贤者为之乎！风俗之浇漓，人心之薄恶，知求利而不知爱亲，亦❼可哀也矣❽。马氏与之不伤惠，虑之

不失几❾，亦善处变矣乎！父命❿天伦，在夷齐则交致其重⓫，亦充是心而已。西山之薇，其卒胜孤竹之土欤。凡世以嗜利之私伤友于之情者⓬，观于马氏亦可以少愧矣⓭。马氏叔曰广生、侄曰贞。马之先世，有曰持国、曰晞骥，父子皆宋名臣，风韵盖有所自云⓮。

成化十五年己亥秋九月望后三日陈献章公
甫书于白沙
时风日初霁，人情怡悦云

【按】

　　此文刻于书马氏拨田文碑阴面，与其比对参阅的碑文版本有清代康熙《新会县志·人物》（卷十二）所收录的碑文、高东辉写的《江门潮连陈白沙遗迹考》所收录的碑文、黎业明编校的《陈献章全集》所收录的碑文。

　　以下"注释"中，"志文"均指清代康熙《新会县志·人物》（卷十二）所收录的碑文，"高文"均指高东辉写的《江门潮连陈白沙遗迹考》所收录的碑文、"黎文"均指黎业明编校的《陈献章全集》所收录的碑文。

【注释】

①乌虖：高文作"呜呼"，志文缺。②几：高文、黎文均作"机"。③死无子：高文作"死而无子"。④弗：高文作"不"。⑤长老：高文作"长者"。⑥况争夺：志文作"况于争夺"，高文、黎文均作"况以争夺"。⑦亦：志文、高文均作"其"。⑧矣：志文作"已"，高文漏。⑨马氏与之不伤惠，虑之不失几：志文、高文均作"马氏叔侄"，且缺"与之不伤惠，虑之不失几"。⑩命：志文、高文均作"母"。⑪在夷齐则交致其重：志文、高文均作"夷齐交致其重"。⑫凡世以嗜利之私伤友于之情者：志文、高文均作"凡世以嗜利之私伤友之于情者"。⑬观于马氏亦可以少愧矣：志文作"观此可以少愧矣"，高文作"观此可以稍愧矣"，黎文作"观于马氏可以少愧矣"。⑭马氏叔曰广生……风韵盖有所自云：志文作"知县丁积称马氏处家有礼让之风，均田一事可法于后世勉之，以诗有'喜见林中有俊英'之句"。系窜改文。高文、黎文均作"马氏叔曰广生、侄曰贞。马之先世，有曰持国、有曰晞骥，父子皆宋名臣，风韵盖有所自云"。

古冈处士马君墓表碑

本碑砚石质，现镶于蓬江区潮连街道世乡贤马大夫祠。碑正面尺寸：65厘米×118厘米。

古冈处士马君墓表

古冈处士马君甘泉卒之十九年,其弟国馨挟其子大年以状来谒予表其墓。予故闻新会有马氏而未识三君者,见国馨君丰神秀发、大年君仪观伟然,乃喜而拜,而受处士君之状而阅之。

处士讳贞,字伯幹,别号甘泉,性沉静,好儒。早失父恃,其母之爱而教不驰。弱冠游白沙石斋先生之门,谢弃举子业,日求所以修身践言之事,追随风咏于江门,岁月之间者凡几年。其友二人,同邑容贯、南海罗冕也。非斯人之俦则俯首攒眉而去,尝与容贯筑一室读书其中,于一切世味淡如也。

处士居富而行俭,恶衣疏食若固有然,至于亲友之不足者辄周之,常让其族之嗣祭田于其从弟,事闻邑宰丁彦诚礼而嘉之,时谓之义云。及其卒也,石斋先生为之挽曰:"马生从我游,酒艇月中行。江门见月时,临流忆马生。"又曰:"柳渡一帆秋月,江门几树春云。来往一时意思,江山万古精神。"及葬,又为之铭曰:"宋有名马,日腾四方,其名甚大,卫公得之,空群莫驾。十一世贞,育德于野,一本诸身,祖德勿舍,今其归矣,附于马洒,我则铭之,后有兴者。"乃拜而言曰:"呜呼!是足以表矣,予复何言?"

夫观人莫大于其所兴及其后之人,石斋先生以道学倡于东南,为一世大儒。容贯、罗冕皆先生门第,亦为一时高人。处士之师与友贤矣,其不谓之贤矣乎?又观其弟、若子之丰仪,表表如是。处士之芳躅若存,其又不谓之贤矣乎?呜呼!是足以表矣,予复何言?处士高祖讳得善,曾祖讳景颜,祖讳宗秀,考讳宜生,皆隐德弗仕。其先朝请大夫,讳持国。又讳晞骥、讳宜祖者,皆为宋诸州刺史,世出河南祥符县。因南渡入岭居古冈,遂有新会之马焉。

处士卒之日,实弘治丙辰❶正月二十八日也,戊午年❷十一月二十六日,附于归德里马洒祖墓左。娶同邑李氏,生男二人,长即大年,次大南。女一人。李氏卒于正德癸酉❸十一月十九日,以庚辰年❹十二月初三日合葬云。

正德九年❺岁舍甲戌四月之吉
赐进士承德郎吏部文选清吏司署员外郎南海方献科撰

附：哀挽诗

松根煮蕨芽，曾留马生饭。
松下翁复来，尽日未能返。
岩上几茎竹，翠滴岩下坐。
风吹竹罅开，南山青个个。
马生二雏子，不向庐山唾。
还将一掬泪，云昏竹间堕。
纷纷世上儿，娱亲安用那。
　　　　——石斋

明明榻伴花，浩浩斋前水。
青骡欲何之，白日空延伫。
平生我与君，相期有如许。
宇宙亦存亡，存亡安足语。
　　　　——容贯

处士生平一片雪，丈人手书笔如铁。
墓门镌石休使裂，后来与君光不灭。
　　　　——李孔修

每携诗草问江门，半醉飘然柳渡舡。
旧迹欲寻芳草遍，一场春梦落花天。
　　　　——罗冕

【按】

查方献科著的《西樵遗稿》，此文未见收录，系佚文。

【注释】

①弘治丙辰：指弘治九年（1496）。②戊午年：指弘治十一年（1498）。③正德癸酉：指正德八年（1513）。④庚辰年：指正德十五年（1520）。⑤正德九年：1514年。

《古冈处士马君墓表》小考

《古冈处士马君墓表》碑文，其内容透露出几个重要信息。

一、墓表正文首先使马贞的卒年日期、下葬的时间和地点得到确认，这对研究陈白沙先生的门人有一定帮助。其次，正文引用了陈白沙先生为马贞写的挽诗及其墓志铭，这明确了马贞的家世。再次，附有哀挽诗，一共四首。

二、墓表正文中引用了陈白沙先生的两首挽诗，一首为五言绝句诗，另一首为六言诗。据《白沙子全集》，其中收录该六言诗，诗题为《无题》；未收录五言绝句诗，该诗为集外诗。在《白沙子全集》中，所附哀挽诗中的陈白沙先生五言古诗未见收录，该诗为集外诗。

三、墓表正文引用陈白沙先生撰的铭共十三句，《白沙子全集·墓志铭》（卷十）所收录的铭有十二句，缺少"日腾四方"一句。与此同时，"十一世贞，育德于野"与《白沙子全集·墓志铭》（卷十）所收录的"九世曰桢，育德于野"有文字差异，据潮连金紫堂马大仝户《马氏族谱》，马贞为潮连甘边九世莲坡公次子宜生公之子，为十世马广生之侄，即为十一世。

四、所附哀挽诗中容贯的诗、李孔修的诗、罗冕的诗均疑为佚诗。

五、方献科撰的《古冈处士马君墓表》一文，查《西樵遗稿》，未见收录，为集外文。

六、据潮连金紫堂马大仝户《马氏族谱》，谱内《艺文录》还收录了陈白沙先生另外一首七言绝句挽诗："溪边草屋今何在，碧玉丈人会赋得。叹息此诗落人口，甘泉立雪乃何时？"

奉天诰命碑

本碑砚石质，现立于蓬江区潮连街道方岳家庙。碑尺寸：82厘米×145厘米×6厘米。

奉天诰命

诰（赠太宜人梁氏恩命）

奉（天承运，皇帝）制曰：

孝子爱亲之心，每切（于既）没；朝廷褒善之典，无间于生存。故得（沾纶綍之）恩，亦可纾风木之感尔。赠安人梁氏，乃户部湖广清吏司署郎中事（员外郎区）越之母。起家勤俭，律己谨严。躬顺正以相夫，式隆阃范；佐义方以训（子，弗际显）荣。爰推锡类之仁，载示重褒之典。兹特加赠为太宜人。懿灵不昧，尚（克歆承）。

诰封太宜人唐氏恩命

奉天承运皇帝制曰：

继母之训子，恩不可诬；臣之报君❶，功所当录。此彝伦之攸重，实（激劝之所）关尔。封安人唐氏，乃户部湖广清吏司署郎中事员外郎区越之继母。（仁慈成）性，恪谨持身，眷惟嗣子之登庸，亦尔慈闱之训诲。养隆鼎釜，方寿考（之未涯；光）贲庭闱，宜丝纶之载被。兹特加封为太宜人。服（此宠）光，益臻晚福。

（嘉靖）元❷（年十月十一日）

【按】

本碑砚石质，原立于区越母亲及继母的墓前，后受山洪冲击，断为两截，并缺失了左上角，现镶于蓬江区潮连街道方岳家庙。括号内的文字依《乡贤区西屏集》（卷八）所收录的碑文填补，共有51个字。

【注释】

①臣之报君：《乡贤区西屏集》作"人臣之报君"。②元：前后补文，指嘉靖元年（1522）。

岳伯区家庙碑

本碑砚石质，现立于蓬江区潮连街道方岳家庙。碑尺寸：98厘米×260厘米×16厘米。

岳伯区家庙碑记[1]

　　我祖宗积德行义，庇我子孙，其来已远，迨于不肖。始登弘治乙丑进士，授嘉善知县。历官户部郎中，至江西左参政。平生作事无以逾人，惟知勉求，古人所谓"清、慎、勤"者，以为当官之法。守己爱人，始终如一，恐贻玷先德也。年老致政，仅能自给，不能随人发挥家业，以承祭祀，以赡族属，深为不孝。然视古人，以清白遗之者，则不敢有愧也。乃搜囊箧俸禄余资，并投闲以来耕农之入，略足以供建祠之需。

　　爰相本乡龙井祖地一区，前俯席帽，后拥龙山，云峰林麓，环绕左右，堪建祠堂。顾浅狭太甚，尚欠恢拓之功。迟回图度者数年，而后获求邻人唐氏、梁氏、陈氏复得地，视前有加，裁割方正，向背明白。遂鸠工聚材，始于嘉靖十九年庚子之秋，落成于二十一年壬寅十一月初十日丙辰。为正室五间，以妥神位；为卷蓬三间，以立家众。为门楼五间，以限内外。规制完备，望之翼然，而兹山胜概，相与屹峙，实有焜耀矣。布政使合溪张公佑扁曰"方岳家庙"，以不肖官至藩司，名以义起也。于是，奉享分祖，即高祖考妣、曾祖考妣、祖考妣、显考妣四座神主于内，余留一座，俟不肖百岁后，夫妻安置，以配庙食。

　　是役也，财用之费，则付之五弟区赳[2]。而时其盈缩之工程之任，则委之外甥孙凤、家人区禄[3]，而严其课率之，计费金四百余两，余不肖之资力竭矣[4]。于是割自己田四十一[5]亩，与祖父置下蒸尝二十四亩[6]入庙，命四房子孙轮流掌管，以供祀事。维高、曾祖支分源派，四房之所由始也，维祖若考，开先裕后，至有不肖，延及诸昆，各有成立，家声之所由弘也。天高地厚，罔尽厥恩，是宜报本崇祀，百世所不易也。后世子孙，功乏前规而欲列祀是祠，是之谓僭。许众房子孙，以其违训之罪，告之庙而黜之。

　　呜呼！祭也者，孝子顺孙，追远继孝之大端也。追不及之，养而继未尽之孝，咸于祭焉，伸之可不诚乎？故雨露濡而怵惕之心生焉，而后可以语祀也；霜露降而凄怆之心生焉，而后可以语尝也；心怵于中而事肃于外，所谓诚也。非诚无祭，非祭无亲，吾身吾家，曷所从来？乃至于享祖而诚信弗孚，蹈其本而欲求蕃其末，岂不重可叹哉！冀我子孙，巽顺以相与敬，一以将事，使懿行成于家，而诚昭乎祖，以懋承祭祀之盛典，则爱自亲始，而睦可教也；敬自长始，而顺可教也。如是而后，克歆克享，惟懿惟永，而祭斯获福矣。如是而后承式，世仁兴让行，而家声益远矣。呜呼！我祖宗亦惟于尔二三子，是期是赖，其尚慎念兹也哉！其尚慎念兹也哉！

  赐进士太中大夫江西布政使司左参政孝玄孙区越谨识❼

【按】

  本碑于2017年12月底在蓬江区潮连街道方岳家庙的鸡蛋花树旁挖出并重新竖立，碑身受损较严重，碑文依据古籍《乡贤区西屏集》（卷七）所收录的碑文抄录，并与可见的碑上的文字相比对，有异者则选用碑上的文字，并作注。

  以下"注释"中，"古籍"均指《乡贤区西屏集》（卷七）所收录的碑文。

【注释】

  ①岳伯区家庙碑记：古籍作"方岳区氏家庙碑记"。②区赳：古籍作"赳"。③家人区禄：古籍缺。④计费金四百余两，余不肖之资力竭矣：古籍缺。⑤四十一亩：古籍作"若干亩"。⑥二十四亩：古籍作"若干亩"。⑦赐进士太中大夫江西布政使司左参政孝玄孙区越谨识：古籍缺。

追远堂祀事凡例碑

本碑砚石质,现立于蓬江区潮连街道方岳家庙。碑尺寸:68厘米×122厘米×8厘米。

追远堂祀事凡例

恭惟我祖考朴翁府君、考户部郎中梅月府君,共有蒸尝田二十四亩,四房轮流通行祭祀❶高曾祖考,岁时不失。但向无祠庙,随便祀于私室,事无统一,诚或弗孚,神恐不格,诚为缺典。余既居长,且历官中外,荷祖宗荫庇特厚,责诚在我。但老大❷因循,不觉七十有七,而祀先❸祠宇,始克营构落成,非赖我昆弟子侄孝敬相体,输诚协力,恐未能规备若此也。吾心良自慰矣!其建庙置田,祭祀日期并祭品事宜❹,详著于碑,俾我子孙知守而行之,庶几不致遗忘也。

——祖居左边,土名"龙井头"。原有四房承祖地一片,余于左边用钱五千与唐氏求地一片,又用钱二千与陈氏求地一片;又于右边地后,用钱九千求地一角;然后凑前祖地,补截方正,庙基始成。

——原祖父祀田二十四亩,念其尚少,不足以供祭祀。余以自置土名"第五号"

民田三十一亩，及承祖土名"邓田"民田五亩，又用钱五十二千，二次新买❺祠前塘一口，庙右❻旁田一段，每年算扣花利钱二千文，准作田五亩，共田四十一亩，拨入庙，与祖父蒸尝田二十四亩，四房轮流。至于祭祀之日，请同高祖子孙，齐赴班行礼，各致其诚，以共承福泽于不替。祭田粮役，四房分当，不许偏累。其田同批与老实佃人耕管，不许任一己私意，擅致更换及典卖与人。倘有违嘱，首治以不孝。

——朔望侵晨，家长当率少者齐赴庙，正衣冠肃诚，明烛上香瞻拜。其典祭之家，子侄幼者一人，洒扫堂室，拂拭神主，务要洁净。近见莫锦衣家❼子孙，每日早拜参庙，每朔望致薄祭，皆竭其诚敬。虽礼厌烦数，然其孝心不怠，为人子孙，亦当知慕也。我诸弟子，朔望行礼，庶其念之。

——庙宇岁日渐久，岂无修整之费❽？合将庙前田塘租钱二千之入每年典祭者，收取齐备，推公廉者一人验贮。遇有修庙❾，一应公用，照数当众支给。仍置簿一扇，识其出入❿。若积至岁远，羡余稍多，则买置⓫田地，以增入庙，亦继述之贤子孙也。但不许私相那借，致启争论之端，念之。

——凡遇祭祀日期，典祭祀者，前一日，将猪羊祭品一一齐备赴庙。族长率诸昆裔省视。其有不足分两，及菲薄不如礼者，当补换，众须明督责之。庶几牲品嘉腯，诚敬孚格。若违者，众切责之。

——凡祭祀，务要黎明行礼，家众等须鸡鸣赴庙肃候，住远者宜赴庙上宿。其未祭之前三四日，典祭者预告族众，日期详确，庶几出外者遄回，在家者守候。或在家而不赴庙，及赴拜后时者，不孝之罪，皆不能辞。

——家之礼，以祀乎先，亦所以教孝弟也⓬。孝弟，顺德也。顺德成则家道昌。匪孝匪弟，逆德也。逆德弗戒，其族无足观者矣。今后朔望少长咸集之时，正祖宗鉴临之际，少者有不善，则长者正言戒之；戒之不从，则鸣于众而攻之。以众人喻一人，而使之改其过，未有不怗然服者也。长者有不善，则少者以巽言谏之；谏之不入，则请于众劝之。以众人诱一人，未有不翻然改者也。若有不善，长者不以言而藏其怒⓭，少者不敢言而宿其怨，兹乖戾之所由起也。其或劝喻再三而不从不改，听告之祖宗，然后闻之官而治之，庶其有惩。

——开祀事日期品物⓮，元旦、清明、中元、冬至，每祭猪首一枚，重五斤。肥鹅一只，重七斤。鱼一尾，重五斤。每桌鹅一碟，鸡或鸭一碟，猪肉一碟，猪肝一碟，鱼一碟。每品除碟，重一斤。果五碟，高七寸。果盒一个，酒一埕，烛一双，香八两。

——考妣忌日并白石山，祭品如前。惟清明加烧猪一只，重三十斤。

——春祭二月十五日前后一二日，秋祭八月十五日前后一二日。每桌猪肉一碟、鹅肉一碟、鸡一碟、鸭一碟、猪肝一碟、鱼一碟，每品各重一斤。汤三道、饭一盂、上等老酒一埕。生豕一只，价一千文。羊一只，价五百文。海青一盘，高四尺，重八斤。点心五盘，各高二尺。大时果五盘，各高二尺。烧猪一只，价三百文。蜡烛十支，马牙香一斤。

——春秋祭祀，届期取出蒸尝钱三千文，各房子孙，协力买办，务要丰洁，以尽三千之费。

嘉靖二十三年[15]二月吉旦孝玄孙区越谨识

【按】

本碑立于蓬江区潮连街道方岳家庙，碑身保存良好，碑文清晰，已与古籍《乡贤区西屏集》（卷七）所收录的碑文相比对，有异者则作注。

以下"注释"中，"古籍"均指《乡贤区西屏集》（卷七）所收录的碑文。

【注释】

①祭祀：古籍作"祀事"。②老大：古籍作"老人"。③祀先：古籍作"祀事"。④祭祀日期并祭品事宜：古籍作"祭祀事宜"。⑤新买：古籍作"新置"。⑥庙右：古籍作"庙左"。⑦莫锦衣家：古籍作"诗礼之家"。⑧修整之费：古籍作"修整使费"。⑨修庙：古籍作"修祠"。⑩识其出入：古籍作"志其出入"。⑪买置：古籍作"置买"。⑫亦所以教孝弟也：古籍作"正所以致孝弟也"。⑬藏其怒：古籍作"藏其恶"。⑭自"开祀事日期品物"至文章结尾文字，古籍缺。⑮嘉靖二十三年：1544年。

慈母石碑

本碑砚石质，现立于蓬江区潮连街道洪圣公园内。碑正面尺寸：66厘米×140厘米。

慈母石碑

赐进士第大中大夫[1]江西左参政、西屏翁区老夫子,乃检讨白沙陈先生高弟也,事继母极孝,白沙先生两作慈母石诗歌遗之。

慈母石歌

岩石江头峻如壁,舟人指为慈母石。
慈母名来不可闻,巉岩兀崒秋江碧。
我闻慈母名,起我父母思。
人有父母谁不思,我思父母徒伤悲。
忆昔生我童稚时,家贫逐日图生资。
折薪与我代灯烛,鬻衣与我买诗书。
朝夕俾我苦勤学,戒我勿似庸常儿。
况生我命苦多疾,父母提挈绵岁月。
一朝我病忽呻吟,父母咿哑面如漆。
父母衣我兮宁自寒,父母食我兮宁自饥。
我今身为一命仕,薄俸堪将备甘旨。
二亲已去掩荒丘,薄俸还将饱妻子。
几回举箸食腥膻,默默不知双泪涟。
收泪还将酒杯奠,杯奠不到音容前。
慈母石,世罕有,汝在江头天地久。
我思父母不能养,恨恨当同尔齐朽。
呜呼罔极恩难报,幸今赖有移忠孝。
尚当竭力事吾君,庶可扬名酬二亲。

诗曰:

谁化江边石?世传慈母名。

神枯真可想，意得貌如生。

行路三回顾，题诗独见称。

丹青在人目，千古共沾缨。

慈母石诗

慈孝相感激，天机谢人力。

谁来石下歌，见母不见石。

嘉靖十八年[2]岁次己亥孟春穀旦

赐进士第中顺大夫福建邵武府知府门人适者李翔书丹

此碑岁久残泐，大清嘉庆二十四年[3]岁次己卯同里后学伍有庸敬谨照缮

【注释】

①大中大夫：明代对太中大夫的别称。②嘉靖十八年：1539年。③嘉庆二十四年：1819年。

《慈母石歌》小考

周口华威民俗文化博物苑现存一块明代弘治十二年（1499年）立碑，碑面刻《太祖高皇帝圣旨》及《慈母石图》文，共16行，计310字。据何九畴所编刻的《白沙子全集》和《乡贤区西屏集》以及李翔碑上文字，在《慈母石歌》"古风"部分，均缺"有时为我祝神祇，愿我早着蓝袍衣。是时我心常戚戚，愿如孔子言无违。嗟叹我生命何蹇，少年不第第已晚。使我父母老死时，食不饱兮衣不暖"。并且歌的排序也有差异，"父母衣我兮宁自寒，父母食我兮宁自饥"这二句也是排在"一朝我病忽呻吟，父母咿哑面如漆"后面。

据明代弘治九年吴廷举刻的《白沙先生诗近稿》十卷本载："慈母石下有无名氏古风一首，诗以代跋：'慈孝相感激，天机谢人力，谁来石下歌，见母不见石。'"又据清代康熙四十九年（1710）何九畴编刻的《白沙子全集》六卷本，其"目录"中有题注"又，古风歌补《慈母石歌》，为门人区越作"。

又据黎业明先生考证，《白沙先生诗近稿》里面的"白沙先生甲寅诗稿卷之十"

中，有些诗作于弘治八年（1495）。按照其在《白沙先生诗近稿》的顺序，《慈母石歌》当作于弘治八年。

按此题注，后面的诗与《慈母石歌》是一个整体，"古风"部分是白沙先生据其《慈母石歌》进行了二次创作。

嘉靖十八年，区越72岁，已经在江西左参政之位上致仕返回新会，其门人李翔刻慈母石碑时，特意刻上"西屏翁区老夫子，乃检讨白沙陈先生高弟也，事继母极孝，白沙先生两作《慈母石诗歌》遗之"。

综上所述，我认为《慈母石歌》"古风"部分是历史上流传较广的民歌，其歌词甚至来自歌谣之类的勒石诗。这与中华民族一直以来备受推崇的尊敬父母的孝道有关。陈白沙先生运用无名氏"古风"为序，而创作《慈母石歌》。何九畴编刻的《白沙子全集》和《乡贤区西屏集》所收录的《慈母石歌》和《慈母石诗》将其分开，是讹误。由此可知，《慈母石歌》是由陈白沙先生修改后的以"古风"部分为序、以五言律诗为正文、以五言绝句诗为跋的三个部分组成，是一首诗，非两首诗。

壬寅季秋区小健于自然草堂记之

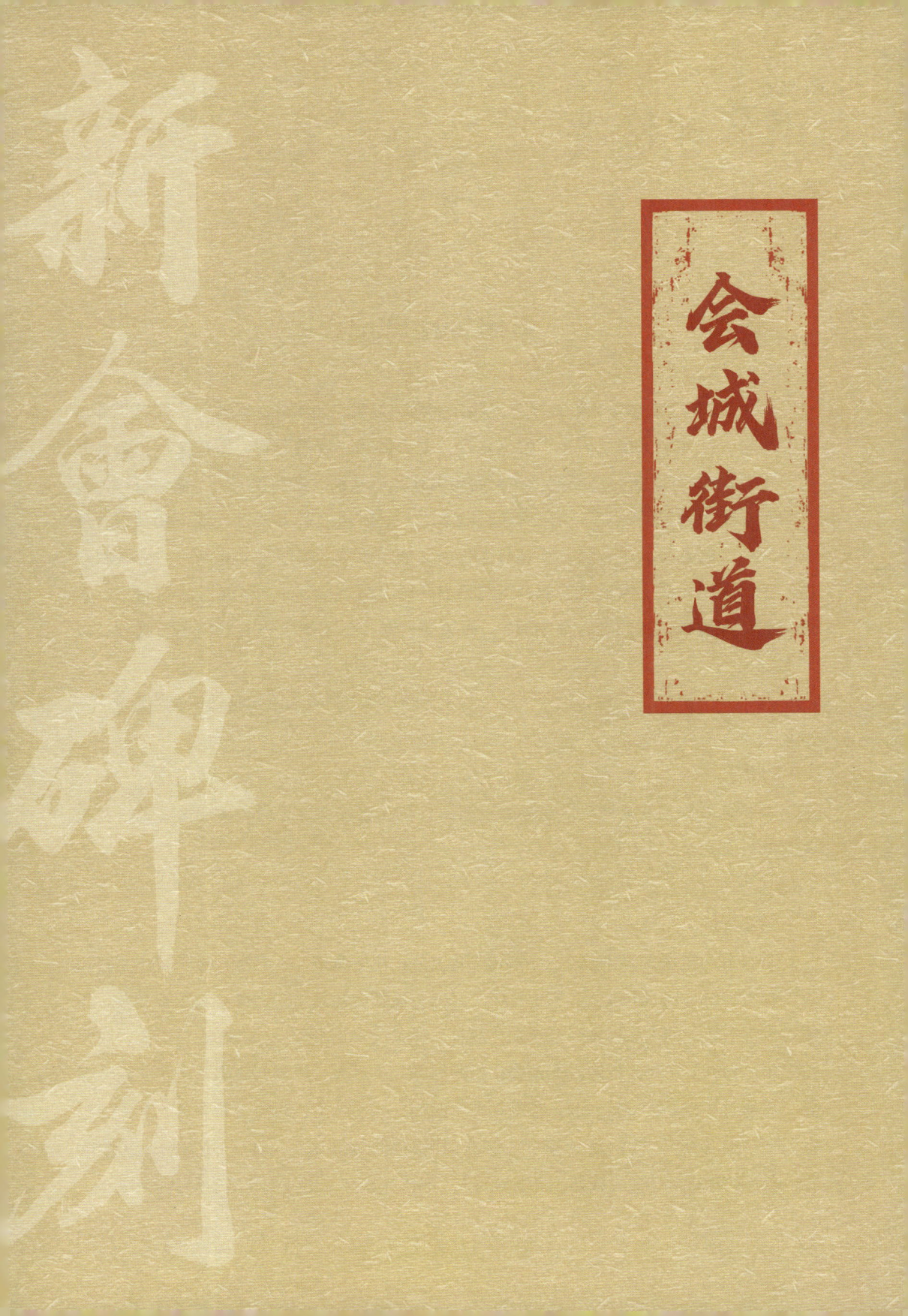

会城街道

新会碑刻

重修钟楼碑

重修钟楼碑记

丙寅❶之冬,予承乏会邑,周视雉堞,登马山之巅,望圭峰,眺沧海,层峦拱翠,怒涛呈奇,洋洋乎大国之风也。学宫之左,上有钟楼,岿然秀耸,影护文坛,为前朝邑宰王公❷所重建。盖公之厚期乎多士而用以补其形胜也。惜兵燹之后,遗构仅存,凄风莫蔽。予与司铎❸吴公❹、萧公❺谋所以葺之。一时邑之贤士大夫,咸乐勷其事,遂鸠工庀材,阙者补,敝者易,不逾月而告竣,焕乎改观。噫嘻!非止新一时之耳目已也。王公厚期乎多士而重建于前,予与诸君子踵其芳规修复于后。从兹多士奋兴,名贤继起,掇巍科,树鸿业,显当时❻,而耀邦家者,予于诸士亦有厚望焉。因刻石以记之。

大清康熙二十七年❼知县贾雒英❽撰立

【按】

本碑砚石质,系重刻碑。原碑立于马山钟楼,已毁。惜重刻之碑讹误颇多,特此收录以纠正讹误。

【注释】

①丙寅:指康熙二十五年(1686)。②王公:指王命璿,字君衡,号虞石,龙岩州人,万历甲辰(1604)进士,三十三年(1605)任新会知县。③司铎:谓掌管文教。相传古代宣布教化的人必摇木铎以聚众,故称。④吴公:指吴孟嶙,开平人,举人,康熙二十年(1681)任新会教谕。⑤萧公:指萧炜光,平远人,岁贡,康熙二十年任新会训导。⑥当时:此处读 dàng shí,指就在那个时刻,马上。清代康熙《新会县志》为"当世",道光《新会县志》为"当时"。依据引用典籍原则,用"当世"更合理。⑦康熙二十七年:1688年。⑧贾雒英:直隶河间人,举人,康熙二十五年任新会知县。

重建新开溎石洲文昌阁碑

本碑砚石质，现立于城南文昌阁。碑尺寸：82厘米×165厘米×6厘米。

重建新开滘石洲文昌阁碑

文昌阁记

古冈，为粤之西南一巨邑也，玉台天马、紫水黄云，山川风物之美，甲于岭海。独邑之东南，熊❶海一山稍为痹削，及城南新开滘，水如彀矢离弦，其势直出。是皆有关于人文之盛衰，意者造物无全能，必待人以斡旋之欤？有明万历间，王侯命璿□□之暇，建塔于熊山，以振其气。复筑石洲河中，以为狂澜砥柱，辅相地宜，不遗余力矣。王公以石洲上宜构杰阁，广风气完□不泄。黎姓宗人义感激昂，遂欣任土木之事，与熊塔同时告竣。于是蓄瑞苞灵，都人士科名日盛。逮我朝顺治甲午❷冬，西寇❸攻城不下，望气❹者谓塔与阁钟祥所致，遂举而并废诸。予庚辰❺自循之海丰，调繁兹土，首恤民瘼，即及文教，养秀良于义学中，冀其汇征❻王国❼，以效冯翼❽之助。越癸未❾春，与邑之绅士、大夫甫，谋葺塔时，明经黎俊升等，亦以修阁请予。首肯之，即捐俸银伍拾两以为倡，而俊升与族人，踊跃奋迅，克绍前人之美。不数月间，而阁之成也，其时日亦与熊塔无后先焉。由是观之，废则俱废，兴则俱兴，岂非运会使然哉？更义建石桥于阁右，以猪❿流泉而厚元气，是亦补王公所未备矣。古冈之胜，其萃于斯。从此而巍峨耸拔，与熊塔远近相辉映，酝酿文明，济济多士⓫，云蒸霞蔚⓬而起，不独黎氏孙子实受其□□。爰为之记，以寿石。

文林郎知广州府新会县事加二级白章⓭撰

捐银题名

（芳名及捐资额略）

时康熙四十二年岁次癸未十二月初七穀旦，勒石

【注释】

①熊：熊（ní），三脚鳖。熊海，新会地名，下同。②顺治甲午：即顺治十一年（1654）。③西寇：即李定国所率领的反清军队。顺治十一年春三月，李定国破雷州、廉州入高州，进而围攻新会县，以期打开广州的门户新会。七月，李定国再一次致书联合郑成功，邀他合攻新会。与此同时，李定国又联络粤东水陆义师王兴、陈奇

策等部，号称二十万大军，将新会包围得水泄不通。④望气：风水学术语。术数中认为穴中有气，高明的大师可以望见穴气。气色光明则发兴，气色暗淡则败落；气呈红色则巨富，气呈黑色则有祸，气呈紫色则大贵。典出《史记·孝武本纪》载："入海求蓬莱者，言蓬莱不远，而不能至者，殆不见其气。上乃遣望气佐候其气云。"⑤庚辰：指康熙三十九年（1700）。⑥汇征：指进用贤者。⑦王国：谓天子之国。⑧冯翼：典出《诗经·大雅·卷阿》："有冯有翼。"指有所辅翼。⑨癸未：指康熙四十二年（1703）。⑩猪：古通"潴"，水积聚的地方。⑪济济多士：形容有才能的人很多。⑫云蒸霞蔚：像云霞升腾聚集起来，形容景物灿烂绚丽。典出《世说新语·言语》。⑬白章：直隶滦州人，岁贡，康熙三十九年任新会知县。

重建慈尊宫碑

本碑砚石质，现镶于城西龙溪庙。碑正面尺寸：65厘米×78厘米。

重建慈尊宫碑文

　　尝观宇宙内，境有穷通，苦乐靡常。然当苦难而不能解，莫不呼号而吁救之，如赤子观音菩萨。菩萨之法力，广大神通，虽不见声色之，自而有危即解，捷如桴鼓。以故建庵创□□天莫不同奉焉。邑西花桥亭畔，上帝庙侧，古有月窟花宫，香火辉煌不绝。前因兵燹□□，金相存没，莫知其踪。雍正壬子❶，提宪临邑，参台令，除❷道路，偶于龙溪关上，复现慈灵，有叩即应，旋愠旋解，旋难旋拯，由是人各沾泽。福地复营，咸相踊跃，不日而成，□□其事，谓予年老，稔悉传闻，属予为序。予知学拙，措文不典，谨详巅末，以昭将来。诸檀樾□□。

（芳名及捐资额略）

雍正壬子花朝古冈老人汤涛盥手拜撰
邑人谢善膺敬书

【注释】

①雍正壬子：指雍正十年（1732）。②除：清除。

敕封忠勇太尉陈圣侯王像赞碑

本碑砚石质，现镶于会城街道环溪庙。碑正面尺寸：65厘米×118厘米。

敕封忠勇太尉陈圣侯王❶像赞

伟哉献侯，汉室元勋。立功著绩，允武允文。除奸靖乱，振患解纷。奇谋妙策，绝类超群。既定宗社，端笏垂绅。阴阳燮理，任职得人。四彝外附，百姓内亲。泽流千载，恩被万民。显圣海国，庙貌常新。强扶默佑，救苦济贫。灵丹普施，利用安身。遐迩均沾，率土怀仁。敬镌圣像，以奉至尊。妖氛匿魄，邪魔敛魂。户庭清吉，咸沐鸿恩。威灵赫濯，凛凛长存。

钦赐翰林院检讨加赐詹事府左春坊左赞善周中规❷熏沐敬题
沐恩弟子员李占盥手❸拜书
时乾隆癸未❹岁孟夏吉旦，谢山宗裔兼章盥手敬绘
沐恩弟子谭有璿敬刊奉酬

【注释】

①太尉陈圣侯王：即陈平，是西汉王朝的开国功臣之一，阳武（今河南原阳）人。封爵时被封为户牖侯、曲逆侯，死后谥号为献侯。②周中规：清朝诗人。③盥手：洗手。古人常以手洁表示敬重。④乾隆癸未：指乾隆二十八年（1763）。

重修天后宫碑

本碑砚石质，现镶于茶坑村天后宫。碑正面尺寸：40厘米×55厘米。

重修天后宫碑记

盖闻天后娘娘生于宋而显于□□□□天□萃莆田之龙母□□□□□□奇，功高比□，威震南天，声灵赫濯，厚哉天朝，千古垂昭□□□□□□□□众人矣。兹□□增□式廓，捐金乐助。庙貌维新，云塔耸翠，彩□□□□□□□□□□□昭天□□秀，地钟其灵□□神明彰著，覃恩广□□□□□□□□□□□□□为序。

（芳名及捐资额略）

乾隆二十一年[1]岁序丙子葭月

旭旦

【注释】

①乾隆二十一年：1756年。

重建天后宫碑

本碑砚石质,现镶于茶坑村天后宫。碑正面尺寸:64厘米×105厘米。

重建天后宫碑记

众信士捐银芳名

首事:梁厚炳　袁能合　袁宽尚
袁能信　聂英万

(芳名及捐资额略)

乾隆五十九年[1]岁次甲寅仲春吉旦

【注释】

①乾隆五十九年:1794年。

建立文武庙芳名碑

两碑均砚石质，现镶于茶坑村文武庙。两碑正面尺寸均为：73厘米×140厘米。

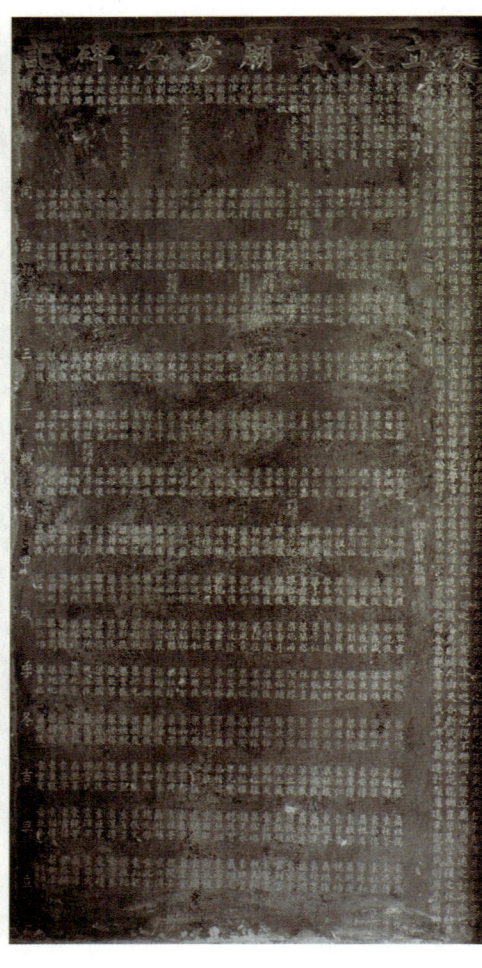

建立文武庙芳名碑记

东能❶三堡建文武庙序

盖闻：帝德广运，沛泽渥于群生；神道无私，流恩膏于下土。此居乡立庙所由来也。今我东能诸村，已各立庙敬神矣。但乡各有庙，亦人各有心，庙不同，心不合矣。是用协和乡里，永言洽比之欢，必须合创庙堂，共作会同之所。每岁则庆神酬福，少长咸临，有事则解难排纷。衿耆毕集，订盟结好，睦族敬神，夫岂特一时之利哉？实数十世之福也。得不联同三堡立庙，以为永远之计乎？今也天开景运，人焕新猷。爰始爰谋，欲成美举；同心同德，大启鸿基。方卜吉于能山，乘时择地；遂营宫于马岭，毓秀钟灵。造作固属人为，结构亦由天合。新成帝殿，永庇能乡，岂非万世无疆之休乎？独是有志，事可竟成，无财功难立就。用犹不足，当请益于同人；资捐随心，愿求助于各里。倘输推解之诚，裒成集腋，不吝赢余之赠，金乐解囊。积少成多，俾营新造；计深虑远，聿观厥成。则庶乎庙联三堡，长为亲睦之谋；人合五乡，共获圣神之福矣！谨将芳名开列。

开邑许裔植敬镌

嘉亨里、骥马里、大井里芳名

梁叠绳堂捐庙地一所

（芳名及捐资额略）

龙飞同治十三年❷岁次甲戌季冬吉旦立石

大隆里（芳名及捐资额略）

南兴里（芳名及捐资额略）

胜和里（芳名及捐资额略）

东成里（芳名及捐资额略）

盛龙里（芳名及捐资额略）

缘首梁骏后、余章铨、梁裕权、余良骥、梁高徽、余章玲、梁从后、袁德芳、袁初绍、梁烘徽、袁诒奕、袁初焕、周象庸

龙飞同治十三年岁次甲戌季冬吉旦立石

【注释】

①能，当地人读音为ní，又写作"熊"，指一种三脚鳖，传说熊山因其下面的海域产三脚鳖而得名。②同治十三年：1874年。

读茶坑《建立文武庙芳名碑记》小记

新会茶坑村，是新会乡贤、晚清时期"戊戌变法"领袖之一的梁启超的故乡。茶坑村马岭有一座文武庙，建于清代同治十三年；坐南向北，一路三进；通面阔5.58米，进深12.22米，建筑占地面积68平方米；砖木结构，庙内有一组（两块）砚石质古碑，碑额题"建立文武庙芳名碑记"。

碑刻第五行由右至左第11、第12、第13列，分别刻有梁启瑞、梁启超、梁启森捐银芳名，各捐银"壹大"元。梁启瑞为梁启超堂兄，梁启森为梁启超堂弟。此碑立于同治十三年甲戌，梁启超生于同治十二年（1873），其时年二岁。可见，其之所以"榜上有名"，必定是其父辈或祖辈代其做的捐输。

梁启超（1873—1929），字卓如，号任公，又号饮冰室主人，清光绪十五年（1889）举人，中国近代思想家、政治家、教育家、史学家、文学家，为中国近代维新派代表人物。

据相关资料，有关中国近现代历史人物中的"梁启超"词条如下：

同治十二年正月二十六日，梁启超出生于广东新会茶坑村，祖父梁维清、父亲梁宝瑛都曾以士绅参议乡政，在当地有一定的势力和影响。

据清光绪二十四年（1898）八月二十四日的《总理衙门清档·收发电》载："新会县左学易禀：查梁启超住茶坑村，有家祠一所，住屋一所，怡堂书屋一所，房屋无多，家具搬空。询之邻右，其家属去年八月往上海，不知住宅区所。其守屋之梁松辉、一老妇、一小孩，讯非同房。据供梁启超之祖父，行医为生，有田数亩，不知坐落何地。除将梁启超住宅三所绘图存案……"

在古代，但凡村中兴修庙宇祠堂，都是村中的头等大事，均由村中的耆老、士绅倡议定夺，然后由村中能力强及有影响力的族人担当首事、缘首等在村中开展劝捐行动。从两块古碑上所刻捐资芳名中可知，该文武庙是周边三堡八条里坊的村民捐资兴建的，并且庙的匾额为时任新会知县彭君谷所书。村中如此重大的事，在碑刻上竟查找不到梁启超祖父梁维清、父亲梁宝瑛的名字。康、梁"戊戌变法"失败后，朝廷命新会县知县左学易到茶坑村查抄梁启超家。从新会知县的电文看，梁启超家庭状况并没有词条上所说的景象。因此，以上词条的叙述有值得商榷之处。

又据"百度"资料，有关梁启超家世的简介如下：

梁启超先祖梁永保为南宋进士，曾祖父之前世代务农。

祖父梁维清（1815—1892），号镜泉，清末秀才。

祖母黎氏（1817—1873），系广西提督、武探花黎大刚之女。

父亲梁宝瑛（1849—1916），字莲涧，清末秀才，因屡试不第，在乡教书。

母亲赵氏（1852—1887）。

新会都会村黎大刚为清代乾隆四十六年（1781）登辛丑科一甲第三名武进士，授官二等侍卫；乾隆五十五年，外放广西右江镇标右营游击；乾隆五十八年（1793）护理镇安协副将，以历升镇安协副将；嘉庆六年（1801）升署广西左江镇总兵，后调山东总兵；嘉庆十五年（1810），转广西梧州总兵，不久署广西提督；年六十六告归。

据新会都会村《黎氏宗谱》载："黎大刚，字恭健，号养斋，乾隆甲午（1774）科武举人，辛丑科武进士，钦点探花及第，实授镇安协武功将军；配陈氏，生子一人，讳涌，女一人，适尚书坊何氏；续娶李氏，生子一人，讳泰，俱诰封夫人；侧室林氏，生子一人，讳顺遂。"

尚书坊何氏是晚明时期南京吏部尚书邑人何熊祥的后裔。因此，依上述资料可知，"百度"上记载"黎大刚女黎氏，适新会秀才梁维清，为近代名人梁启超祖父"这一信息是错误的。

建立帝尊碑

本碑砚石质，现镶于都会村五显庙。碑正面尺寸：52厘米×76厘米。

建立帝尊碑记

今将帝尊二座并神将、神戟、笔架、令旗、小香桌、龙车等项芳名：

（芳名及捐资额略）

缘首：黎敏成、黎日亮、黎祖安、黎廷矩、黎信乐、陆瑞伍、吴逢兴、袁起、黎宝盛、黎至、苏黄氏、黎亚月、黄李氏、李黎氏、黎李氏、陈罗氏、黄张氏、邓陈氏；

首事，黎：恭赞、日进、智日、升业、基源、升郁。

乾隆五十九年岁次甲寅菊月

榖旦立石

义冢碑

本碑花岗岩石质，现陈放于都会村宋忠武庙前。碑尺寸：62厘米×134厘米×14厘米。

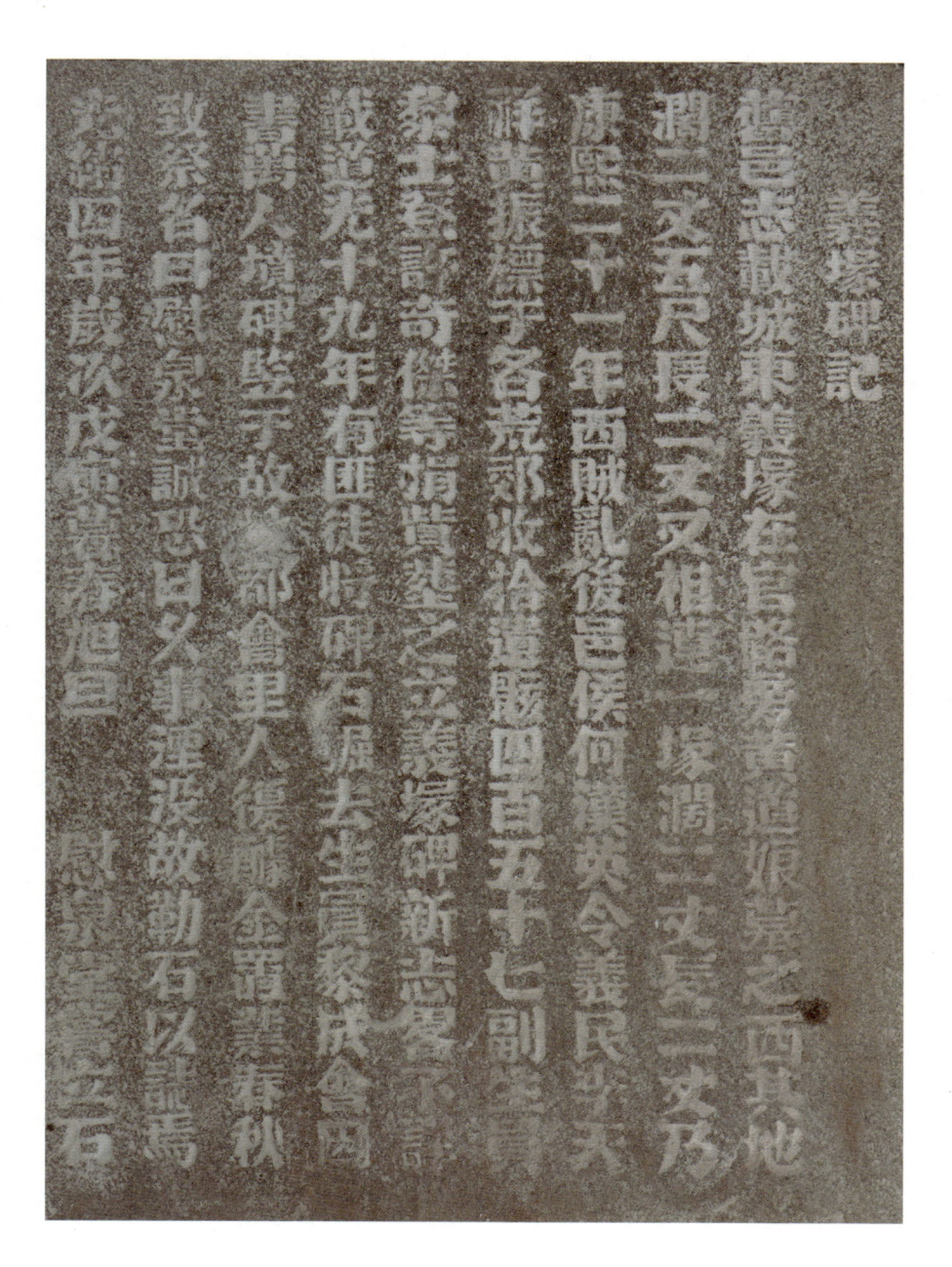

义冢碑记

赵邑忠义载城东冢塲在官路旁黄道娘墓之西其地
阔二丈五尺长二丈又相连一塲阔二丈长二丈乃
康熙二十一年西贼乱後邑侯何汉英令义民邓天
祥黄振漂于各荒郊收拾遗骸四百五十七副合
葬于荃訫奇体等捐资垫之立义塚碑新志爰不
载道光十九年有匪徒将碑石盗去生二卖冢民合同
书商人旋碑竖于故 都会里人复购金额业春秋
致祭省台慰泉垒诚恐日久年运没故勒石以志焉
光绪四年岁次戊寅葭月春旭日 慰泉垒藁坚石

义冢碑记

　　旧邑志载，城东义冢，在官路旁，黄道娘墓之西。其地阔二丈五尺，长二丈，又相连一冢，阔二丈，长二丈。乃康熙二十一年西贼乱后，邑侯何汉英令义民李天祥、黄振标于各荒郊收拾遗骸四百五十七副，生员黎士登、许其杰等捐资葬之，立义冢碑，新志略不详载。道光十九年，有匪徒将碑石掘去，生员黎成会因书万人坟碑竖于故坟。都会里人复醵金置业，春秋致祭，名曰"慰泉堂"，诚恐日久事湮没，故勒石以志焉。

　　　　　　　　　光绪四年[①]岁次戊寅暮春旭旦慰泉堂尝立石

【注释】

①光绪四年：1878年。

捐资砌石碑

本碑砚石质，现收藏于都会村宋忠武庙。碑尺寸：80厘米×184厘米×5厘米。

捐资砌石

会城冯遂源缘簿捐银芳名开列，共捐银七十四两八钱五分整，不领酬金。

（芳名及捐资额略）

都会黎华玉缘簿捐银芳名开列，共捐银六十四两二钱四分整，不领酬金。

（芳名及捐资额略）

江门合盛店缘簿捐银芳名开列，共捐银六十四两一钱一分五厘。

（芳名及捐资额略）

潮连区从咏缘簿捐银芳名开列，共捐银六十两零三钱六分整。

潮连公局捐银二十大元[1]，区德馨堂捐银二十大元，区滋大堂捐银二十大元，区敦本堂捐银六大元，区春省堂捐银二大元，区清和堂捐银二大元，区金石捐银二大元、区省耕捐银二大元，区余庆堂区荣秋、区大谦、区昭邦、区从秋、区从清、区和奕、区从韬捐银□□□，区从秀、区兹爱、区养和堂区运快、区定扬、区平泽、区文灿、区平饶，已上捐银□□□。

江门连盛店缘簿捐银芳名开列，共捐银五十九两九钱七分整，又捐银七两五厘六分整。

会城裕隆源寮缘簿捐银芳名开列，共捐银五十柒两五钱整。

（芳名及捐资额略）

荷塘容姓缘簿捐银芳名开列，共捐银四十八两九钱三分整。

（芳名及捐资额略）

周郡蓬溪新昌邓朴臣缘簿捐银芳名开列，共捐银四十二两九钱三分整。

新昌蓬溪邓世承堂捐银十大元，莱溪英醇兴堂捐银六大元，周郡谢永安堂捐银六大元，芝山陈志宇捐银五大元，周郡谢壮培捐银五大元，潮连区钜元❷捐银四大元，莱溪英三俊❸捐银四大元，莱溪英道衡捐银三大元，江门坤元堂捐银二大元，潮连陈翼文堂捐银二大元，莱溪英吉光堂捐银二大元，莱溪邓阳焕捐银二大元。

都会黎升鸾缘簿捐银芳名开列，共捐银四十四两二钱六分整，不领酬金。

（芳名及捐资额略）

【注释】

①二十大元：即二十个银元。②区钜元：字从亨，号鳌峰，同治三年（1864）甲子科举人。③英三俊：石澂人，道光二十三年（1843）癸卯科中举人第二名，大挑二等，曾任封川县训导。（见清代同治《新会县志》）

吕纯阳仙师庙碑

此三块残碑均砚石质,现收藏于都会村宋忠武庙。

残碑之一

残碑之二

残碑之三

(芳名及捐资额略)

【按】

后两块残碑,无碑额,无落款。

重修佛祖殿捐银芳名碑（同治十二年）

本碑砚石质，现镶于天马村东华里北极殿。碑正面尺寸：57厘米×93厘米。

重修佛祖殿捐银芳名碑记

今将捐题银芳名开列于后：

（芳名及捐资额略）

值事陈承杞、陈典玑、陈大进、陈典迎、陈大欢、陈典旺。

同治十二年岁次癸酉季冬

旭旦立

重修佛祖殿捐银芳名碑（光绪二十四年）

本碑砚石质，现收藏于天马村东华里北极殿。碑正面尺寸：62厘米×95厘米。

重修佛祖殿捐银芳名碑记

今将捐题银芳名开列于后：

（芳名及捐资额略）

值事：陈典秩、陈典悦、陈孙就、陈孙盛同立石。

光绪二十四年岁次戊戌季冬穀旦立

建庙碑

本碑砚石质，原镶于东侯五显庙华帝殿内，现庙已拆毁，碑由新会梁颖娴收藏。碑尺寸：59厘米×100厘米×6厘米。

建庙碑石

　　自来有功德于人者，大抵身虽远而泽未湮，庙长存而灵益显者也。而况乎敕封屡朝，风威足以驱荧惑之邪，火德足以耀重离之光，其崇奉更当何如哉！原夫我五显华光大帝，迎从北极居宸，藉镇东侯境里，乡之人咸诚而祀之者，盖亦有年。其间苟有所求，如响斯应，是帝之功德及人，固已流布于兹土至深且远也。

　　但自道光初年来，或一年而迎送，或再三年而迎送，时欲建庙，众以坐镇无定事，遂寝。己亥❶间，众见行宫朴陋，殊失观瞻，急欲更而新之，后因人各艰于资财，兼以造方破吉，事又不果。近年屡值岁丰，士农工商，各敦本业，则积有赢余，而可以捐金乐助，共勷厥美矣。且幸际小川黄君谷馆❷于庙左太祖祠内，卜其吉日，正其方位，然后向之，议建无定者至是决焉。噫！苟非神灵之默运，阴以助其成者，何由得此哉？

　　至于兴筑之日，连月不雨，落成乃雨，若是者，皆神之赐也，其又可忘耶？兹庙既成，爰镌捐题姓字，彰其美举，昭示将来，俾后之人知神有功德于人者大，而人之报答于神者诚也，于是乎记。

　　将捐题工金芳名于左❸：

　　（捐题工金芳名及捐资额略）

　　　龙飞道光二十六年❹岁次丙午孟春吉旦首事梁骏照、观永、瑞永同立石

【按】

　　本篇碑记，据本庙建厅碑上的刻文"梁蕃永并前后敬撰建庙、厅二碑记"可知，其作者为梁蕃永。

【注释】

　　①己亥：指道光十九年。②谷馆：本指供给食宿，延聘教师至家教习子弟，后引申为教书。③左：碑刻作"右"。④道光二十六年：1846年。

建厅碑

本碑砚石质，原镶于东侯五显庙华帝殿内，现庙已拆毁，碑由新会梁颖娴收藏。碑尺寸：48厘米×69厘米×4厘米。

建厅碑石

盖闻：神灵赫濯，堂阶特重观瞻；庙貌壮严，左右犹资夹辅。我里奉祀华光大帝，建庙经年，香火告虔，咸沾渥泽。惟是庙有成规而居无别厅，则旁通曲畅，地少留余，报赛祈年，人嫌逼仄。兼以近边破屋颓垣，入里殊非整肃；平芜旷土，比邻似觉空虚。爰公同会议，由庙右旁隙地，建厅一所，厅以外为司祝居，为看更馆。所有兴筑工费，半资庙尝积贮，半赖人乐捐题，无须桷刻楹丹，亦觉竹苞松茂。是举也，因造方之吉，乘地利之宜，竭人为之力，罔非神灵所默运者。兹厅落成，遂按捐银多寡，挨次勒名于石，以垂永久。念当时雀跃，输将经营，与殿宇毗连，南天得地；看此日鸠工，润色结构，偕祠堂并峙，东里增光矣。于是乎记。

谨将捐题工金芳名列后：

（捐题工金芳名及捐资额略）

梁蕃永并前后敬撰建庙、厅二碑记

龙飞咸丰八年❶岁次戊午仲夏旭旦首事梁骏照、观永同立

【注释】

①咸丰八年：1858年。

重修庙宇整路捐款芳名列碑

本碑砚石质，原镶于东侯五显庙华帝殿内，现庙已拆毁，碑由新会梁颖娴收藏。碑尺寸：43厘米×60厘米×4厘米。

重修庙宇整路捐款芳名列

（捐款芳名及捐资额略）

倡议劝捐人：承熙、盈宠、锡棠。

民国丙子❶夏历孟冬榖旦

【注释】

①民国丙子：指1936年。

创建龙母夫人庙记碑（乾隆己酉）

两碑均砚石质，现镶于七堡社区龙母庙。两碑正面尺寸均为：66厘米×140厘米。

创建龙母夫人庙记

自卵色❶初分，五行以水德为先，而水之为泽，龙实司之，兴云致雨，一朝而遍天下。故曰龙之为灵，昭昭也。然龙亦必有所自，始越城君龙母夫人，龙之卵色初开也。尝稽《晋太康志》，知龙之所以报之者，犹夫物之于天，人之于亲焉。江右昌山洪庙，卢肇❷记之详矣。嗣后，人食龙德，思美龙报，苟美龙报，必反龙始，香果之送，庙貌之设，盖自秦以来至于兹。潮阳六甲社丁，钦而祀之，亦犹行古之志欤。顾自编社迄今，几二百余年，未有宁宇，报德而不知其方，识者叹之。

岁丙辰❸，社长聚而祈赛❹，佥谓神之灵，必由地之杰，况为龙也。母亦将为民也，母母❺而无居可乎？居而不焕可乎？乃度地于鸦鹊渡头而构宇焉。其规栋连二座，前有舞轩，后廊斗庄，其方坐未向丑兼坤一分，其势拥冲，罗襟大泽，杰阁东峙，将峰前朝，远控二梅，近环七堡。堂轩既成，大观豁目，仰则风云吐吞于叠岭，俯则蛟龙变化于重渊。壮哉！此真可以象龙德，而栖龙神矣。

是举也，事为数典，义缘美报，凡夫效力捐资，共勷厥成者，皆当与经始之序，落成之由，并勒贞珉，以垂不朽。

乾隆己酉❻恩科副贡李璿❼撰记

劝缘首事李文秋、李秉文、李文共、李文博，信员李文波、李宏滋、李宏宠，信官李宏宝、李宏周、李宏衍，信官李宏璇、李宏睿，信官李宏籍，信官李卫道，信官李宏权、李道奕、李岸道、李立龙，信员李立显，信员李立昆，信官李星立；督理首事李文祝、李允修，信官李宏跃，信官李立星、李能立谨将捐题工金姓名开列：

嘉乐里（捐题工金银数量略）、德昌里（捐题工金银数量略）、圣堂里（捐题工金银数量略）、南头里（捐题工金银数量略）、濂溪里（捐题工金银数量略）、南滨里（捐题工金银数量略）、永庆里（捐题工金银数量略）、南庆里（捐题工金银数量略）、新填里（捐题工金银数量略）、宜民里（捐题工金银数量略）、竹冲里（捐题工金银数量略）、永庆里李建立喜认石酒船一个。

（芳名略）

嘉庆元年岁在柔兆执徐❽仲夏中浣❾立石

【注释】

①卵色：蛋青色，古多用以形容天的颜色。②卢肇：约生于821年，约卒于879年，字子发，江西宜春文标乡（现属分宜县）人，唐会昌三年（843）状元，先后在歙州（现黄山市）、宣州（现宣城市）、池州、吉州（现吉安市）做过刺史。所到之处颇有文名，官誉亦佳，又因他作为唐相李德裕的得意门生，入仕后并未介入当时的"牛李党争"，故一直为人所称道。③丙辰：指嘉庆元年（1796）。④祈赛：指谢神佑助的祭典。⑤母母：前一个"母"字为动词，有报答、敬奉之意；后一个"母"字为名词，此处指龙母夫人。⑥乾隆己酉：指乾隆五十四年（1789）。⑦李璿：缯峨角村人，副贡，嘉庆九年（1804）甲子科举人，镇平训导。⑧柔兆执徐：天干地支的别称，即丙辰年。"柔兆"是丙的别称，"执徐"是辰的别称。⑨中浣：泛指每月中旬。

创建龙母夫人庙记碑(嘉庆元年)

本碑砚石质,现镶于七堡社区仙娘庙。碑正面尺寸:66厘米×140厘米。

创建龙母夫人庙记

谨将捐题米芳名开列:

德昌里(捐米、钱数量及芳名略)、嘉乐里(捐米、钱数量及芳名略)、南头里(捐米、钱数量及芳名略)、圣堂里(捐米数量及芳名略)、南滨里(捐米数量及芳名略)、永庆里(捐米、钱数量及芳名略)、宜民里(捐米数量及芳名略)、南庆里(捐钱数量及芳名略)、新填里(捐钱数量及芳名略),嘉乐里李门杨氏题铁香案一副(芳名略),德昌里李门钟氏题凤冠香炉二个、朝珠一副(芳名略),南头里信女李阿止题香炉一个(芳名略)。

嘉庆元年岁次柔兆执徐仲夏
中浣立石

【按】

本碑上的捐题人全部为女性,这在新会极为罕见。

万福攸同碑（嘉庆四年）

五碑均砚石质，现镶于七堡社区仙娘庙。五碑正面尺寸均为：54厘米×103厘米。

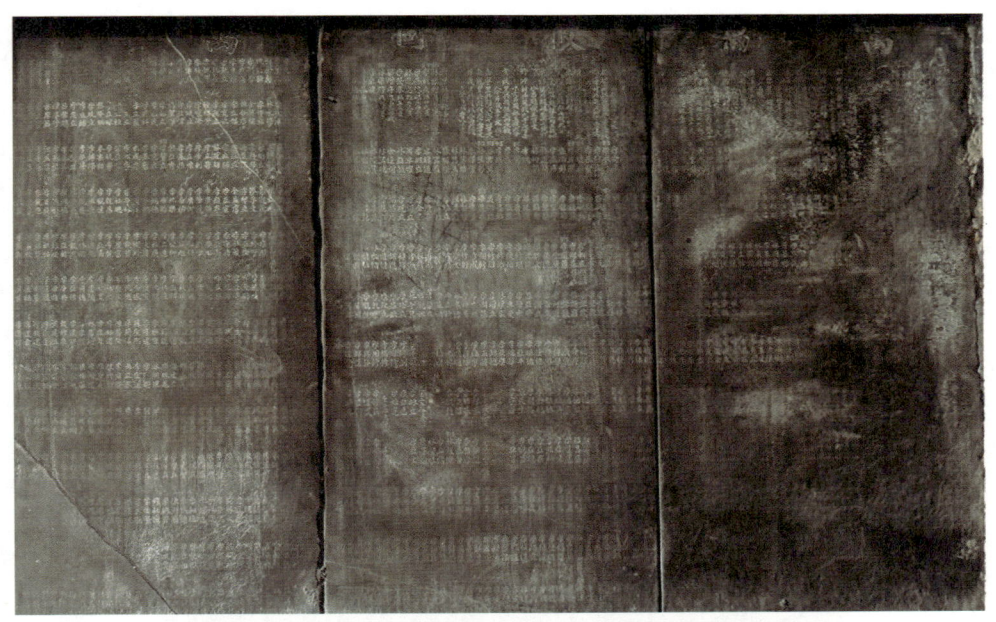

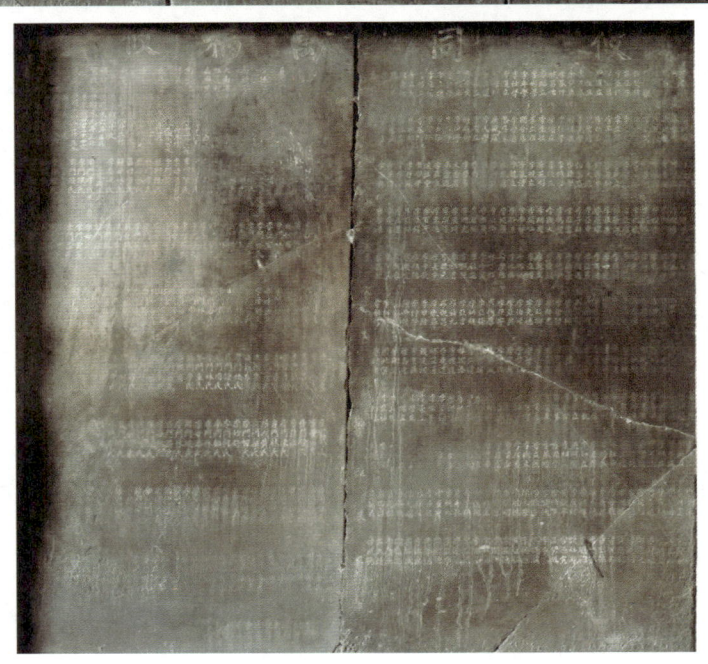

万福攸同

谨将捐题工金姓名开列：

六甲社庙地一段，直一十丈整，横一丈五分。

（芳名及捐资额略）

嘉庆四年岁次己未仲秋穀旦勒石

万福攸同

谨将捐题工金姓名开列：

（芳名及捐资额略）

嘉庆四年岁次己未仲秋穀旦勒石

万福攸同

谨将捐题米芳名开列：

（芳名及捐资额略）

嘉庆四年岁次己未仲秋穀旦勒石

【按】

五碑均风化严重，碑刻序文部分大部分字已无法分辨。

万福攸同碑（嘉庆二十三年）

本碑砚石质，现镶于七堡社区鹤湾真武庙。碑正面尺寸：57厘米×108厘米。

万福攸同

闻之《易》曰"履道坦坦",《书》曰"王道平平",是知遵路者取乎周行❶,而村庄所系为尤重也。吾乡塘基,老幼所共往来,男女之所出入,适当阴雨,未免泥泞。是岁元旦,父老子弟相与议修上帝神容并及砌石,佥曰:"善!"莫不欢欣鼓舞,踊跃劝题,共计捐金二百有奇,更建江南会银壹百陆拾两。可知事为美举,则人有同心。由是金容焕彩,振千秋厥濯之灵;石路巩固,立万年不拔之基。岂徒壮一乡之观瞻哉?亦当其时者,适王道之平生乎?后者得履道之坦矣!因焉书丹勒石,以垂不朽云。

沐恩弟子邑庠生李澄澄立氏敬撰

理事李济立、李嵩立、李席德谨将信官员士喜题工金姓氏芳名开列:

(芳名及捐资额略)

嘉庆二十三年❷岁次戊寅仲夏旭旦立石

【注释】

①周行:至善之道。典出《诗经·小雅·鹿鸣》"人之好我,示我周行"。②嘉庆二十三年:1818年。

重修真武庙碑

本碑砚石质，现镶于七堡社区鹤湾真武庙。碑正面尺寸：53厘米×113厘米。

重修真武庙碑

理事李继赞、李象昭、李实德、李立廊、李继镐、李有德，缘首李运宏、李立柱、李埙德、李多德、李威德、李德湛、李应世、李觉世谨将信官员士喜捐工金芳名开列：

（芳名及捐资额略）

道光二十六年岁次丙午季冬

旭旦立石

重建真武庙碑

本碑砚石质，现镶于七堡社区鹤湾真武庙。碑正面尺寸：70厘米×104厘米。

重建真武庙碑

总办值理李德骥、李德怀、李象惇、李象衢、李象鹰、李贤茗，劝捐缘首李象勷、李美世、李德骥、李贤楹、李振世、李贤康、李象钦、李贤缄同立石

谨将捐银芳名开列：

（芳名及捐资额略）

光绪十二年[①]岁次丙戌孟冬

旭旦立

【注释】

①光绪十二年：1886年。

嘉宁告示碑

本碑花岗石质，现立于七堡社区嘉宁里。碑尺寸：61厘米×116厘米×28厘米。

嘉宁告示碑❶

钦加同知衔赏换花翎委员候补县正堂加一级随带加三级史、钦加同知衔赏戴花翎调补新会县正堂加十级纪录十次杨❷为出示泐石，事案：据监生李宝衡等与监生聂国安等互控毁占龟山坟地等情一案，当经先奉抚宪德批饬，遵照同治五年❸断案，出示晓谕，并令两造公同泐石，永远遵守。

行府札县等，因案经谕饬，两造公同泐石在案，随奉督宪陶批。据聂国安等呈称，同治五年断案，系地归李姓管理，并非管业；如果属实，自应一律改正，以免争执等。因又经遵查，同治五年断案，县衙前泐石犹在，实系地归李姓管理，并非管业字样。复遵批谕饬遵正去后，兹本委员来县清厘积案，会催传到两造，讯明龟山坟地，共计一十四穴，聂姓着两穴；前既断结有案，遵守已三十余年，乃李宝衡与聂国安等因无稽之言，辄即砌词构衅，缠讼不休，殊属无谓之极。现经本委员、本县再三开导，两造情愿遵照同治五年原案，地归李姓管理，坟准聂姓拜扫，再公同泐石以资遵守。而将原断并断令李、聂各坟，均不得添葬私修，亦不得迁占锄毁，应照旧相安，以杜争竞而敦和睦；所有两姓互控锄毁谋占，各情均属无据，概免深究，当堂饬取；两造甘结完案，除详请销案外，合行出示。为此示，仰两造人等知悉。现经会同讯明，龟山坟地共计一十四穴，聂姓着两穴，容当恪遵同治五年断案，地归李姓管理，坟准聂姓拜扫。嗣后，李、聂各坟均不得添葬私修，亦不得迁占锄毁，公同泐石，永远遵守，仍将摹拓缴案。如有借端图翻，定即究惩，凛遵毋违，特示。

光绪二十七年❹六月初八日告示

【注释】

①标题系编者添加。②杨：指杨介康，字少箓，湖北沔阳人，光绪十八年（1892）进士，光绪二十五年（1899）任新会知县。③同治五年：1866年。④光绪二十七年：1901年。

七堡村冲沥里竹庄李公祠碑

本碑砚石质，现镶于七堡社区冲沥里竹庄李公祠。碑正面尺寸：55厘米×68厘米。

七堡村冲沥里竹庄李公祠

　　启者，竹庄祖祠前之地，乃系淡乐祖之旧祖祠也。竹庄祖与淡乐祖乃父子之祠堂相连，前人创建已久。今人及谓淡乐祖祠之前有碍两祖观瞻，适遇淡乐祖祠残烂，欲行重修，是以两祖耆老子孙集祠商议，有谓将淡乐祖祠迁往别处，免碍竹祖观瞻。适隔邻有万伦祖祠堂□残，该祠父兄子孙亦愿将万伦祖祠之地借与淡乐祖建祠，此事已详明淡乐祖祠内。是时，三祠之父兄子孙皆□□□成□以于清宣统三年[①]，将淡乐祖祠拆卸建造于竹庄祖之左侧。其淡乐祖之旧祠地让与竹庄大祖，永远管业，长四丈一尺八寸，阔三丈二尺，东至竹庄祖，西至大路，南至本里公地，北至□巷，该地公议地价银七百二十两整。惟竹祖尝业微薄，未能如数交出，是以商议各房子孙义捐□□相帮，本祖亦已筹得现银□百两，贫乐祖子孙设德，捐银一百四十两，众事捐银七两二钱，统交淡乐祖父兄手收，以为建祠之需。淡乐祖亦减收价银二百六十八两八钱，亦作淡祖、乐祖众子孙之捐款，合共已交地价银七百二十两，该地作为竹庄祖永远管业。淡乐祖之子孙日后亦不得将该地据为己物，倘日后有人谋及该地，虽出万金之价，竹庄祖亦不得将该地转卖与别人。此乃两祖公益相就起见，与持卖持买者不同，恐后无凭，特勒石碑存于祠内为记。

民国四年岁次乙卯仲春旭旦竹庄祖立

【注释】

① 宣统三年：1911年。

重建文武庙碑

本碑砚石质，现镶于东甲村文武庙。碑正面尺寸：70厘米×145厘米。

重建文武庙碑记

（芳名及捐资额略）

嘉庆二年❶上月□□□日榖旦

勒石

【注释】

①嘉庆二年：1797年。

重修文武庙碑

本碑砚石质，现镶于东甲村文武庙。碑正面尺寸：42厘米×63厘米。

重修文武庙碑记

今将捐银芳名开列：

（芳名及捐资额略）

同治十三年六月旭旦立石碑

华侨义冢碑

本碑花岗石质，现立于会城黄竹坑华侨义冢。碑尺寸：32厘米×53厘米×8厘米。

义冢碑

义冢

光绪十九年❶岁次癸巳仲春

金山各埠先友骸骨运回本邑，自光绪十四年❷至十八年二月，除领回之外尚存三百八十七具，于本年二月二十三日安葬此地。

光绪十九年岁次癸巳仲春仁育堂谨志

【注释】

①光绪十九年：1893年。②光绪十四年：1888年

新会天禄乡抗战纪念塔碑

本碑砚石质，现镶于天禄村抗战纪念塔。碑正面尺寸：81厘米×183厘米。

新会天禄乡抗战纪念塔碑记

民国三十五年❶春，灿华❷捧檄南来，量移❸新会去，倭寇降服，国土重光，才才苾察耳。回念粤垣弃守，江会继陷，邑境萧条，疮痍满目，下车❹即存问耆绅父老。皆以天禄乡为最，抗战之烈，死亡之惨，亦以天禄乡为最。会乡长叶子群、校长苏君巨等入见，以昔年战状告，且议建塔纪念，所以彰义烈、励来兹，意至善也。子群等之言曰："吾乡抗战伊始，时在二十八年❺九月十七日，绥靖伪军拦入乡境，恣意焚劫，吾以队长随乡长叶桥焕、主任叶渠均等部勒乡众，配合李县长务滋、周副司令汉玲，匍出敌不意，反攻突击，阵毙敌百余，俘二十余。县府上闻，传令嘉奖。敌愤前败，大举报复❻，驱邻右不逞之徒为向导。乡众闻报，拚命抵抗，卒以弹尽援绝，退守边外；敌又诇知❼，乘势进袭，焚杀剽掠，芦舍丘墟。不得已，忍痛退散。从此，丁男妇孺，流散四方，惨不忍言矣。综计各役战士死者有叶罩个、叶倮、张朝、黄树、冯浓、叶培、叶操、叶广、叶纳君十余人，乡民死者百余人。请为之记，以光前烈。"予维暴日侵略，八年抗战，中原板荡❽，半壁河山，当寇焰方张，独能以一乡民众，抗顽敌，歼群丑，树战功，虽致举族为墟，流亡冻馁❾而不惜，其义烈有足多者。因为之记。

中华民国三十五年夏县长南海汤灿华敬撰并书

【注释】

①民国三十五年：1946年。②灿华：指汤灿华，南海人，时任新会县长。③量移：泛指迁职。④下车：官吏到任。初即位或到任也称为"下车"，典出《礼记·乐记》。⑤二十八年：指民国二十八年（1939）。⑥报复：碑刻中"报复"两字有损坏，后补为"报海"。⑦诇知：侦察得知。⑧板荡：指政局混乱或社会动荡。⑨冻馁：受冻挨饿。

冈州重修接潮庙小引

冈州重修接潮庙小引

盖闻黄云紫水，不乏名区。崖海圭峰，恒多胜迹。虽经日废，旋复俱兴，即近倾颓，仍因补葺。或则增其式廓，栋宇辉煌；或则创厥规模，门庭广大。是必神灵所感要，皆人力而成也。邑城之南，地名螺步，庙号接潮，自乾隆丙申以重修，至光绪戊子而议葺。际兹垣颓触目，遑问春祈；因此栋折惊心，奚隆秋报？是以情殷踊跃，无虞一木之难支；义切更新，动览千金之必使。故本境各竭囊□，外间仍求集腋；务使香烟焕彩，咸钦千载英风；期瞻壁像生辉，共仰一时灵爽。将见慈云法雨，普泽同沾。海晏河清，扬波不惊；金轮照耀，伏虎除邪；玉烛调和，扬鞭献瑞。而且药能活命，方显神奇；签甚英灵，词彰响应。讵任凋零草木，祀典无虔；奚容冷落河山，神灵莫报。伏愿祥金共掷，换旧从新；还须淡墨留题，随缘乐助。庶几关邻骑虎，威名与岁月俱深；壤接环龙，庙貌同丹青不古矣。

时

【按】

本文录自接潮庙的印文，原印由新会一收藏家收藏，已毁。印文由赵子峰先生抄录，编者点校。接潮庙在新会城外四贤祠侧，清初僧豁明建，乾隆四十九年（1784）知县侯学诗捐廉重修，嘉庆四年（1799）僧德坚重建。[据清代道光《新会县志·寺观》（卷七）]

创建云峰寺碑

创建云峰寺碑记

古冈之镇，曰圭峰，峰之胜，泉洁而石清，幽秀环抱，仙灵居焉。游人墨客，登临不绝，由来旧矣。迤逦西行，扳援斜上，翠嶂之间，隐开旷坪，广可数亩。南望波涛，北眺层峦，东挹朝华，西披晚霭，上接云雾，下临无际；晦明风雨，倏忽异状，城邑井疆，星罗碁置，其大概也。前此荆榛是宅，虎豹为场，虽樵夫牧竖，罕至其地。有无怀大师者，夙根清淑，系出吾宗，少龄访道，自戊子❶岁削发鼎湖，潜观内典，迹杜豪贵之门，心切慈悲之愿，苦志蠲修十有余年。迨会邑甲午❷之变，白骨相藉，师遂归里，收瘗露骸，无不亲肩手提而葬藏。固超度事竣，一日，杖锡游观，属意此地，以其峰出云间，因名"云峰"。诛茅翦棘，结一草庵，孑处其中，垦植蔬芋，以充饥渴，风晨雨夜，虎吼豹嗥，师悉安之勿怖也。拮据披剔，又有十余年，而精舍始成。虽乏金碧雕瑑❸之饰，然一木一石，不烦施募，皆能就绪。盖师志愿宏坚，法缘所至，若有神助。迄今低者成地，高者成阁，刹宇晶莹，佛相壮严。即地显晦，系乎运会。然非通慧如师，孰能建此哉？由是祝国利民，垂休无疆，师之手泽，不与山灵共永耶？

邑人谭君禧撰

【按】

本碑花岗石质，曾被弃于圭峰山上乳泉井山路径旁，现已丢失。碑文系依清代道光《新会县志·舆地》（卷二）所收录的碑文抄录。

【注释】

①戊子：指清代顺治五年（1648）。②甲午：指清代顺治十一年（1654）。③雕瑑：犹刻画。典出唐代刘禹锡《董氏武陵集记》"锻炼元本，雕瑑群形"。

白沙讲学亭石刻

白沙讲学亭石刻

　　海防邑商谭植三君将卒，遗命仲子与苍，以英币八百元，委予于圭峰用英泥筑白沙讲学亭。工成，摩崖记于亭后。民国九年李荪[1]敬题。

【按】

　　此刻文为摩崖石刻文，镌刻于白沙讲学亭后的花岗石质的岩石上，由编者抄录，经林震宇先生校勘。

【注释】

　　①李荪：即李香介，字象萧，前清优增贡生，毕业于两广师范学校，曾任驻古巴中国公使馆秘书，汇龙川师范学校、新会县立中学、冈州公立中学教员。

吴、林二公墓志碑

本碑花岗石质，现立于圭峰山玉台寺前。碑尺寸：140厘米×170厘米×60厘米。

吴、林二公墓志

铁梅吴先生❶殁三十年，其门婿林仲坚❷君又殁。道德文章士林并倾重，余感师友谊，均为营葬，木拱矣。其门下遂议，谓两先生墓宜遴近圭峰白沙讲学亭，俾游览易瞻仰。余语冯平山❸君，醵之助资，移封❹植表，平素向往，意并以林君弟子关生兆沅葬其右留纪念。后人登高凭吊，景名哲，溯师友渊源，余韵流风❺，千秋不没，是亦名教佳话也。

民国九年吴门弟子李春华❻撰书

【注释】

①铁梅吴先生：指吴铁梅，名荣泰，字文翰。广东新会古井文楼人，清同治三

年（1864）中举人，以后八次上京会试，皆不及第。回乡遂弃举业，设馆授徒。邻乡近邑，慕名来学者很多。晚清新会名士，多出其门下，如谭镳、李淡愚、林仲骍（诗人）等均为其高足，一生育才逾千人。②林仲坚：即林文聪，表字仲骍，新会罗坑人，秀才，品学兼优，精于书法、金石，曾任冈州中学校长。他与李淡愚都是吴铁梅的得意弟子，又是吴铁梅的二女婿，55岁卒。③冯平山：生于1860年，卒于1931年，讳朝安，又名康，字昆炎，别字平山，会城浐湾街高第里人，慈善家。在新会会城捐建平山小学、新会景堂图书馆、广州高师附属高小校舍，并设立奖学金，在香港捐建儿童工艺院、香港大学、华商总会、图书馆等。④移封：指改换封地。⑤流风：前代流传下来的风气，多指好的风气。⑥李春华：生于1859年，卒于1942年，字淡愚，又字澹愚、淡如，新会七堡人，师从吴铁梅，清末廪生，为晚清时期新会著名教育家，先后担任过15家义塾及西南学校、平山小学、冈州中学的教务长、校长。

关兆沅君墓志碑

本碑花岗石质，现立于圭峰山玉台寺前。碑尺寸：115厘米×120厘米×60厘米。

关兆沅君墓志[1]

关生兆沅，少从余游，性勤敏，余颇器重之。旋赴港习英文，得冯君锡蕃青眼，荐于其兄平山君，授以银业要职。有所得，对于兄弟师友不稍吝，以劳病卒于香港，年廿七，不娶，无子。平山君赠葬资甚厚，余为葬于圭峰玉台寺下，碑于墓侧，俾重阳游客知关先生虽年少，而师长父执辈其感情有如此者。

民国九年友生[2]李澹愚撰、同门李明若[3]书

【注释】

①标题系编者添加。②友生：谦词，指师长对门生的自称，典出《涌幢小品·名帖》。③李明若：即李钦（1898—1979），字希尧，号心斋，广东新会七堡人，徙居会城，任平山小学校长，从教50年，为新会县教育做出了贡献。

李子葵君墓志铭碑

本碑花岗石质，现镶于圭峰山玉台寺前李子葵墓。碑正面尺寸：103厘米×36厘米。

李子葵君墓志铭

君为淡如先生第三子，性沉毅，旅港习英文，佣于广东银行。初服务给值，勉受其半，行董异之。寻获厚值不自私利，资仰事担负四弟子怡旅学费。怡以英文考录北京税务学校第一，坚不放行，教以银业，病则遣怡代。行董悉其怡能，派办暹罗支行，旋以仲兄负累，垫千余元。素主迟婚，然助异母女弟嫁不稍吝，其孝悌友爱如此，顾体弱多病，行董厚赠之。归知不起，恐伤父母心，托词就医回港。冯平山君赠药费三百元，其见重于社会又如此。以民国九年八月初四，卒年三十一，无妻、子，遗嘱归葬圭峰关君兆沅墓侧，以志趋同、境遇同也。铭曰：吁胡生夭，若颜而终，誉寿于彭聃，惟孝友于兄弟，是谓二难。捐室家以娱父母兮茹苦而甘，惟然宜其不朽于名山。

林君翊撰书

陆军中校光汉仲兄墓志碑

本碑汉白玉石质，现镶于圭峰山玉台寺西侧聂光汉墓。碑正面尺寸：94厘米×52厘米。

陆军中校光汉仲兄墓志

中华民国十六年❶丁卯十月五日，陆军中校光汉仲兄，因公卒于粤省颐养园，越六日。国民政府派湖山兵舰护榇回籍，十七年❷戊辰六月树碑封土，移柩下葬于圭峰山之阳，谨志其平生事迹刊于石，俾吾兄不至泯没无传焉。

兄讳荣锡，字宗觐，号光汉，邑之新魁滘乡人。远祖昌公原籍江西，宋末徙新会遂家焉。先王父焕源翁业商有名于邑，因济邻困，几倾其家。先考祖炽翁，性孝能继先王父志。先考生五子，长诚信服贾星洲，三国勋早殇，五凤桐从事于学，光汉行次，而亭则砚耕侍亲，以图终养。吾兄弟五人，惟仲兄状貌魁梧，幼时先考甚器重之，年十二就外传，年十七先考弃养。兄以国家多故，于是游英之加拿大，时清室未墟，兄入同盟会倡革命，随先总理奔走国事。十有七年中，经倒袁、倒陈，历著勋绩，总理深嘉赖之。兄在外则主持报务，鼓吹"三民"，返国则为党驰驱牺牲不顾，后知救国莫善于空战，乃肄业航空学校，既卒业致力党国。至民国十六年春，因政府需材，电召返国，同年阳历十月五日，因公驾机致伤，就医粤之颐养园，延至未刻竟卒，享年三十有六。溯兄生于前清光绪壬辰年闰六月初九日戌时。

兄原授陆军少校，国府隆其恤典，追赠中校，派员治丧，因渥之隆，开前未有。呜呼！恩厚矣，典隆矣，今而后，吾兄已矣。回忆童时，兄弟五人，先考与母余太君，期吾辈光前垂后，为乡里荣，今则已矣。犹记民国十二年❸，兄自英归，吾询兄志，兄曰："吾随总理奔走国事十余年，弹雨枪林早已惯经，身既许国，愿毕吾志。"噫，何其壮也！是时母太君在座，吾颔之，实不欲生，家人悲，不四年，兄果践之。呜呼，天耶？命耶！何赍志之未遂而竟殒其生耶。呜呼，痛哉！母耄矣，诸孤尚幼，教之养之，其谁赖耶？兄死我葬，我死何如？岂徒增雁行折翼之悲已哉！兄一女三子，女适李氏，长子百年肄业中山大学，次少汉肄业邑城学校，三少君尚幼。吾既述兄之事，复系以铭用志吾悲。铭曰：

是国之英，是人之灵。次功首德，国重家轻。既墟清室，复主报政。重洋四渡，身战百经。壮志未遂，竟殒其生。典隆恤优，树碑表茔。曰忠曰孝，以安以宁。千秋万世，明德荐馨。魂兮不朽，永勒以贞。后欲孝者，视此志铭。

中华民国十七年岁次戊辰六月
可亭拭泪顿首敬撰
冈州刘凤贞书丹

【注释】

①民国十六年：1927年。②十七年：指民国十七年（1928）。③民国十二年：1923年。

朝安亭碑

本碑砚石质,现立于圭峰山朝安亭。碑正面尺寸:98厘米×175厘米。

朝安亭碑记

会城址郭望之翼然迤逦踞山卒者朝安亭也亭冠山襟瀑岚光烟霭风景佳绝色于何华玉鳞列兄弟建之以纪念其亲也登亭四顾西瞰梨河东抱庐遥南临厓海址望玉坪上下古今民族其雄之所竞争儒林羽流之所游憇偕得指其处以相语者其繋胜也余既览山城之胜又感何君孝蒸乃为之记

民国二十五年冬邑人李蒸香介甫譔并书丹

朝安亭碑记

　　出会城北郭，望之翼然，适踞山半者，朝安亭也。亭冠山襟瀑，岚光烟霭，风景佳绝，邑子何华玉、蟠初兄弟建之以纪念其亲也。登亭四顾，西瞰牂牁❶，东挹庐阜❷，南临崖海，北望玉坪❸，上下古今，民族英雄之所竞争，儒林羽流之所游息，皆得，指其处以相语者，其概，胜也！余既览山水之胜，又感何君孝义，乃为之记。

　　　　　　　　民国二十五年❹冬邑人李荪香介甫撰并书丹

　　　　　　　　　　　　　　五华邓少浚刻

【注释】

　　①牂牁：河流名，源出贵州惠水县西北山中，流经广西，在广东流入西江。西江的一条支流在新会出崖门入海。本碑记中，用牂牁来指代西江。现在，牂牁已成为西江的一个别称。②庐阜：白沙村小庐山，陈白沙先生居住地。③玉坪：玉台绿护屏。④民国二十五年：1936年。

思源池碑

本碑砚石质，现镶于圭峰山朝安亭前。碑正面尺寸：110厘米×110厘米。

思源池　丙子冬何国琮书

思源池碑记

民国廿六年[1]冬，何君璠初得工师龚君容汉为之规画，筑亭于圭峰，以纪念封翁朝安先生。人以为善体亲心，而不知封翁之所以善体亲心者，其渊源固有在也。亭成，同人等顾而乐之，因筑池亭下，瀹圭峰之瀑，澄而潴之。邑子李香介名之曰"思源"。继自今凡为人子登览池台，油然生饮水思源之感，其于社会教育，未必无小补也。此岂特装点林泉，以□行客之游乐而已哉。

邑人刘伯皋撰陈云沧书

王良钦（以下57人名略）等立石

【注释】

①民国廿六年：即民国二十六年（1937）。

李澹愚先生圭峰祝寿序碑

本碑花岗石质，现立于圭峰山白沙讲学亭东侧。碑尺寸：79厘米×241厘米×12厘米。

李澹愚先生圭峰祝寿序

民国二十七年[1]三月廿五日，为李澹愚先生八十寿辰。及门等以笋舆[2]迓诸圭峰，祝寿于白沙讲学亭，且为之勒石纪事。以亭为先生所手建，亭以下吴铁梅、林仲骐两公墓，又先生最挚师友也。先生名春华，新会人，少精文字，尚风义，壮主讲席，喜奖掖后进，寒畯子弟多藉以发名成业。晚尤致力于社会，冈州中学校，白沙、象山两公园，皆其所募建。至其能急人难，于吴、林殁后，筑祠墓、恤孤寡，于光绪戊戌[3]大疫，募棺以殡邑中贫死无归者至三千余具，皆口不言劳，故论者以为难。今先生年登大耋[4]，香介等亦众众者矣，志其行概，以寿先生，风当世，亦弟子职也。

门人李香介撰文、李明若书丹

【注释】

①民国二十七年：1938年。②笋舆：指竹轿子。③光绪戊戌：指清代光绪二十四（1898）年。④大耋：古同"耄"，年老。

新会县长李公纪念塔碑

　　本碑花岗石质，现镶于圭峰山玉台寺前东侧李公纪念塔上。碑正面尺寸：58厘米×130厘米。

新會縣長李公紀念塔碑記

新會縣長涇化李公務滋蒞任之朙華以次清發前任積欠教費鉅道五萬會色教育始舍生機縣立桉食以公能造檔學界也因建徐圭峰為之勒石紀事且曰新會教費素裕而教新滋薄僅與三等縣等數年前營事者又宣行教育統制由是教費用途莫敢寬詰積欠既久學校幾致頳父老延不恐言彼獨不愧於心乎今李公外色人也下車即毅然以清理教費自任近始竣事是不可不記

民國廿七年四月新會縣立中小學校校長公啟

新会县长李公❶纪念塔碑记

　　新会县长，从化李公务滋，莅任之明年，以次清发前任积欠教费，数逾五万，会邑教育始有生机。县立校员以公能造福学界也，因建塔圭峰，为之勒石纪事。且曰新会教费素裕而教薪微薄，仅与三等县等。数年前当事者又实行教育统制，由是教费用途莫敢穷诘❷，积欠既久，学校几致停顿，父老纵不忍言，彼独不愧于心乎？今李公外邑人也，甫下车即毅然以清理教费，自任近始竣事，是不可不记。

民国廿七年❸四月新会县立中小学教职员立石

【注释】

　　①李公：指李务滋（1893—1974），号伯潜，广东从化县（今广州市从化区）人，黄埔军校第四期上校教官。1936年和1948年，李务滋曾两度任新会县长。在任县长期间，领导民众积极抗日。②穷诘：深入追问，追根溯源。③民国廿七年：即民国二十七年（1938）。

公直路碑

本碑花岗石质，现立于圭峰山南上山路径旁。碑尺寸：64厘米×130厘米×10厘米。

公直路　戊寅年何蟠初书

　　圭峰为吾邑胜地，自风景促进会成立后，建筑亭台为名山增色者接踵而起。余因建明锡坊于山之半，藉以点缀名胜，为先王父纪念。坊成，金以山路崎岖，不易登临，余乃分命众工，平榛莽❶，修道路，以便行人。每忆家严❷统漩翁、家慈❸杨氏孺人，尝谓樵曰："待人接物必须公直。"樵志之不敢忘，遂以"公直"名斯路云。

民国廿七年夏邑人吕月樵谨识

【注释】

①榛莽：丛杂的草木，喻艰危，荒乱。②家严：谦辞，对别人称自己的父亲。③家慈：谦辞，对别人称自己的母亲。

正堂示碑

本碑花岗石质，现立于圭峰山上山路径旁。碑尺寸：47厘米×115厘米×10厘米。

正堂示

本山树木不许砍伐，如违，严拿究办。

明锡坊碑

两碑均镶于圭峰山重建的明锡坊牌坊上,为汉白玉石质。碑正面尺寸均为:48厘米×125厘米。

明锡坊碑记

圭峰岩岩,秀出尘表,生其间者多高贤杰士,且洞宇天成,风景幽绝。丙子岁,邑绅提倡筑路,因点缀亭观藉以纪前贤励后进。上有讲学亭,纪大儒也;下有思源池,纪孝子也。而明锡坊则岿然中峙。山人告予曰:"此纪耆寿也。"明锡吕翁,年登大耄;其父振幹翁亦然;祖多应翁且百岁旌表于其间;子五人,犹有存者,乃三子统漩翁,逾古稀矣。其殆山川灵气得之独厚,蔚为人瑞欤?夫圣贤可学而希,富贵可幸而取,若夫年寿盖有天焉,非人力所能致。予曰:"此世俗所谓寿,非君子所谓寿也。"道家以精神不死为寿,儒者以令名不朽为寿。孔子曰:"仁者寿。"子思子曰:"大得……必得其寿。"《诗》美文王曰:"周王寿考,遐不作人。"《洪范》五福,一曰"寿",继曰"攸好德",是则君子得寿必有道矣。是坊也,为明锡翁之孙月樵君手建。樵之为人持躬勤俭,待人忠厚,遇祖宗祭葬大事,独任其艰,无吝色,社会善举知无不为;现充崇善善堂主席,施惠济众,公论翕然,此圭峰之英杰出之秀也。

予访月樵叩乃祖之所以寿者，则曰："予幼时祖父明锡翁、祖母苏太宜人，抱置膝下，谆谆提示，唯忠厚之道，凡予所为，皆祖训也。"予曰："嘻！此无疆之寿也！"天人一气，祖孙一体，奕世善述，则明锡翁之令德为不朽矣。是坊也，与白沙亭后先辉映，意在斯乎？抑又闻之："坊者，方也！"君子行为，表言为坊，忠厚一言，寿世之方，岂独寿身已哉。

邑人林熏尧撰
陈启辉[1] 书

【按】

明锡坊原在玉台寺南面山门旧址上，修建于1938年，现坊为1993年易地重建，碑文依1938年由邑人林熏尧撰、陈启辉书的旧碑文重新镌刻。

【注释】

①陈启辉：字晋炜，号笃初，广东新会外海人，清代光绪十九年癸巳科举人，光绪三十年（1904）甲辰科进士，于散馆授编修。

爱敬台碑

本碑红砂岩石质，现镶于圭峰山朝安亭前。碑正面尺寸：90厘米×60厘米。

予幼□长，□□□绝□□□□□□□□□□□□□□□□□□□□□□筑斯台，名曰"爱敬"，以志劬劳□□□□□□□□云□□□何□□谨识并书。

养拙亭记碑

本碑砚石质，现立于象山养拙亭。碑尺寸：128厘米×168厘米×15厘米。

养拙亭记

明初，张象山先生讲学兹山之麓，谢邑侯景旸为筑养拙轩以居之，圮毁久矣。今秋与冯君锡蕃访洗砚池，予谓宜特建一亭以资景仰。锡蕃函告乃兄平山君。许之，遂建此亭，仍榜曰"养拙"。既成，得没字碑于山下，移置亭后，记其事如此。

民国八年后学李春华并书

秋月台碑

本碑砚石质，现镶于象山秋站台。碑正面尺寸：62厘米×150厘米。

秋月台碑

民国八年，余既献议冯平山君捐筑象山养拙亭，为前贤纪念。越明年，以象山秋月向称新会八景之一，不可无台以助兴，因劝同乡李艺池君担任捐筑。旬日台成，余思邑中绅富，其风雅好古如平山、艺池两君，当不乏人。艺池君独能捐筑此台，与养拙亭后先辉映。自今以往，每当中秋佳节，必有携琴载酒，步月登台，俯仰江山，谋所以点缀风景，继艺池君而兴者。

民国九年八月李淡愚记

李芍介书

李明若篆额

半山亭碑

本碑花岗岩石质,现立于象山东侧上山路径旁。碑尺寸:76厘米×138厘米×16厘米。

半山亭碑

民国九年,咨海防邑商谭与苍君,徇李先生之请,即捐五百金建半山亭于众,继乃父植三君创建白沙讲学亭之遗成,负山枕郭,下临洗砚池,与秋月台眷相鼎峙。每当明月梳林,松簧入韵,圭峰窗轩挹抱,登临之胜,为一邑最。后有览谭君,乔梓义风,可以兴矣。

民国十年❶夏月邑人李芍介撰

李明若书并篆额

【注释】

①民国十年:1921年。

布告碑

本碑花岗岩石质，现立于象山东侧上山路径旁。碑尺寸：55厘米×125厘米×12厘米。

新会县公署布告第一二五号

　　为布告事，现据屺云堂刘霈呈称，伊于本年春间，曾备领官地一段，坐落本城西门内，土名象山之东。经官产分处吴专员绘图注说，详奉财政厅税准收价给照，清丈竖界点，交管业，复赴厅投印缴纳税金，一切手续完妥。当蒙发县给民收领保管，又再遵章赴登记局声请登记。经局布知证处人士复无异议，延候数月，奉法庭发给，登记完毕，却据等证。似此执照税契登记，在在证据充分，民于前两月卜吉，将原葬象山之旧坟移葬于此，与各姓旧故均无阻碍，按之事理，当无不合。殊有地痞，不明真相，竟以个人私见，率同二三小童到此残踏之、毁伤之，务破坏官厅之威信势，着粘同影片呈请布告周知，而免破坏等情，到县据此当批呈及影片，均悉该民价领官地。既属证据完全，候即布告周知。此批在词条揭示及饬警查究外，合行布告，仰属与诸邑人等知悉，须知该处象山之东，系屺云堂备价承领安葬坟墓，嗣后无论何人，不得任意破坏，致于咎戾切切，此布。

　　　　　　　　　　　　　　　　　　民国十四年[1]十二月三日县长区灵侠[2]

【注释】

　　①民国十四年：1925年。②区灵侠：生于1892年，卒于1941年，讳文炤，字世坚，号灵侠，广东新会潮连人，1925年8月至1926年3月任新会县县长。

林仲騶先生象山纪念亭碑

本碑沉积砂岩石质，现立于象山仰山亭后。碑尺寸：82厘米×185厘米×12厘米。

林仲騆先生象山纪念亭碑记

呜呼！近廿年来，吾邑学风日新，而士夫间能以清节硕学，允为士林矜式者颇鲜，独吾师林先生殁十年矣，犹使人感念不冥，岂不伟哉？先生讳文骢，表字仲騆，尝以学行被举为冈州中学校校长，性和分，诲人尤款款不倦。群弟子慕之，乃筑亭于象山以志感念，而请记于余。予维师道不尊久矣，士风陵竞，其来有渐，今吾乡敬慕先生，此岂断断于师，弟私感云尔哉。

民国十五年[1]夏门人李香介记

【注释】

①民国十五年：1926年。

亦台碑

本碑沉积砂岩石质，现立于象山亦台。碑尺寸：70厘米×135厘米×13厘米。

亦台碑

民国戊辰孟夏之初，仰张象山之高风，共游览于此。见夫洗砚池上，养拙有亭，望月有台，余如可轩、榕台与诸亭台罗列左右，诚乐地也。同人亦筑此台，以供游人憩息，故名之曰"亦台"，并列叙时人，永留纪念。

林辉庭　张寿石　黎天一　李圣宏　黎德和　黎国章　谭荣桂　黎超璁
邓卓之　何均仪　邹天保　何焯南　林举庆　阮湛畲　何柏展　张荣俊

修筑象山公园山路碑

本碑砚石质，现立于象山上山路径旁。碑尺寸：147厘米×100厘米×10厘米。

修筑象山公园山路碑

民国廿年[1]夏，县长吴凤声先生来宰新会，慕前明乡贤张象山先生之为人，与予同游斯园，谓山路崎岖，游人不便。予遂献议。吴县长捐款千元交陈渐逵君，促予请李吉甫君经理其事。既成，记之如右。

里人李淡愚书

【注释】

①民国廿年：即民国二十年（1931）。

烈士纪念碑

本碑花岗岩石质，现镶于西山赵德培烈士纪念碑上。碑正面尺寸：61厘米×103厘米。

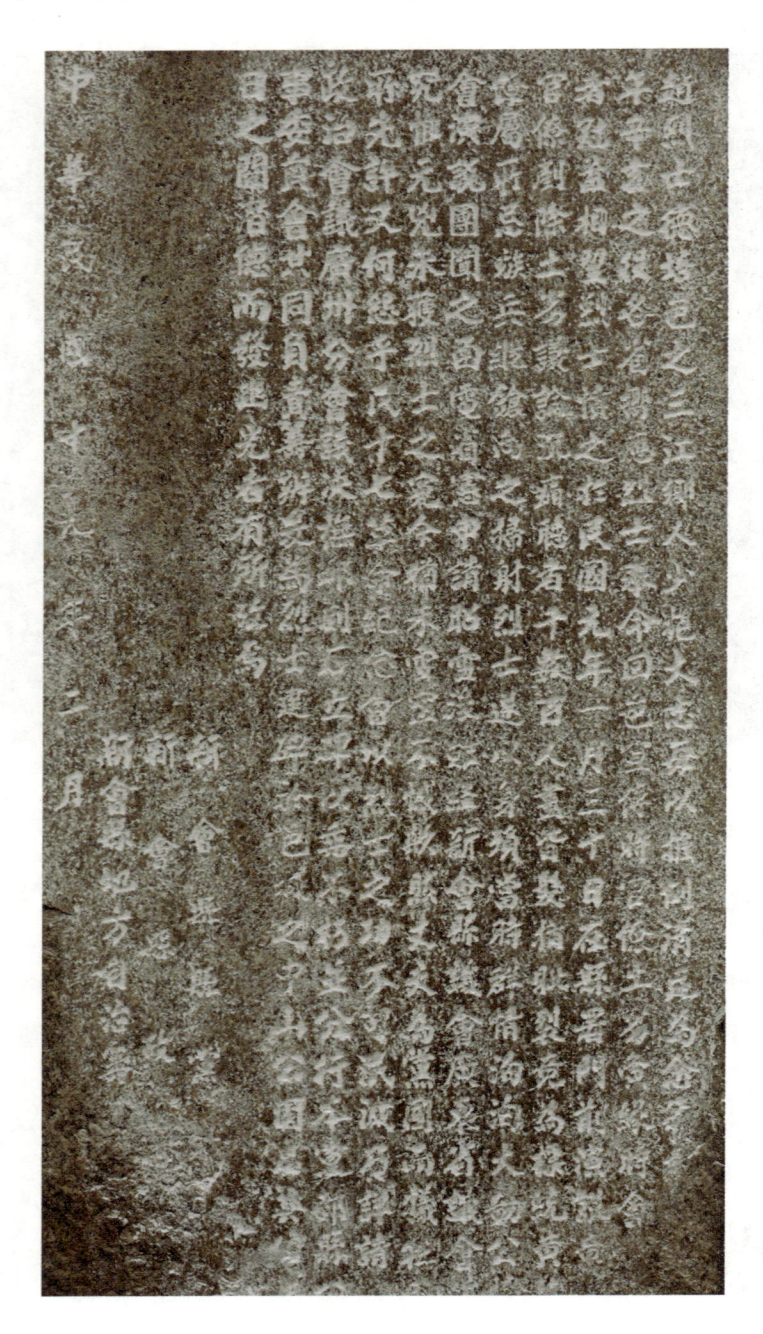

赵烈士德培，邑之三江乡人，少抱大志，每以推倒清廷为念。□□□□年辛亥之役，各省响应。烈士奉命回邑宣传，时官僚土劣夤缘❶，时会□□者，冠盖相望❷。烈士愤之，于民国元年❸一月三十日，在县署门前演说，黄□官僚，铲除土劣，议论沉痛。听者千数百人，尽皆发指眦裂❹。竟为标统❺黄梓❻僚属所忌，嗾兵纵枪向之扫射，烈士遂以身殒。当时群情汹汹，大□公□会演说团闻之，函电省宪，申请昭雪。后虽经新会县议会、广东省议会□究，惟元凶未获，烈士之冤今犹未雪，宁不憾欤！然丈夫为党国而牺牲，□所先许又何怨乎？民十七革命纪念会以烈士之功不可泯灭，乃详请□政治会议广州分会议决抚恤，刻石立碑，以垂不朽，并分行本党部县公事委员会，共同负责筹办。爰为烈士建碑于邑城之中山公园，忠英传爰，日之阐潜德而发幽光者，有所考焉。

新会县县党部
新会县政□
新会县地方自治筹□□
中华民国十九年❼二月

【注释】

①夤缘：比喻拉拢关系，阿上钻营。②冠盖相望：形容政府的使节或官员往来不绝。典出《战国策·魏策四》。③民国元年：1912年。④发指眦裂：头发向上竖，眼睑全张开，形容非常愤怒。典出《史记·项羽本纪》。⑤标统：清末军制一标军队的长官。⑥黄梓：新会杜阮人，其本为军人，故称其标统，权摄县政，1911年12月31日至1912年2月29日为新会县代县长。⑦民国十九年：1930年。

景堂图书馆记碑

三碑均汉白石质，现镶于会城景堂图书馆。三碑正面尺寸均为：36厘米×41厘米。

公諱廷福字景堂新會人也生平孝友篤克伕義輕財凡鄉國公益每力爭辦晚值清政不綱墜社國內形勢知非提倡社會教育不為功彌留時猶諄諄

以此為囑其長子平山君勉紹歐志經創辦某塾小學校職業學校等然尚不敢自以為足民國十一年復建築圖書館於邑城隅啟後人規書正為宏遠館

成即以公字名其號鎮公像其中蓋以誌不朽爾社會人士相見於卧館者固公之遠志云爾中華民國十七年十月番禺金曾澄撰并書

景堂图书馆记

公讳廷福，字景堂，新会人也。生平孝友慈惠，仗义轻财，凡乡国公益，恒竭力举办。晚值清政不纲，鉴于国内形势，知非提倡社会教育不为功，弥留时犹谆谆以此为嘱。其长子平山君，勉绍厥志，经创办义塾小学校、职业学校等，然尚不敢自以为足。民国十一年，复建筑图书馆于邑城，牖启后人，规划至为宏远。馆成，即以公字名之，并铸公像其中，盖以志。今日得与社会人士相见于斯馆者，固公之遗志云尔。

中华民国十七年十月
番禺金曾澄[1]撰并书

【注释】

①金曾澄：生于1879年，卒于1957年，字湘帆，祖籍浙江绍兴，生于广州番禺。出身于商业资本家家庭，幼年接受家庭教师的启蒙教育，青年时期在康有为、梁启超维新思想的影响下，崇尚西法。光绪二十四年曾参与发起创办广州时敏学堂。光绪二十七年东渡日本留学。宣统二年（1910）毕业于广岛高等师范学校理化部。回国后即参加应试，被清政府录用为学部主事。1912年初，在广东都督府任参事，管理全省教育行政事务，经钟荣光和广东都督胡汉民介绍加入同盟会。曾任广东教育学会会长、广东大学教育长、广州市教育局局长及广州华侨教育后援会主席。抗日战争胜利后，历任仲恺农业学校、执信女子中学和教忠中学等学校校长，兼任广州大学等大学特约教授。

家训碑

本碑汉白石质，现立于会城公余别墅。碑正面尺寸：186厘米×100厘米。

家训

余少时，承公余府君训，以"敬慎、忠信"为持身涉世之方，吃紧为人，实基于此。行年二十有五，远托异国，努力治生三十余年，饱历风霜，备尝艰苦。今者年臻下寿，薄有积蓄，固赖上苍之默佑，亦藉府君之余荫也。谨按：府君生于台山县上坪东乡，幼时家至寒微，且读且耕，深自刻苦而居躬，务期质朴，待人则以慈和。生余兄弟姊妹凡六人，抚养至于长成，无一日不加训诲。其一言一动，即以"敬慎、忠信"表率后人，务使相爱相亲，各能自立，其贻谋至为深远也。

呜呼！训诲谆谆，言犹在耳，孰知其不可再得耶。余追念深思，谨捐薄蓄建兹祠宇，用妥先灵，上祀祖先，则念水之有源、木之有本也。昭穆敬依，序次烝尝。谨定条规，凡我后人，其各恪诵清芬，力崇明德，用以承先启后，流庆无穷，余实有厚望焉。泐石志之，永垂不朽。

中华民国二十年卿乾日初氏识

碑志碑

本碑花岗石质。碑正面尺寸：65厘米×95厘米。

碑志

溯自日寇来侵斯土，历有八载。居民被其残杀或因饿毙而乏棺殓埋者，不知凡几。尸骸积野，久则白骨累累，殊不忍睹。兹值抗战胜利，敌氛尽息，予乃雇仵工遍拾四郊枯骨，汇集如丘，僻巨冢以葬之。冢上修以灰石，前建墓门，额曰"万骨坟场"，俾过此地者见而有感焉。

民国三十五年七月邑人陆启燊谨志

【按】

本碑原立于城北万骨坟场，后因征地移至城北地名叫"水大尾"的山边。

阖乡全路砌石捐银芳名碑

两碑均砚石质，现镶于九龙村南津土地庙。两碑正面尺寸均为：80厘米×178厘米。

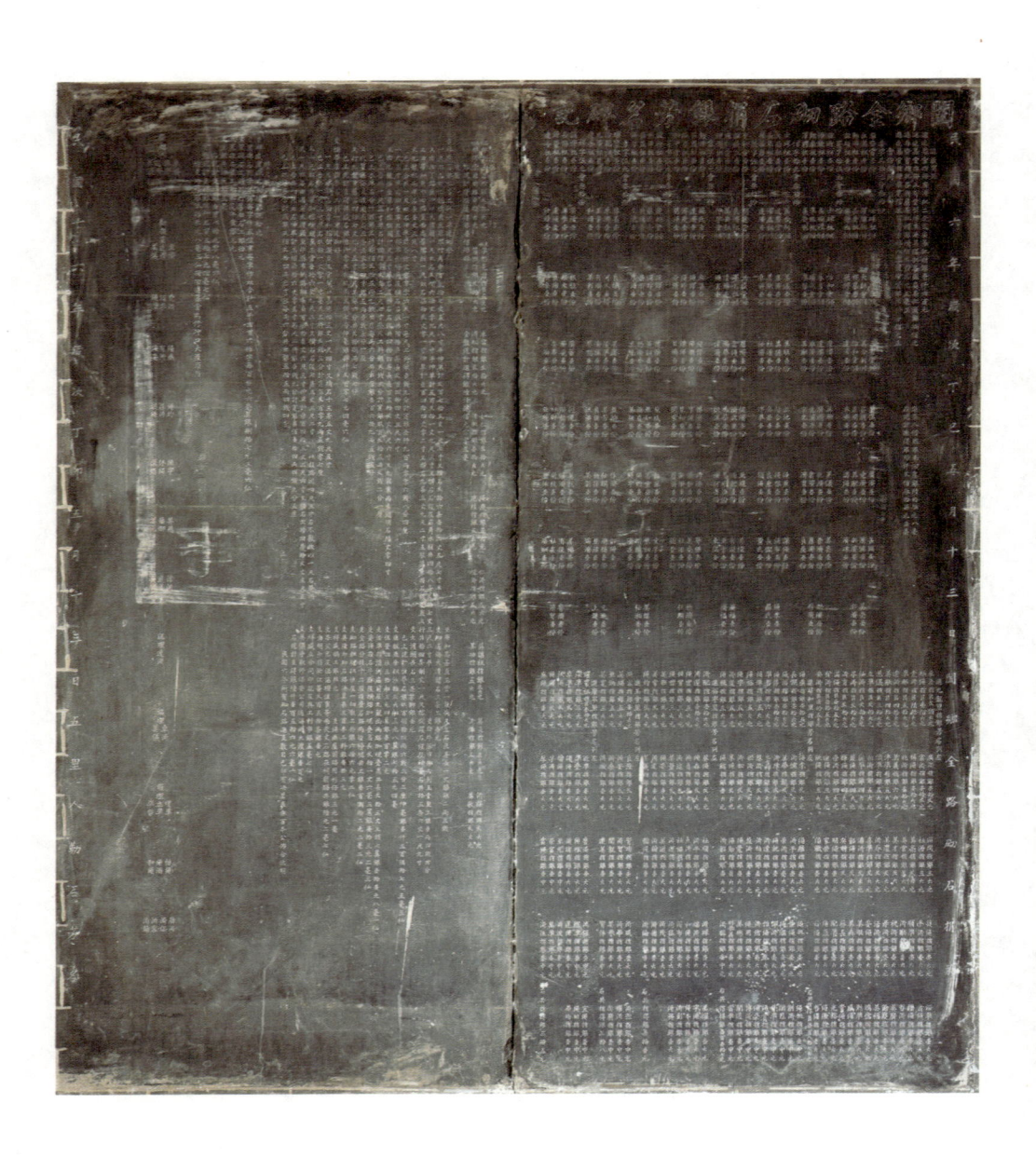

阖乡全路砌石捐银芳名碑记

民国六年岁次丁巳五月十三日阖乡全路砌石捐款进数开列。

进：追慕堂捐拨广济、批二南围扇基批头银一千六百元。

进：追慕堂捐拨三有堂楫济卓济、美仪、批各围扇基批头银八百元。

进：春祭尝捐批各围扇基批头银六百二十二元五毫整。

进：追慕堂捐拨"恭宽信敏、富贵吉祥"八字号会首银二千一百元整。

进：各人借用银来回息银六十六元八毫。

右统计进：得银六千二百三十七元三毫。

会份开列：

恭字：二十元，会三十份（芳名及捐资额略）

宽字：十五元，会三十份（芳名及捐资额略）

信字：十元，会三十份（芳名及捐资额略）

敏字：五元，会三十份（芳名及捐资额略）

富字：五元，会三十份（芳名及捐资额略）

贵字：五元，会三十份（芳名及捐资额略）

吉字：五元，会三十份（芳名及捐资额略）

祥字：五元，会三十份（芳名及捐资额略）

进：九龙里捐银芳名列左（芳名及捐资额略）

进：群和里捐银芳名列左（芳名及捐资额略）

进：裕宁里捐银芳名列左（芳名及捐资额略）

进：玉堂里捐银芳名列左（芳名及捐资额略）

进：康宁里捐银芳名列左（芳名及捐资额略）

续捐银列

续捐银列于后：

（芳名及捐资额略）

右统计续捐，进得银一百六十三元，全盘统计进得银六千四百元零三毫。

支数：

支祥盛店邓水石工料一单连砌好；支群和高基至玉堂一段，失尺，三石三条，长一丈，赔银二两三钱。

一尺双石由九龙桥东至康宁村角，一百三十七丈五尺八寸半，伸单计二百七十五丈一尺七寸。又横石二十六条，一十二丈五尺七寸半。支砌过海大渡头石三条，工银一元。

又由三丫路至冲口大渡头，一尺双石，二百六十丈零九尺六寸半，伸单计五百二十一丈九尺三寸。又横石级及庙角水梘，共四十八条，二十七丈三尺二寸半。支由牛豚市搬石到玉堂里工银一两四钱四分。

又由群和东中心路至西高基榕树，一尺双石，七十二丈零一寸，伸单计一百四十四丈零二寸。又横石九条，三丈九尺二寸五，驳桥东西石级及直三行，共十四条，八丈一尺。又榕树头石级及神台石，共十五条，六丈一尺九寸。

又九龙社南，单石，长一丈三尺八寸。支大渡头长石三条，装脚银一元。

以上合共一尺双石，伸单计一千丈零六尺一寸，每尺工料银一钱九分，计实银一千九百两零六钱八分四厘。以上统计，恒华石银九百八十四两六钱二分二厘，伸毫银一千三百六十七元五毫三仙。

一尺三寸单石，由康宁北至裕宁西塘角及横石石级，共六十一条，长二百四十四丈三尺六寸。支亚板亚全担沙十三大船，五元八算，银七十五元四毫。

又由九龙西至群和榕树头，一尺三寸单石及横石石级，共四十四条，长一百五十二丈八尺六寸。又九龙东西步头顶石，六丈零四寸。支五登担沙三十船，三元四算，银一百零二元。

以上合共一尺三寸单石，计四百零二丈二尺七寸，每尺工料银二钱三分，计实银九百二十五两二钱二分一厘。支活准投沧洲庙前及九龙西两路加泥叠高，共长二十三丈，三钱七算，银一十一元八毫一仙。

以上双单石合计，该银二千八百二十五两九钱，出店每两六分，共出店银一百六十九两五钱五分。支妥绳投石牛豚后横路加泥叠高，长二十一丈，六毫三算，银一十三元二毫三仙。

又代买过海大渡头长石三条，三丈零四寸，银五两一钱五分一厘。支全路分段十二股投叠石路两边傍坭，共工银一百八十二元二毫二仙。

又打九龙东旧石：四十七丈九尺五寸，每尺工银六分，共二十八两七钱七分。

以上统计，支得祥盛石银三千零二十九两三钱七分，伸毫银四千二百零七元四毫六仙。支砌路担泥担沙及一切散工，共银六十六元零二仙。

支恒华店谭华石工料一单连砌好。支祥盛犒工银六元。支绳燕屋前路用杉仔银三元一毫。

支英隆印砌石路决算表三百本，工料银一十三元。

一尺三寸单石，由群和榕树头至玉堂闸口，长八十五丈一尺四寸，又横石十三条，五丈九尺五寸。支各父兄及总协理值事等，两天丈石路，在祠朝膳，共银六元二毫七仙。

以上合共：一尺三寸单石，九十一丈零一寸，每尺工料银二钱三分，计实银二百零九两五钱零七厘。支文明印捐款红签二百五十条，银一元。

又一尺双石，由群和榕树头至玉堂，一十六丈九尺二寸，又横石石级七条，三丈三尺二寸。此段路因一尺三寸石不敷，故以一尺石兼用。支祥盛立合同印花及兴工利市银五毫七仙。

又一尺双石，由过海大渡头至牛豚市铁路脚，长一百七十一丈六尺三寸，伸单计三百四十三丈二尺六寸，又横石二十四条，十二丈五尺五寸。支美仪手取修保安公司过海两大渡银一百元。

以上合共一尺双石，伸单计：三百七十六丈零五寸，每尺工料银一钱九分，计实银七百一十四两四钱九分五厘。右统计支得银六千一百五十六元六毫一仙。

以上双单石合计该银：九百二十四两，出店银每两六分，共出银五十五两四钱四分。

民国六年，所有砌石路进支数目，已印有决算表三百本，公布合注明。

续支数列：

支祥盛黑碑石二块，银八十元。

支黑碑石刻字，年号每字作五，值事每字作双，合计五千四百六十字，每百一元六毫，算银八十七元三毫六仙。

支黑碑石边周围打旧匀石工银十元。

支黑碑石装上船脚及午食银三元。

支生铁片、油灰银五毫。

右统计支得银一百八十元零八毫六仙。

全盘统计支得银六千三百三十七元四毫七仙。

除支外存银六十二元八毫三仙，拨回追慕堂为修冲口大渡头用。

发起人：卓济、楫济、远济、美仪；

劝捐员：卓济、远济、美仪、尧济、绳李、绳伟、绳燕、有济、绳妥、绳灼、恩济、满绳、绳宇、休绳、汉济、美德、藩卿、美亮、沧济、连美、□□；总理：远济；协理：卓济、美仪；帮理：顺准、立准、准哲、怡绳、绳滔、和绳、广海、济保、济容、济瀚。

　　　　　　　　　民国十六年岁次丁卯五月十三日五里人勒石芳名

礼拜堂碑

本碑花岗岩石质,现镶于平安路基督堂。碑正面尺寸:42厘米×83厘米。

礼拜堂碑❶

本堂奠基纪念

以使徒先知为基,以耶稣基督为屋,隅要石而建其上。

主降一九三五,中华民国廿四年❷五月十一日全体信徒立

【注释】

①标题系编者添加。②民国廿四年:即民国二十四年(1935)。

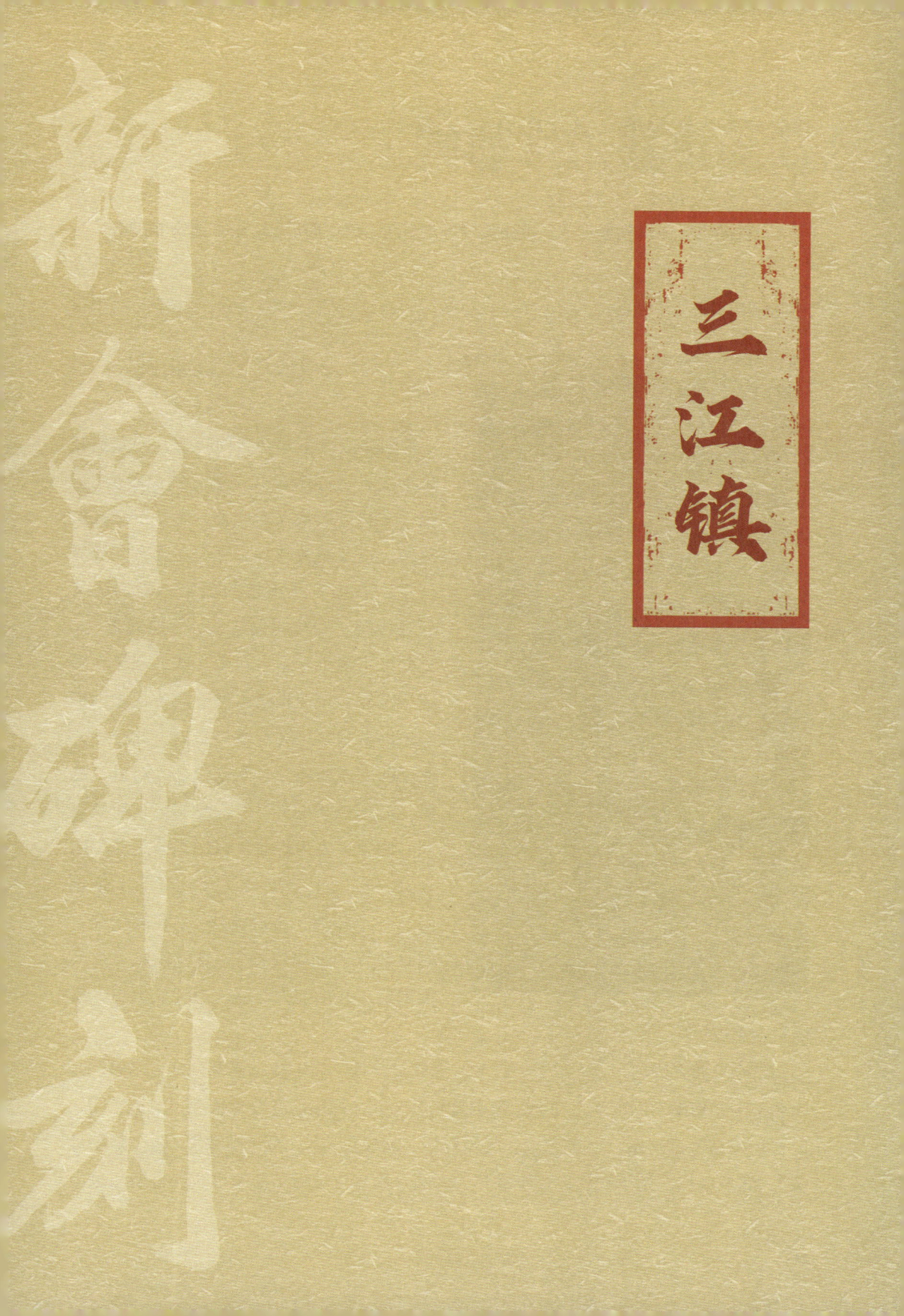

三江镇

洋美重建圣堂庙碑

本碑砚石质，现收藏于三江镇洋美村圣堂祖庙。碑正面尺寸：63厘米×126厘米。

洋美重建圣堂庙碑

斯庙之作不知昉自何年矣，问其捐题乐助之人，亦不得其详矣。然而赛会❶祈报，常从父老辈入庙烧香，参拜正坐五位尊神，以及两旁神将。见夫左则有同知周公主，右则有燕山樵周公主。爰询诸父老之传闻，始知周公其人。客游姑苏❷，见此殿宇巍峨，崇奉众圣，威灵甚显，因造斯神像归，而谋诸本堡。众皆悦之，捐题乐助者实繁。有徒遂向堡内卜此吉地，而踊跃以成斯庙，是则创作之大略也。越后，万历二十一年❸，庙貌渐圮。通堡复同心协力，大为修建，以绍周公之美，迄今又一百七十余年矣。计一百七十余年间，一经鼎革，再遭流移❹，事故变迁，时难数算，栋墙榱桷❺，日就倾颓，故屡欲增建，共接前人之盛。奈旁议侧出，反同筑室之谋。

幸今岁四方皆利，人心尽欢，合乡耆老既与众信、庙丁佥议捐题。首为之倡，而四乡善士亦相率劝助以为之和会，厥资复鸠厥工欤。择诸能者分番董理，中扩三间，以妥众神，旁添一座，以祝恩主。区画周详，轮次毖饰❻。至于雕甍❼飞题，素绘丹臒❽，翼然焕然，始于初秋，落于季冬，六阅月而事告竣焉。斯时也，群喜斯庙负山临溪，淑气磅礴，上下数百年，由祖父以溯高曾，自本境以迄四邻，皆有求而即应也。复喜今日增其旧制，益以新规宏丽，既与形胜相称，运会应随，体势俱显，自必鸿庥叠加，人文蔚起，必将昭烁寰区，声施闾里⑨也。因略溯我始作之繇来，倡率之踊跃，与夫四乡乐题之诚，并分书于石，固不第为一时之美观也。亦曰自今以后，庙貌巍然，瞻拜肃然，姓名灿然。庶几，后之人入庙，而知如此创作者，周公其人也。首倡增建者，我等众信也。不将恍然于运会，递乘人事相因，而为先后一辙欤。

（芳名及捐资额略）

龙飞乾隆三十二年岁次丁亥季冬

首事容祥生、容瑞鹏、容上品、容瑞镌、容文□毅旦勒石

【注释】

①赛会：旧时的一种民俗活动，用仪仗和吹打演唱迎神像出庙，巡游于街巷或村庄间。②姑苏：苏州。③万历二十一年：1593年。④流移：指康熙年间迁界事件。康熙十三年（1674）甲寅春月，续迁番禺、顺德、新会、东莞、香山五县沿海之民。初立界犹以为近也，再远之，又再远之，凡三迁而界始定。⑤榱桷：屋椽。⑥毖饰：比喻精工绘饰。毖，小心谨慎。⑦雕甍：指雕镂文采的殿亭屋脊。⑧素绘丹雘：指红色颜料在白色底子上绘画，比喻彩绘。⑨闾里：古代二十五家为一闾。原指里巷的大门，后指人聚居处。

临潮堡重建圣堂庙碑

本碑砚石质,现收藏于三江镇洋美村圣堂祖庙。碑正面尺寸:63厘米×126厘米。

临潮堡重建圣堂庙碑记

重建圣堂祖庙序

神灵之昭昭也，布之中天显于方隅，自古迄今，赫赫若前日事矣。至于乡□□□□□□□□□□□□之灵，靡不周到者，他如天竺蓬莱□□□□飞来之寺，则又天工人工之微妙，自然而然，有莫之为而为者。夫神之□□□□□□□□□□□□效乎神灵，阴阳感招，遂兴神物，大都广福，□□□□万家香火，永垂史册者也。

我本乡圣堂祖庙，修自万历癸丑年❶，其始建□□□□□□□□□□□□木，验其定金乃见纸宝二锭，遂骇异神谋，□□□□送此木到乡，旋涂船中，忽于浮竹孔内浔回木银如数。噫！神灵之捷应昭昭□□□□□□□□□□在潮居二十嵎土名下烟，坐癸向丁兼子午□□□，圣堂祖庙中列诸尊神，流年香火无不显赫，消灾捍患，福庇一坊。自万历至今□□□□□□□□□岁矣，年久颓圮，兹合两堡里老、首事，重修孔固□□□□新，俨如临之在上，监之在旁，其神灵之赫赫，又若前日事焉。我等久沐恩波，灵□□□□□□□□久而不忘，佥曰："此昔时定木运木之灵摄如此也。"吾知神□□灵长，境里升平，日跻国家有道之庆，将与蓬莱宫、飞来寺并垂永不朽云，是为序。

（芳名及捐资额略）

首事林道燃、林运雨、林芳彩、陈太立、钟德位同熏沐勒石
重建圣堂庙费用俱系两堡均派
龙飞乾隆三十二年岁次丁亥穀旦重建

【注释】

①万历癸丑年：指万历四十一年（1613）。

无碑额碑

本碑砚石质，现镶于三江镇洋美村圣堂祖庙。碑正面尺寸：52厘米×70厘米。

无碑额

今将邻乡各县信官员士诚心捐题芳名开列：

赵宪常敬酬神台石一条

李世享敬酬铁钱炉一座

（芳名及捐资额略）

时龙飞乾隆三十二年岁序

丁亥季冬榖旦勒石

临潮堡重建圣堂祖庙碑

本碑与"洋美乡重建圣堂祖庙碑"镶在一起,现收藏于三江镇洋美村圣堂祖庙。两碑均砚石质,正面尺寸均为:70厘米×140厘米。

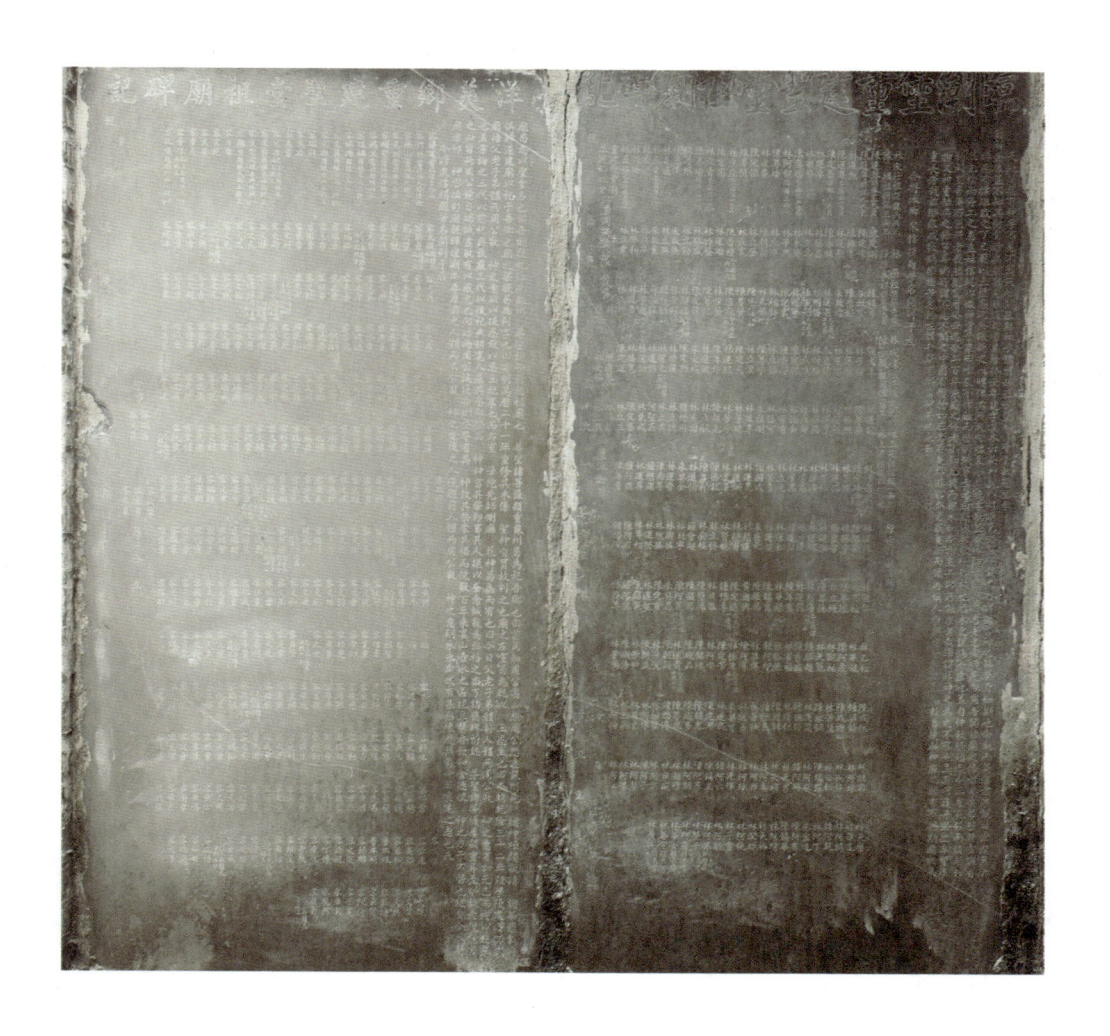

临潮堡重建圣堂祖庙碑记

天地间果有神乎？不见不闻。天地间果无神乎？体物如在。我堡圣堂祖庙，历奉诸神金像，盖不知其何自昉矣。然窃见梁腹刻有万历癸丑年建字，其木云是神亲入肆购焉者，旧碑载之特详。盖言神之赫奕有如斯也，余观而疑信者半，就故老问焉，亦鲜克有据。维岁之丁巳[1]，庙以土壁易圮，佥议新之以砖，俾其历久勿坏，爰卜日鸠工，欲盖厂以防雨阻，白之耆老。耆老曰："是，勿虑！"吾闻兹庙之修者屡矣，每皆晴云霁日，并无阴雨停工之患，盍姑信此以征神灵乎？众曰："唯！"果不作厂[2]而晴明竣事。噫嘻！由斯以观，然后知神之购木之说为不虚也。盖自仲秋经始，迄今三月有余，而晴明如故，此岂吾侪所能料者哉。然则万历癸丑，迄今二百年来，庙之修者不知凡几，而梁木如新，亦岂工师所能求者哉，虽谓非神之为之不可也。至其呵护井里，历享丰康，抑又神灵赫奕之余事耳。倘所谓不见不闻之中，固有体物如在者存，是耶？非耶？今者庙重新而像再焕，人争解囊，皆神之默为鼓舞，后此神庥之贻，有不与斯庙相为灵长者哉！兹际落成，敬镌乐捐芳名于左，谨弁斯言，与旧碑而共永云。

今将本乡众信捐题芳名开列于左：
（芳名及捐资额略）
重建圣堂庙并建奶娘堂，其费用两堡均派
   首事林道森、陈定豪、陈连尊、林长发、林发昌、林立汉同熏沐勒石
           龙飞嘉庆二年岁次丁巳孟冬吉旦重建

【注释】

①丁巳：指嘉庆二年。②厂：没有墙壁或只有一面墙的简易房屋。

洋美乡重建圣堂祖庙碑

本碑图片见第251页左图。

洋美乡重建圣堂祖庙碑记

庙曷❶为以圣堂名也？曰吾乡敬祀江南苏州尊圣诸菩萨之祖庙也。尊圣诸菩萨显灵苏州。曷为祀吾乡也？曰前同知周公、宴山樵周公，懋迁苏州，见诸神极显，敬请诸菩萨，载与俱归，遂建庙以祀于吾乡也。庙之梁腹曷为刻字也？曰"时明万历二十一年重修"，其木系圣神自买，故刻之也。庙之左室，曷为配以王恩主也？曰本朝乾隆三十二年，踵事复建，增其式廓，俉父老子弟体两周公敬神之意，欲以报恩，故以恩主配享也。而右室华佗先师，侧虎花神，曷为而有也？曰今日父老子弟体前人、体两周公敬神之意有加元❷已，而增以配享也。盖尝论之，三代以前祀典最严，三代以后祀典稍宽，人居其垄❸，即祭其神；神享其祭，即答其人。总以查❹念，诚敬为昭格之本。考诸旧碑所志，尊圣诸菩萨屡显灵异，至今故老犹能言之。此皆两周公尔日竭诚尽敬，有以感之也。向非两周公诚敬，吾乡安得有其神？致其祭，蒙其福，而使数百年来，宴山壶水之区，俎豆馨香，饮和食德，仗神之力于不替也。继自今入斯庙者，仰神容焕彩，庙貌辉煌，溯本寻原，前之人体两周公敬神之意，后之人复体前人体两周公敬神之意，则永永年，代有基，无坏㷉❺，无负今日重建之志也夫。

今将众信捐题芳名开列于后：

容膝窝尝捐银三十两，容竹林尝捐银二十六两，容燕山尝捐银二十六两，容见州尝捐银二十两，容梅墅尝捐银一十两，容鸥主尝捐银六两整。容瑞楠题银五两五钱整，容瑞扬题银五两整，容文英题银四两三钱六分，容文雄题银三两七钱整。

（芳名及捐资额略）

首事宏瑞扬、容文爵、容钦章、容直章、容章升等同立
时龙飞嘉庆二年岁次丁巳季冬吉旦勒石

【注释】

①曷：为什么。②元：此为"大"之意，"加元"即加大。③垄：古同"地"。④查：甚大。⑤㷉："燼"字省文，火貌。

洋美堡修整圣堂祖庙碑

本碑砚石质,现收藏于三江镇洋美村圣堂祖庙。碑正面尺寸:70厘米×140厘米。

洋美堡修整圣堂祖庙碑

今将各信士捐题芳名开列:
(芳名及捐资额略)
首事:容章升、容益章、容钦章、容本章
时龙飞嘉庆二十年岁次乙亥季冬
旭旦

残碑

本碑砚石质,现收藏于三江镇洋美村圣堂祖庙。

残碑

将各信士捐:

(芳名及捐资额略)

其费用两堡均派

□□□□□□年岁次乙亥季

圣堂祖庙重建祖庙各捐助碑

两碑均砚石质，现镶于三江镇洋美村圣堂祖庙。两碑正面尺寸均为：79厘米×156厘米。

圣堂祖庙重建祖庙各捐助碑记

洋美堡重修圣堂祖庙碑记

吾堡东南隅，曰下宴。下宴之右，奇峰矗立，俯视诸山，曰求雨山；左则山环水汇，蔚为洞天福地，有庙三楹，翼然临山麓，曰圣堂祖庙。方二周公客苏州迎神而归也，建庙奉祀。自吾祖父，水旱疾疠祷而应，莫不于神是赖。神之呵护桑梓，拨旱魃❶赐甘霖，其应如响，神亦灵哉。而是庙屡坏屡修，以迄于今。客岁十二月，集众告曰："庙，不修且坏，盍新之。"佥曰："诺"。卜吉兴土木，于是栋楹梁桷❷，腐折者易之；盖瓦级砖，硬缺者更换。四壁仍旧，中厅易柱，丹漆黝垩❸，气象一新。经始正月，落成十月，费白金七千有奇。崇升日，两堡四邻各以物供养，盖是日香火不绝，一时之盛云。父老喜其成也，并勒捐资姓名于石，垂不朽焉。

洋美堡总理容业彬、容永楼，协理容德煐、容现业、容时业、容永寅，缘首容业携容永晃、容永翘、容永煐、容传庆、容传波。

谨将重修圣堂祖庙捐助工金芳名开列于后：

（芳名及捐资额略）

兹将临潮堡庙丁捐助工金芳名列于后：

（芳名及捐资额略）

龙飞光绪三十一年岁次乙巳季冬旭旦勒石

【按】

芳名录中新会的信众来自会城大口冲冯一百祖、冯敦诒祖（各捐六大元），其他信众来自香港、南海、泗水、新昌（开平）、宁邑（台山）、海宴（台山）、佛山、石咀（罗坑）、七堡、木洲（睦洲）、石苑（古井）、梅江、江门，以及三江的深垒、皮子、官田等地。

【注释】①旱魃：中国古代神话传说中引起旱灾的怪物。②栋楹梁桷：分别指楹柱、屋梁、椽子。③丹漆黝垩：涂以朱红色、黑色和白色的漆。

倡建避雨亭劝捐纪念碑

本碑砚石质，现镶于三江镇临潮村避雨亭。碑正面尺寸：61厘米×90厘米。

倡建避雨亭劝捐纪念碑

临潮堡倡建白花树避雨亭小引

时逢赤帝炙脑,增行客之烦;天降雨师❶濡身,兴旅人之苦。虽非径出崎岖,方称跋涉;即津无憩息,极感彷徨。窃思我临潮堡白花树之渡头,为东西交通之孔道,诸凡商旅往来,农夫种植,与夫贵戚探亲,出于其涂者,岂浅鲜哉。但客曰:"济川虽有舟矣,奈驻足未得其所,何是?"以耆等提倡建设一避雨亭,以利便工商戚旅休息之区。独是鸠工庀材,需费不资,幸得善长仁翁,公益关怀,解囊乐助,众志成城,从此经之营之。亭成,不日庶歌,风雨攸除,将见耕者相与歌于野,商者相与庆于市,行旅皆悦而愿出于其路,良有以也。《书》曰:"善与人同。"彼乐善,诸君因当名重于碑,以为各界来往于兹者,歌功颂德矣。是为引。

兹将石叻❷捐款芳名泐左:

(捐款芳名及捐资额略)

兹将本乡捐款芳名泐左:

(捐款芳名及捐资额略)

中华民国廿七年岁次戊寅孟夏立石

【注释】

①雨师:古代传说中司雨的神。②石叻:我国侨民对新加坡的称谓。

重修二圣宫碑

本碑砚石质,现镶于三江镇沙岗村洪圣殿。碑正面尺寸:54厘米×84厘米。

重修二圣宫碑记

今将众信员士善男信女捐题芳名开列:

首事:罗隆义、梁邦用、梁荣梧、梁邦翘、梁荣齐

(芳名及捐资额略)

乾隆戊申年[1]仲冬吉旦

【注释】

①乾隆戊申年:指乾隆五十三年(1788)。

创建斋堂前关帝行宫碑

本碑砚石质,现镶于三江镇沙岗村关帝行宫。碑正面尺寸:54厘米×85厘米。

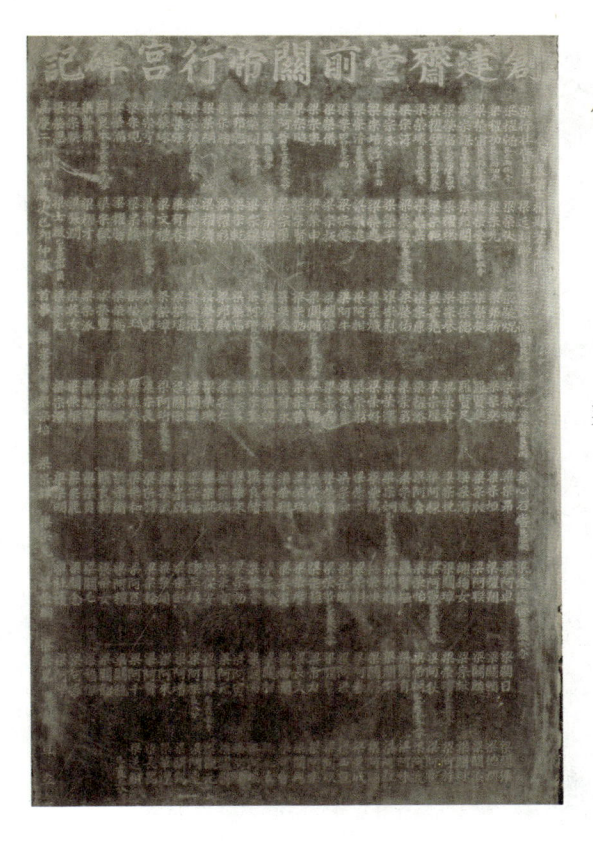

创建斋堂前关帝行宫碑记

今将众信士捐题芳名开列:
(芳名及捐资额略)
嘉庆二十四年岁次己卯仲春
首事梁宗淳、梁宗培、梁宗谋、梁宗允、梁荣纲、梁宗略榖旦立石

创建文阁捐题工金碑

本碑砚石质，现镶于三江镇思仁公园文阁。碑正面尺寸：64厘米×108厘米。

创建文阁捐题工金碑记

　　文阁之建也，所以振文风也。然必其一方之山，有磅礴奥衍❶之气，已毓于人，勃勃欲动而未即动者。又必其一方之人，有磊落秀特之英久钟于山，跃跃欲发而未即发者。然后建是阁以应之，则其感应之机必大而且速。三江在会城南三十余里，夙号文物之区。壬午❷春，舟过其前，苍翠深郁中见有杰然高出者，舟人告予曰："此三江乡恒美坊新建之文阁也。"舣舟❸登阁，周览形胜，熊子金鳌峙其右，卓然文笔之耸秀也；崖门奇石涌其前，浩乎文澜之壮阔也。阁以文名，洵足❹极大块文章之概也。因念事有数百年未举，一旦举之，此中山川秀灵之气，必于隐隐之中有以鼓动乎人心，而人心之灵亦于隐隐之中起而应之。故有不谋而合，不约而同，而阁于是建。是故地运于此，卜其兴人才于此。卜出矣，苟因是阁而争自振拔，本其磊落秀特之资，以泄其磅礴奥衍之奇求，称其所以气象峥嵘，而不自甘泊没者，未必非是阁有兴起之于。以知此举之大有造于文运，而人才之大有可恃也，岂非斯乡之厚幸欤？爰举以为诸父老贺，诸父老颇以予言为不谬，曰："盍笔之以为记？"是以为记。

各祖并众信官员士捐题工金开列：

（芳名及捐资额略）

嘉庆丙子❺科举人拣选县知县赵廷扬❻拜撰

首事人赵明慕、昭宁、宏藉、朝瑞、崇熙、觐光、礼信、永拱、健灿、永宜

道光二年岁次壬午仲春吉旦

【注释】

①奥衍：指地势深回广衍。②壬午：指道光二年。③舣舟：停船靠岸。④洵足：实在值得。⑤嘉庆丙子：指嘉庆二十一年（1816）。⑥赵廷扬：字子睿，号梅坪，榜名赵廷魁，生于乾隆四十一年（1776），香山南门（现珠海市斗门区）人，嘉庆丙子科举人。

社约碑

本碑砚石质，现镶于三江镇思仁公园文阁。碑正面尺寸：67厘米×122厘米。

社约[1]

崇文社,创自道光壬午年[2]文阁落成之日,越道光甲辰年[3],复立登瀛社。盖窃取十八学士登瀛洲之意。斯二社皆所以恭祀文帝而振文风,以兆青云之嘉会者也。又道光甲午岁[4],有待探诗社之设,专为课诗计。夫诗,特崇文之余事而登瀛者,亦有取焉。但思善作,难以善成,循名必贵,实爰集同人,既订论文,辅仁之会,复酌善后事宜,并芳名胪列,以垂不朽云。是为序。

计开条款:

——议,恭祀文帝圣诞,崇文社九月初九日,登瀛社、待探社二月初三日,其神惠照石碑上名颁领,永不许人顶拆。

——议,二社每年各会文一次,至社尝积厚,每社再加会文一次,不出未冠课题,所以省费,以为长久裁成后学之计。

——议,诗社每年课诗四次,至积有余羡[5],方祀文帝分胙[6]。

——议,三社尝银,同社人及后来子孙,皆不得揭生,免致伤情。

崇文社芳名(略)

登瀛社芳名(略)

待探社芳名(略)

道光二十有五年[7]岁次乙巳孟冬吉日立碑

【注释】

①标题系编者添加。②道光壬午年:指道光二年。③道光甲辰年:指道光二十四年(1844)。④道光甲午岁:指道光十四年(1834)。⑤余羡:盈余。⑥分胙:祭祀完毕分享祭神之肉。⑦道光二十有五年:指1845年。

冠带义士思仁公纪念碑

两碑均砚石质，现镶于三江镇思仁公园纪念堂。两碑正面尺寸均为：75厘米×165厘米。

冠带义士思仁公❶纪念碑

创建思仁公园碑记

　　邑之南部，有天水望族，其地负山临水，银海萦其前，旗岭屏其后，远挹圭峰熊塔诸胜，近则星罗棋布者，若螺峰、若蟹峤、若玉马、若金鸡，互为环抱，诚为天然名胜。沿至蛇山，蜿蜒数百丈，左右结庐千百家，其位于龙岩之中枢，地平如砥，绿荫如盖，堪为乡人休息之所，而公园之发轫❷在是矣。吾邑号称"海滨邹鲁"，黄云紫水，佳气盘郁，迭产异人。自白沙子❸出，瓣香所被，遂各衍其学派，乡之思仁公亲受薪传。其乐善好施，深得鸢鱼悟道，善与人同之旨，若捐全节庙❹，艰难缔造，名动天听，率能师若弟相与有成，而一代兴亡之迹炳然于天壤。他如捐助循吏祠产及师门祀田，见义勇为，类皆行其心之所安，岂非正谊明道之皎然不滓❺者耶！后人缅怀懿范，久欲于其钓游地表扬之，以为乡间❻率。况近年乡校蹱兴，黉舍❼相望，众以学潮所趋，多注重体育运动。而且藏修游息，亦不可无一娱乐地，以资遣兴，于是有筹建公园之举。众议即以思仁公之名名之，而并于园中辟一纪念堂，屹公遗像于碑，以垂不朽，诚一举而数善备矣。昔有道镌碑，岘山泐石，虽情过景迁，而抚其遗迹，百世下犹闻风而兴感。以公行谊，其荣膺冠带，崇祀忠孝，亦几昭昭邑乘❽。今公园之建，当必有即景兴怀而悠然动高曾❾矩矱❿之思者，以视江门风月，嘉会⓫亭台，白沙渊源，流风未沫⓬，岂直林壑幽美，花鸟迎人，遂欣欣然，供一时游戏之场而已哉？嗟乎！龙蛇起陆⓭，何处桃源？琴鹤家风，尚留净土。奉先型为圭臬⓮，乐桑梓以清游。昔人云，俯仰一世或因寄所托，快然自足，余于斯园如或遇之。今年秋，园既落成，乡先达之董其事者，为余道其集款之踊跃、鸠工之神速、堂基之宽敞、点缀之幽雅，属为记其颠末以谂来者。余虽不文，而感公之遇，佩公之德，与公之遗爱之入人深喜，而殚述所闻，俾知地以人传，而殷然为诸父老昆弟勖焉。将事诸公热心宏愿，其足以扬前烈而示来兹，若夫详加纪载，有捐款之镌名碑在兹，不备书。

　　太岁在重光协洽壮月⓯，邑后学李扬芳⓰谨撰、桂坫⓱敬书

267

兹将捐款芳名开列：

（芳名及捐资额略）

民国二十一年⑱岁次壬申九月□日谨勒

【注释】

①思仁公：指赵思仁，三江人，陈白沙先生门人。②发轫：拿掉支住车轮的木头，使车前进，比喻新事物或某种局面开始出现。③白沙子：即陈献章。④全节庙：明弘治辛亥（1491）兵部尚书华容为广东左布政使时，建全节庙祀杨太后。庚申（1500）金事徐公纮适上疏朝廷赐"全节庙"匾额，祀典如祀历代帝王、后仪。⑤皎然不滓：比喻洁身自好，不受坏的影响。⑥乡间：家乡，故里。典出三国魏阮籍《大人先生传》"少称乡间，长闻邦国"。⑦黉舍：借指学校。⑧邑乘：县志，地方志。⑨高曾：泛指远祖。⑩矩矱：定为法度，以为法式。⑪嘉会：即嘉会楼，在县东白沙江，明代天顺甲申（1464），御史熊遂为陈献章建。⑫未沫：不曾休止，比喻未消失。⑬龙蛇起陆：比喻地动山摇。⑭圭臬：土圭和水臬，古时测日影、正四时和测量土地的仪器，比喻准则、法度。⑮重光协洽壮月：指民国二十年农历八月。重光为辛，协洽为未，是为辛未；壮月，指农历八月。⑯李扬芳：生于1864年，卒年不详，字希达，别字毓卿，光绪二十九年（1903）癸卯科举人。⑰桂坫：生于1867年，卒于1958年，字南屏，南海人，文灿之子。早年入读广雅书院和学海堂。光绪十七年（1891）辛卯科举人。⑱民国二十一年：1932年。

新建岳王庙碑

本碑收藏于三江镇新江村老人活动中心。碑正面尺寸：约80厘米×140厘米。

新建岳王庙碑

【按】

本碑风化严重，裂成三块，字迹大多模糊，较难辨识。

重修雷霆庙芳名碑

本碑砚石质，现镶于三江镇新江村雷霆庙。碑正面尺寸：63厘米×114厘米。

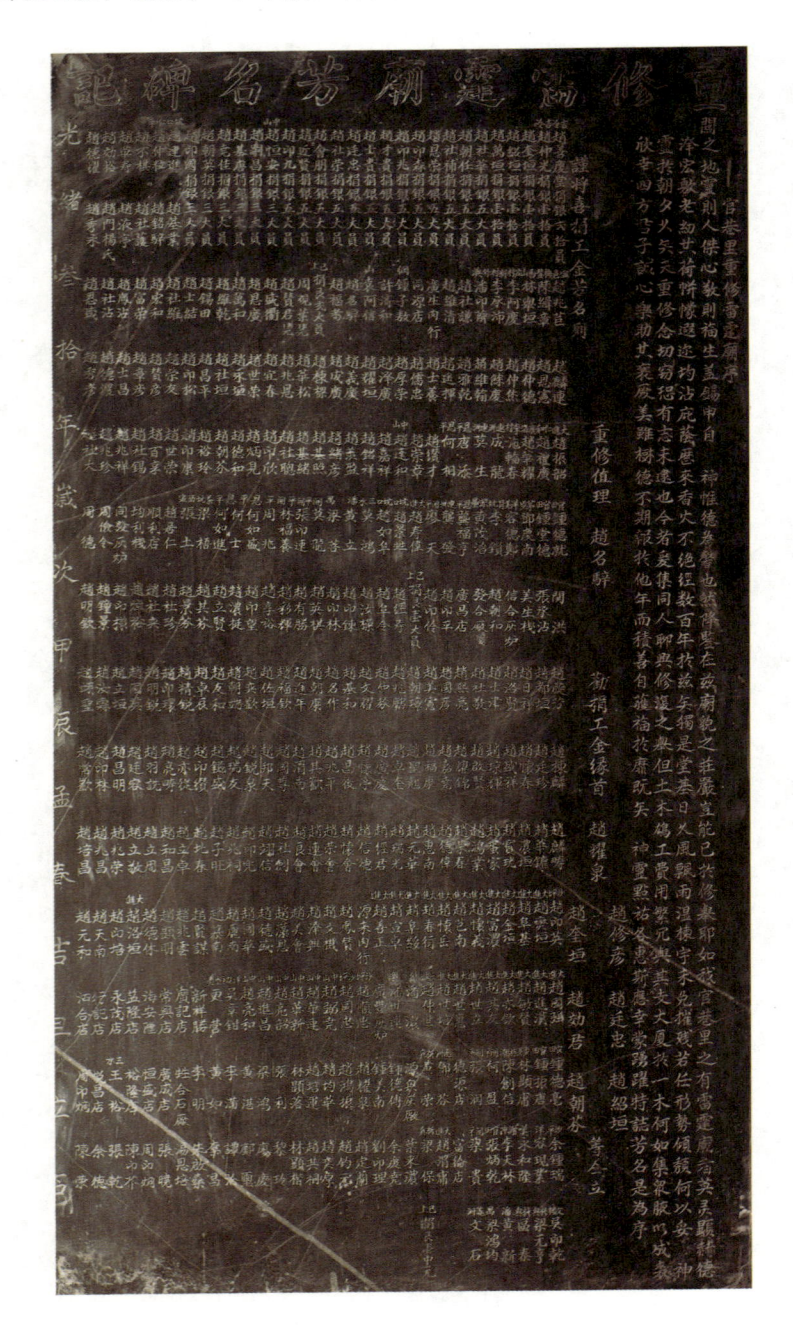

重修雷霆庙芳名碑记

官巷里重修雷霆庙序

关之地灵则人杰,心敬则福生,盖锡申自神,惟德为馨也。然降鉴在兹,庙貌之庄严,岂能已于修举耶?如我官巷里之有雷霆庙者,英灵显赫,德泽宏敷,老幼共荷,骈幪[1]遐迩,均沾庇荫,历来香火不绝,经数百年于兹矣。独是堂基日久,风飘雨湿,栋宇未免摧残。若任形势倾颓,何以妥神灵于朝夕久矣?夫重修念切,窃恐有志未逮也。今者爰集同人,聊兴修复之举,但土木鸠工,费用繁冗,与其支大厦于一木,何如集众腋以成裘。欣幸四方君子,诚心乐助,共襄厥美。虽树德不期报于他年,而积善自获福于靡既矣!神灵点祐,各惠斯应,幸蒙踊跃,特志芳名。是为序。

重修值理赵名驿,劝捐工金缘首赵耀泉、赵修彦、赵奎垣、赵廷忠、赵效君、赵绍垣、赵朝芬等同立。

谨将喜捐工金芳名列:

(芳名及捐资额略)

光绪三十年岁次甲辰孟春吉旦立石

【注释】

①骈幪:古代称帐幕之类覆盖用的东西,引申为庇荫、庇护。

重修慈尊宫石碑

本碑砚石质，现镶于三江镇新江村慈尊宫。碑正面尺寸：80厘米×126厘米。

重修慈尊宫石碑记

　　盖自荫覆慈云，恩深梓里，膏腴法雨❶，泽普茅檐，我里之有慈尊宫也。此固千百家骈蠓，冈外亦数百年俎豆常新也。爰考其始，渺不知其昉自何时。及闻故老流传，谓其像实从寺北洋来者，在昔上元张灯奉而祀之，遂庙于斯。云所谓大观在上者，此也。第时代云遥，犹是神灵之赫奕，而垣墉就废，未瞻庙貌之巍峨。是以集众金谋，谨择光绪癸未年❷十二月，聊卜鸠工，重修鸳瓦。无论士农工商，思捐金而助资，即丁男子妇，皆集腋以成裘。不数月间，遂成其美，其地脉之灵致之乎？抑神道之显为之欤？迄今气象重新，规模丕焕，仰灵爽之式凭❸，捐输之恐后，固已鸿慈广被，尤宜鸿号播传也。爰乃勒以遗碑，贞诸珉石，以垂久远焉。

　　谨将各捐工金芳名开列：

　　赵合庆堂捐神楼一座，石对一对；赵如意堂捐棹帏一条；赵济津捐当中对联；赵景盛、景锐同捐铜香炉一座。

　　（捐工金芳名及捐资额略）

　　重修值事赵预勤、赵鸿连、赵裕广、赵旺占、赵君岐、赵鸿运、赵佩琼、赵凤林

　　　　　　　　　　光绪十年❹岁次甲申孟春旭旦立石

【注释】

　　①膏腴法雨：比喻佛法保佑，过着美好生活。膏腴，谓肥沃。法雨，喻佛法，佛法普度众生，如雨之润泽万物，故称。②光绪癸未年：指光绪九年（1883）。③式凭：依靠，依附。④光绪十年：1884年。

重建北极殿劝捐序碑

重建北极殿劝捐序

三江北极殿恭祝玄天上帝，已数百年于兹矣。后屏马岭，前瞰银湖，坎德[1]鸿施，坤舆[2]蠁曶[3]。其萃山川之秀，以成庙貌之灵，有自来也。都人士被法雨，仰慈云，莫不馨香颂祝焉。或贸易城市，或远适异邦，有求必应，有祷必灵，来往道旁，争相传诵，以为神灵之泽被于斯人者深也。但亿万家，蚁慕[4]虽殷，数百载，龙楼已古，风飘雨湿，鳞瓦星疏；地久天长，螭坳[5]日坏。故必堂阶再造，方能金碧重光。所愿善士承休[6]，集来狐腋；仁人仗义，不惜蚨[7]飞。庶几，人解锦囊，鸠工攸托；神安宝座，鸟革流辉[8]。从此鸿规丕焕，多捐者，片石名题，龙蟠福地；乐助者，受兹介福矣。是为序。

光绪十九年

【按】

本碑砚石质，原镶于新会区三江镇新江村不可移动文物的北极殿。2017年北极殿发生火灾，本碑被毁。本碑文由赵子峰先生抄录并提供，编者点校。

【注释】

①坎德：指水就下的性质，比喻君子谦卑的美德。典出《易·说卦》："坎为水。"又出《易传·谦》："谦谦君子，卑以自牧也。"②坤舆：地的代称。典出《易·说卦》："坤为地……为大舆。"《孔颖达疏》："为大舆，取其能载万物也。"③蠁曶：疾速。④蚁慕：比喻向往、归附。典出《庄子·徐无鬼》："羊肉不慕蚁，蚁慕羊肉，羊肉膻也。"⑤螭坳：宫殿螭阶前坳处。⑥承休：指承受美善。典出《史记·封禅书》："今鼎至甘泉，光润龙变，承休无疆。"⑦蚨：即青蚨，古代用作铜钱的别名。⑧鸟革流辉：形容宫室华丽。

重修关圣宫碑

本碑砚石质，现收藏于三江镇联和村关圣宫。碑正面尺寸：72厘米×142厘米。

重修关圣宫碑记❶

　　关圣宫之创建，蟹山坊也。乘龙驾局，帝座向离❷，为江乡第一福地尚矣。重修于咸丰七年❸岁在丁巳，恩覃阛阓❹，炳炳麟麟。庙左朝上之座，原奉祀观音大士、圣母元君、金花夫人也。至光绪丁亥❺，绅耆集议，将庙右辅间，改建慈尊宫，焕然一新。杯准，九月十六迁奉。菩萨巍然升座，赫濯著灵，阴阳异位，神则严肃，庙则整齐，凛如也。善信馨香，共答神贶，夫固誉播口碑，铭留心板矣。是举也，庙前余地，复建公所，筑塘潴水，在公所之阳。计费金二千有奇，俱资捐款，爰勒芳衔，以垂不朽。行见赐景福，迓蕃釐❻，衢歌巷舞，里忭❼涂欢，猗欤❽盛矣。父老焚香顶祝❾，俎豆❿千秋矣。是为序。

　　（芳名及捐资额略）

【注释】

①标题系编者添加。②离：指南方，典出《易·说卦》："离也者，明也，万物皆相见，南方之卦也。"③咸丰七年：1857年。④阛阓：借指民间。典出《敦煌变文集·捉季布传文》："公曾泗水为亭长，久于阛阓受饥贫。"⑤光绪丁亥：指光绪十三年（1887）。⑥蕃釐：洪福。典出《汉书·礼乐志》："惟泰元尊，媪神蕃釐。"颜师古注："蕃，多也；釐，福也。"⑦忭：欢喜、快乐。⑧猗欤：叹词，表示赞美。⑨顶祝：顶礼祝祷，顶礼祝颂。⑩俎豆：指奉祀。

建造关圣宫慈尊宫公所记碑

本碑砚石质,现收藏于三江镇联和村关圣宫。碑正面尺寸:72厘米×142厘米。

建造关圣宫慈尊宫公所记[1]

建造关圣宫慈尊宫公所碑石,谨将喜捐工金芳名列后:

(芳名及捐资额略)

光绪十三年六月立石

【注释】

①标题系编者添加。

白骨坟记碑

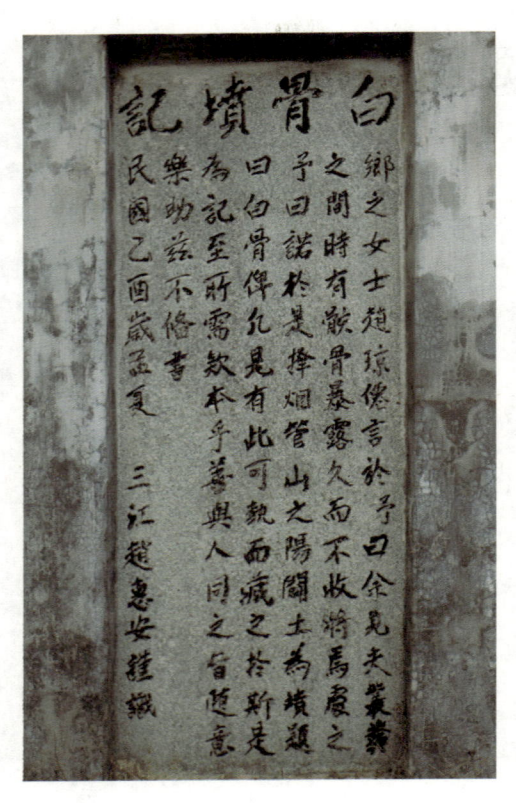

本碑花岗石质，现镶于三江镇联和村仁和里马坑彼岸坟场。碑正面尺寸：44厘米×115厘米。

白骨坟记

乡之女士赵琼仙言于予曰："余见夫丛葬之间时有骸骨暴露，久而不收，将焉处之？"予曰："诺。"于是择烟管山之阳，辟土为坟，题曰"白骨"。俾凡是有此可执而藏之于斯，是为记。至所需款，本乎善与人同之旨，随意乐助，兹不备书。

民国乙酉①岁孟夏，三江赵惠安
谨识

【注释】

①民国乙酉：指1945年。

抗战烈士碑

本碑花岗石质，现立于三江镇联和村仁和里马坑彼岸坟场烈士墓前。碑正面尺寸：43厘米×225厘米。

抗战烈士碑记[1]

抗战烈士赵裕占、士安、炳芹、普华、北恩、士宇、士业、文养、善体、不徧、窜利、文玉、不拔墓。

七七事变，烽火弥漫，祸延三江。回溯戊寅[2]之岁，孟夏既望，悍敌蜂侵，壮士奋起而御之，搏斗竟夜，尽挫强寇。倭奴既败，愤聚豺师，引兵再犯。固勇悉起以抗，鏖战三日，前仆后继。卒以众寡悬殊，弹尽援绝，里之壮士，十有三人，竟成忠烈而牺牲矣。然其死者已矣，生者流离，背亲弃子，究为谁来？苟以一念之诚，浩气沛乎天地，舍生取义，流芳百世者，其又何尤？今敌已降，赵君裕玉因有感焉，慷慨私囊，立墓嘉其旌，并志事于石，以彰烈士之忠义，而遗万世旃。

己丑[3]年季夏立

【按】

本碑文记载抗战烈士为"十有三人"，但实际碑上刻有25人。从碑刻字迹及碑刻排列规则来看，美荣、北资、仕窠、仕敬、仲荣、茂更、赵保、邓寒、章照、不也、全造、善柏这12人是后来加刻的。

【注释】

①标题系编者添加。②戊寅：指1938年。据相关资料，新会于1939年4月5日沦陷，日伪军第一次进犯三江是1939年6月2日，故碑文讹误。③己丑：指1949年。

重建玄坛庙石记碑

本碑砚石质,现镶于三江镇官田村玄坛庙。碑正面尺寸:48厘米×78厘米。

重建玄坛庙石记碑

谨将官田兴隆里信士捐题银两芳名开列于左:

缘首:汤裔令、汤裔国、汤裔炜、汤思郁

(芳名及捐资额略)

光绪十五年岁次己丑季冬

旭旦立石

本里砌石路碑

本碑砚石质,现镶于三江镇官田村玄坛庙。碑正面尺寸:63厘米×78厘米。

本里砌石路碑记

谨将官田兴隆里信士捐题银两芳名开列:

缘首汤裔令、汤裔才、汤思益、汤思郁、汤思亮同立石。

(芳名及捐资额略)

光绪十七年岁次辛卯季冬旭旦立石

士迪祖祠捐款芳名开列碑

本碑砚石质，现镶于三江镇官田村士迪祖祠。碑正面尺寸：44厘米×77厘米。

士迪祖祠捐款芳名开列

□理人：思琼、义顺、见义、义乾

（芳名及捐资额略）

民国十九年重修立石

【按】

本碑刻记录了众多捐赠美元、港元的华侨，对研究新会华侨史有一定的帮助作用。

重修洪圣庙捐银碑

重修洪圣庙捐银碑记

盖闻阴乎默佑，每藉乎神功，而乡祀报祈，恒资乎洪圣。王发迹南海，敷教东都，尤宜奉承勿替。此波罗所由志□□□虎坑创立洪圣庙，以为香火。上连东银洲湖一派，下接东西两湖横亘，其间□□□流之砥柱，则是庙也。直为潮居诸村庄，作一大关键，其裨益岂或鲜哉。以故远近人民，求之无不应。今藉颓废，复行重修，庙貌重新，再见神功显赫。将落成后，檐牙峻起，栋宇辉煌，而洪圣王以广大之德，普利欲之恩，莫不相与共荷骈蠓者，皆可于此日卜之也，是为引。

（芳名及捐资额略）

道光七年[1]季冬吉日

【按】

本碑于几年前修路时毁，碑文为三江民俗研究者赵群合先生生前抄录，由赵子峰先生提供，编者点校。

【注释】

①道光七年：1827年。

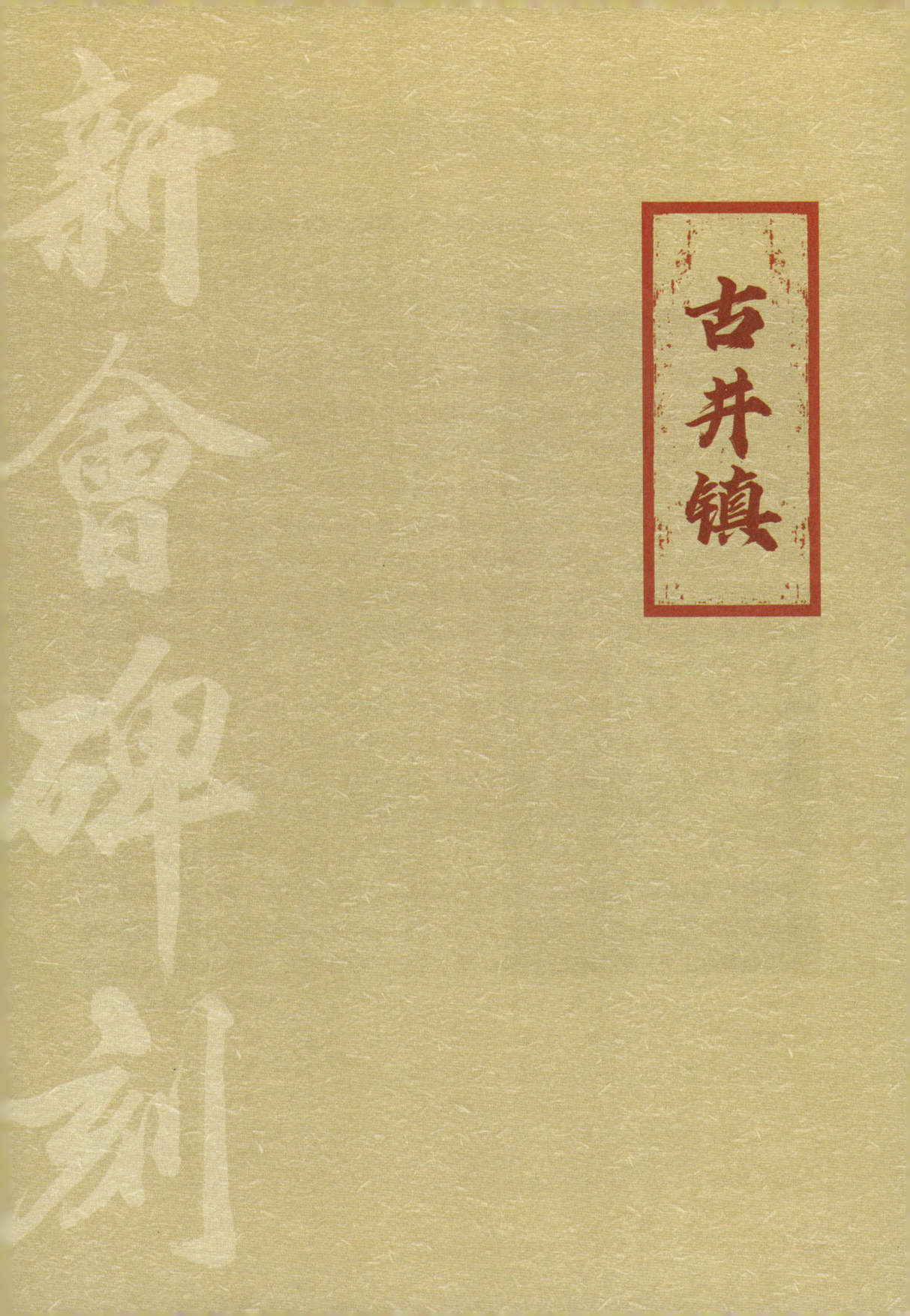

古井镇

新会碑刻

重修琼台寺芳名勒石碑（乾隆四十五年）

本碑砚石质，现镶于古井镇古泗村琼台寺。碑正面尺寸：70厘米×148厘米。

重修琼台寺芳名勒石

（芳名及捐资额略）

乾隆四十五年[1]（岁次庚子□□

穀旦）

【注释】

①乾隆四十五年：1780年。

重修琼台寺芳名勒石碑（嘉庆二十三年）

本碑砚石质，现镶于古井镇古泗村琼台寺。碑正面尺寸：80厘米×181厘米。

重修琼台寺芳名勒石

谨将捐题工金芳名开列：

（芳名及捐资额略）

缘首：黄维琳、黄绪占、黄启实、黄业龙、黄启威、黄仁大、林明刚、黄培嵩、李帝长

嘉庆二十三年岁次戊寅仲冬同立

重修琼台寺碑

本碑砚石质，现镶于古井镇古泗村琼台寺。碑正面尺寸：38厘米×73厘米。

重修琼台寺碑记

盖闻：庙宇之设，神灵实式凭之。我本乡琼台寺，固主祀观音娘娘，而诸神兼事焉。地胜神灵，由来旧矣。于嘉庆戊寅❶修葺，因前规制卑狭，另建头座三间，罔不喜起并议捐题，无不相劝乐助。此固人心之克诚，亦神灵有以使之也。喜其落成，因序其事，已勒诸贞。至己卯❷季秋，适遇狂风吹毁庙宇两旁，惟观音中堂全然不动。非神灵赫濯，何以致此？兹诚捐题，更加修葺，再勒石碑，以俾来者所览，而兴起焉。

题银芳名胪列：（略）

黄畔沙祖捐题地一段□六十井，又捐题银二十四大元。（余略）

嘉庆二十四年岁次己卯榖旦

【注释】

①嘉庆戊寅：指嘉庆二十三年。②己卯：指嘉庆二十四年。

重修观音、六祖金容碑

本碑砚石质,现镶于古井镇古泗村琼台寺。碑正面尺寸:38厘米×58厘米。

重修观音、六祖金容碑记

并建童子龙女华佗先师七祖侍者,谨将捐题列后:

（芳名及捐资额略）

住僧悦海叩立

道光岁次己丑[1]季夏吉旦

【注释】

①道光岁次己丑:指道光九年（1829）。

创建岩龙庙碑

本碑砚石质,现镶于古井镇慈溪村岩龙庙。碑正面尺寸:62厘米×128厘米。

创建岩龙庙碑记

今将捐题芳名:

(芳名及捐资额略)

庙前仰敬让田三分,价银十五两。

计开田:东至山,西至潮田,南至山,北至赵奕迊,横三丈七尺,直五丈。

计开税:路东至奕迊,西至潮田,南至庙田,北至赵经伟,横四尺,直九丈。

嘉庆十五年岁次庚午仲冬吉旦首

事赵元振、允理、奕起、量玉

同(立)

重修岩龙庙捐题芳名碑

本碑砚石质，现镶于古井镇慈溪村岩龙庙。碑正面尺寸：80厘米×168厘米。

重修岩龙庙捐题芳名碑

岩龙庙碑文

盖闻：神灵者，万民之主宰；庙宇者，一方之保障。前嘉庆年间，特为本村随龙汗脉从兹而出，外砂未见扣收，人事宜加倍补，依凤穴以经管，藉龙堂为关锁，不亦善乎？由来久矣。近因庙貌将颓，咸思再造，拓从前之旧制，焕今日之新猷。上帝则临在上，威武克镇乎龟蛇；列圣则质在旁，班序并联乎鹤声。俾令出路者共渡慈航，居家者咸登佛国。夫固岩疆僻陋，亦有龙德正中矣！但大厦必资群材，美裘须集众腋，所以发簿签捐，随人乐助，迄今奠鸠工以告成。因得表鸿名以示劝。谨将捐题工金芳名开列于后。

（芳名及捐资额略）

今将众信喜认捐题各物芳名开列于后：

泰和堂喜认捐题头门石柱一对，芳名列后。（芳名及捐资额略）合心仝喜认捐题签简印敕全副，芳名列后。（芳名及捐资额略）合心仝喜认捐题礼亭上梁山人物俱全图。齐英堂喜认捐题中间神楼三座花草俱全。合胜堂喜认捐题礼序石柱一对，芳名列后。（芳名及捐资额略）泰来堂喜认捐题门口骨梁一对，云南石炉一座，芳名列后。（芳名及捐资额略）合心喜认捐题彩门人物花草俱全图。（芳名及捐资额略）谦让堂喜认捐题偏间神楼二座，芳名列后。（芳名及捐资额略）合心喜认捐题神前石鼓一对，花俱全。合心喜认捐题正座神前外影俱全图。赵□□喜认捐题□□外影□□花草俱全图。三江赵直志堂喜认捐题木梁□□□人物俱全，锡香□□□□俱全。（芳名及捐资额略）

重建缘首赵建猷、赵盛虞、赵经华、赵盛伟、赵沾永、赵经元、赵韶弼、赵荣秋，金山缘首赵孟合、赵盛攀、赵瑞祥、赵才钊、赵明俭，万福攸同。

同治十一年[1]岁次壬申季冬月吉旦

【注释】

①同治十一年：1872年。

重修岩龙庙石碑

本碑砚石质，现镶于古井镇慈溪村岩龙庙。碑正面尺寸：62厘米×103厘米。

重修岩龙庙石碑

《诗》有之曰:"神之格思,不可度思。"即如慈溪之有岩龙庙也,其神默祐斯人者,盖不知凡几矣。是庙之建,始于嘉庆庚午[1],再造于同治壬申[2]。自时厥后,虫蚁为患,风雨不时,日久颓坏,势将压焉。里人好事者,志在重修,但因庙尝太薄,不得不为借助之谋。前者增其式廓,固由各界之赞成,今者装其面皮,亦赖众擎之易举。凡为庙丁,解尔私囊,归诸公物,以修饰为大题,以朴坚为真的,将来神必我顾,庶几,福自天申。无论捐多捐少,集腋即可成裘。总之,孰后孰先题名,因而勒石。

兹将捐银芳名列:(芳名及捐资额略)
旅奴约[3]埠捐银芳名列:(芳名及捐资额略)

民国十年岁次辛酉季冬吉旦

【注释】

①嘉庆庚午:指嘉庆十五年。②同治壬申:指同治十一年。③奴约:指美国纽约。

建造艺林捐款芳名开列碑

本碑砚石质，现镶于古井镇慈溪村艺林。碑正面尺寸：65厘米×98厘米。

建造艺林捐款芳名开列

美国纽约埠各兄弟捐港银：

（芳名及捐资额略）

美国新蕌❶埠捐港银：

（芳名及捐资额略）

美国市咖咕❷埠捐港银：

（芳名及捐资额略）

美国巴梳埠捐港银：

（芳名及捐资额略）

美国大埠屋仑❸捐美金银：

（芳名及捐资额略）

英属温哥哗❹埠捐英银：

（芳名及捐资额略）

古巴湾城❺捐金银：

（芳名及捐资额略）

古巴湾城捐金银：

（芳名及捐资额略）

本乡捐双毫银：

（芳名及捐资额略）

民国二十一年孟冬旭旦立

【注释】

①新蕌：早期华侨对美国圣路易斯市的称呼。②咖咕：美国芝加哥市的旧译称。③屋仑：美国奥克兰市的旧译称。④温哥哗：今称温哥华，即加拿大的温哥华市。⑤湾城：古巴首都哈瓦那市旧译称为夏湾拿，简称湾城。

旅美昆仲发起筹办本厚学校捐款芳名碑

本碑砚石质，现镶于古井镇慈溪村本厚学校。碑正面尺寸：120厘米×48厘米。

旅美昆仲发起筹办本厚学校捐款芳名[1]

  国家之赖以盛者，国民也；国民之赖以优者，教育也。教育普及，则国民智，而国家兴；教育堕落，则国民愚，而国家衰。优胜劣败，强存弱亡，此天演淘汰之公例也。反观欧美诸国富强甲于天下，岂有他术哉？普及教育使然耳。故教育之于人者，犹木之于本、水之于源，其关系诚非浅显也。同人等有鉴及此，乃发起筹办家族学校，以期教育普及。今得我父老昆弟，共襄义举，拥跃解囊，玉成美举。兹将捐款芳名列后，以作万世景仰，使我子孙后代体察前人苦心，创业维艰，刻意自奋也。

慈溪赵氏宗族学校立
一九三五年春

  旅美本厚自治会捐九百四十三美元，东铨捐七百美元。
（芳名及捐资额略）

【按】

本碑刻上捐款者均为华侨，所捐款为美元、英镑等。

【注释】

①标题系编者添加。

一九四八年重修学校捐款芳名碑

本碑砚石质，现镶于古井镇慈溪村本厚学校。碑正面尺寸：58厘米×48厘米。

一九四八年重修学校捐款芳名

（芳名及捐资额略）

【按】

本碑刻上捐款者均为华侨，所捐款均为美元。

新建怡雅轩纪念碑

本碑砚石质，镶于古井镇慈溪村。碑正面尺寸：57厘米×100厘米。

兹将巴梳捐款列下：（芳名及捐资额略，捐款为港元、美元）

兹将市咖咕捐款列下：（芳名及捐资额略，捐款为港元、美元）

兹将旅纽约捐款列下：（芳名及捐资额略，捐款为美元、双毫银）

兹将大埠屋仑捐款列下：（芳名及捐资额略，捐款为港元、美元）

兹将古巴埠捐款列下：（芳名及捐资额略，捐款为美元、双毫银）

本乡捐款列下：（芳名及捐资额略，捐款为双毫银）

兹将捐工开列：（芳名略）

中华民国二十五年四月吉旦

重修帝王庙碑（道光二十九年）

本碑砚石质，现镶于古井镇霞露村田寮里帝王庙。碑正面尺寸：60厘米×102厘米。

重修帝王庙碑

尝谓古圣人以神道❶设教，故明则显，惩以法；幽则隐，慑以威。凡所以觉愚而警智也。惟田寮乡帝王庙则不然。夫庙居乡之西面维南，数百年于兹土矣。余尝过其里居，相其方土，升高望远。见夫前拱霞山，襟环仙水，地脉发源于大岭，龙祖雄峙于艮方，山川秀媚，栋宇辉煌，窃谓"神之钟灵，莫此为最"。因为之溯其始末，诸父老皆为余言曰："曩昔明季之变，烽烟叠警，兵燹屡经，人之幸脱其锋者百不一二。惟我乡民负神而居，幸出坎坷，同登衽席❷，安堵❸无恐，谓非斯神呵护之灵，何为至此。夫救灾拯困，神之职也。崇德报功，人之心也。爰立庙，称禋我祖若宗，咸昭厥事，迄今亦经十数传矣。历甲申❹、乙卯❺至辛巳❻，屡行修举。然规模未厂，都人士感怀明德，共沐深恩，似未足申其顶踵之报，于己酉年❼十月，大加恢廓，横分三座，中奉武帝、洪圣及车大元帅，东祀文星。又为公所于庙之西，俾我士民入庙，思恭荟萃于此。咸知修文讲武，受福王明❽，得以优游于光天化日下者，何莫非诸神灵鼓之舞之之，默为相辅也。"余闻斯言，谒其神而敬之，然后知斯庙创立之由，固神人偕乐，感戴不忘焉。夫岂寻常之以神道设教，使神自为神，人自为人，漠然而不相属者比哉？异日者，骏奔在庙，桑梓言恭，农服先畴，士食旧德，安居无事，长享太平，斯又神之赫声濯灵，亿万年于兹也。

（芳名及捐资额略）

　　　　　首事赵郁焕、赵赞琼、冯绍安、赵厚胜、赵炳章、赵寅日、赵雄盛
　　　　　　　　　　　　　　　　　里人郡庠谈嵘盥首拜书
　　　　　　　　道光二十九年岁次己酉季冬毂旦立石

【注释】

①神道：犹天道，谓神妙莫测之理。②衽席：借指太平安居的生活。③安堵：安居。典出《史记·田单列传》。④甲申：指乾隆二十九年（1764）。⑤乙卯：指乾隆六十年（1795）。⑥辛巳：指道光元年（1821）。⑦己酉年：指道光二十九年（1849）。⑧王明：谓天子圣明。

重修帝王庙碑（光绪元年）

本碑砚石质，现镶于古井镇霞露村田寮里帝王庙。碑正面尺寸：56厘米×88厘米。

重修帝王庙碑记

　　尝闻：报功崇德，神恩极两大兮同昭；兴废修颓，庙貌因重光兮式焕。是以塔名多宝，越千年而倍觉庄严；殿赋灵光，合众力而弥瞻巨丽。况我乡帝王庙之鼎建斯土也，神灵之赫濯所凭，香火之往来甚盛，水旱则为民捍御，灾祲则为民祛除，风鹤警而氛清，城狐❶驱而寇息。盖德沐❷庞鸿，虔抒肸蠁❸，自明季以来，历有年所矣。其间圮毁频经，规模屡创，则前人之记叙已详，固不待后人之赘言也。兹值同治甲戌之秋，少皥乘权，飓风肆虐，以至鸳瓦霜侵，虹梁雨蚀，螭坳月漏，鸱吻星攒。里中人士，思有以妥威灵而肃观瞻焉。遂乃地乐布金，腋同狐集，山思捐玉，材备鸠工。手引丹青，不夸浮屠七级；名镌金石，何劳托钵十方？敞神幄以高骞，昄崇阿而增丽，四方来观者，且顶礼争先，心皈恐后，咸惊为抉云汉、分天章，煮蒿凄怆之气所郁宣也。则我士民食德服畴，久隶帡幪之宇；和亲康乐，共登仁寿之天。其获神庇而隆。禋祀者当何如哉？爰为之记。

　　今将捐题工金芳名开列：

　　（芳名及捐资额略）

　　缘首赵廷超、赵彦纯、赵廷炎、赵嘉梅、赵扶积、赵耀哉、赵盛华、冯丽芳

时光绪元年❹岁次乙亥仲夏穀旦立石

【注释】

①城狐：即城狐社鼠，意思是城墙上的狐狸、社庙里的老鼠，比喻倚仗权势作恶，一时难以驱除的小人。出自《晏子春秋·内篇问上》。②沐：碑文作"沭"。③肸蠁：散布、弥漫，引申为连绵不绝。④光绪元年：1875年。

重修帝王庙捐银芳名碑

　　本碑砚石质，现镶于古井镇霞露村田寮里帝王庙。碑正面尺寸：68厘米×138厘米。

重修帝王庙捐银芳名碑记

重建田寮帝王庙倡捐芳名勒石碑记

粤自两仪❶垂象❷，参赞实赖乎圣神；百福延鸿，施报必凭乎功德！仰帝天之仪度，乐受骈幪；倬云汉之光华，弗忘瞻就。此庙貌之所耸峙，即神灵之所式凭也。我乡，帝王庙之创建兹土也，遗规昉❸自前朝，灵迹著于今日。艮维❹壁立，崧大岭以钟祥；离照❺镜澄，环仙溪而献媚。形胜揽一方之秀，狮马伏驯；陪从召百物之灵，龟麟夹护。固已堂皇卓著，罗列靡遗已然而制度未宏，何以跨冈峦之巨丽；观瞻弗壮，何以表文物之英奇。曩者，物换星移，改建于乾隆甲申、乙卯❻之季；河光岳色，重辉于道光辛巳、己酉❼之年。非不屡易前规，频增式廓，抑知观云日者，虽勤丹雘，蒸晴雨者，易就摧颓。越光绪乙巳❽之乘权，值少皞庚申❾之司令，时则鸳瓦苔封，虹梁藓蚀，珠缨月漏，宝幄星攒，昔之美轮美奂者，又改观矣。今之爱究爱度者，宜润色矣，藉非挥洒黄白，拂拭丹青，讵能答神庥而邀灵贶乎尔？乃集成狐腋，兴待鸠工。月斧云斤，拥出九天阊阖；星墀露陛，拜来万国冕旒。际栋宇之重光，瞻堂廉而有赫。中奉文武二帝，配以魁星、仓圣、沮圣、洪圣、车公诸神，增祀观音、韦陀于东偏，增祀赵帅、财帛于西偏，礼也。土木既竣，铅椠聿兴，金泐同铭，并纪姓名于捐募。璇题永巩，长缔香火之因缘。将此时，桂殿芝宫，光依日月，庶比户茅檐蔀屋，颂上星云。爰为序。而歌之曰：

神之升兮达天庭，神之来兮驾云軿，神之游兮极八溟，神之居兮应列星。水旱御兮维神之呵护，灾祲被兮维神之英灵，神泽之濡兮雨露，神威之肃兮风霆。俾士庶之食德饮和兮千百族，遍衢巷以前歌后舞兮亿万龄。

倡捐绅士附贡生赵灿荣熏沐敬撰
倡捐绅士优附生赵景旒盥手书丹

总理绅董赵棠荣，本乡签捐缘首赵廷栋，缘首赵锦藩（以下33人，名单略）

今将捐助工金芳名开列于左：

（芳名及捐资额略）

　　　　　光绪三十二年岁次丙午十二月吉日帝王庙立石

【注释】

①两仪：指天地。②垂象：显示征兆。古人把某些自然现象附会人事，认为是预示人间祸福吉凶的迹象。③昉：起始。④艮维：犹艮隅，指东北方。典出《后汉书·崔骃传》："遂翕翼以委命兮，受符守乎艮维。"⑤离照：比喻帝王的明察。⑥乾隆甲申、乙卯：分别指乾隆二十九年（1764）和乾隆六十年。⑦道光辛巳、己酉：分别指道光元年和道光二十九年。⑧乙巳：指光绪三十一年。⑨庚申：命学中，称占禄为庚申。所谓禄，就是寄生于十二宫里的临官；男子占禄，杖地造屋，有权力，比喻执掌权力。

重修三仙岩庙乐助芳名碑

本碑砚石质,现立于古井镇长沙村三仙岩庙。碑正面尺寸:105厘米×130厘米。

重修三仙岩庙乐助芳名碑记

重修劝捐序

长沙之有三仙岩也,其椎轮不知何自也,故老传闻皆言古有仙迹而仙以名。左有仙井，清泉挹注不竭。其石则□嵚礧硌异状，□□石面履有巨武，如缑氏大人迹样，载诸口碑。有仙幢、仙马、仙桌、仙床，诸目以为仙迹，非子虚也。地僻景幽，设得名公巨卿、骚客高人游览□咏其间，当与道书福地洞天并传名胜矣。乃因岩作庙，结香火缘其中，沿唐文宗因群卵呼"观世音菩萨"诏各精舍塑像故事，中祀□□观音焉。复祀以造化神圣及汉李将军、赵帅玄坛、华佗仙师、南宗六祖焉。地灵神著，故凡迩遐之祈福者、求嗣者、禳□□、疗疡者，悉祷辄应灵，众生普度。第日月迈征，风霜剥蚀，思为补苴罅漏，式廓而黝垩之。而庙食无多，非仗众捐奚能葳事？且创修寺院载诸阴骘文中，乐善好施之行，又为朝廷所旌表，因推善与人同，伏望诸君解囊，签助俾资，鸠工庀材。虽施不望报而神享民安。将阴骘文中所谓众善奉行臻百福而集千祥者，当为诸君操券之贞珉寿之尔□□。操券下有决字。

时光绪丁酉二十三年[1]中秋后五日薛喈唐序

劝捐衿耆薛奕昌、薛昌瑞、薛裔修、薛裔述、薛嗣桓、薛嗣柱、薛圣道、林嘉显、薛良钰、薛良铨、薛遇春、薛国瑛、薛统昌、薛希圣、薛裔晁。

重修总理薛骏昌，缘首薛裔理、薛良铨、林耀刚、薛裔翰、薛裔璞、薛裔本、薛嗣刚、薛嗣照、薛嗣丽、薛嗣常、薛嗣业、薛圣养、薛圣学、薛圣财、薛圣振、薛圣让、薛圣韶、薛绍圣、薛金堂、薛金明、茂林馆、薛群浓、薛金枝、薛圣榘捐石对一对，银四十五两，缘首另捐石凳银十大元；薛裔理、薛裔琅二名捐石柱一对，银八十两整；立敬堂薛嗣坊、薛嗣观、薛嗣荫、薛嗣余、薛嗣想、薛嗣佑、薛嗣琯、薛嗣彬、薛嗣纶、薛嗣允、薛嗣堪、薛嗣璋、薛圣教、薛嗣宋、薛圣堂、薛圣藩、薛圣坚、薛圣评、薛圣赓、薛圣诱、薛尊圣、薛金印、薛有结、许迟共捐石栏杆二幅、内影一幅，共银九十大元；薛裔护、薛嗣盛、薛裔协、薛厚远、薛泽远、薛圣惠、薛圣问、薛圣恒、薛圣允、薛圣俭、薛圣鲁、薛圣翘、薛圣勇、薛圣赞、薛伟圣、薛见圣、薛日升、薛广华、薛群欢、薛北桃、林进共捐石神楼一座、琴桌一个、酒桌一个，共银三百大元。

（捐资芳名及捐资额略）

光绪二十五年岁次己亥孟冬吉旦立石

【注释】

[1]光绪丁酉二十三年：1897年。

建关帝庙捐银芳名碑

本碑砚石质,现镶于古井镇玉洲村关帝庙。碑正面尺寸:113厘米×65厘米。

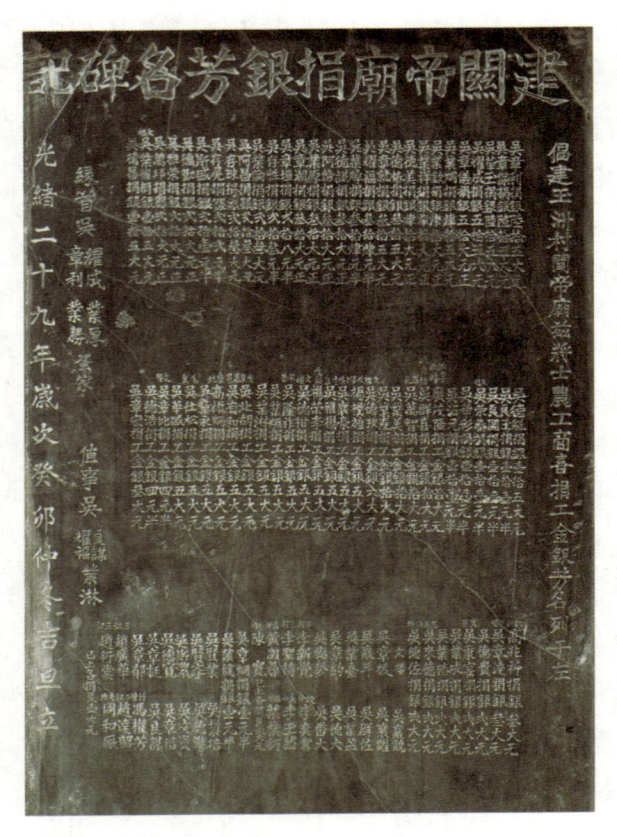

建关帝庙捐银芳名碑记

倡建玉洲村关帝庙,兹将士农工商喜捐工金银芳名列于左:
(芳名及捐资额略)
缘首吴耀成、章利、业厚、业胜、蛋家,值事吴良谋、耀福、业淋

光绪二十九年岁次癸卯
仲冬吉日立

重修关帝庙捐款题名碑

本碑砚石质，现镶于古井镇玉洲村关帝庙。碑正面尺寸：65厘米×113厘米。

重修关帝庙捐款题名碑

新会古井玉洲村重修关帝庙劝捐小引

　　盖闻住其地则祭其神，崇其德则报其功，所以建庙崇拜所来由也。兹者，我玉洲之关帝庙也，神灵丕显，武烈维扬，诚是一方秀灵之所钟毓，万户人民之所瞻依。建庙迄今，已历数十年矣，每受风雨飘摇，瓦檐为之破烂，地基松软，墙壁被其擘开。我辈同人，触目警心，爰集村中老少，倡议重修，一人发起，众皆赞成。惟是顾工购料，需款甚繁，议设缘部劝捐。伏仰华侨梓里，善长仁翁，大启金囊，乐为捐助，庶乎集腋成裘，众擎易举；从斯庙貌维新，神威赫濯。规模依样，民赖安宁，乐助诸君，尊衔勒石，万载流芳，福禄无疆者矣。是为引焉。

　　贮库员：吴业谦、吴存义；总理员：吴业创、吴章就、吴群松、吴华信；理数员：吴业振、吴天申

　　兹将外洋各埠捐款芳名开列：

　　（芳名及捐资额略）

　　以上缘首吴肇业、吴燮帆

　　（芳名及捐资额略）

　　以上缘首吴厚威

　　（芳名及捐资额略）

　　以上缘首吴业簪

　　（芳名及捐资额略）

　　以上缘首吴耀福

　　本乡捐款芳名开列：

　　（芳名及捐资额略）

中华民国二十年岁次辛未立石

重修安澜庙捐工金碑（一）

本碑砚石质，现镶于古井镇洲朗村安澜庙，碑正面尺寸：68厘米×140厘米。

重修安澜庙捐工金碑记

重修孖洲安澜庙劝捐小引

尝观庙宇之设，或卜地而创建，或因故而鼎新，要皆经营度，务以为风水之所赖也。若孖洲，自昔有安澜庙，前朝大岭，后枕孖山，绿水潆洄，神威赫濯，光乎迩而照乎远，亘于古而烈于今。奉祀慈尊法王、释迦文佛、武帝、华佗列圣诸神，由来久矣。兹因年湮日远，岁易时移，榱桷摧残于风雨，垣墙扑蚀乎星霜，思复增其式廓以求奠厥攸居。但独力难支，而众擎易举，伏望四方君子抒诚乐助。爰及与有香伙，协力同心，共勷首举，他日美奂美轮，复嵘峻于始建，肯涂肯麀，彰绘藻[1]于重新，则栋宇辉煌，神灵益显，恩膏涣汗，物阜民康。工竣勒石，垂誉千秋。将见：跻堂称寿，共庆慈惠之无疆；入庙通灵，咸沐圣恩之不朽。是为引。

今将喜认捐题什物芳名开列：

林立男、林德珍、林德全、林德美、林德槐、林德懋、林德灼、林阿关喜认观音神楼外影一座，该银一百八十大元；

林德瑞、林德瑛、林阿其喜认释迦神楼外影一座，该银一百二十大元；

林立杏、林立熺、林立聪、林德沾、林德佳、林关贞喜认关帝神楼外影一座，该银一百二十大元；又前座顶梁对一对，该银一十二大元；

林德秾、林德炳喜认华佗神楼一座，该银四十二元半；

林立球、林德仪、林德伦、林举全、林举彭、林善庆喜认牛王神楼一座、礼亭石柱一对、顶梁对一对，共该银一百三十二大元；

林立炳、林德梅喜认土地神楼一座，该银二十大元；

林立高、林立坚、林通美、林道俊、林立彭、林立男、林德信、林德玉、林德胜、林举意，喜认墙咀石对一对，该银五十大元；

林道琮喜认中厅格木柱对一对、铜香炉一个，该银一百二十大元；

林立强、林立镛、林立权喜认礼亭石柱一对，该银五十大元；

赵经蕴、林德杰、林德俦、林德浮喜认浮花档中力木柱一对，该银一百二十大元；

林立缵、林德森、林德燕、林德笑、林德鸿、林德任、林举润、林举焕喜认头门浮花草石对一对，该银一百三十五大元；

林举意、林举保、林举芳、林举仰、林举廉、林善祥喜认头门石柱一对，该银七十六大元；

林立恬、林德秋、林立意、林德显喜认前门浮花公彩门一度，该银七十五大元；

林观鍊、林帝胜、林观迪、林士卓、林社到喜认释迦浮花公椁帏一张，该银五十大元；

林立功、林立乔、林立秾、林德焕、林德棠、林举强、林金祥、林金珍、林德平、林玉瞻、林买转、林华春喜认关帝浮花公椁帏一张，该银五十大元。

值事缘首人：林立高、林立坚、林道俊、林道美、林立彭、林立男、林德信、林德玉、林德胜、林举意

旧金山缘首人：林道琮、林德贺、林立炳、林立杏、林德济、林德杰、林举润

今将喜认捐题工金芳名开列：

关帝庙、观音堂、天后宫、中天堂、义典社、李广会、北帝会、医灵会、华佗会

（捐题工金芳名及捐资额略）

【注释】

①绘藻：应为"藻绘"，指彩色的绣纹，错杂华丽的色彩，也用来比喻文采。

重修安澜庙捐工金碑（二）

本碑砚石质，现镶于古井镇洲朗村安澜庙。碑正面尺寸：68厘米×140厘米。

重修安澜庙捐工金碑记

今将喜认捐题工金芳名开列：

（捐题工金芳各略）

光绪二十一年岁次乙未

仲秋吉旦立石

中和里新建房屋章程碑

本碑花岗石质，现立于古井镇洲朗村中和里。碑尺寸：51厘米×113厘米×13厘米。

中和里新建房屋章程

　　窃惟创造房屋，规模首贵整齐，兴筑墙基、科合，必须划一。我中和里经营缔造于兹有年，惟先后不同。若不订立定章，无所遵守，爰集公议酌定章程勒石，以垂永久。谨将章程开列：

　　一、房屋坐向须要一律坐巳向亥兼丙壬。

　　二、房屋高低鳞次递上，每座墙壁连地台，限依唐尺高半度。凡新建房屋者，必须照以前各人科合银两，一律如数科足，并声明起某人名下股份地，注明股部，方得填地建造。

　　三、凡屋主既经科合丁口银两之后，其所出之新丁不用再科。惟另起开新屋，每座照上款科屋银二十大元，并围水联工共科银五元二毫。

　　四、凡有泥水接建并估工判料者，其屋之坐向低长短阔窄，须要照本里定章尺式，不得任意更改，如有不合本里定章尺式，必须屋主与泥水照章改正以划一。

　　已上章程，凡新建屋者，必须遵照而行，无得自异，以违定章。

　　再后联工科合银两多少，每座屋照派。塘基余地至后，各人不许放屎盒。

　　　　　　　　　　　　　　时光绪三十三年丁未二月廿四日经中和里立

重修慈圣宫捐工金芳名碑

本碑砚石质，现镶于古井镇竹乔龙村慈圣宫。碑正面尺寸：78厘米×150厘米。

重修慈圣宫捐工金芳名碑记

重建慈圣宫碑记

盖闻观天之神道而四时不忒，圣人以神道设教，而天下服，故事详《周礼》、备志《中庸》。我乔林里之有慈圣宫也，绿峰峦嵩峙，后背来龙，鹤刑卓起，金面窝唇。两边幢幡拥盖，一脉撒开，左边旗石嵯峨，右边龟鹤环绕。观乎大岭，有迎有送，树林阴窝之兜直，抱坑水过堂。前面旗山、马山，贵人有巨武三吉星相应，定结神灵庙地，是以仓卒筑成泥壁，敬恭明神。斯宫之造也，其推轮不知何昉。但声灵赫濯，聪明正直，明德惟馨，凡遐迩之祈祷而诚敬者，有求皆应，香火称为最盛焉。今历久垣变，侧见夕阳风雨，鸟鼠昆虫，伤残凋朽，思为补葺而防倾颓。爰集众而议建砖墙。特庙食无多，非仗众捐。尚同道谋筑室，又闻文昌三教修庙，广阴骘❶之功，因推善与人同之心，恳求海内兄弟，共襄善举。譬如裘共集、鼎共扛，惟期遹❷观厥成，遹求厥宁。幸藉诸君慷慨好善，利路宏通，解囊签助，得以鸠工庀材，庙貌维新。此则神所凭依，将在德矣。其悠悠然、欣欣然均蒙厚泽者，畴不默颂诸君臻百福而集千祥耶！谨将芳名题石，永垂不朽云尔。是为序。

沐恩弟子缘首赵树俊、赵国乔、赵华显、赵从庆、赵宏富、赵树枢、赵仁义、赵耀光、赵厚仪、赵雅操，金山新䎒埠缘首赵源盛、赵朝香、赵源瑞，金山纽约埠缘首赵瑞恩，红毛咸水埠缘首赵赞成，吕宋亚湾埠缘首赵源进，吕宋菜远埠缘首赵卓星

兹将本里各捐工金芳名开列：

（芳名及捐资额略）

光绪三十四年❸岁次戊申四月二十六日众信等同立石碑

【注释】

①阴骘：指上苍默默地安定下民，转指阴德。典出宋梅尧臣《欧阳郡太君挽歌》之二："暮年终飨福，阴骘不应欺。"②遹：句首语气词，表提示语气。③光绪三十四年：1908年。

筹建书室纪念碑

本碑砚石质，现镶于古井镇竹乔龙村三琨书室。碑正面尺寸：45厘米×70厘米。

筹建书室纪念碑

尝闻：建桥筑路，以利交通，善心公益者恩如山重；创立书社，陶冶智识，热心教育者德若海深。当兹物竞天择之秋，吾人亟求教育之期，苟无一片智识策源地，不足以挽救沦亡❶。是以我侨外昆仲，有见及斯，具存教育观念，群策群力，共襄美举。故以洼湿颓唐之祠，改建而为大模书室。从此长老毕至，少壮咸集，如群众藉有策源之区，资以灌输智识而广见闻，盖补益于吾人。诚非浅鲜，胥由昆仲等，既竭热诚乐输将伯之助❷，故是做我乡所未做之事，能我乡所未能之事。为谨缀俚词，铭为纪念。

发起人：荣祥、光宇、广照

建筑书室乐捐芳名胪列：

（芳名及捐资额略）

中华民国十九年四月二十六日立

【注释】

①亡：碑文为"忘"。②将伯之助：指别人对自己的帮助。典出《诗经·小雅·正月》。

安闲书塾碑

本碑砚石质，现镶于古井镇文楼村安闲书塾。碑正面尺寸：50厘米×88厘米。

安闲书塾[1]

（芳名及捐资额略）

民国二年[2]癸丑吉立

【注释】

①标题系编者添加。②民国二年：1913年。

重修北帝庙前石桥碑

本碑砚石质，现镶于古井镇长乐村北帝庙。碑正面尺寸：52厘米×103厘米。

重修北帝庙前石桥碑记

重修北帝庙前石桥记

吾乡有二溪水：其一溯洄村前，则荷包肚坑水是也；其一奔腾乡外，则桂林坑水是也。二水分流，环绕乡中，作朝拱形至庙前而会合成一小湖，然后委曲再出崖海，交道阻碍极矣。乡人乃砌石置桥于溪上，以便往来而行，客皆称善不已也。盖创始者固相经营，而更新者尤资仗义，故特缀俚语，志慷慨乐捐者，留作纪念云尔。

里人黄官冬撰

谨将捐款芳名列后：

（芳名及捐资额略）

已上六十一名共捐得金银三百二十三元五毛整，另港银叁拾元整。照时价伸折，合共伸得双毫银七百二十七元四毫六仙整。

民国十二年岁次癸亥仲秋旭旦
长乐乡公立

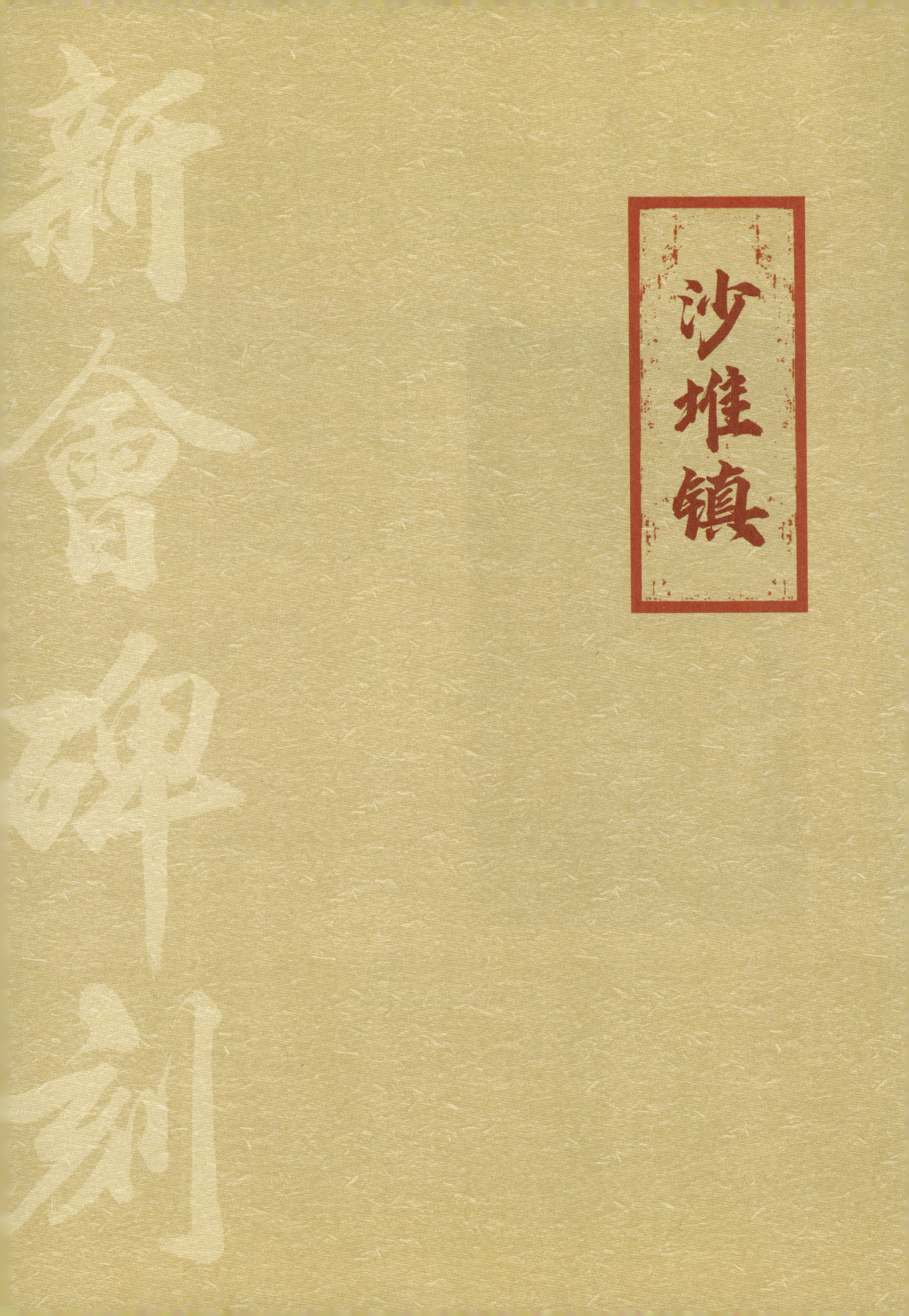

沙堆镇

石台寺碑

本碑砚石质,现镶于沙堆镇那伏村高氏大宗祠。碑正面尺寸:60厘米×105厘米。

石台寺碑

今将塑神容续建厨房捐题银两芳名开列:

(芳名及捐资额略)

首事高鸿心、高鸿球、高鸿贺、高奕猷、高楫猷

乾隆五十六年岁次辛亥

仲秋吉旦立石

重修石台古庙碑

本碑砚石质，现镶于沙堆镇那伏村高氏大宗祠。碑正面尺寸：80厘米×154厘米。

重修石台古庙碑记

重修石台古庙劝题工金小引

盖闻：神灵显赫，辉映千秋；帝德高深，英威万古。我乡创建石台古庙，至今百有余年。崇祀二帝宝殿、观音法座、龙母娘娘、禾谷夫人、六祖佛堂、李广将军、华佗先师，救民恩主，列位尊神。增建奶娘一堂、冥王十殿、天后元君。阖乡久荷骈蠓，群歌恺悌。诞辰对越，集兰友以进香；寿域输将，诣瑶宫而拜表。无何年湮世远，雨剥风摧。折巍峨之殿宇，瓦尽零星；坏幽雅之禅房，墙皆漏月。于是，集同人，仗鸠工，因奇树而作窗棂，拨白云而营地址。捐资者胥为昭事，督工者尽欲抒诚，所冀同襄盛举，共观厥成。将来庙宇崇隆，咸歌乐土；圣容焕彩，共沐恬波。是为序。

缘首高达纶、高经英、高显奇、高龙纶、高经爟、高澧纶、高经乔、高经仲、高经可、高经威、高景纶、高经珥、高振镛、高经偶。

协办督理高仕纶、高经韶、高英显、高经缵、高颖纶、高圣纶、高经持、高经培、高经林、高经鳌、高显遐、高经信、高经世、高显梧、高经衢。

今将各捐题工金芳名开列：

（芳名及捐资额略）

旧金山捐题工金芳名开列，每员六钱六分兑：

（芳名及捐资额略，共93人，其中有6人是外村或外县人士）

同治十三年岁次甲戌孟春榖旦立石

那伏长堤桥碑

本碑砚石质，现立于沙堆镇那伏村公路旁。碑正面尺寸：62厘米×115厘米。

那伏长堤桥碑

那伏长堤桥碑记

民国纪元初，乡人曾以形家❶之说，筑长堤于村前。北起干坑，南达间陂，垒堤之旁，遍植荔枝、水松等果木，谓能收聚堂气，利益村场。虽渺茫难稽，不可以为训，然于形势观瞻，不无相当裨补，抑亦近代之一大工程也。顾船埗头涌间，于堤中之腰，划若鸿沟❷，塞之不能，越之不得，交通阻断，行者患焉，犹有憾也。建桥之议久已，甚嚣尘上。无如公帑穷乏，前此筑堤余款，又复开销殆尽，无米难炊，延而莫办者十余年。丁卯岁❸，古巴归国侨胞高振心、高奎吾、高纶构、高藜振、高铋纶、高世沾等，深慨建桥之议久未实现，愈知公益事业之亟待提倡也，毅然以完成此事相期许。乡人闻之，莫不额手称庆❹，渴望厥成❺。先是本乡旅古侨胞爱乡心重，曾捐的款附存于香港商号，以备乡中不时之需。于是征求内外同意提用存款，雇匠鸠工❻，费时三数月，用款千余元。其结构也，中贯钢骨，铸以洋灰❼，桥长三丈一尺，阔四尺七寸，厚六寸五分。规模虽小，却为邻近初见之式度⑧焉。落成之日，乡人戾止⑨而参观者踵接于途，均色然而喜。从此，民无病涉，免劳子产乘舆⑩；士贵立志，争说相如题柱⑪。爰志始末，以示来兹。捐款芳名，胪泐⑫于左。

计开：

（捐款芳名及捐资额略）

以上之款系旅古侨胞当日共捐总数，其中有拨助兼善义学者，有拨助护乡兵勇费者。建桥之用，实共毫银一千一百余元，附志于此，以明真相。

中华民国十七年岁次戊辰孟夏毂旦立

【注释】

①形家：旧时以相度地形吉凶，为人选择宅基、墓地为业的人，也称堪舆家。②鸿沟：古运河名，在今河南省，楚汉相争时曾划鸿沟为界。比喻不可逾越。③丁卯岁：指1927年。④额手称庆：两手在胸前相握，再举到额头，表示庆幸、庆贺。典出明代冯梦龙的《东周列国志》。⑤厥成：尽全力完成。⑥鸠工：聚集工匠。⑦洋灰：水泥。⑧式度：规制，法式。⑨戾止：到来。⑩免劳子产乘舆：意思是，从此不需要再像子产一样用其乘舆渡人过河。⑪相如题柱：司马相如前往西安途经升仙桥时，在门柱上写下誓言。形容立志求取功名的行为。典出晋代常璩的《华阳国志·蜀志》："司马相如初入长安，题市门曰：'不乘赤车驷马，不过汝下也。'"⑫胪泐：陈列，铭刻。

新会第九区梅阁乡建筑渡路码头捐款芳名刻石碑

本捐款碑共有四块,为砚石质,现镶于沙堆镇梅阁村码头。四碑正面尺寸均为:78厘米×178厘米。

新会第九区梅阁乡建筑渡路码头捐款芳名刻石

梅阁乡纪念亭碑记

梅阁位本邑南，绾毂[1]崖海东北出入处，濒崖地，尽盗薮。余乡西北，烟户万千，比栉为邻，从余乡均可达。自辛亥鼎革后，干戈频仍[2]，历十余载。盗乘间蜂骇出没崖海诸地，商旅经此，无有可问津者。余乡襟山带海，攻守可凭，盗迹故未及，邑南商旅多从余乡之渡路归。余知从此路进者，于盗可无裹足之忧，而举步维难，又岂无裹足之叹乎？是故世路险巇[3]，往哲[4]感激以驰骛[5]，犯霜露，冒尘埃，以启清夷[6]之运。念厥渡路，往来如鲫，非只余一乡。人之所履者，惟潮进则瀰漭[7]无涂，退则泥泞没踵，石硨礛[8]而下倾，沙潏沱而莫积，蚀阙如缕，深积成隧，股栗[9]于倾溃，车陷于泥淖，险巇孰甚焉。嗟呼，感惕步步可危，履险如夷[10]者，盖寡恩纳幽人于贞吉[11]，当以坦坦为心。此第一届乡事委员会所以有倡筑渡路码头之举也。

考《周礼·太宰》以九式均财用，五曰"工事"。盖亦以工事为急。余乡均财用于路，可复有裹足之叹乎？乃向不之急者，时公款告罄，绠短未及汲深[12]故耳。然义属当为，势难或已，遂划码头全段，委诸蒋永耀堂自筑。复感桑梓好义，募捐于海内外同乡，其踊跃佽助[13]，较捐大涌九驳二桥之款倍蓰[14]。另组织筑路委员会以勷之，鸠工庀材，革其旧而新是图，不数月则险巇异前，而坦□在目矣。我国频年构兵，盗匪乘机劫掳。贫者胼胝以餔[15]，富者勒赎巨金，举目畏途，行旅戒心，惟取道于此，稍宽踟躅[16]耳。今者朔南罔间戢戈[17]息民，只有萑苻[18]未靖，清乡厉举，刚值匪患敉平[19]之际，而是亭适成，试登亭以观彼络绎于途者，无复往时裹足之烦矣！今化险巇而履清夷，繄谁之功欤？当镌其名以垂纪念，此纪念所以有亭也。是时也，群雄刀俎之谋无所得逞，草泽萑蒲之气于焉潜消，而穆清[20]之运，与亭俱新矣。登览之顷，南风可解愠[21]，沧海无惊浪，神怡心旷，非春台欤？无徒以码头之宏规，渡路之康庄，为纪念也已！

蒋甫平谨识

云高华埠捐款（9人，芳名及捐资额略）

企李伦埠捐款（24人，芳名及捐资额略）

纽约埠捐款（39人，芳名及捐资额略）

香港捐款[15人（店），芳名及捐资额略]

澳门捐款（1人，芳名及捐资额略）

（捐款芳名及捐资额略）

合共捐美银二千三百二十九元八毫五整。

支捐款收条部银、支告白银九元六毫，支找各埠来戽扣佣二元一毫，支八月廿七日由广安汇交旋安社收港银四千五百六十元，连二三十税，合共伸美银二千二百九十九元三毫八整。

（芳名及捐资额略）

实收得□戽银六百□□□，时价补水□□□□□。

（芳名及捐资额略）

以上共捐金银一百零七元，照时价汇水共伸港银二百一十四元，时价补水三十零零五，去士担三毛二整，去找戽带工八毫，除实双毫银三百七十七元零九。

兹将檀香山捐款芳名列：（35人，芳名及捐资额略）

以上合共捐得美金三百一十七元一毫三，汇水□港银六百二十元。

兹将悉尼埠捐款芳名列：（20人，芳名及捐资额略）

以上合共捐得□金一百九十四磅半。

修筑渡路委员会委员蒋宗汉、蒋德辉、蒋邦业、蒋绪松、蒋子良、蒋世明、蒋开裘，助理员蒋绪缃、蒋聪可、蒋绪宝、蒋国邑，保管财政员旋安社、阅报社，监工员蒋嘉享、蒋萍野、蒋嘉楼

中华民国十八年[22]五月

【注释】

①绾毂：控扼，扼制。典出《史记·货殖列传》："然四塞，栈道千里，无所不通，唯褒斜绾毂其口，以所多易所鲜。"②频仍：连续不断，频繁发生。③险巇：形容山路危险，泛指道路艰难。典出南朝梁刘孝标的《广绝交论》："世路险巇，一至于此。"④往哲：先哲、前贤。典出南朝梁国丘迟的《与陈伯之书》："夫迷途知反，往哲是与。"⑤驰骛：疾驰，奔走。⑥清夷：清平，太平。典出汉代蔡邕的《贞节先生陈留范史云铭》："通清夷之路，塞邪枉之门。"⑦潝漷：水集聚貌。⑧硨矾：高耸，突出。典出唐代李白的《明堂赋》："拿金龙之蟠蜿，挂天珠之硨矾。"⑨股栗：大腿发抖，形容恐惧之甚。典出《史记·酷吏列传》："（郅都）至则族灭瞷氏首恶，余皆股栗。"⑩履险如夷：走在危险的地方就像走在平地一样，比喻平安地渡过困境。典出汉代刘协的《喻郭汜诏》："今得东移，望远若近，视险如夷。"⑪纳幽人于贞吉：谓人能守正道而不自乱则吉。典出《易·履》："九二，履道坦坦，幽人贞吉。《象》曰：'幽人贞吉，中不自乱也。'"⑫绠短未及汲深：即绠短汲深，吊桶的绳子短，打不了深井里的水。比喻能力薄弱，难以担当艰巨的任务。绠，汲水用的绳子；汲，从井里打水。典出《庄子集释·外篇·至乐》（卷六下）。⑬伙助：帮助。典出唐代杜牧的《唐故歙州刺史邢君墓志铭》："日夕闻渔思伙助并州，巨细合宜。"⑭蓰：五倍。⑮脍肝以餔：把肝切细吃掉。餔，吃。典出《庄子·盗跖》："盗跖乃方休卒徒大山之阳，脍人肝而餔之。"⑯踟躇：指徘徊不进貌。典出唐代韩愈的《此日足可惜赠张籍》："辕马踟躇鸣，左右泣仆童。"⑰戢戈：息兵。典出唐代钱起的《送王使君赴太原行营》："太白明无象，皇威未戢戈。"⑱萑苻：指盗贼，草寇。典出《明史·李俊传》："尸骸枕藉，流亡日多，萑苻可虑。"⑲戡平：平定。⑳穆清：指清和之气。㉑解愠：指消除怨怒。㉒民国十八年：1929年。

大鰲鎮

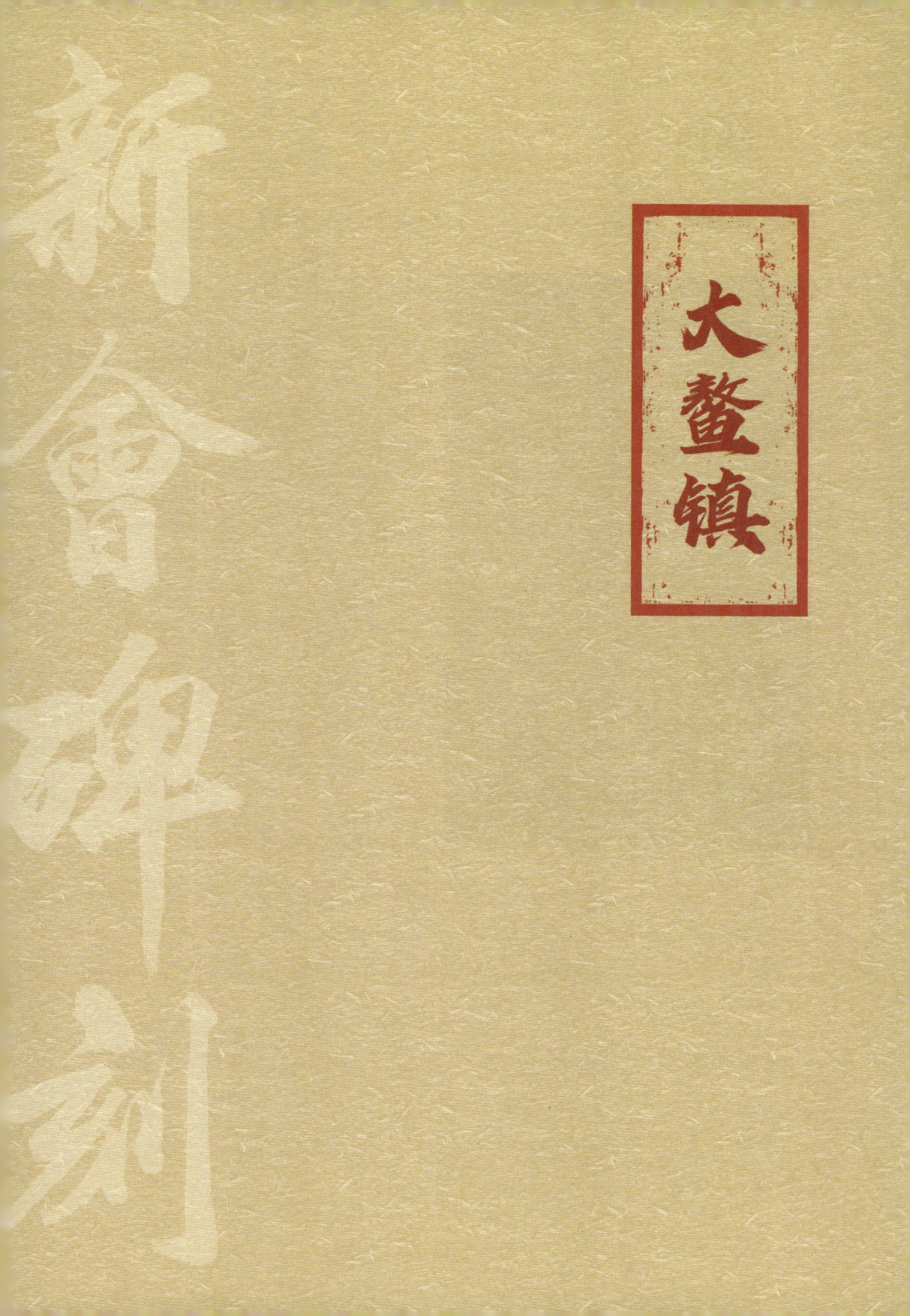

重修碑

本碑砚石质，现镶于大鳌镇三十六顷村北极殿。碑正面尺寸：49厘米×77厘米。

重修碑记

捐银

（芳名及捐资额略）

嘉庆十六年[1]辛未岁吉旦立石

【注释】

①嘉庆十六年：1811年。

重修北极殿碑（道光六年）

本碑砚石质，现镶于大鳌镇三十六顷村北极殿。碑正面尺寸：67厘米×111厘米。

重修北极殿碑记

（芳名及捐资额略）

道光六年岁次丙戌

重修北极殿碑（咸丰三年）

本碑砚石质，现镶于大鳌镇三十六顷村北极殿。碑正面尺寸：47厘米×65厘米。

重修北极殿碑记

首事卢元贵、卢发珍、卢华赞、霍俭成、霍维建、郭振联、吴赞旺、林福兴、梁贤满，宅主林赞有，众信官员士捐题工金芳名开列：

（芳名及捐资额略）

咸丰三年[1]岁次癸丑

吉日立石

【注释】

[1]咸丰三年：1853年。

重修北极殿碑(同治十二年)

本碑砚石质,现镶于大鳌镇三十六顷村北极殿。碑正面尺寸:67厘米×150厘米。

重修北极殿碑记

喜捐工金芳名列于后:
(芳名及捐资额略)
宅主梁广明

同治十二年岁次癸酉季冬吉旦值事霍德章、霍琼章、冯世德、卢茂开、郭显礼、吴赞旺、谭贤辉、梁长胜、郑文思、梁义芳、霍爵礼、卢瑞廷、霍惟显、梁明盛等重修

奉宪勘明碑

　　本碑花岗岩石质，现立于大鳌镇东凤村灵安殿附近堤边。碑尺寸：60厘米×160厘米×15厘米。

奉宪勘明

讯署香山县事、高要县正堂,加十□级纪十二次叶[1],为后患堪虞等事。现据新会县生员陈荣呈称,缘生陈远斋、陈拱北、陈仲甫三祖有典买治属土名叠治石,税坦一十六顷一十余亩。又陈拱北、陈仲甫两祖,有典买治属土名鸡笼洲东侧,税坦一十六顷。两沙相连,中隔一涌分界,契照、管业历十余载无异。所缘人心不古,土豪沙棍每欲凭空谋占,讹传生祖税坦有溢,以致土匪李明华等,时常到沙斩草锹泥,视同己业,甚至率兄驾舡,抢挖菱角、茨菰,抢割田禾,扰害不一而足。兹蒙仁宪核明两沙契照,亲诣勘明生祖两坦尚未足税,登即竖立界址。惟田近虎穴,李明华等法未加身,诚恐各匪悯不知悛,仍前蹈辙,后患堪虞。欲自禀设巡船、扒艇各一只,以专防守坦;合开列炮械、巡丁名数,粘册禀叩台阶,伏乞恩准给发牌照出示沙所,俾各棍匪知生祖两坦并无余溢,从此知法敛迹等情到县。据此当批:"既称自设巡船、扒艇以为防守,则一切工费,他人田亩不能科派,尔即记照办理,仍候出示沙所给照,收执册附在词,除揭示给发牌照外,合行出示晓谕。"为此示谕该处沙夫、佃户、军民人等知悉:所有陈远斋、陈拱北、陈仲甫等典买土名叠治石及鸡笼洲税坦,均经本县过齐契照,亲诣勘丈,明确并无余溢,绘图附卷;尔等务宜各安本业,毋得凯觎讹传,倘有不法之徒,仍敢到沙滋扰,诸沙夫、巡船人等拿获,解赴本县以凭严讯究惩;倘该沙夫等知情徇纵,一并提究不贷;各宜凛遵毋违。特示。

道光十六年二月初四日示

【注释】

①叶:指叶承基,安徽监生,道光年间署香山县事。

吴敦本堂田界碑

本碑花岗岩石质，现立于大鳌镇大鳌尾村村居路边。碑正面尺寸：46厘米×150厘米。

吴敦本堂田界碑

大鳌沙吴福兴、福安等围田坦，共税三十三顷四十亩，于同治八年①十一月，吴敦本堂遵示缴价承领，奉藩宪给照管业。九年正月奉沙田总局委员刘，协同新会县彭，会勘明确，禀复在案。计丈得田坦共税二十七顷六十九亩七分一厘二毫五丝，照承领原税，尚缺田五顷六十九亩。特此泐明为记。

【注释】

①同治八年：1869年。

双水镇

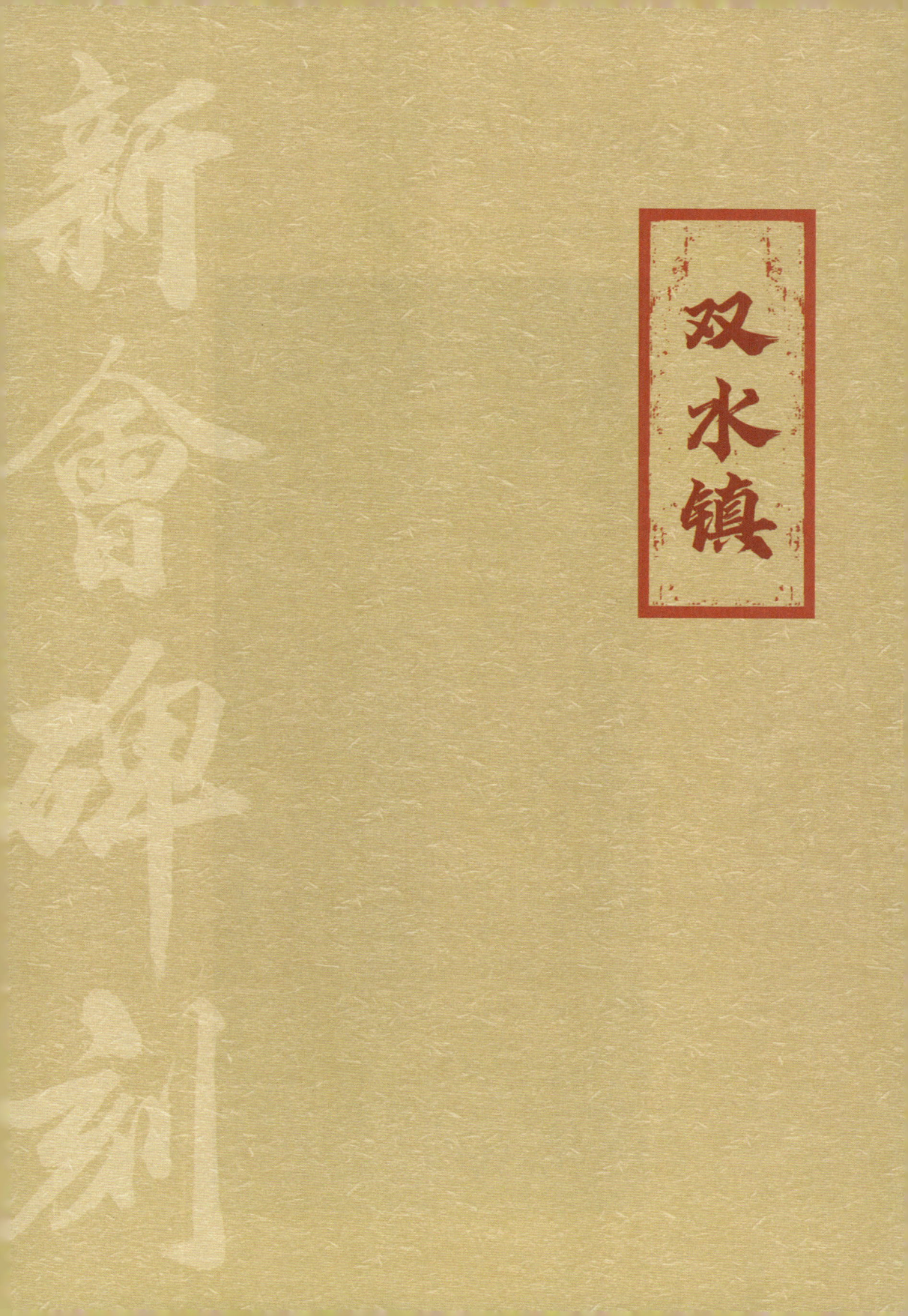

悠久无疆碑

本碑砚石质，现镶于双水镇富美村普仁庙。碑正面尺寸：162厘米×72厘米。

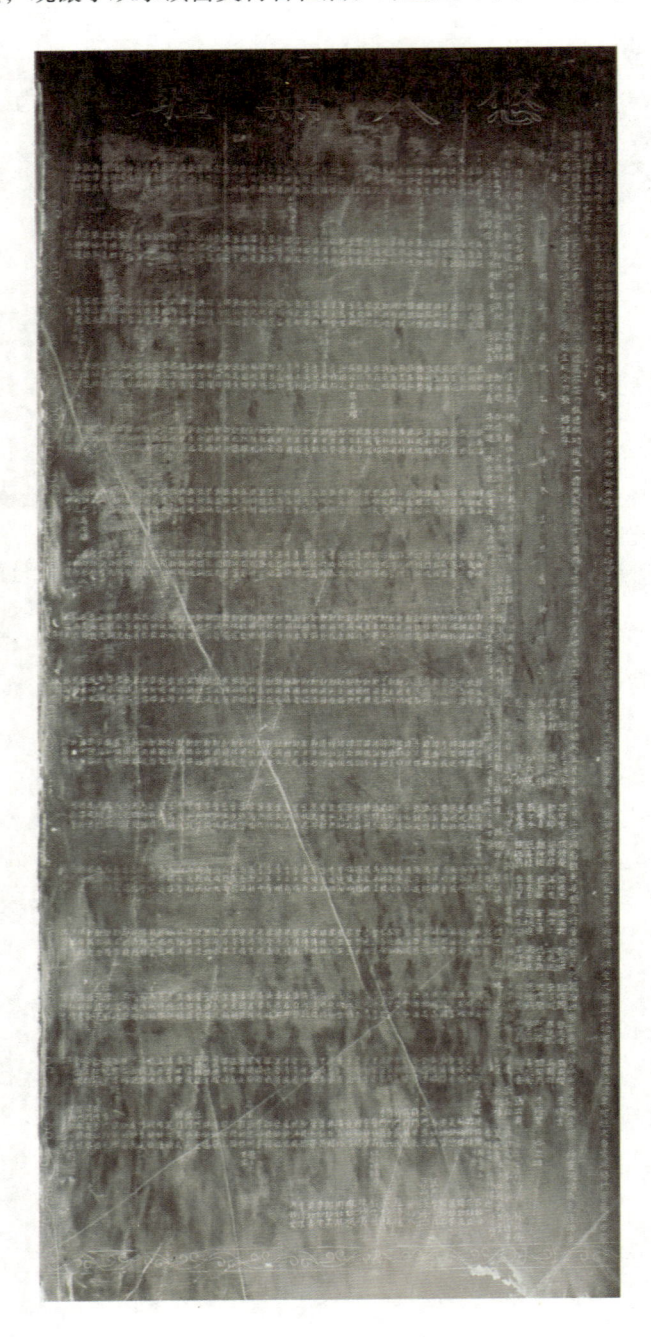

悠久无疆

岁在甲午❶初，阴阳之气，有沴❷疵疠之患日涩❸，仓扁❹技穷，参苓罔效，悲天悯人，曷云能已！恭逢万寿医帝显灵南邑，心切救时。暮春，越临潭江之墟；孟夏，辇❺来富溪小市。丹药所施，妙于无迹；一旬化日，民物皆亨；德被群生，功参两大。非塑真庙祀，奚以仰答生成。然有灵神，可无胜地？览风景于中乡，得佛堂之旧址。此地有鹤眼仙池，清泉可挹，又有茂林修竹，紫荫左右，前带三江，后凭五岳，游兴至此，令人低徊不能去焉。前人之创建祖师禅堂，良有以也，宁不为帝灵之所钟？逮至仲夏，玉容塑立，庙貌未成，茅茨土阶，权荐芬苾❻。乃报德报功，遐迩一体；捐题庙金，士女欢腾。卜吉于乙未❼二月四日，鸠工庀材，营作伊始，越五月十有二日，工告竣焉。虽无飞阁流丹❽、层峦耸翠之观，而四壁庄严，两楹森列，亦足以妥侑神灵。从此，淑气浮阶，喜见阳回之象；和风拂地，时闻解愠之庆矣。黄钟令哉生明❾。小市张标拜序。

时康熙五十四年岁次乙未仲冬吉旦，富乡首事张标、谭盛杞、张禹锡、马成锦、张高绩、李道宁、谭德相、冯祚传、郑佐选、郑佐合、谭开霁、郑佐臻、李成喜、张尔全、叶万杰、张钟庆、梁传爵、谭仲相、张高桂、张埏鼎、张礼思、汤以进、张尔献、张高日、张高翼、谭英相、汤世上、叶奕简、张埏进、莫承安、郑佐拱、林光述、冯永康、潘君乐、潘隆臻、郑佐觐、叶万成、洪标杰、张钟锦、林兆喜、黎遇进、张埏凯、司徒熙潭、黎岳发、余传昌、张奕耀、马显相、谭开鼎、马成贲、林正乔、李修吉、李修闇、张立升同立碑。

谨将题助工金芳名开列：

（芳名及捐资额略）

【按】

本碑刻无落款，疑尚有一碑已散失。依序文内容，本碑刻落款时间当为康熙五十四年。

【注释】

①甲午：康熙五十三年（1714）。②沴：旧谓天地四时之气不和而生的灾害。③涖：星命家用来比喻遭逢厄运。④仓扁：对仓公、扁鹊的并称，泛称良医。仓公为汉代人，扁鹊为春秋时人，均为名医。⑤辇：乘车。⑥芬苾：芳香。⑦乙未：指康熙五十四年（1715）。⑧飞阁流丹：形容建筑物的精巧美丽，典出《滕王阁序》。⑨黄钟令哉生明：指农历十一月初三日。黄钟，指与冬至日相应，时在十一月。哉生明，指农历每月初三日。此时月亮开始有光。典出《书·武成》："厥四月哉生明，王来自商，至于丰。"孔传："哉，始也。始生明，月三日。"

德泽帡幪碑

本碑砚石质,现镶于双水镇富美村普仁庙。碑正面尺寸:63厘米×121厘米。

德泽帡幪

(芳名及捐资额略)
乾隆二十三年[1]岁次戊寅仲秋吉
　　　　　　　　旦立石

【注释】

①乾隆二十三年:1758年。

恩波浩荡碑

本碑砚石质,现镶于双水镇富美村普仁庙。碑正面尺寸:88厘米×193厘米。

恩波浩荡

六祖堂新肃圣容并重修庙宇序

六祖堂创于富溪,显于泷水,详于邑志,所从来远矣。稽其兴废之故,肇建于至元二年❶而毁于元季❷,再造于洪武二十年❸,而颓于迁移。迨圣祖康熙八年己酉❹,界外复业,群获室家之庆。乃规旧址,涂墍二座,塑大鉴禅师,以供奉其中。而英烈天后、禾谷夫人、龙母娘娘并土地,亦在座右侧焉。越康熙五十三年甲午,医灵大帝自南海九江驻跸潭冈❺,适值阴阳不调,遂迎神立像,建庙于二座之后,以为长生殿。其左则设观音大士,以为慈尊宫。梓里蒙荫庇者非一朝夕矣。今皇上御极,二十一年丙子❻仲冬,余将北上,告行于神,但见风雨之所飘摇,鸟鼠之所剥蚀,不禁徘徊者久之。明年丁丑❼南旋后,中秋复往,甫至庙前,顿觉煌然改观。入头门而土地迁在祊左,庶合镇守之义乎?而前堂后殿,鼎新之规模已巍一班也。由是过中门,历阶而升。黄梅衣钵❽,道光照耀,而内帐外栅,仿佛南叶体裁。从拱门以北,截穿路而峙楼。天后与夫人、娘娘别为一宫以展礼,大非曩构之狭隘。回步前武阁拱门以南,穿庙而右达;正一帝座,声灵赫濯,而玉户金铺依稀,天府森严。自此经长生殿,而游慈尊宫;甫睹弥陀西向,而护法兼于莲座后,构静室以藏仪仗。於戏,备矣。及礼神毕,相与周旋上下之间，仰视榱桷，俯察庭阶，气象无不焕然一新。为之详询其由，始知乡老绅士，二月以公事咸集，欲重修以肃观瞻，人心不戒而孚。即推缘首，于四堡内签银一百有奇，特选有才干者督理。越五月，告竣。既而以庙南隙地宜营建客堂，偕北边神厨井泉媲美。爰将余银，筑砖墙与庙相上下，一连三进，季冬而落成焉。至是较邑志之所载为有光矣。众思琢石，以垂不朽，问序于余。因纪其事之本末以勒于碑，使后之有志者亦将有所考云。另其左右山川之缭绕，前后松竹之披拂，与夫靉云[9]霭雾出没于空明，淡荡之际久焉，神灵所鉴览者，当自得之，故不复备书。是为序。

辛酉科举人拣选知县张元进[10]拜撰

（芳名及捐资额略）

乾隆二十三年岁戊寅仲秋吉旦

首事张宗嵩、张柱擎、谭讱第、郑国表、马传衡立石

【注释】

①至元二年：1265年。②元季：指元朝末年。③洪武二十年：1387年。④康熙八年己酉：1669年。⑤潭冈：新会地名。⑥二十一年丙子：指乾隆二十一年。⑦丁丑：指乾隆二十二年（1757）。⑧黄梅衣钵：指六祖惠能大师在湖北黄梅继承的五祖弘忍大师的衣钵，比喻法器。⑨靉云：云彩很厚的样子。⑩张元进，沙富人，乾隆六年（1741）辛酉科举人，湖北南漳知县，改连平州学正，升廉州府教授。

重修长生殿芳名碑

本碑砚石质，现镶于双水镇富美村普仁庙。碑正面尺寸：78厘米×186厘米。

重修长生殿芳名碑记

长生帝殿重修序

普仁庙之有长生殿，旁列慈尊、母后两宫，由来已久。声灵赫濯，湛恩汪濊❶。巍巍厚德，与覆载❷而合撰；浩浩鸿功，并化育以同流。固已彻于上下，昭于四方矣。乾隆辛亥❸，已经重修，未几，为蚁所蚀。嘉庆癸酉❹，乡老咸集，发簿捐题，共成厥美。规制悉仍乎旧，椽桷式焕其新，越甲戌年❺四月十二日告成。是举也，一朝而集，董事悉得其人，沽值适逢其利，此固诚心、鼓舞出于自然，实由神恩默佑，动于不知也。庙成勒石，永垂不朽，岂不伟哉！

庚午科举人张达天❻谨识

今将捐题芳名开列于后：

张家堡共题银一百七十九两四钱九分一厘，上堡共题银一百六十二两一钱零八厘，中堡共题银一百三十两零一钱，贵美堡共题银一百零四两七钱六分八厘，外乡各戚共题银一十四两四钱九分。

（芳名及捐资额略）

【按】

本碑刻无落款。依序文内容，本碑刻落款时间当为嘉庆十九年。疑尚有另一碑，已散失。

【注释】

①汪濊：深广也。典出《汉书·司马相如传下》"威武纷云，湛恩汪濊"。②覆载：比喻帝王的恩德。③乾隆辛亥：指乾隆五十六年。④嘉庆癸酉：指嘉庆十八年（1813）。⑤甲戌年：指嘉庆十九年（1814）。⑥张达天：沙富人，嘉庆十五年庚午科钦赐举人。

沙富龙头经界涉讼碑

本碑砚石质，现镶于双水镇富美村普仁庙。碑正面尺寸：117厘米×96厘米。

沙富龙头经界涉讼碑

沙富龙头经界涉讼碑记

溯我乡开基，世远年长，凡于邻乡，经界无不彼此分明，了如指掌。尤以龙头乡分界，固有高圳居间，可为地理上之鸿沟；复有图碑具在，足为历史上之证明。原不容混争者也。讵中华民国十九年，龙头乡人始则在高圳以东拒收更谷❶，已为无理取闹，继则由黄国羼等，以越界勒收为词，竟向广州地方法院新会县分庭起诉本乡。以衅自彼开，不得不提起反诉以为对付。曾经两造对审多次，复经履勘明白，究竟事不离实，卒于同年八月，奉判得直。该黄姓不服，提起上诉于广州地方法院。正在诉讼进行中，得有上村谭心愉君，居间劝和，其提出条件，嗣后由黄姓每年额送张姓收取更谷，折价毫洋三十元，并约以每年夏历六月初一日为直接过付之期。当时各父老均知讼则终凶，且感调人之美意，姑修乡邻旧好。遂于民国二十一年，会向原审机关声请和解，经奉决定，准予和解销案。自双方立约后，黄姓对于更谷价银，历能如期照交无异，此乃涉讼经过之实在情形也。但恐人情翻覆靡定，难保无死灰复燃。鉴于现在之事，既得过去碑记为有力之根据，而未来之事复得现在碑记，尤多一重有力之根据矣。特将广州地方法院新会县分庭判决书，并附履勘情形详记，及广州地方法院决定书各原本，泐石于后，俾垂永久，从此经界正而邻好修矣。是为记。

里人张少舫谨撰

广州地方法院新会县分庭民事判决判字第七二七号

判决：原告人即反诉被告人黄国羼、黄宣富、黄余庆、黄栋卿；被告人即反诉原告人张椿正、张兴豪、张林仔、张亚胜、张亚酬、张炳灼；右代理人张兴邦、张铁琴，陈贻新律师。右当事人因越界勒收涉讼案，被告人提起反诉，本庭合并审理，判决如左主文：原告人之请求驳回，判令黄、张两姓，应以高圳上至大王庙前，下至大梁冲冲口为界，分别东西看守禾田；反诉部分，两造❷应照前清乾隆三十四年❸碑文所定办法，给收更谷，两造讼费，均归原告人负担。事实缘❹据黄国宧等状称民等族居县属泷水口龙头村，与沙富村张姓为邻，两姓田亩、禾更界限，向以白虎山脚塘口岗下之直路分开。直路之东，其禾田系张姓看守，征收更谷；直路之西系黄姓看守，征收更谷，向来无异。被告张椿正等，去年竟越界征收更谷，请求传案，依法究办等情。随据张椿正等辩称，两姓看守之田，向以水圳为界，圳之西属黄姓，东属张姓，有前清乾隆三十四年所泐之石碑为据，并据提出反诉，请求判定征收更谷办法等情前来。案经勘讯明确，应予判决。理由：本案黄、张两姓，看守禾田，征收更谷，究以白虎山脚塘口岗下直路为界，抑以高圳为界，两造情词各执据。原告主张，该直路有黄珩禾田一段，该税六分，每年纳禾更谷之法，则直分东西两边，以东边占税三分，则纳与张姓，西边占税三分，纳与黄姓。又该处泐有界石，刊"西黄东马"字样，可知分界之点，当在塘口岗下直路，而非在于高圳，云云，并提出收更谷部以为立证。本庭查该部，仅系原告人一方所制作，且非远年遗留之物，其证据力已嫌薄弱，况细核其记载内容，只得黄珩三分。此外系争看守禾田有顷余，税之多并无收谷之登载，是该部显难予以相信，他如白虎山脚所泐，"西黄东马"界石，系属山界而非村界。又黄姓所指与潘姓让受村地，系在水圳上游，而不包括系争看守禾田在内（见十九年五月二十六日履勘情形记），均不能借此以为分界之标准。至于被告人主张以高圳上至大王庙前，下至大梁冲冲口以为界，不特有乾隆三十四年所泐石碑，足资证明，即缴验之清河族谱，内所载沙富全村形图，亦以此水圳为天然之界限（参照十九年五月二十六日勘图）。虽原告人以该碑系属伪造为攻击，然细核该碑语气，并所载官衔极为明晰，固非近日所能臆造，且查普仁庙所泐石碑不下十余度，其他乾隆年间者，无一不与该碑现状相同，何得空言指摘。又反诉部分，查该碑系属真实可信。既如上述，则被告人提起反诉，请求判令两造按照碑文办法给收更谷，自属正当。依右论结，原告人之请求为无理由，应予驳回。判令黄、张两姓，应以高圳上至大王庙前，下至大梁冲冲口为界，分别东西看守禾田。反诉部分，两造应照前清乾隆三十四年碑文所定办法，给收更谷。两案讼费，依律责归原告人负担，特为判决如主文。

中华民国十九年八月二十五日
广州地方法院新会县分庭
推事周北煜
书记官吴玉书

本件证明与原本无异。

书记官吴玉书

履勘情形详记

是日先由被告张椿正等带至沙富村普仁庙后座，查勘乾隆三十四年三月所泐之石碑。骤视之，碑身颇觉干净。据张椿正称，前印碑文缴案时，将碑身略为拭净，然后捺印，云云。该庙石碑不下十余度，因将其他乾隆年间之石碑，用水略为拭净，其现状与该碑相同。细察：碑下字划，微有剥落；碑之石脚，尚有苔痕；碑上横木贴墙，砖处略有废烂；碑之四周，灰口坚实。据该庙僧惠禅称，师父云该庙于前清道光二十七[5]年重修时，已有此碑，云云。可决该石碑非近年所可制造而安置壁间者。时原告黄栋卿，亦在场察看，后由两造带至该两村之分界白虎山脚（被告称雷峰山），有石界刊"西黄东马"字样。据马姓父老持山契请验，谓东便坟场，系马姓地，该石碑系山界非村界，云云。山下田基数条，阔不过一尺。据黄栋卿指称，山下直线偏[6]约一丈之田基，方系分界等语。即饬测量员将盛勘图照所指，改易界线，随到水圳察看其形势，显为两乡天然界限（张姓缴验清河族谱，刊有沙富全村地图，以此水圳为界），黄姓所指与潘姓让受村地，即在水圳之上游，似不得谓系争看守之禾田包括在内。又据黄姓指称，田基直线下有黄姓石界。由伊等带引，行约二里许，过一小涌（阔约四五丈），即为黄姓果围。又行里许，回望所谓白虎山及所指之田基，相去甚远，望亦不见。黄姓如有石界，应竖于涌边，过涌即在所争范围之外，非所争范围，实无履勘之必要，此记。

中华民国十九年五月二十六日

广州地方法院事总字第九二三号决定，控告人黄宣富、黄栋卿、黄国弨、黄余庆，被告人张椿正、张兴豪、张林仔、张阿胜、张阿酬、张炳灼，右列两造因更谷涉讼控告一案，声请和解。本院审查，决定如左主文：本案准予和解，诉讼费用，两造各自负担。理由：查民事诉讼，采不干涉主义，故无论诉讼进行至如何程序，如当事人有合意和解之声请，法院应许其将以前之诉讼，为一种合法之终结。本案两造因更谷涉讼，迭经本院续定本年一月二十五日及二月四日为言词辩论日期，合法票传，届期控告人等均不到案，至被控告人一月二十五日虽有到案，二月四日则不再到。兹据两造签名具状，声称："民等两造，因看守禾界征收更谷争执涉讼一案，现第二审尚未判决，彼此均已觉悟，情愿互相让步，停止争执；复得公亲从中调处，劝民黄族每年折纳谷价毫银三十元，交与张姓理事人收，并约以夏历六月初一日为交收期。"用特合词具状声明和解，伏乞核明，俯准销案。至前委任出庭之代理人，并请撤销等情，本院查核属实，是当事人等声称和解，已得一致之意思，应即予照准将案终结。诉讼费用依民诉律第一百二十七条，由两造各自负担，特为决定如右。

中华民国二十一年二月十六日
广州地方法院民三庭
审判长：推事李居端
推事彭伯项
推事陈光汉

本件证明与原本无异。

书记官潘文发

【注释】

①更谷：耕户向村中护耕队缴纳其夜守禾田的费用。②两造：专指有关争讼的双方当事人。典出《书经·吕刑》："两造具备，师听五辞。"按照《周礼·司寇》所载"以两造禁民讼，入束矢于朝，然后听之"，就是说原告和被告双方都到"法庭"上来，都交纳一束代表"正直"的箭，然后"法官"才开始审理。如果有一方不来或者不交箭，就说明他理亏不直，自认败诉。后来人们就把"两造"专指有关争讼的双方当事人。③乾隆三十四年：1769年。④缘：碑原文为"绿"，系讹误。⑤道光二十七年：1847年。⑥偏：碑文为"编"。

康王庙碑

本碑砚石质，现镶于双水镇沙萌村康王庙。碑正面尺寸：57厘米×100厘米。

康王[1]庙碑记

庙碑小引

尝闻：神道设教，圣人不废，盖其代天司造化之权，而善善恶恶于无私也，冥冥之内报应不爽。古今朝野，智愚感敬神道顾不重哉？我乡中康王爷爷庙，奉祀数百年，播迁三四所而受命如响，声[2]灵赫濯愈增，诚一村主宰，四方共闻也。今际升平日久人且庆，那[3]居神仍无栖止，谁能恝然[4]？爰谋诸父老，一倡百和，鸠工庀材，不两月而告成。虽非美轮美奂之堪嘉，而乐乐利利，亦可以预卜于无既矣。故聊弁数言，并捐地及善信芳名，勒诸石，以垂不朽。

信员区梦龙拜撰

捐题芳名开列于左：

仲宣区公捐送庙地，上一座，横过二间，石门斗一对，内下一座，横过二间；广生杨公题钱三千二百；区家百子会题钱三千二百。

首事杨集颙、区乃享、区梦龙、杨珙玠，缘首区雅立、杨集龙、杨集获、区乃金、杨珙腾、区仁乐、杨珙熹、区道跻、区裔胜、杨碧沧

（芳名及捐资额略）

时乾隆二十一年岁次丙子季冬穀旦

【注释】

①康王：康王是民间为纪念宋代将领康保裔而塑造出来的神。康保裔，宋代洛阳人，善骑射，是抗击契丹进犯中原的名将。其殉国后，宋真宗敬其忠勇，加上宋室尊崇道教，便追封其为"康王真君"。民间因其忠义而不断将其神化，遂建庙以供祭祀。②声：碑刻作"殸"。③那："奈何"的合音。④恝然：漠不关心貌，冷淡貌。

重建康王庙碑

本碑砚石质，现镶于双水镇沙葫村康王庙。碑正面尺寸：54厘米×100厘米。

重建康王庙碑记

重建康王庙序

  尝谓神者，天地之正气，百灵之主宰，而群生之所托命者也。故能于冥冥之中，启人之知，翼人之行，直代天行，化凡敷锡，厥福于庶民者。有感斯应，神功莫测，当赫赫昭著于人间。则建庙宇以妥神灵，讵非人心之所不容已者哉。恭惟康大元帅、赵大元帅、车大元帅，佐北阙以宣猷，莅南天而敷化；禾谷娘娘为百谷之主，操长养之权，均有莫大之功德焉。前朝年间，建庙于沙蓢乡中以奉禋祀，厥后时遭兵燹，人获生全之福；岁逢凶灾，人蒙乐利之休。迄今境里升平，人民安堵❶，得以嬉游于光天化日之下者，皆赖诸神之力也。第历年既久，风雨剥蚀，栋宇倾颓，神容衰落，使不扩旧更新，何以答神功于有永哉？于是乡中父老子弟及境里之沾恩者，咸发诚心，解囊乐捐，鸠工庀材，不数月而庙工告竣焉。将见宝座重新，则声灵之赫濯倍加。物阜民安，闾阎❷享盈宁之乐；芹香桂馥，多士膺簪笏❸之荣。不独乡中人士，长蒙惠泽，即境里众庶，亦莫不幸深恩之广被矣。捐资芳名，寿诸贞珉，以垂不朽。是为序。

乾隆壬子科岁贡生铨选儒学训导周之桢❹盥手拜撰

（芳名及捐资额略）

督理首事区贻聘、杨熙永、区贻壹、杨熙聚
嘉庆七年❺岁次壬戌季春重修

【注释】

  ①安堵：犹安居。②闾阎：原指古代里巷内外的门，后泛指平民百姓。③簪笏：冠簪和手板，古代仕宦所用，比喻官员或官职。④周之桢：新会六圆山人，乾隆五十七年（1792）壬子科岁贡。⑤嘉庆七年：1802年。

重修康王庙碑

本碑砚石质，现镶于双水镇沙萌村康王庙。碑正面尺寸：57厘米×100厘米。

重修康王庙碑

　　尝思：天有好生之德，神操福善之权。是神，固代天行道而一秉至公❶者也。历观古来庙宇之设，或卜地而创建，或因故而重修，要皆经度营谋以安神灵，即以利苍生耳。恭惟我本庙康夫真君暨同堂左右列亟众圣：佐北阙以宣猷，光腾紫极；莅南天而布化，泽被泷溪。是以区、杨两姓，卜居斯土，生息日蕃，均藉诸神之力也。由明迄清奉祀以来，年经数百，庙亦屡迁矣。至本庙之设，则一建于乾隆丙子❷，再建于嘉庆壬戌❸，神圣之光临日久，即士民之爱戴日深。到于今我等生成，有赖报答，未遑念功德之难酬，愿庙堂之增彩。爰集境里众耆，共谋美举。所有沐恩男、妇，佥喜解囊。遂乃乘时，诹吉鸠工庀材，不两月乃庙堂重新，礼门更焕。此虽曰人心之勤助，实则神灵所感召也。从此神加赫赫之光，人享悠悠之泽。将见惠福降临，兰芳桂馥❹，恩光所及，物阜民安。而士登科甲，农实仓箱，行旅商贾，莫不颂德于靡涯矣。聊弁数语并将签题芳名，寿诸贞珉，以垂不朽。是为序。

沐恩监生杨其光盥手拜撰

（芳名及捐资额略）

督理首□杨宗□、区法乾
大清□□□□□□

【按】

　　本碑刻风化严重，落款已无法辨识。综合碑文、庙额及大门刻石楹联、族谱等资料推断，落款当为同治五年。

【注释】

　　①一秉至公：办事都出于公心，形容大公无私。②乾隆丙子：指乾隆二十一年。③嘉庆壬戌：指嘉庆七年。④兰芳桂馥：原比喻恩泽长留，历久不衰，后用来称人子肖孙贤。

重建关帝庙碑

两碑均砚石质，现镶于双水镇塔岭村关帝庙。两碑正面尺寸均为：57厘米×100厘米。

重建关帝庙碑

重建塔岭庙碑序

从来造作，关乎国运。则太史笔之于书，创建有裨民生，斯乡人镌之于石，凡以芳规足录。姓氏可传，故用以昭将来，而因之垂不朽也。邑之西南，有塔岭乡。后枕石岭，沙冈如襟；前抚圭峰，银海若带。地钟山川之秀，人禀清淑之灵，神所凭依将在斯乎。乡之南有关夫子庙焉，创自明初，春秋鼎祝，数百年未有异也。洎❶乎国朝屡加敕封，倍显英灵。凡有祈求，无不立应，不独介福一乡，四方咸被泽焉。迄今声灵犹是，土木非昔，乡人因旧址而式廓❷之。阖里君子，踊跃捐金，共勷厥美。寝殿告成，属余为序。余思结义桃园与复兴汉室，秉乾坤之正气，振万古之纲常，非夫子其谁与归哉！观谢曹孟德❸、张文远❹，两书《春秋》，大义凛烈，天壤千载以来莫与匹也。先民有言：我观孔子，山东一人；观夫子，山西一人。其以夫子配孔子，诚仁之至义之尽也。凡有血气者，孰不尊亲哉？今恢宏鼎建❺，庙宇重新，翚飞鸟革❻，愈显威神，桂殿兰宫❼，弥昭赫濯，入门叩谒，耆艾❽咸绥，介眉陟❾升，抒诚德造，并跻云路。壮丽观成于一日，生民被益于万年。其在斯乎？此虽人为之力，实帝显其灵，爰称功而颂德，谨标名以勒碑。是为序。

文林郎原任知山西平阳府襄陵县事纪录二次李子云❿盥手拜书

大员山村共题钱十千三百三十文（周姓）；

龙头村共题钱七千八百文、大花边二元，中花边二元（黄姓）；

土塘村共题钱六千一百九十文，花边二元（区姓）；

沙萌村杨姓共题钱六千四百五十；

塘河霁岭张姓共题钱四千八百五十；

塘河村莫姓共题钱四千二百五十；

沙萌村区姓共题钱四千三百六十；

庆宁村邹姓共题钱三千六百；

南岭村共题钱一千七百八十；

西村吴姓共题钱一千七百文；

塘河吴廖二姓共题钱一千七百一十；

南坑张姓共题钱一千六百五十；

西村莫姓共题钱一千四百文；

潭冲村崔姓共题钱一千三百二十；

横村共题钱一千二百五十；

西村谭周二姓共题钱一千文；

潭冲黄姓共题钱一千文；

西村黄姓共题钱一百一十；

小慕冈张姓张赞耀四父子共钱五百；

庆宁村吴姓共题钱四百；

下凌冲（张姓）、凌冲（谭姓）、桥门村（李姓）、黄井头（温姓）、横岭（梁姓）、小沙（苏姓）、桥头（莫姓）、斋堂（龙姓）：

（以上捐资芳名及捐资额略）

  时大清乾隆二十六年⓫岁次辛巳孟夏吉旦，首事立石碑

【注释】

①洎：等到。②式廓：扩大规模、范围。典出明代邹森的《重修蔚县城楼碑记》："逮自圣武，遐彰神威，外畅夏荒，式廓生民，载休中国之愤。"③曹孟德：即曹操（155—220），字孟德，是三国时的政治家、军事家和诗人。④张文远：即张辽（169—222），字文远，雁门马邑（今山西朔州）人，三国时期曹魏著名将领。曾从

属丁原、董卓、吕布，下邳之战后，归顺曹操。此后随曹操征讨，战功累累。与关羽同解白马围，降昌狶于东海，攻袁尚于邺城，率先锋在白狼山斩杀乌桓单于蹋顿，又讨平辽东柳毅、淮南梅成、陈兰等。⑤鼎建：营建。⑥翚飞鸟革：形容宫室华丽。典出《诗·小雅·斯干》："如鸟斯革，如翚斯飞。"⑦桂殿兰宫：建筑气派，设备华美的宫殿。典出唐代王勃的《滕王阁序》："桂殿兰宫，列冈峦之体势。"⑧耆艾：泛指老年人。典出《庄子·寓言》："重言十七，所以已言也，是为耆艾。"⑨介眉：祝寿之词。典出《诗经·豳风·七月》："为此春酒，以介眉寿。"⑩李子云：邑城人，雍正七年（1729）己酉科举人，曾任山西襄陵县知县。⑪乾隆二十六年：1761年。

重建关帝庙碑

本乡共题钱□□□□□芳名列后：

（芳名及捐资额略）

清乾隆二十六年岁次辛巳孟夏吉旦立石碑

无碑额碑

本碑砚石质，现镶于双水镇塔岭村关帝庙。碑正面尺寸：62厘米×123厘米。

无碑额

众庙丁捐题执事芳名开列：

（芳名及捐资额略）

乾隆三十四年岁次己丑孟秋旭旦，首事邦多、经簧、邦郡、扬鹏、邦统、邦良、名广等同立石

建文昌宫碑

本碑砚石质，现镶于双水镇塔岭村关帝庙。碑正面尺寸：66厘米×150厘米。

建文昌宫碑记

　　从来文风之蔚起，虽曰气运之适然，实藉神灵之默佑也。自帝位列三台，文章司权，迩来大小各乡，崇庙貌以隆祀事，沐其余光，由来久矣。塔岭、大堂二乡，自岭岈❶分支，以奠此土。内而象山耸峙，外而沙岗萦带，山川之秀于此钟焉。自古有晋岁逢甲午❷鹿鸣❸有颂，继而干城❹叨选功名，重显文运之光昌，实惟帝力居多焉。尔时倡议无人未获，梓材丹艧，大构堂宇，以彰帝君之德。近今仰朝廷之雅化，文教诞敷❺，神恩广大，岁在癸卯❻，咸欲建其新猷以妥帝君之神。询诸父老，众谋佥同，人心踊跃。爰是劝题乐助，经营卜吉，鸠厥工庀厥材，不逾数月，而新庙告成。自今以始，香篆❼烛辉，奉事惟虔。赫赫帝容，犹见本来面目；藉藉士子，旋播后起声名。告竣之日，爰勒片言，以垂不朽。俾知夫后之文风蔚起者，其来有自。是为序。

　　庠生陈綍拜题

　　捐题芳名开列：

　　（捐题芳名及捐资额略）

乾隆四十八年岁次癸卯仲冬吉旦

【注释】

①岭岈：深邃的大山谷。②岁逢甲午：即逢甲午年，指每六十年逢一次。③鹿鸣：古代宴群臣、嘉宾所用的乐歌，源于《诗经·小雅·鹿鸣》。④干城：干，盾牌；城，城墙。两者均起防卫作用，比喻保卫国土的将士。典出《诗经·周南·兔罝》："赳赳武夫，公侯干城。" ⑤诞敷：遍布。典出《尚书·大禹谟》："帝乃诞敷文德，舞干羽于两阶。"⑥癸卯：指乾隆四十八年（1783）。⑦香篆：指焚香时所起的烟缕。

重建本庙捐题碑

本碑砚石质，现镶于双水镇塔岭村关帝庙。碑正面尺寸：153厘米×177厘米。

重建本庙捐题碑记

塔岭重建庙记

尝思：神之普护，不系方隅；人之蒙休，多由庙祀。我族塔岭乡，村左牛斗❶之墟，飞鹅前朝，象笏❷后耸，胜区历有关帝祖庙。庙之两傍，分祀五通五福之神，其来已旧，日久将圮。乾隆二十有五年❸，重建二座，横延三间，计阖乡之屡获福庇者，难以尽述。但即其尚义直前，曾无或懦，且人之杰也，烟火将万家财之丰也，如贾常三倍，是皆灵感之昭然若揭者矣。迩为科名偶歇，谷不大登❹，形家咸曰："位居牛斗，宜奉文昌宫；对坤❺，维宜右禾母❻。"是以乾隆六十年乙卯四月，集众会议，踊跃捐题，鸠工庀材，增建二座，合成五间，数月而中秋告竣。当诸神升座，兼以族之仙姑，附享于禾母之前焉。旋邮庙图于康州❼学署，以命余作记。余思学浅才庸，责匪易称，而因事纪言，俾后之礼拜者莫疑。文帝之不并列正座，共知武庙之为始基，则弗执方体以相求，孰不祭而受福哉？是为记。

特受肇庆府德庆州儒学训导覃恩加三级沐恩弟子梁天枢❽盥手敬书

今将众信官员士捐题工舍芳名开列于后：

（芳名及捐资额略）

督理首事梁邦侃、邦赵、邦仪、邦腆、邦缵、扬羡、扬雁、名实等同立石

乾隆六十年岁次乙卯仲秋吉旦

【注释】

①牛斗：这里指的是南斗。②象笏：象牙制的手板。古代品位较高的官员朝见君主时所执。碑文中比喻靠山位风水佳。③乾隆二十有五年：1760年。④谷不大登：即一谷不登，歉收，比喻没有考上科举的人。⑤坤：是八卦的方位，西南为坤位。⑥禾母：瑶族神话中的五谷神之一，与禾公是夫妻。⑦康州：今广东德庆县。⑧梁天枢，小冈人，廪贡，嘉庆五年（1800）恩科钦赐举人，德庆州训导。

塔岭乡重修关帝庙碑

本碑砚石质，现镶于双水镇塔岭村关帝庙。碑正面尺寸：74厘米×155厘米。

塔岭乡重修关帝庙碑文

　　塔岭乡塔峰者，吾会邑川岳灵秀之所凝成。远而紫水、黄云交拱，近而虎山、瓶山朝会，乃泷水一带之巨观也。其乡有庙焉，祀事关夫子有年矣。乾隆六十年庙一修，乡之士女咸乐助，此何莫非神之默诱共劝，而隐动其诚耶！迄今二十年来，神灵之赫濯益著，乡之虔事❶益谨，佥曰庙貌如故、栋宇如故，非所以显神灵而快人心也。于是劝签者首其事，乐签者助其成。乃征土工、木工、石工，备器执用，斩板干❷，砻柱础，陶瓴甓❸，筑垣墉，恢度旧制，宏立新功。有文帝为之教，华帝为之佑，禾母为之养，华佗先师为之医，而庙旁置一座为敬礼义姑，所猗欤休哉。其所以迓鸿庥❹于来许者，曷其有极欤！工告竣，里中父老，嘱余为序。余以关夫子之忠义载在祀典，可无庸赘焉，即人心和乐，而喜其工事之有成也，厥猷茂❺哉！遂相与❻东内蹈舞❼，拜手稽首❽，愿颂帝德，篆刻坚石，永世飞声。

　　　　例授文林郎借补肇庆府广宁县儒学序选知县戊午科举人莫大领❾拜撰

（芳名及捐资额略）

　　　　　　督理首事梁邦伸、梁扬雁、梁名蔼、梁名爵、梁耀辰

　　　　　　嘉庆十八年岁次癸酉仲冬吉旦

【注释】

①虔事：恭敬而有信誉之事。②板干：古代筑城或筑墙的用具。干，夹板两旁支撑的木柱。典出《左传·宣公十一年》："量功命日，分财用，平板干……事三旬而成，不愆于素。"③瓴甓：砖块。④鸿庥：敬称尊长的庇荫关怀。⑤猷茂：鸿图，嘉谋。⑥相与：往来朋友。⑦东内蹈舞：泛指在庙内东面的宫舞蹈，是对神表示敬意的一种仪礼。⑧拜手稽首：作揖跪拜。拜手，作揖；稽首，古时的一种跪拜礼，叩头至地，是九拜中最恭敬的。⑨莫大领：河塘人，嘉庆三年（1798）戊午科举人，归善教谕。

重修关帝庙碑（道光十五年）

本碑砚石质，现镶于双水镇塔岭村关帝庙。碑正面尺寸：72厘米×196厘米。

重修关帝庙碑记

闻之会邑，有乡名塔岭者，其中有关夫子庙焉。其庙固钟一方之灵秀，而占一区之地利者也。向来人事崛兴，咸道庙灵之默佑为居多耳。原乎庙所由始，几不知肇自何年。溯厥更焕之期，厥惟乾隆辛巳❶之岁，递而至于乾隆己丑❷、乾隆乙卯❸、嘉庆癸酉❹之岁，屡迭修焉。自是庙愈修而愈丽，神益庆而益灵，合内外远近，胥述以为美谈。迄今瓦砾飞于风雨，梗楠蠹于虫蛙，所有见者，无不恻然于焉。更新之念一倡，囊橐❺之解争先，方将鸠工庀材，而修成不俟终日。此岂人力之奋迅乎？抑神灵之阴助乎？盖有白诸予者，予乃知而赞曰："休哉！此精诚感通，神人共乐之会也。使不有颂美于当时，安卜流芳于后代？与其羡一日舆口，何如树千载之风声。"其人幡然晤曰："非此言莫之觉也。"遂因以索予作序，予即拙拾片言，使铭诸碑，以永垂于不朽云。

授文林郎即选县知县甲午科举人梁启文❻拜撰

捐题芳名开列于左：
（捐题芳名及捐资额略）

督理首事梁扬捍、梁名文、梁名祥、梁启名、梁名帝、
梁名遐、梁耀汉、梁祖华
道光十五年❼岁次乙未仲冬吉旦

【注释】

①乾隆辛巳：指乾隆二十六年。②乾隆己丑：指乾隆三十四年。③乾隆乙卯：指乾隆六十年。④嘉庆癸酉：指嘉庆十八年。⑤囊橐：口袋。⑥梁启文：南海人，道光十四年甲午科举人。⑦道光十五年：1835年。

重修关帝庙碑（道光二十一年）

本碑砚石质，现镶于双水镇塔岭村关帝庙。碑正面尺寸：72厘米×144厘米。

重修关帝庙碑记

辛丑之岁七月既望[1]，余步塔岭，因谒关公庙焉，见其地利之胜，未尝不击节称叹也。然而人物亨[2]，阀阅[3]难，此何以？故默而察之，吾知其然矣："庙之上，实为文帝之座，南方既余月步，北巷未接云门。"言甫毕，旁有老叟拊掌而应曰："诚哉斯言[4]！"于焉振铎[5]，俶尔[6]改观。虽捐资有多寡不同，要皆出于诚信一念。况乎会计既赡，更从上盖[7]焕大幡，彰洵为美举。安可不镌名于石，以著奉祀之敬云。

道光庚子[8]科钦赐副榜梁凤翔拜撰

今将捐题芳名开列于后

（芳名及捐资额略）

值事梁名宣、梁启名、梁名护、梁名学、梁昌名

道光二十一年岁次辛丑孟冬吉旦立石

【注释】

①辛丑之岁七月既望：指道光二十一年（1841）七月十六日。②人物亨：特指重要人物享受祭祀、朝献、献礼致敬。亨，同"享"。③阀阅：指有功勋的世家、巨室。④诚哉斯言：意为这话说得有道理啊。⑤振铎：谓从事教职。⑥俶尔：忽然。⑦上盖：传统服饰，罩衣。⑧道光庚子：指道光二十年。

重建观音庙记碑

本碑砚石质，现镶于双水镇塘河村慈悲宫。碑正面尺寸：66厘米×90厘米。

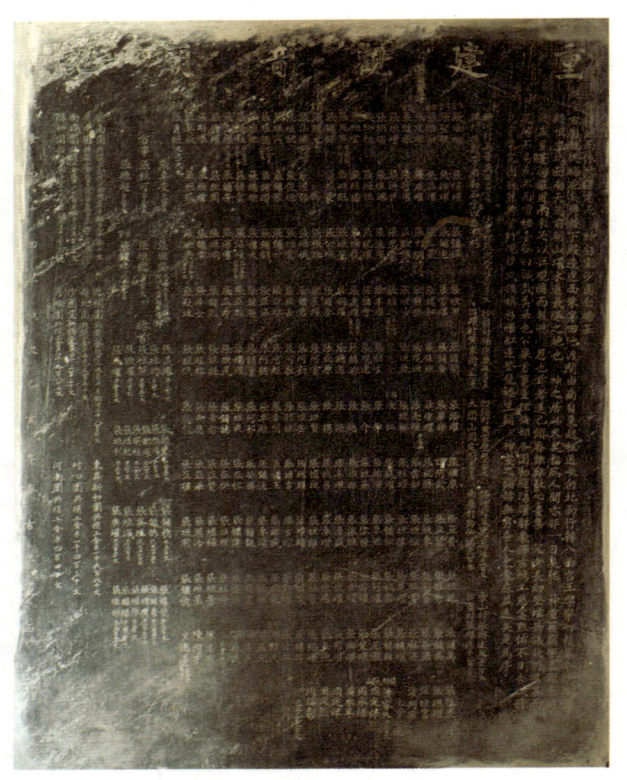

重建观音庙记

尝闻：神择地而依，地杰者而神自灵。沙园白塘基观音古庙，龙从梅花尖辞楼下殿❶，逶迤西来，穿田池渡涧，由南自东起祖❷，过峡向北而行转入西宫。王字穿心，顿落平沙；回龙顾祖，坐北面南；天马前朝，山环水绕。最胜之地也。神之居此久矣，福庇人间亦非一日矣。然神灵藉庙宇而益显，曩时❸设盖巩蓬，聊蔽风雨，未足以壮观瞻而报鸿恩也。兹者，蓬已倾废，谁无敬心？爰集父老长幼，登坛共议，欲仍旧基而建砖石，易瓦木而增楼台，佥曰："诚哉，美举也！"公举首事董理，发部各围劝题，踊跃解囊，择吉鸠工，慈云默佑，不日告成。将见宇璧完固，巍然夸❹紫竹，规模式扩，焕彩耀红。莲登龙楼坐金阙，神灵之显赫无穷，吾人之蒙庥❺益远矣。是为序。

塘河村莫夔万、沙富村张思觉、沙荫村杨宗丽、凹头村黄家荷、凹头村黄家璧、塘河村莫惠万、南岭村邓必满、豪山村张跻述、沙富村张杨廷：（题银略）

谨列捐题芳名勒石于左以垂不朽：

捐题芳名（略）

首事张卓受、张柱可、张垣超、张垣发、张垣铭、张镛琇，缘首张羡耀、张柱灼、张柱兼、张识耀、张升耀、张垣坚、张杰耀、张都耀、张明柱、张垣纪、张垣利、张镛稳、张镛听、张英垣、张垣深、张庚耀、张镛觉、张垣贲、张垣广、张垣作、张镛臻、张垣仰；（捐资额略）

岭南围、岭中围、南环围、醇和围、近祠围、岭北围、沙园围、月塘围、东升新和围、村心围、河南围：（共捐工金略）

乾隆四十四年❻岁次己亥季春吉旦立石

【注释】

①辞楼下殿：风水术语。辞楼者如客辞主，下殿者自上而下至阶，又谓之特降。降者自上垂直而下落至低处，山势固不能垂直落下，形容其落下之势峻急如降而已。②由南自东起祖：干龙起祖，由西南坤方转正东甲方出面结穴者，定主少年科甲，蜚声及第。③曩时：即往时，以前。④夸：古同"跨"，比喻超过。⑤庥：庇护。⑥乾隆四十四年：1779年。

重修观音庙纪念碑

本碑砚石质，现镶于双水镇塘河村慈悲宫。碑正面尺寸：65厘米×138厘米。

重修观音庙纪念碑

盖自：开天辟地，庶类各遂群分；育德振民，三教原同一致。窃以本乡观音古庙，创立已久。从梅花尖发脉，辞楼下殿，迤逦奔腾，穿田过峡，转身回龙顾祖，前向孖髻，后枕圭峰，诚为庄严福地。始也，结蓬奉祀，继而构盖砖石，几许经营，迭次修葺。递自前清末叶，再事重修，屈计于兹，垂五十载。现在渗漏不堪，势将倾圮。第因品物奇昂，布施殊觉非易。幸赖慈善倾助，华堂不日而成。从此紫竹云开，得瞻天颜，咫尺玉瓶，露滴洒遍世界大千。聊贡小启，以志存焉。

爰将乐捐诸君芳名胪列于后：

发起人张炳蒲、张炳逢、张炳秩、张培连、张炳荃、张炳波、张培宏、张培叶、张培论、张培敖、张椿系，督办人张培叶，理财人张培宏，支应人张培论，赞成人张锡尧、张乾炳、张炳暖、张培东、张锡松、张洽炳、张培鋑、张锡三、张培裕、张运椿、张绪、张培悦、张培樾、张炳仕、张培权。

余款尽捐本乡平耀救济会银二百七十九元五毛三分整。

乐捐芳名（略）

中华民国三十年[1]岁次辛巳仲冬上浣立

【注释】

①民国三十年：1941年。

建庙小记碑

本碑砚石质，现镶于双水上凌村仁武庙，正面尺寸：55厘米×73厘米。

建庙小记

三神显迹于兹土，于今百有余岁矣，间尝考其庙制。始焉，瓦瓮固湫隘而难容；继焉，茅茨亦朴陋而少色。是以前数年间，本乡人士亦尝拟构大庙以壮伟观，后以风水为疑，用不克成。至乾隆辛酉岁，余因屡试不遇，不欲赴考。家慈为余决疑于神，谓是科必显。既而果受知于学院讳灏张夫子。是则所谓乃圣乃神者，不是过矣。今岁冬，爰建新庙以答，神庥既非从前之狭陋，亦不致有伤风水。庶几，神人感获其安乎乃当。鸠工伊始，见者莫不快心且相劝，曰："庙成，孔安矣。"但前坛不修，亦无以陈俎豆而荐馨香也。故前座之建继兴焉。既竣，嘱余统作一序，共勒一碑，以期万福之攸同焉。余于是乎序。

捐金建庙上座信员谭，讳飞九，字德遐。

捐金建庙前座芳名列后（芳名及捐资额略）

时乾隆九年[1]岁次甲子仲冬穀旦沐恩信员谭飞九盥手拜书

【注释】

①乾隆九年：1744年。

重建仁武庙碑

本碑砚石质，现镶于双水上凌村仁武庙，正面尺寸：64厘米×127厘米。

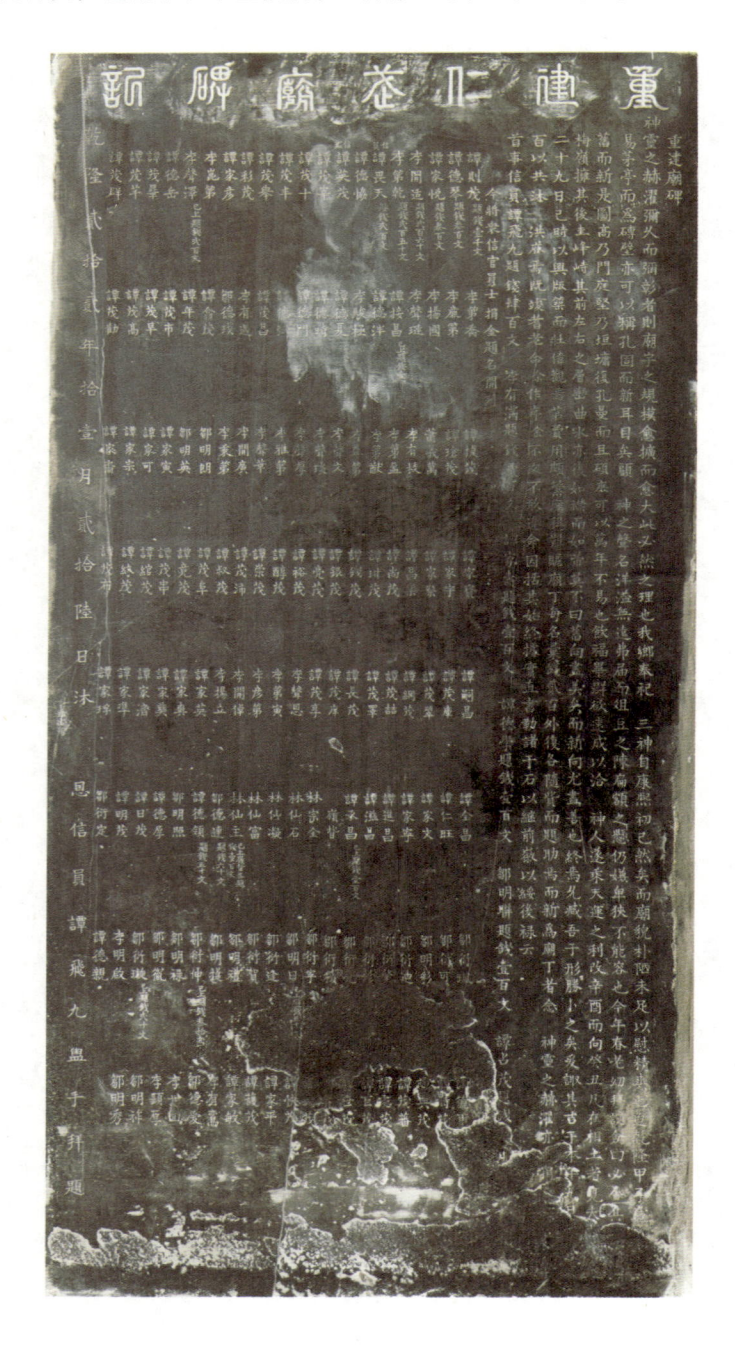

重建仁武庙碑记

重建庙碑

　　神灵之赫濯，弥久而弥彰者，则庙宇之规模愈扩而愈大，此必然之理也。我乡奉祀三神，自康熙初已然矣，而庙貌朴陋，未足以慰精爽也。迨乾隆甲子岁，易茅亭而为砖壁，亦可以称孔固而新耳目矣。顾神之声名洋溢，无远弗届，而俎豆之陈，匾额之悬，仍嫌卑狭，不能容也。今年春，老幼拜诞，佥曰："必舍其旧，而新是图。高乃门庭，坚乃垣墉，复孔曼而且硕，庶可以万年不易也。"饮福毕，群欲速成以洽神，人遂乘天运之利，改辛酉而癸丑。凡在相土者，见夫梅岭拥其后，圭峰峙其前，左右之层峦曲水，亦复如襟而如带，莫不曰旧向尽美矣，而新向尤尽善也。终焉允臧。

　　吾于形胜卜之矣，爱诹其吉，于本年九月二十九日巳时，以兴版筑而壮伟观焉。第费用颇繁，庙租难赡，庙丁每名汇钱贰佰外，复各随资而题助焉。而新为庙丁者，念神灵之赫濯，亦各捐金壹佰，以共沐洪庥焉。既竣，耆老命余作序，余不文，不敢违命，因括其始终，据实直书，勒诸于石，以继前徽，以绥后禄云。

　　首事信员谭飞九题钱肆佰文，李有满题钱贰佰文，谭家寿题钱壹佰文，谭德学题钱壹佰文，邹明联题钱壹佰文，谭占茂题钱壹佰文。

　　今将众信官员士捐金题名开列：（芳名及捐资额略）

　　　　　　乾隆二十二年十一月二十六日沐恩信官谭飞九盥手拜题

重修凌川石桥碑

本碑砚石质，现镶于双水上凌村仁武庙，正面尺寸：77厘米×162厘米。

重修凌川石桥碑

水不必巨浸，徒杠弗修，则褰裳无缩地之法；流无论狂澜，舆梁未造，则执辔有濡轨之虞。夏后氏所以有十月成梁之令也，矧村前之水，当涉者众，其需桥梁，视僻壤为尤亟乎！本乡凌川石桥，前人亦既有作矣，惜乎碣碑不存，颂其功德者，不克称其姓名也。迄今历年久远，桥台之石大半裂碎，兼之单桥悬波，扶杖之老，晦溟之夜举足，尚苦矜持也。

余也触目兴怀，窃思有善创而无善继，则势必堕坏，前人之休光，不将从此而遏佚耶！爰请命乡老，召集嘉应州石匠邓廷枢等，采近村之生石，添设桥梁，廓阔桥台，以垂不朽。而经营之始，有财者乐于解囊，有力者乐于效功，不终月，而遂遹观厥成焉。既竣，喜圮涂孔固，克恢前烈，犹虑同侪娇修，久而弗彰。故勒之于石，使流传万古，与凌川同其悠长焉。是为序。乡人邑庠谭飞九撰文。

捐金芳名列后：（芳名及捐资额略）

  首事谭德遥、谭则茂、谭家寿、李有满、谭德学、邹明联

      时乾隆二十四年❶孟秋穀旦勒石

【注释】

①乾隆二十四年：1759年。

重修军山社学庙记碑

两碑均砚石质,现镶于双水镇上凌村大圣殿。两碑正面尺寸均为:73厘米×150厘米。

重修军山社学庙记

盖闻地之灵也人方杰,神之在也山斯名。我等凌冲社学,在军山沤塘石龙林木之间。青山面面,绿水盈盈,县志所载,由来旧矣。奉事文昌帝君、将军爷爷,恩光赫濯,德泽昭明。文人蔚起,品物递呈。虎豹驱而远迹,魍魉[1]灭而无惊。固合里保障之主,亦一方敬业之黉[2]乡。先辈以时课文艺、息交争,皆于斯乎往会,自于是焉定评[3],诚盛事也。但历年既久,栋宇已倾,睹目前之倒塌,思今此而雕甍[4]。爰倡公义,集合经营。父老欢欣,咸捐题而乐助;少壮鼓舞,遂一举而共擎。众工告竣于不日,庙貌忽见其崇宏。于以妥灵爽,育群英,不且神威,因之而益显人意,由是以弥诚也哉。今日者士民戾止[5],来往相迎。见夫:旗带前飞,与双门共拱;铜鼓旁列,和龙石齐鸣。允是现成佳境,洵为万代休声。有不,文武光烈,老幼安荣,图书愈增,朗润斯世,永赖升平乎?是为记。

计本乡各祖捐题开列:(芳名及捐资额略)

计外乡各绅士捐题开列:(芳名及捐资额略)

本乡新园里一百八十七名捐题（捐资额及芳名略），田唇里一百五十五名捐题（捐资额及芳名略），西头里一百三十六名捐题（捐资额及芳名略），东头里八十七名捐题（捐资额及芳名略），社阐巷里九十八名捐题（捐资额及芳名略），石门限九十一名捐题（捐资额及芳名略），圣堂里八十六名捐题（捐资额及芳名略），水流巷里四十九名捐题（捐资额及芳名略），沙岗边里五十七名捐题（捐资额及芳名略），井头里六十一名捐题（捐资额及芳名略），环龙里五十八名捐题（捐资额及芳名略），高地里四十二名捐题（捐资额及芳名略），麝山里三十六名捐题（捐资额及芳名略），贤美里四十三名捐题（捐资额及芳名略），岛桥村三十八名捐题（捐资额及芳名略），红门楼里三十三名捐题（捐资额及芳名略），凌山里二十五名捐题（捐资额及芳名略），东来里二十名捐题（捐资额及芳名略），南坑里一十三名捐题（捐资额及芳名略），仓园里李成琳题钱三百四十文。

时乾隆四十九年九月吉旦
上凌冲信官谭茂手、信官谭德恕、信官谭家俊等恭记

【注释】

①魍魉：古代神话传说中的山川精怪。一说为疫神，是颛顼之子所化。出自《孔子家语·辨物》等著作。②黉：古代的学校，比喻出人才的地方。③定评：确定的评价。④雕甍：雕镂文采的殿亭屋脊。⑤戾止：到来。典出《诗经·周颂·有瞽》："我客戾止，永观厥成。"

重修大圣殿碑

本碑砚石质，现镶于双水镇上凌村大圣殿。碑正面尺寸：83厘米×183厘米。

重修大圣殿碑序

玉封文武总制左相大圣乩❶题己序

尝云游天下，所过名山大川，莫不有神明主持于其间。越东西，览泷水村上凌数其姓。徐行几里，有一峰甚高，耸踞，曰虎奋青龙路，紫绕成古洞，军山是名，南北冠军，神于此守土治民，厥有万年又何所问。后人建之，庙曰"将军庙"。将军者，以山名乎，以神名乎，神于此亦不俱论。今岁丁丑❷，栋宇虫蟏蚁栖，老少捐题重修有制，求我碑序。降乩下睇，始知我玉封大圣之龙牌：至于庙貌巍峨，英灵振威。魑魅魍魉❸，虎豹同驱。生民循矩，莫作非为。报汝景福，万载无危。今夫山，石壁云环，泉流石涧。左旗右鼓，实出非凡。五马❹系门，马栏何关。仙桥高拱，三仙开颜。与民同乐，亦在其间。

玉封土地大人降乩赞：赞天能平，协地能成。惟威斯畏，惟灵斯应。恩流海国，漫溢上凌。光天化日，民无能名？

大圣乩题闲语：普天下，五岳峻。粤东西，一峰佳。树林荫，鸟声谐。山下泉，流凌溪。神居此，已万载。后建宇，得所哉。今倾坏，建有礼。非人依，惟德体。彼恶者，投虎豺。自取戾❺，尔何为？

大人续句：至今后，好齐戒❻。介景福，万象泰。题碑序，写大势。这景色，比蓬莱。两旗鼓，左右摆。五花骢，双门系。助诗情，更觉快。威凛凛，与天齐。

土地大人闲书履历：

大圣乃玉帝大臣，非同山川感应之神者比，虽王侯将相，富贵由大圣掌上操，天子理当礼拜，况于黎民百姓乎？小视罪难容，百姓无知，得罪不少，可惜大圣量大能容，故免之。

大圣不是封于此地。

大圣心爱峻岭特秀，在此优游已经万载。后人奉祀亦是美意，至今修建，诚心求序。

大圣作之何难？章句华丽序文冠万古。近日天庭案牍繁冗，不暇镕炼辞句，故简洁以明在此山之履历。彼雕虫小技之人，寻章摘句之士何得蔑视！我土地也曾中状元出身，同平章事历数十余年，托孤二次，功盖天下，继美伊周，文章犹冠天下，况于大圣乎？汝诸士不知，故不妨赘言以明之。

圣殿左山取石有伤龙脉，龙母尊圣乩题诗以示后：

顽石消然亿万年，何人扑琢落寒烟。此中未必怀金玉，亦有清奇竖殿边。

时嘉庆二十二年岁次丁丑孟冬众庙丁

【注释】

①乩：占卜问疑，通过占卜问吉凶。②丁丑：指嘉庆二十二年（1817）。③魑魅魍魉：古代传说中对害人的鬼怪的统称，现指各种各样的坏人。④五马：太守的代称。⑤取戾：获罪，受谴责。⑥齐戒：修身自警。

大圣乩示碑

本碑花岗岩石质，现收藏于双水镇上凌村谭氏宗祠。碑正面尺寸：112厘米×43厘米。

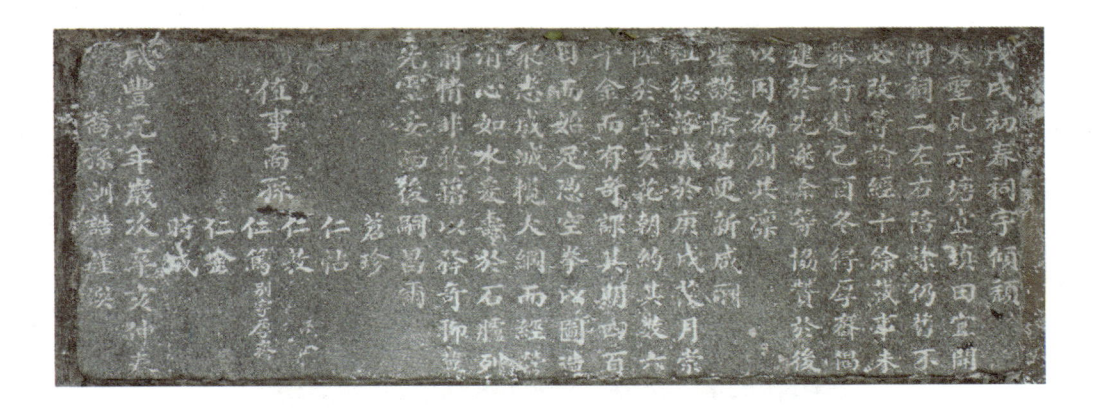

大圣乩示碑❶

戊戌❷初春，祠宇倾颓，大圣乩示❸"塘宜填，田宜开，附祠二，左右陪，余仍旧，不必改"等谕。经十余哉，事未举行。越己酉❹冬，得厚斋倡建于先，邀余等协赞于后，以因为创，共凛圣谟，除旧更新，咸酬祖德。落成于庚戌葭月❺，崇升于辛亥❻花朝❼，约共数六千金而有奇，课共期四百日而始足。凭空拳以图造，众志成城；揽大纲而经营，清心如水。爰寿于石，胪列前情，非敢藉以矜奇，聊冀先灵妥而后嗣昌尔。

值事裔孙苍珍、仁怗、仁敦、仁笃（别字厚斋）、仁金、时成

咸丰元年岁次辛亥仲春

裔孙训诰谨撰

【注释】

①标题系编者添加。②戊戌：指道光十八年。③乩示：指通过占卜方式所得到的暗示或启示。④己酉：指道光二十九年。⑤庚戌葭月：指道光三十年（1850）十一月。⑥辛亥：指咸丰元年（1851）。⑦花朝：俗称花神节、百花生日、花神生日，是中华民族的传统岁时节日之一。花朝日期并不固定，有的地区为农历二月初二，有的地区为农历二月十二或二月十五。

建避雨亭捐题芳名碑

本碑砚石质，现镶于双水镇上凌村禾仙洞避雨亭。碑正面尺寸：80厘米×178厘米。

建避雨亭捐题芳名碑记

倡建禾仙洞避雨亭……悯夙夜之行人而沐雨栉风，尤怜往来……乃康衢大道右可登将军之岭参神之……橡……感冒，而夏天之酷热更宜住足以遏……

（芳名及捐资额略）

支投锄地培工银九两一钱一分，支投车石工银四十七两五钱二分，支投车蓬厂上落工银一十四两零四分，支投泥水工银六十两整，支投开石工银三百五十四两整，支答走架上石工银二十一两□钱，支青砖银一百六十四两零八钱，共支漂灰银四十七两二钱三分，支重青砖工银二十二两八钱三分，支白泥瓦银三十一两四钱整，支蓬厂工银一百七十八两九钱六分，支黎朗溪整公仔工银一十一两五钱二分，支整路春灰工银七十八两三钱四分，支再整前耀连料工银九十两整，支进伙银五十一两二钱六分，杂用散项石碑支银一百七十四两九钱。

合共进银一千三百五十二两五钱五分，合共支银三千三百五十三两五钱五分。

宣统三年岁次辛亥仲春上凌冲阖乡绅耆谨启

牧野简公祠碑

本碑砚石质，现镶于双水镇木江村牧野简公祠。碑正面尺寸：55厘米×40厘米。

牧野简公祠碑[1]

本祠自七世祖石邻翁创建至今，数百余年历世相传，不无圮坏。众子孙诚恐祠宇倾颓，妥灵无所，是以卜吉重修。于房内推能办事者十一人，令有余资者各捐工金，共成厥美。今工已告竣，因勒石记名，以垂孝思于永久。

主事十五世孙：俊旭；值事孙：总理良明、俊廊、进礼；买办俊亢、寿俊、秀大、进生；督工俊元、俊豪、俊扶、芳光；捐工金孙：
（芳名及捐资额略）

乾隆五十九年岁次甲寅仲春穀旦十五世孙文明盥手敬书

【注释】

①标题系编者添加。

寅初公遗训碑

本碑白玉石质，现镶于双水镇木江村寅初学校。碑正面尺寸：90厘米×110厘米。

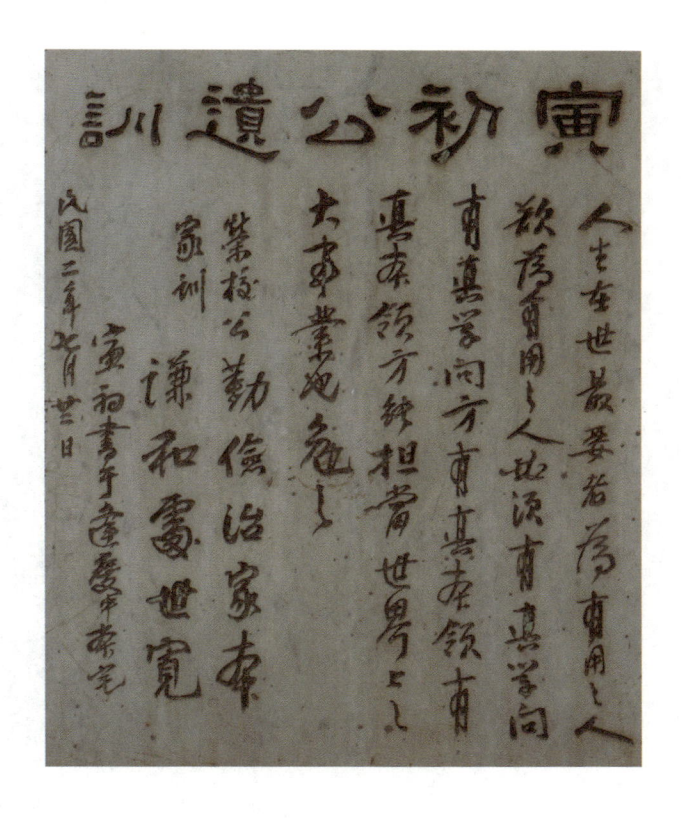

寅初公遗训

人生在世最要者，为有用之人。欲为有用之人，此须有真学问，有真学问方有真本领，有真本领方能担当世界上之大事业也。勉之。

荣校公家训：

勤俭治家本，谦和处世宽。

寅初书于逢庆中本宅

民国二年七月廿二日

合约碑

本碑砚石质，现镶于双水镇萌头村文昌宫。碑正面尺寸：37厘米×55厘米。

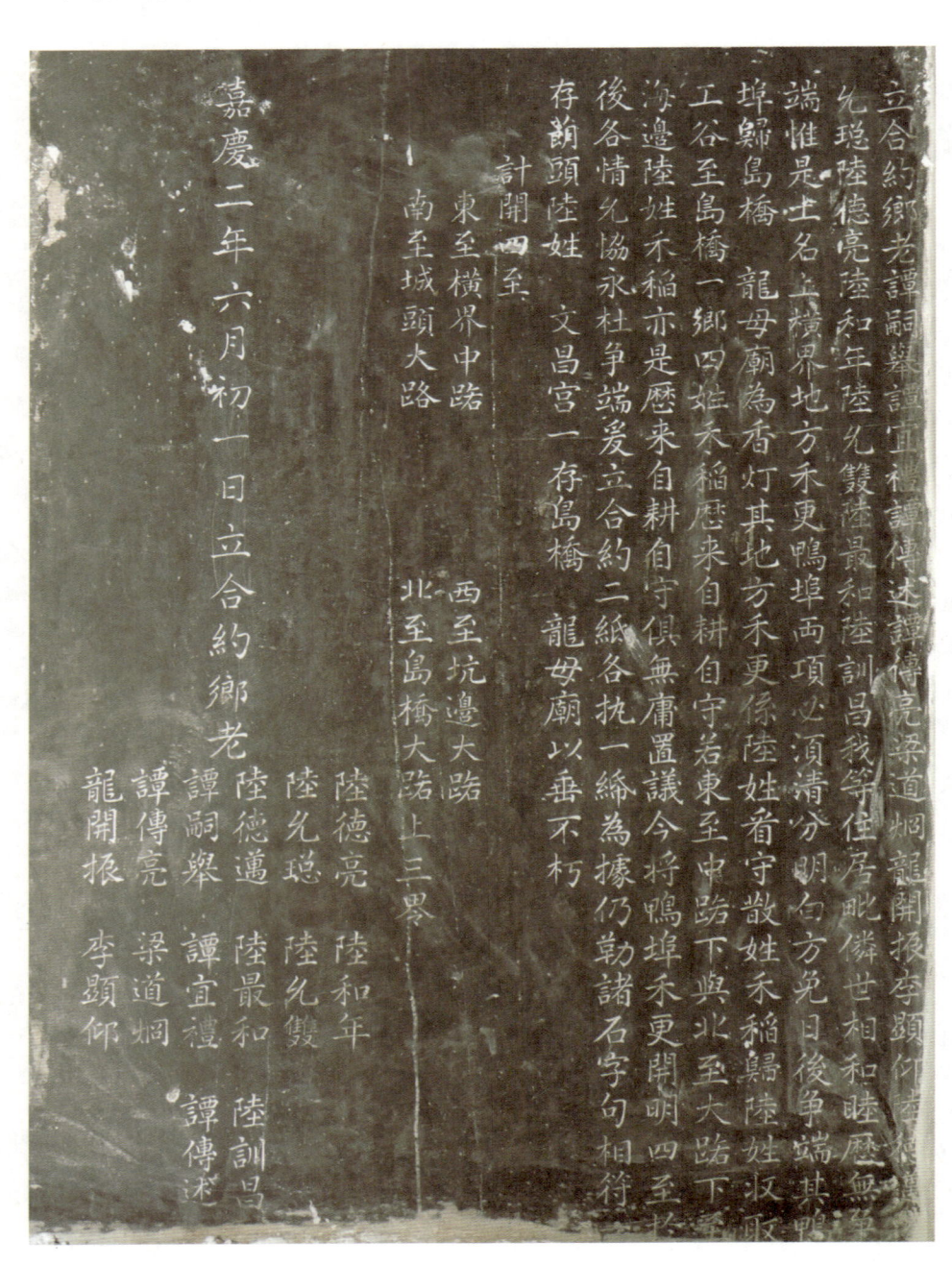

立合约乡老谭嗣鑾谭玉祖谭傅述谭傅亮梁道烟龙开振李显仰黄德薰
允琞陆德亮陆允燹陆最和年陆训昌我等住居毗邻世相和睦历无瑕
端惟是土名土横界地方禾更鸭埠两项必须清分明句方免日后单端其
埠归岛桥龙母庙为香灯其地方禾更係陆姓着守散姓归陆姓收服
工谷至岛桥一乡四姓禾稻历来自耕自守若东至申路下与北至大路下各
海边陆姓禾稻亦是历来自耕自守俱无庸置议今将鸭埠禾更开明四至给
后各情允协永杜争端爰立合约二纸各执一縂为據仍勒诸石字句相符
存萌头陆姓 文昌宫一存岛桥龙母庙以垂不朽

计开四至：
东至横界中路 西至坑边大路
南至城头大路 北至岛桥大路上三界

嘉庆二年六月初一日立合约乡老

谭嗣鑾 陆德迈 陆允琞 陆德亮
谭宜禮 陆最和
谭傅述 陆训昌
谭傅亮
梁道烟
龙开振
李显仰

合约[1]

立合约乡老：谭嗣举、谭宜礼、谭传述、谭传亮、梁道炯、龙开振、李显仰、陆德迈、陆允璁、陆德亮、陆和年、陆允双、陆最和、陆训昌。我等住居毗邻，世相和睦，历无争端。惟是土名上横界地方，禾更、鸭埠两项，必须清分明白，方免日后争端。其鸭埠归岛桥龙母庙为香灯，其地方禾更系陆姓看守，散姓禾稻归陆姓收取工谷。至岛桥一乡四姓，禾稻历来自耕自守，若东至中路下，与北至大路下、至海边。陆姓禾稻亦是历来自耕自守，俱无庸置议。今将鸭埠、禾更开明四至于后，各情允协，永杜争端。爰立合约二纸，各执一纸为据，仍勒诸石，字句相符，一存萌头陆姓文昌宫，一存岛桥龙母庙，以垂不朽。

计开四至：

东至横界中路，西至坑边大路，南至城头大路，北至岛桥大路上三界。

嘉庆二年六月初一日，立合约乡老陆德亮、陆允璁、陆德迈、谭嗣举、谭传亮、龙开振、陆和年、陆允双、陆最和、谭宜礼、梁道炯、李显仰、陆训昌、谭传述。

【注释】

①标题系编者添加。

重修文庙碑

本碑砚石质，现镶于双水镇蓢头村文昌宫。碑正面尺寸：50厘米×63厘米。

重修文庙碑记

劝捐工金芳列后：

首事陆彩训、怡首、彩乐。

（芳名及捐资额略）

陆乐常喜认棹纬一条。

道光五年孟秋旭旦

邑侯李公去思碑

邑侯李公去思碑记

民国二十五年秋，从化伯潜李公务滋治来尹我邑❶。十五年，公尝以国民革命军三十八团长，领军江会。维时猾盗蠢起，分踞险隘肆剽卤❷，更连邻邑煽械斗，大患危促。公为犁礼乐匪巢❸，平荷塘斗祸，群盗摄息❹。复札谕乡民，编队警卫，为自治乡兵之始❺，于是盗患悉平。公以治军我邑久，故于川陆险夷❻，道里遐迩，民俗良莠，□□□利□，知之綦详❼。而于邑人士尤多所晋接，比移宰我邑命下，皆腾跃相告语。公习军旅，并明吏事，为治不骛浮誉，不立崖嶷，第謹身师先，强直诚朴❽，尤以简易便民为务，而于治赌盗独严。

莅事之初，既稽积案，侦知❾附城有剧盗十数辈，为暴乡邑已久。而沙贼杨仲带尤强悍恣黠，出没三沙、龙溪各地，倚港涘为聚薮，集党羽为爪牙，跳梁邑东南间❿，官府逻捕术穷。公捕附城群盗磔诸市，檄杀杨仲带于外海，邑人醵饮告庆⓫，复逮治庇赌渠魁以殉，四境遂安。

邑人固好讼，则挥金角直，为墨吏所资，而讼争亦逾炽⓬。公秉廉操，常喜接近士民，有谒者必亲延见，又辄屏驺从⓭。与父老子弟叙语如家人，人亦视之如父兄。以此周察民隐，故所区处，皆依于乡习而当于法，讼获以理。

又，公始下车，以⓮县库积负中小学校五万余金，县兵营万余金，而帑藏苦乏，乃为厘节财用⓯，期年悉偿给之。人怀其德，为勒碣圭峰⓰，纪其事。抗战军兴，军役法令如牛毛，公承流布令，自征兵以逮编练壮丁皆如法⓱。而更为条教善道之，使民易从，人亦乐为之用。故能募集中央救国公债至六十四万余元⓲，广东国防公债五十万余，与献机献金均称最⓳，则以公之能得人，而人亦乐输其财也。

二十七年秋，敌陷粤城，诸旁邑并下，散军多逃聚江门市。市民夜惊，谣诼亦炽。公亲为遣理，地方赖安。是岁冬，公被命兼广东第五游击区纵队司令，□新会鹤山军事⓴。时则敌人谋攻江会益急，敌机施炸愈频，公为部署警备，密筹战具。

二十八年三月二十八日，敌舰袭占我猪头山，复由鹤山杰州登陆，攻我天河棠下。同时，以机队肆炸江会㉑。公悉力应战，所部尤感激奋发，争为前锋，迄四月二日止，大小战十余。公辄亲出麾军冒敌阵，察房势，示方略，夜仍危坐县廨，受军报，目未交睫者凡六昼夜，致两目尽赤。是役我方军警团队都二千人㉒，敌数倍我，重以飞机、战舰、坦克、车炮。我均无之，强弱之势，相去越绝。然卒能创敌于江会，死伤敌军五百余人，毙敌校尉，相持六昼夜，乃整队以退。并界江会黎老，得以其间，保其稚弱，辇其资货后撤，所存至多。会城既陷，县治遂移豪山、东凌冲二乡㉓。公亦旋解司令兼职，专力抚集流徙。旅外邑侨助资㉔四十余万，储侨港新会商会，资公施赈㉕：无依及负伤者，予抚助金；死者予恤，贫者予粮。孑遗得稍苏息。然仍不次巡视乡区㉖，存问其父老，慰勉其子弟，并为计略备敌御寇，平粜联防，以及规为县校、医院诸事，未遑宁居也。是岁冬十二月，公复被命解县篆，并趋赴韶勷事，遂以二十九年元旦去任。

公莅新会凡四十阅月，邑之人无男女老幼，皆亲公敬公，江会战后尤依以为固。比解职命下，则皆惶惑震悸，复奔走相告语；自邑内以至旅外侨者，为电大府攀留，皆不谋而合；既弗获，则为排日设饯于天亭，四方冠带云集，人无虑数千，又皆不期而会。视昔人之供张东都门者㉗，无多让焉，其为人爱戴又如此。公在任有惠政至伙，不悉纪，此其概略焉尔。又我邑县治，十九年迁江门石湾庙，湫隘近市。廿六年夏，修复邑城清参将府废署还居焉，亦出公意。而修廨助款，则由邑城人㉘。迁之日，为张乐供香花迎之，所以规旧制，崇县治，亦从民望也。

公毕业保定军学校，沉深饶胆略，临阵从容指麾，敢深入，有将才。十七年任革命军第十八师长，兼惠州绥靖主任，平东江群贼，河道复通。廿一年为从化县长，有政声，满四年，迁新会。昔班孟坚传循吏，称其所去见思，吾邑人于公亦云。公虽舍吾邑而去，邑人未尝忘公，口碑传之。若夫邑乘有书则俟异日，是不可不纪也。

新会县各界民众公立
中华民国三十年元旦㉙

【按】

本碑砚石质，当年立在泷水天亭奎阁侧，后移到东凌林场水库宿舍侧，当饭台和洗衣板。编者此次寻访未获。目前收录本碑文的资料有两处，一为《新会文史资料选辑》第29辑所载李达生撰的《〈邑侯李公去思碑〉简记》点校文，一为旅居美国的李务滋儿子李铸晋先生提供的点校文。该文注明"此文与原碑文略有出入"。本碑文采用李达生的点校文。

以下"注释"中,"李文"均指李务滋儿子李铸晋先生提供的点校文。

【注释】

①从化伯潜李公务滋治来尹我邑:李文作"宁府既奠粤局。其年秋,大吏察廉,以从化李公务滋治从有声,檄迁来尹我邑"。②分踞险隘肆剽卤:李文作"分于邑内川陆险隘,为堂号以肆剽卤"。③公为犁礼乐匪巢:李文作"公为击礼乐匪巢"。④群盗摄息:李文作"群盗摄息瓦解"。⑤编队警卫,为自治乡兵之始:李文作"编队警卫,比其名额,时其守望,为自治乡兵之始"。⑥公以治军我邑久,故于川陆险夷:李文作"编队警卫,比其名额,时其守望,为自治乡兵之始"。⑦民俗良莠,□□□利□,知之綦详:李文作"民俗良莠,知之綦详"。⑧不立崖嶷,第谨身帅先,强直诚朴:李文作"不立崔嶷,第谨身帅先"。⑨侦知:李文作"炯知"。⑩集党羽为爪牙,跳梁邑东南间:李文作"集党羽为渠帅,跳梁邑柬东间"。⑪邑人醵饮告庆:李文作"邑人醵饮告庆,酤市一时为竭。"⑫邑人固好讼,则辇金角直,为墨吏所资,而讼争亦逾炽:李文作"邑人固好讼,于乡则氏族有争、水界有争,于田亩主佃有争、民沙有争,勿易究诘。又以与四邑并称富贵,讼则辇金角直,为墨吏所资,而讼事亦逾炽"。⑬有谒者必亲延见,又辄屏驺从:李文作"有谒者虽赤足短褐,必亲延见,又辄屏随从"。⑭以:点校文、李文缺。⑮而帑藏苦乏,乃为厘节财用:李文作"而帑藏苦之"。⑯为勒碣圭峰:李文作"为勒碣圭峰之阳"。⑰公承流布令,自征兵以逮编练壮丁皆如法:李文作"公承流敷布,自征兵编练壮丁皆如法"。⑱人亦乐为之用……至六十四万余元:李文作"人亦乐之为用。故能募集中央公债至六十四万余。"⑲与献机献金均称最:李文作"与购机献金,在国与省称最"。⑳二十七年秋,敌陷粤城……新会鹤山军事:李文作"二十七年,日寇陷广州,诸旁邑并下,散军多逃聚江门,市民夜警,谣诼亦炽。公亲为遣理,地方赖安。是岁冬,公被令兼广东第五游击纵队司令,莞新会军事"。㉑同时,以机队肆炸江会:李文作"越晨,敌舰攻北街,趋江门。同时,以机队肆炸各地,攻势甚锐"。㉒是役我方军警团队都二千人:李文作"是役我方军警团队凡十九中队,都二千人"。㉓会城既陷,县治遂移豪山、东凌冲二乡:李文作"盖敌之占我粤域也,兵未血刃,始意取江会如拾芥耳。故江会一战,实出敌意外,论者亦以为言粤抗战事,当自我邑始,而于新会有光矣。时蒋委员长、第四战区司令长官,均驰电嘉奖。吾邑则自美洲以及南洋诸旅侨,更文电誉勉有加。

外国报章,述载兹次战况尤详,咸为兴奋。会城既陷,县治遂移泷水天亭"。㉔助资:李文作"助贷"。㉕施赈:点校文作"施振"。㉖孑遗得稍苏息……不次巡视乡区:李文作"孑遗得苏息。然仍不断巡视乡区"。㉗并为计略备敌御寇,平枭联防,……视昔人之供张东都门者:李文作"并趋赴韶勷军事,遂以廿九年元旦罢去县务。公莅新会凡四十阅月,邑人无男女老少,胥亲公敬公,江会战后尤依以为固。解职命下,则皆惶惑震悸,奔走告语,自邑内以至旅外邑侨,为电省府慰留,皆不谋而合。既弗获,则为排设祖饯于天亭,四方冠带云集,人无虑数千,又皆不期而会,视昔人之供张东都"。㉘此其概略焉尔……而修廨助款,则由邑城人:李文作"此其概焉尔。又我邑县治,于十九年迁江门石湾庙,湫隘近市。廿六年夏,复修邑城清参将府废署还居焉,亦出公意。而修廨助款,则出于邑城人"。㉙公毕业保定军学校,沉深饶胆略……中华民国三十年元旦:李文作"邑故为乡籍二百五十有奇,其间区域之广狭,人口之众寡,悬绝若霄壤。有以二三百人为乡,三四万人为乡者,错综复杂,于施治不便。又邑饶沙田,其地十九皆茅茨,其人则春及而作,秋成而获。他无所事,随主者佃者,赁佣为耕,佣解则去,且多来自外县,与游牧迁徙之民略同,故不为土著户籍,至岁一更易,而人数又极少,于乡自治亦不合。二者均建议省府,有所更置。以抗战事起不果行,此皆公所志焉而未逮者。公字伯潜,卒业保定军校,深沉饶胆略,临阵从容指挥,敢深入,有将才,与同列者均能言之。十七年任革命军第十八师师长,兼惠州绥靖主任,平东江群盗,河道复通。廿一年为从化县长,开发温泉区,风景殊胜,大夫筑舍其间,衡宇栉比。岭南大学及泰西诸医,验其泉及热沙,谓足以养生疗病,为书证明,故欧人亦构墅于此。从化温泉,遂以著闻中外。公治从满四年,迁新会。昔班孟坚传循吏,称其所去见思,吾邑人于公亦云。顾公虽舍吾邑而去,邑人未尝舍公,口碑传之,犹将买丝绣之,邑乘有书则俟异日。是不可不纪也。中华民国二十九年元旦。新会县各界民众公立"。

三仙岩诗刻

三仙岩诗（其一）

临遍蓬莱骨亦仙，此生终欲脱尘缘。
半帘花雨歌骚地，万壑松风放鹤天。
宝镜光磨银海月，瑶台香结石岩烟。
山中甲子何须问，牧唱樵吟又一年。
——光绪癸巳❶重阳日古冈黄春洲题

其一

三仙岩诗（其二）

孔岭巉岩断复连，如卿羽化霎成仙。
精魂自讬三生石，峭壁长飞一道泉。
阖辟有门驰日月，扶摇无处不云烟。
劳人未尽红尘劫，此外何曾得洞天。
——光绪癸巳重阳日龙溪黄若梅题

其二

三仙岩诗（其三）

听吟处　己亥季秋
日月双悬峭壁中，云来筛碎玉玲珑。
神仙听鹤闲酣醉，时见青天挂彩虹。
——里人张公荣题

其三

【注释】

①光绪癸巳：指光绪十九年。

重修三仙岩碑

本碑砚石质，现收藏于双水镇东凌村三仙岩庙。

重修三仙岩碑□

（芳名及捐资额略）

【按】

碑刻中有区氏信众，据双水镇土塘《区氏族谱》，这是清代的族人，故本碑成于清代。

重修三仙碑

本碑砚石质，现收藏于双水镇东凌村三仙岩庙。

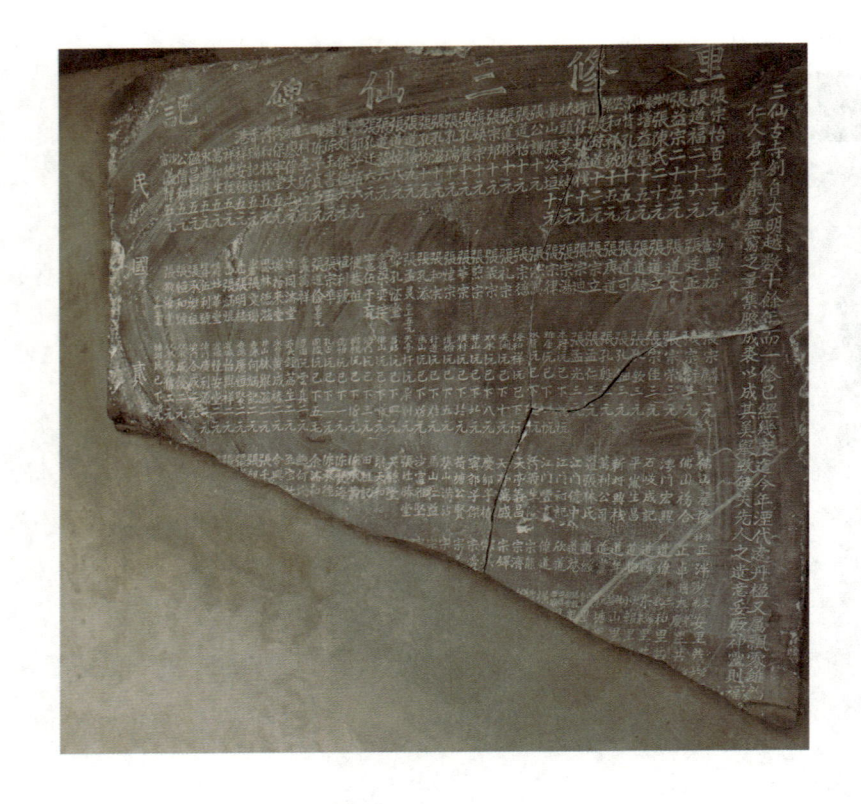

重修三仙碑记

　　三仙古寺，创自大明，越数十余年而一修，已经几度。迄今年湮代远，丹楹又属飘零，虽锱……

　　仁人君子，乐善无穷之量，集腋成裘以成其美举，致无失先人之遗意，妥厥神灵，则福……

　　（芳名及捐资额略）

　　民国二……

残碑

本碑砚石质,现收藏于双水镇东凌村三仙岩庙。

残碑之一

残碑之二

残碑之三

【按】

三仙岩庙有三块残碑碎片,依字迹判断,均来自同一块碑。

重建武帝天后庙碑

本碑砚石质，现镶于双水镇洞阁村关帝庙。碑正面尺寸：60厘米×113厘米。

重建武帝天后庙碑记

　　夫古圣王之所，以神道设教者，其意有二：一以报功，一以示敬。其报功也，生灵食德则俎豆荐以馨香；其示敬也，质民畏威则衾影俨临对越。报功者知恩之事，示敬者善俗之原，此神道也，而人道备矣。然则庙堂之建，夫非听于神也，听于人也。我洞阁一乡所敬而报之者，武帝、天后之神，恩光久被，英灵肃钦。昔在先民谋安神爽，惟兹东土，亦有宁宇。然而茨檐土阶，规模未广，非所以妥神灵而壮观瞻也。爰有信士概思改观，捐资乐助，更繁有徒随，发诚心延于妇女。或投金，或奉粟，积少成多；或人各，或会尝，承非独力。资费已备，众论既同，于是谂吉定向，鸠工庀材，地势仍旧，栋宇希新，乃溉乃涂，乃轮乃奂，基盘而郁，局闳以肆，凡两越月而告竣。夫有美必期共济踵事可以增华。是举也，萃众毛以成裘，共修塔而合尖，用以维古圣王神道设教之意，其亦善男信女之所用心欤。於戏！善无弗彰，美无弗传，凡在捐题，宜志金石，至于芳名后先，则以捐资多寡为次若。乃人情踊跃，总之登籍，老幼皆同，谨付贞珉，寿于不朽。

　　帝君请会银四十两，乐捐钱银芳名开列：
　　清河祖捐庙前地一段，横二丈九尺，直一丈七尺。
　　（芳名及捐米、银数额略）
　　题米姓氏开列：
　　（均为女性，芳名及捐米、银数额略）

乾隆四十八年岁次癸卯孟春吉旦
首事李恪守、李盛厚、李守义、李守璁、李肇业等同勒石

重修武帝天后庙碑

本碑砚石质，现镶于双水镇洞阁村关帝庙。碑正面尺寸：60厘米×113厘米。

重修武帝天后庙碑记

夫伏魔荡妖，作万民之保障；护国庇民，普四时之福荫。老幼男妇，有求皆应，得失休咎，无疑不决。此庙貌取乎壮观，堂廉贵乎焕彩也。本乡重建武帝、天后庙，多历年所而风霜久阅，梃桷摧残，鼠蚁相侵，垣墉崩塌，将神灵何以为凭倚，吾侪何以为瞻仰？于是询谋，佥同捐资成美。厥基仍旧，其象维新。或庀材，或鸠工，莫不同心而竭力；为涂塈，为丹雘，非必踵事以增华。瞻兹翚飞鸟革之形愈显，赫声濯灵之象则有美必彰，无善弗传，序略分乎尊卑，银亦列乎多寡。爰将姓氏，寿于贞珉，昭兹来许。

谨将乐助芳名开列于左：

本庙尝存租支银七十六两整，永义堂捐所得太祖第拾陆会收银九十二两整，内实充本银三十两整，本庙尝充至尾会。

（芳名及捐资额略）

同治四年[1]岁次乙丑季秋穀旦

值事李长期、李衍怡、李金衍、李衍梅、李宠礽同立石

【注释】

①同治四年：1865年。

重建太祖祠碑

本碑砚石质，现镶于双水镇洞阁村李氏家庙。碑正面尺寸：76厘米×150厘米。

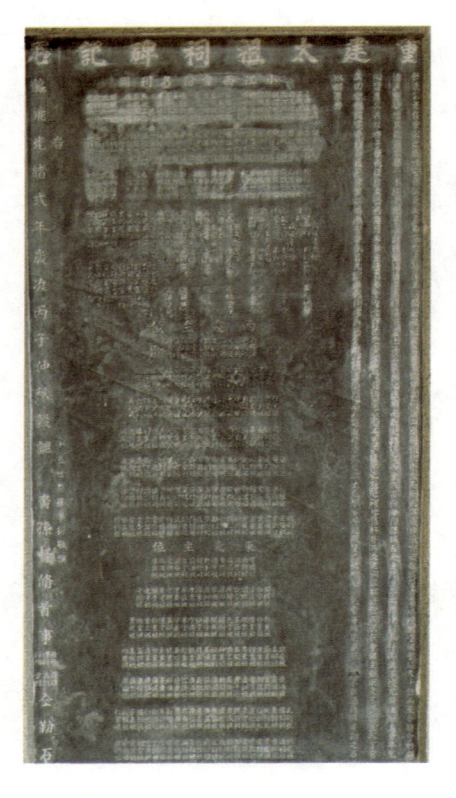

重建太祖祠碑记石

　　仕达公者，任堂公之八世、圣保公之长房，由筋竹迁磻溪，为洞阁始祖。祖祠之建百余年矣，祠旧二座，规模狭小，久而风雨伤残，栋垣将倾。惟咸丰六年❶以前亏空祖尝银二千余两，至今请会❷始颇清还。然欲增其式廓，又非一木能支，几乎百计途穷。同治辛未❸，得损下益上❹，雨公及私之法廓而新之。请小江西会二百份，每份课银五两，连课三年，共得会银三千两，俱不投充，厥后加息，分年充回。皆急公义，非权子母❺也。复于东西两庵，增入神主一百三十九位，得主金一千三百余两，原不费本，更不还本也。计除祠地旧料外，共支建祠银四千余两，俱在会银、主银取支，不费尝业，人丁、官工、田亩，概从宽免。于是再廓一座，共成三座。进伙日，大演梨园，同宗来祭者十余派，多云以为大观有德者能居兹土也，然余等何敢望焉？祗以妥先灵并以见事在人为，不在凭借耳，爰勒之石，以昭来许。

　　小江西会份名刊列：

　　宇祖房四十一份（芳名及捐份数略）

　　修祖房二十六份（芳名及捐份数略）

　　参渔祖房十八份（芳名及捐份数略）

恩祖房十五份（芳名及捐份数略）

相祖房九份半（芳名及捐份数略）

润祖房六份（芳名及捐份数略）

盛祖房七份（芳名及捐份数略）

冬生祖房七份（芳名及捐份数略）

荣夫祖房三份（芳名及捐份数略）

业祖房七份（芳名及捐份数略）

时祖房三份（芳名及捐份数略）

能祖房八份（芳名及捐份数略）

另各祖尝社会四十九份半（芳名及捐份数略）

西龛主位（名单略）

东龛主位（名单略）

十五世裔孙学衍敬撰
时龙飞光绪二年❻岁次丙子仲秋穀旦
裔孙督修，首事广珍、修衍、衍梅、长期、义衍、云经同勒石

【注释】

①咸丰六年：1856年。②请会：一种邀请他人参加的小型贷款形式。③同治辛未：指同治十年（1871）。④损下益上：指统治者减少奢侈行为，即可有益于百姓。这里用来比喻得到族人的无私奉献，而祖祠堂得到资助。损，减少。⑤权子母：指以资本经营或借贷生息，典出《国语·周语下》。⑥光绪二年：1876年。

重建茶溪祖庙捐资芳名碑

本碑砚石质，现镶于双水镇冲茶村北极殿。碑正面尺寸：75厘米×150厘米。

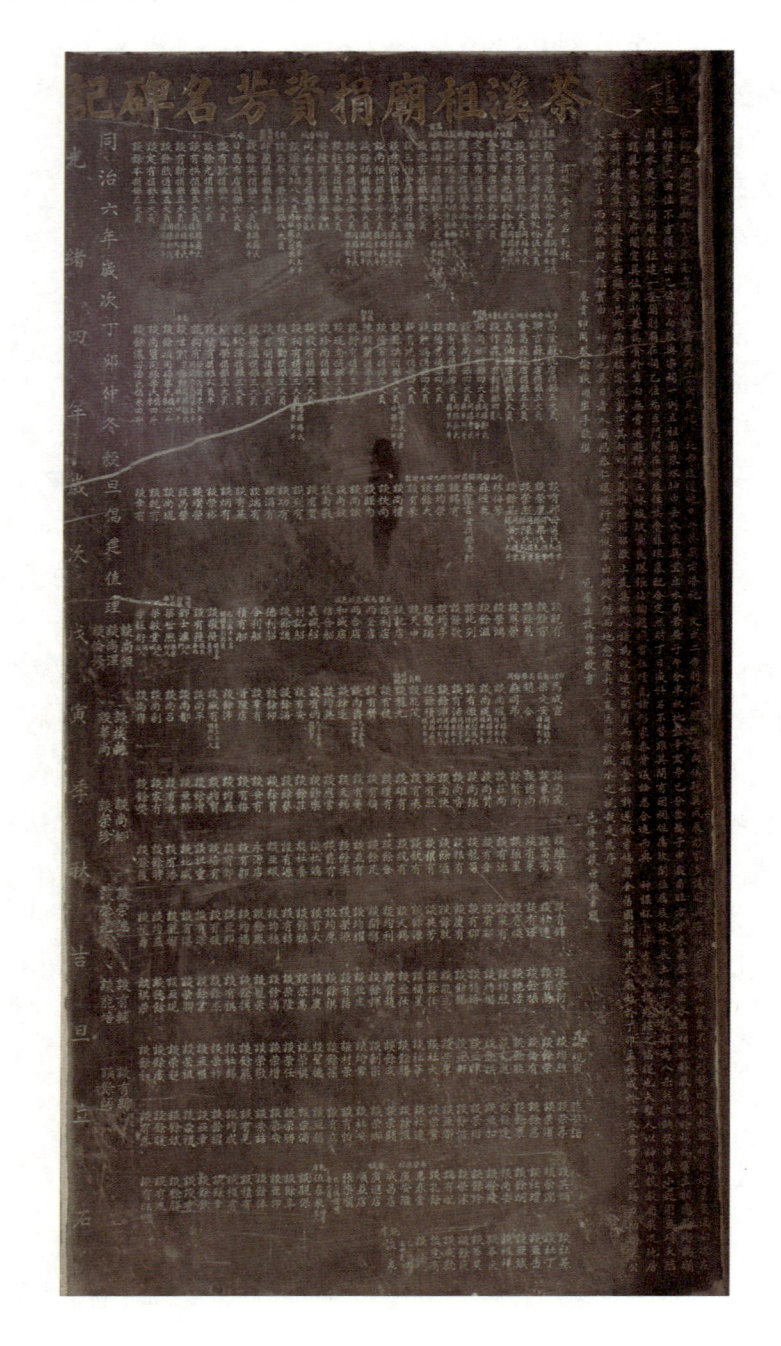

重建茶溪祖庙捐资芳名碑记

吾乡祖庙之建,始于康熙初年❶,重修于嘉庆丙子,向奉祀北帝。迄道光甲午❷,于庙右添祀文武二帝,别开一殿门,坐向俱乾巽戌辰❸。形家多议庙与宗祠壬丙子午❹,理气不合,形势亦背于本乡,更嫌肩角漏白。况在祠卯字❺,文曲位不吉,须吐出乙位❻,坐向改与宗祠一例。且祖庙来水坤申❼,去水辰巽❽,宜立水局。若兼子午❾分半,取地盘辛亥❿,辛巳分金为子申辰⓫局;旺方水来,墓位水去,水法相配,卦气清纯;于祠为宾主相应,于乡为拦门截水;更得于祠庙辰位⓬建一奎阁。则庙在祠乙位为巨门⓭,阁在祠辰位为贪狼⓮,理气配合,定然财丁日盛,科名不替。虽其间有因祠位属坎、阁位属辰,坎水辰土,似乎相克,谓为八杀⓯,然坎纳癸申辰⓰,小疵固无碍大醇。又谓巽⓱为文昌之府阁宜巽位,然于兼为贪,于坐向无当。迭邀陈捷三、林竣坡、黄良琛、张沾陶、赵飞云、伍晴岚诸形家参看,议论悉合。进而与神谋杯卜并吉,则人谋鬼谋之协从也。

夫圣人以神道设教尚矣。况地居桑梓,祈禳⓲翕集⓳,呵护素蒙,而顾令其坏雨栖楹,零风载宇,其何以式荐惟馨,用昭敬止?爰集乡人议为改造,不阅月而得捐金如许。遂诹吉鸠筑,舍旧图新,增其式廓,始于丁卯⓴孟秋,成于仲冬。当事者尤竭力勷办,矢公矢慎,几于不日而成,虽曰人谋实由神力也。异日者入庙思恭,仁让风行,英俊辈出,将人杰而地愈灵矣,又岂区区于风水之说哉!是为序。

恩贡即用教谕谈嵘盥手敬撰,邑廪生谈作霖敬书,邑庠生谈世勋书额。

捐题工金芳名列后:
(芳名及捐资额略)

　　　　　　　同治六年岁次丁卯仲冬榖旦,倡建值理谈尚恒、
　　　　　　谈尚泽、谈伦修、谈扶尚、谈华尚、谈尚娜、谈荣珍、
　　　　　　谈荣德、谈荣光、谈有辅、谈能培、谈有新、谈余炳
　　　　　　　光绪四年岁次戊寅季秋吉旦立石

【注释】

①康熙初年：指康熙元年（1662）。②道光甲午：指道光十四年。③乾巽戌辰：坐西北朝东南。戌在西北方，辰在东南方，连起来就是坐乾巽连戌辰。④壬丙子午：坐北向南偏东。⑤卯字：指东边。⑥乙位：正东偏南方。⑦坤申：西南方。⑧辰巽：东南方。⑨子午：南北方。⑩辛亥：辛亥为干支之一，天干之辛属阴之金，地支之亥属阴之水，是金生水相生。⑪子申辰：子为十二地支之首，溪涧汪洋之水，与午相冲，与卯相刑，与申辰三合。若申、子、辰全，会起水局，即成江海，发波涛之声。⑫辰位：十二地支中，"辰"的方位在巽方，即东南方。⑬巨门：巨门星是中国民间信仰和天文学结合的产物。巨门属于北斗七星之二。古书把巨门坐命称"石中隐玉格"，就是指玉不琢，不成器。⑭贪狼：即贪狼星，系中国民间信仰和天文学结合的产物。属水木，北斗第一星，化桃花煞，主祸福。⑮八杀：亦作"八煞"。古代星命家以九星术推算命运，其第八宫曰病厄宫，亦称八杀宫，简称"八杀"。⑯坎纳癸申辰：坎龙入首，坎纳癸申辰，得癸申辰方水潮，癸申辰高砂高拱。⑰巽：巽位是东南方位。《象传》曰："随风，巽。君子以申命行事。"随风者，顺从事物之理也；顺从事理者，以文而衬，或以文章才理而行三令五申之法政。故巽象为文象，后人又将巽象演化为九星之文曲星，故先天的巽位，代表文化才学之位。⑱祈禳：祈祷以求福除灾。⑲翕集：指聚集。⑳丁卯：指同治六年（1867年）。

重修陈巧祖师庙劝捐芳名开列碑

本碑砚石质，现镶于双水镇五堡村祖师庙。碑正面尺寸：73厘米×82厘米。

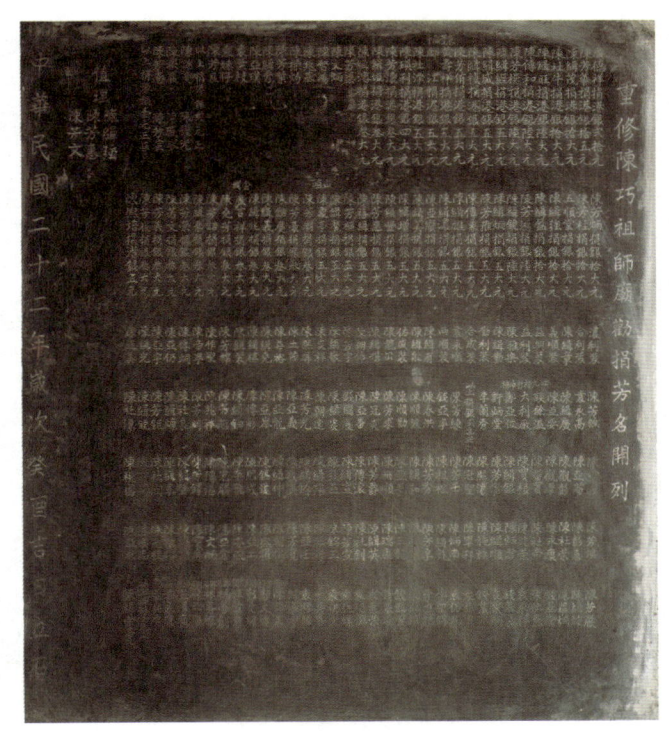

重修陈巧祖师庙碑记

重修陈巧祖师庙劝捐芳名开列：

（35人捐港银，芳名及捐资额略）

（芳名及捐资额略）

值理陈缉强、陈芳惠、陈芳文
中华民国二十二年[1]岁次癸酉吉日立石

【注释】

①民国二十二年：1933年。

新会碑刻

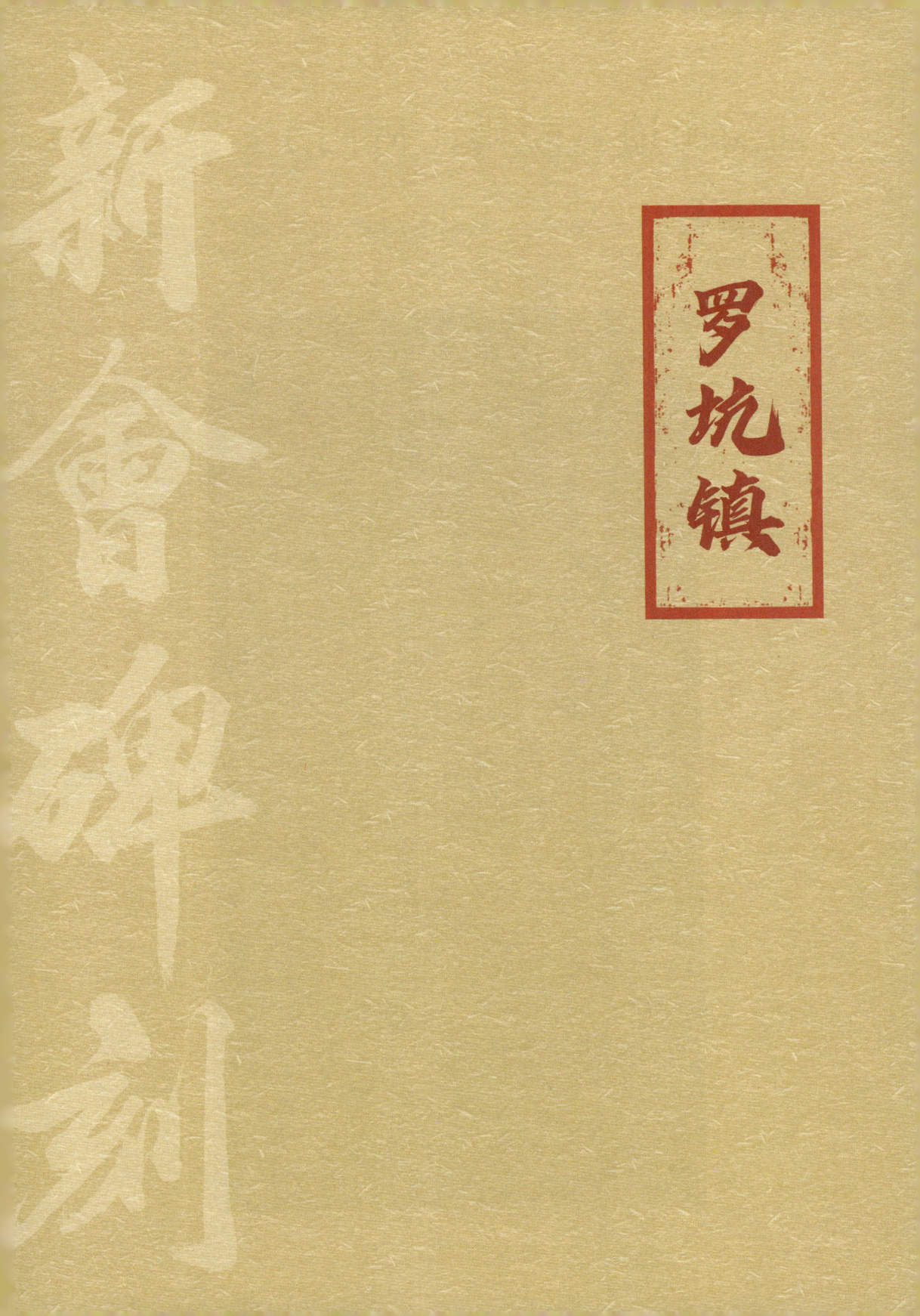

罗坑镇

仙涌山地藏院碑（碑阳）

　　本碑砚石质，因仙涌寺已拆毁，现立于罗坑医院大门外。碑尺寸：105厘米×195厘米×18厘米。

仙涌山地藏院碑记

大宋广州新会县仙涌山重修地藏院碑记

前监院僧惠元，小师僧契新、契宾，前知吉州太和县事宣奉郎中秘书丞许钦撰

□法炽于中土，由来久矣。□□□□不俟言而可知，然又阅其经旨，以见性为根本，以死生轮回为报应。无他也，止欲劝人之从善耳。后之□奉佛者□不然矣，□以崇壮塔庙，广峻栋宇，金碧像貌，彩绘廊庑，以求其福利，斯得谓之□耶？地□□□国□□□□□。上自天子，下及庶人，□□□□有□□□□奢□侈，罔有定式。故披缁之徒，汲汲乎劝诱，中下之人有割亲爱以修奉，竭资产以布施，□父母□□□之养，兄弟有斗尺之刺，浩浩佛刹，建之得中不其韪欤！仙涌山地藏院者，去县西南隅五十里，□老□□其山，因风雨晦暝，一夕之间由海中涌出，为神仙所居之地，未之详也。唐咸通十二年❶建□是院，厥后世□□□□众荡□精舍□□遗址。宛在皇朝天圣纪号之元祀，乡老容士迎等供伸旧额，议请今住持和尚法迎，重□□□嗣后□□。

迎师俗姓龙氏，始兴人也。幼而颖达，摆去氛垢，于大源山广福院落发出家，自得空理，云游海□□□□不□□□□□瓶锡。一日因召乡老而谓曰："我释迦遗教，欲世人之无恶也。寺院之制，非以□□□□，丹刻槛桷，为□□□之□果，至□茆茨俭陋，但庇风雨，不为不足。"未数年间，众施金宝，市材佣工，建造正□殿三间，罗汉、十王堂各五间，法堂、僧堂共十间，官厅又十间，观音楼暨钟楼二座三间，回廊共九间。土木鼎新，不奢不僭，足以为檀那皈依之所，十方□□之地也。

予景祐三年❷秋，罢官南海，舣舟江浒。迎师见访求文以志岁月，□遽之际，不克奉记。今冬由□□□□丁母氏忧，守制在乡，师又浖发缄题，恳托言记，加其勤厚，聊纪事实。□大雄氏以□□为念，清净为宗，当体道以济物，不欲利以损人。

今天下广化末俗，大起伽蓝。伐木空山，不足以充梁栋；运石砌路，不足以充墙壁。夸古耀今，逾章越制，百寮钳口，孰救其弊？由此而观，又非慈悲清静之

本旨也。予嘉迎师，了悟佛意，栋宇之制，不以□壮□念，简约从宜，良用赞美，故为铭曰："□□□□，化涌仙山。古建佛庙，芜没其间。世有兴废，道有污隆。崛起众□，□得之□。嗣兴基构，揆材僝工。不奢不侈，制度酌中。□处缁徒，钦奉无穷。"

时景祐五年❸正月一日，开山住持沙门法迎置文；庆历七年❹丁亥十月十有二日，住持小师沙门契秦、□□僧□□、□□僧云□、院主僧海鄂、监院僧法聪、都监僧法馨、开山小师前院主僧□□，进士张□书并篆□刻。

摄新会县簿尉徐建中、宣德都守广州新会县令赵让、朝奉郎尚书水部员外郎通判广州军州兼勾当市舶司管内劝农事轻车都尉赐绯鱼袋李崇、朝请大夫尚书屯田郎中通判广州军州兼勾当市舶司管内劝农事上柱国龚纪、朝奉郎守太常少卿直昭文馆知广州军州管内市舶劝农使兼东路诸州军驻泊兵马钤辖诸军陈留县开国男食邑□百户赐紫金鱼袋任□□。

【按】

本碑双面刻文，碑阳刻有《仙涌山地藏院碑记》文，碑阴刻有《开山住持先师和尚迎大德，用衣钵钱一百贯文求记并置石》文。

【注释】

①唐咸通十二年：871年。②景祐三年：1036年。③景祐五年：1038年。④庆历七年：1047年。

仙涌山地藏院碑（碑阴）

开山住持先师和尚迎大德，用衣钵钱一百贯文求记并置石

　　当院伏自开拓，住持、施主舍到田产及化钱，置立院记，仍具日录，并列男女弟子姓名于后。

　　定出院场，符水山人张居俊，弟子张守轻、区余、龙光甫、龙光□、龙光集，开山弟子邓凝、邓玟、容士平、容士卿、邓采、梁文显、梁文爱、毛旺、任连、谭继

宣、邓遥、邓用、梁有玟、梁有清、李沽、李盈、王恋、谭禅、容士燕、容士坚、容仲环、薛□、凌载、凌会、张新，劝首弟子邓先同男邓鉴，舍钱二贯文足。化□弟子邓遥、邓凝、谢能、邓安，各舍钱一贯文足。

押司录事邓从同妻容氏大娘，舍钱二贯文足。弟子□甫饶男万年，舍钱一贯文省。弟子邓友微、邓强、邓谷、邓迪、邓正言、邓华、邓艾、邓世猷、邓穆、邓爽、高宗贵、李友玥、李亮、邓皋，女弟子陈氏五娘、梁氏十一娘，已上各舍钱一贯文省。女弟子黎氏一娘同男容甫饶、新妇李氏大娘，舍钱一贯五百文足。弟子邓世丰、邓辛、许思、陈福、高宗珠、曾延福、陈莺，已上各舍钱五百文足。弟子毛丞隐，舍钱一贯省。劝首弟子梁暮仙，舍钱二贯文足。化劝首弟子梁暮赡、谭利传，各舍钱一贯文足。弟子容仲环、容拱仙、谭禅、梁居晧、谭利松、谭利舒、黄约，清化坊弟子邓郎银、古博里弟子黎守和，已上各舍钱一贯文足。弟子容昉、梁正、女弟子梁氏十一娘，各舍钱一贯文省。

先涌谭利兴、弟子梁暮赡、李继芳、容资、容颡、谭利安、黎□□、谭利益、陈士仙、容坦然、伍志、曹安佐，已上各舍钱五百文足。劝首弟子区延已为父区十四郎、母亲张氏、王引娘，舍钱二贯文足。弟子邝德、毛丞谓，各舍钱一贯文□。顿龙村劝首弟子邓历同妻邝氏三娘，舍钱二贯文足。邓涌村弟子陈柔同妻容氏八娘，舍钱一贯文足。女弟子利氏二娘为故夫黄五郎，舍钱一贯文足。弟子邝撰、邝染、邝胜、谭保宁、邝杰、邝林、邓昉、邓依、周迁、李睦、邝赡、邝到、朱冯隐、高延居、高延致、区南、陈龄、陈层、刘添、谭清，已上各舍钱五百文足。邝岫、黄文、吉维，舍□。劝首弟子□贵，舍钱一贯文足。弟子黄涌，舍钱一贯文省。弟子邓林、黄子皋、张颁、邓会、何蕙、梁世余、黄秀、张副、胡清，女弟子黄氏接娘、张氏接娘、戚氏四娘、姚氏六娘，已上各舍钱五百文足。弟子区余同男道初、道饶，共舍钱两贯文省。奉资故室人李氏八娘、弟子区谦，舍钱一贯文足。弟子彭良、蔡进、陈良，各舍钱五百□□。劝首弟子张允恭、张□富、陈□□、龙守□、女弟子张氏贵娘，已上各舍钱一贯文足。弟子张映、张日慈、张士贵、张士源、张士程、张士奎、张令强、张允崇、张□□、□□、张□儒、张正朔、曾□、邓延志、周亳、干务村弟子郭意，已上各舍钱一贯文省。弟子何守戎、谭思佑、张瓘、龙道一、伍延岫、龙道安、邓德富、邓璇、张国华、陈利正、吴□□、张□□、女弟子罗氏一娘，已上舍钱五百文高迁准舍。女弟子陈氏君娘，舍钱二贯文省。女弟子□氏谷娘同男张士宣等为故夫张十六郎，舍钱二贯文省。劝首弟子王万芳、□□弟子任穆，各舍钱一贯文足。弟子王万迁、王万胜、毛友琚，女弟子李氏爱娘，弟子张谷、刘晟、刘福、彭进、谢强、叶惠、何允丰、叶亮、邓□财、利岫、陈清、叶□聪、刘□□、叶士强、朱继□，已上各舍钱□千文足。何□村弟子林佟为考君林十五郎妣亲阳氏十五娘，舍钱二贯文足。女弟子邓氏六娘同男黄子珍，舍钱一贯文。东莞县□头乡延福里都幕村弟子黄验同妻林氏九娘，舍钱五贯文足。何木村弟子林□为母亲杨氏十三娘，舍钱一贯文省。都斛场南村弟子李应居、吴守良、宋士康，各舍五百文。弟子邓凭同妻冯氏三娘及男邓珀、新妇危氏九娘，共舍钱五贯文足。章涌里陈涌村弟子邓士贤同妻李氏五娘、叶氏六娘，舍钱五贯文足。梁有清、梁信臣，各舍□□。潮阳里□峒村开山弟子容士□，舍院场一所。□□□同□□氏一娘、新妇□□□，舍钱五贯足，奉为追资先考押司容□郎生界。潮阳里弟子李陵、李乾，舍地名博限院前田六片，东南西北各有丈尺，舍入常住永充供养。潮居里弟子梁□□、梁有玫、梁有清、梁熙，舍北分祖业，地名昌华岛石田一段，大小七片：东至梁熙田，南至梁有象，西至梁有玫，北至梁有清田为界，充香供者。潮阳里女弟子梁氏六娘，舍□□田一段，追□□夫李七郎生界，永充常住。潮居里期陈村弟子邓传、黄懋、陈集、曾眮众户等，舍地名期蓬土田一段，水表田一所：东至水坑，南至大山，西至邓传、黄懋等众户，分水为界，北至茆冈，内有水流，东为界。常乐乡德行里蓼峒村女弟子阮氏三娘，舍地名北轮涌龙田大小陆片入常住，追为亡夫黄一郎去式生界。潮居里住居沙涌村弟子邓尝、吕见、龙锦、陈康、黄彦众户等，舍地名浮石系税东角塘内土田：东至罂分水，南至罂凹，西至沙罂及古塘基，北至大山脚，舍入本山永为常□。潮阳里弟子容倪将地名泥涌系税土田一处，其田东至泥涌，南至大窖，西至本户田直绳，北至涌，舍入本山永为常住。潮居、尊贤两里弟子何延茂等、叶志看、谢仙□一十三人，舍到地名涌金东岸小坑田一坑：东至水源，南至罂脚，西至大坑水，北至大坡角为界，永充常住，同舍田人胡深、刘水进、邓□、廖守端、刘承惠、郑居旺、钟万财、叶守宽、陈士廉、何水清□共舍。潮阳里弟子李埙同嫂何大娘，舍田地名合涌西边一处，岗脚□□□□伍斜□□三十上步□，东至大冈石觜及官路，南至大冈脚，西至小圆岗觜，北至李埙田直绳为界，充常住。女弟子李十四娘同男容伯安，舍钱一贯文足，为婿节度押衙容十郎生界。都斛场南村弟子吴守盈同男吴士昌，舍钱一贯文足。岭笃村弟子吴守祥同妻邓氏十二娘舍钱一贯文足。当院僧道升同母亲刘氏弟娘，舍钱一贯文足，端为先考李十一郎愿超生界刻字。弟子张毂同妻黄氏二娘男希圣，回施钱二贯文省，当院僧文□为□考妣、宗十二郎、陈氏双娘，舍钱一贯文足。住持沙门契秦同母亲李氏二娘、俗兄黄憨，共舍钱五贯文省，奉资考君黄九郎生界。

【按】

　　这篇碑文中共出现50个姓氏，计275人。在这50个姓中，绝大部分姓在现今新会常见，但也有现今新会稀有的，如吉、咸、危、阳、宗等姓。

《仙涌山地藏院碑记》中舍钱和田地的信员名录

　　仙涌寺舍钱和田地者中，能详其姓者共有275人，计50个姓氏，详列如下：

　　（1）张氏共29人：张居俊、张守轻、张新、张氏、张頫、张副、张氏接娘、张允恭、张□富、张氏贵娘、张映、张日慈、张士贵、张士源、张士程、张士奎、张令强、张允崇、张□□、张□儒、张正翊、张瓒、张国华、张□□、张士宣、张十六郎、张谷、张毂、希圣；

　　（2）区氏共7人：区余、区延已、区父十四郎、区南、道初、道饶、区谦；

　　（3）龙氏共7人：龙光甫、龙光□、龙光集、龙守□、龙道一、龙道安、龙锦；

　　（4）邓氏共42人：邓凝、邓玟、邓采、邓暹、邓用、邓先、邓鉴、邓暹、凝、邓安、邓从、邓友微、邓强、邓谷、邓迪、邓正言、邓华、邓艾、邓世猷、邓穆、邓爽、邓世丰、邓辛、邓皋、邓郎银、邓历、邓昉、邓依、邓林、邓会、邓延志、邓德富、邓璇、邓□财、邓凭、邓珀、邓士贤、邓传、邓尝、邓□、邓氏六娘、邓氏十二娘；

　　（5）容氏共18人：容士平、容士卿、容士燕、容士坚、容仲环、容氏大娘、容甫饶、容拱仙、容昉、容资、容颡、容坦然、容氏八娘、容士□、容□郎、容僙、容伯安、容十郎；

　　（6）梁氏共15人：梁文显、梁文爱、梁有玟、梁有清、梁暮仙、梁暮赡、梁氏十一娘、梁世余、梁居皓、梁正、梁信臣、梁□□、梁熙、梁有象、梁氏六娘；

　　（7）毛氏共4人：毛旺、毛丞隐、毛丞谓、毛友琚；

（8）任氏共2人：任连、任穆；

（9）谭氏共11人：谭继宣、谭禅、谭利传、谭利松、谭利舒、谭利兴、谭利安、谭利益、谭保宁、谭清、谭思佑；

（10）李氏共18人：李沾、李盈、李氏大娘、李友玥、李亮、李继芳、李睦、李氏八娘、李氏爱娘、李应居、李氏五娘、李陵、李乾、李七郎、李埙、李十四娘、李十一郎、李氏二娘；

（11）王氏共5人：王恋、王引娘、王万芳、王万迁、王万胜；

（12）薛氏1人：薛□；

（13）凌氏共2人：凌载、凌会；

（14）谢氏共3人：谢能、谢强、谢仙；

（15）高氏共5人：高宗贵、高宗珠、高延居、高延致、高迁准；

（16）陈氏共16人：陈氏五娘、陈福、陈莺、陈士仙、陈柔、陈龄、陈层、陈良、陈□□、陈利正、陈氏君娘、陈清、陈集、陈康、陈士廉、陈氏双娘；

（17）黎氏共3人：黎氏一娘、黎守和、黎□□；

（18）许氏1人：许思；

（19）曾氏共3人：曾延福、曾□、曾咄；

（20）黄氏共14人：黄约、黄五郎、黄文、黄涌、黄子皋、黄秀、黄氏接娘、黄子珍、黄验、黄慭、黄一郎、黄彦、黄氏二娘、黄九郎；

（21）伍氏共2人：伍志、伍延岫；

（22）曹氏1人：曹安佐；

（23）邝氏共10人：邝德、邝氏三娘、邝撰、邝染、邝胜、邝厷、邝林、邝赡、邝到、邝岫。

（24）利氏共2人：利氏二娘、利岫；

（25）周氏共2人：周迁、周亳；

（26）朱氏共2人：朱冯隐、朱继□；

（27）刘氏共7人：刘添、刘晟、刘福、刘□□、刘水进、刘承惠、刘氏弟娘。

（28）吉氏1人：吉维；

（29）何氏共6人：何蒉、何守戎、何允丰、何延茂、何水清、何大娘；

（30）胡氏共2人：胡清、胡深；

（31）戚氏1人：戚氏四娘；

（32）姚氏1人：姚氏六娘；

（33）彭氏共2人：彭良、彭进；

（34）蔡氏1人：蔡进；

（35）郭氏1人：郭意；

（36）吴氏共5人：吴□□、吴守良、吴守盈、吴士昌、吴守祥；

（37）罗氏1人：罗氏一娘；

（38）叶氏共7人：叶惠、叶亮、叶□聪、叶士强、叶氏六娘、叶志看、叶守宽；

（39）林氏共4人：林侈、林十五郎、林氏九娘、林□；

（40）阳氏1人：阳氏十五娘；

（41）杨氏1人：杨氏十三娘；

（42）宋氏1人：宋士康；

（43）冯氏1人：冯氏三娘；

（44）危氏1人：危氏九娘；

（45）阮氏1人：阮氏三娘；

（46）吕氏1人：吕见；

（47）廖氏1人：廖守端；

（48）郑氏1人：郑居旺；

（49）钟氏1人：钟万财；

（50）宗氏1人：宗十二郎。

因碑文风化，缺字，未能详其姓者共有18人，详列如下：

□甫饶男万年（2人）、□贵、□□、□氏谷娘、□□□同□□氏一娘、新妇□□□，谢仙□一十三人（其中，未详姓名者10人）。

加上在《仙涌山地藏院碑记》中出现的容士迎，则在这块碑（阳面、阴面）刻文中出现的舍钱和田地的信员共有294人，仍为50个姓氏。

重建碑

本碑砚石质，现镶于罗坑镇石咀村林氏家庙。碑正面尺寸：56厘米×77厘米。

重建碑记❶

家之有庙，所以追远报本，不忘其初也。吾族自长林受姓于周，而比干公实为林氏始祖。历秦汉迄晋，祖讳禄公以扈从功封晋安郡王，是为入闽之祖。传世十二，万宠公遂大发其祥而生披公、韬公、昌公焉。披公生子九人，俱为州牧，与韬公、昌公子孙分处八闽，衣冠鼎盛，代有闻人。吾祖讳森公，乃蔇公所出，于宋徽宗年间升授承事郎，宦游入粤，以官为家，爱沙冈山水奇秀，遂奠厥居焉。其后瓜瓞绵衍，簪缨累若，建祠奉祀，颜曰"崇报"。上追唐、宋、金紫光禄大夫暨福唐刺史，与征士诸公并享一堂，揆诸率祖率亲之义，夫亦犹行古之道也。但祠在雁头祖坟之前，场地迫促，禴祀蒸尝，子姓咸萃，不能罗列参拜，屡议迁建不果。

东官苏子冠三，精天人理数之学，名播两粤。因敦请到乡，经营周遍，惟月山之麓，居沙冈之中，地阔脉正，环山带海，实为万世不拔之基。爰绘祠图，坐丙兼午，辛巳分金，一连五脊，上祀远祖，中祀世宗，规制甚善，乃溯其源，即昔应洛公所多方经营之旧地也。猗欤休哉❷，废而复兴，意者天造地设，先灵眷注，而人莫之能易耶。独是地价、土木动费二千余金未有所出。维时父老酌议论丁粮科，合族众无不踊跃乐从。盖追远报本，仁孝之心无不同也。又公推贤良子孙应□、兆□董理其事，应□、隆揆、隆盛为之共佐焉。自雍正癸丑❸平基上梁，至乾隆三年❹告竣。自是上尊祖，下收族，共成礼让，大衍衣冠，无不于斯重有赖焉。故将世系源流敬刻于石，以垂不朽，俾后世子孙知祠之所自始与其所由成，并知日后三十载小修，六十载大修，以趋吉而避凶。世世供祀，无议变更，庶有以长慰祖宗在天之灵爽云尔。

时龙飞乾隆三年岁次戊午仲春毂旦
岁进士、现任归善县儒学训导、原署本学教谕博罗学训导事、
十七世孙殿元盥手敬志

【注释】

①标题系编者添加。②猗欤休哉：意为多么美好呀！猗欤，叹词，表示赞美；休，美好。③雍正癸丑：指雍正十一年（1733）。④乾隆三年：1738年。

重建光禄祖祠碑

　　三碑均砚石质，现镶于罗坑镇石咀村林氏家庙。三碑正面尺寸均为：80厘米×183厘米。

重建光禄祖祠序

　　我太祖森公，当宋南渡时，由闽入粤，卜居新会沙冈乡，绵绵延延千百年于兹矣。宗支奕叶，其散处于本邑之别乡及迁徙于别府州县者，不一而足。盖创业垂统，规模宏远也。厥后于石咀建立崇报祠，奉祀森公。光禄祠乃报本追远，上祀先公焉。据光禄祠形势论，后近枕月峰，远接雁岭，前环胆海，左龙山而右牛山，洵胜地也。光禄祠重修在于国朝雍正年，迄今百有余岁，土崩瓦解，春秋入庙未免怆怀。论者谓前明我沙冈林族科名鼎盛，迩来寥寥，未始非祖祠不修所致然。欲革故鼎新，栋宇辉煌，非巨万之资不能举事。惟光禄祠向无尝业，即崇报祖祭田无几，递年入息不敷支销，如是则欲将祖祠重建，措手万难。至课派丁粮，事势亦多窒碍。不得已议入新主，布告各房知悉。其近居者，当重念前型；其远徙者，亦无忘本支。庶几多入新主，主多则金多，金多则重建祖祠之巨款，可坐而得也。若将来除修祠外复有赢余，则多置祭田，以垂永久，是则一举而两得也，岂不休哉。

　　光禄祖祠向无尝业，日久倾颓，计无可施，不得已议入新主。分正龛、东龛、西龛。正龛限至十六世，每主银伍拾两；东、西龛限至二十三世，每主银贰拾伍两。正龛得主贰佰叁拾壹位，共银壹万壹仟伍佰伍拾两；东、西龛得主陆佰陆拾柒位，共银壹万陆仟陆佰柒拾伍两。共得主位银贰万捌仟贰佰贰拾伍两，各子孙之踊跃可知矣。除祠堂重建，判各行工料加一及牌坊、篷厂、舂灰、担工、散工、督理、工食、神龛神位油漆、金簿、各衿耆来往费用、食用并各杂用及置栢椅、高脚牌、器具各物，共支银壹万玖仟柒佰肆拾贰两玖钱肆分叁厘。又进伙酒席、演戏两班及各费用，共支银贰仟壹佰零陆两伍钱贰分。二柱共享银贰万壹仟捌佰肆拾玖两肆钱陆分叁厘。另价买祠仆住屋并吉地，用银叁佰捌拾捌两一钱肆分肆厘。又祠门外铁栏杆，用银壹佰肆拾陆两伍钱壹分。又帮纪恩祠重建银壹佰肆拾肆两整。又新建舞龙山文阁，用银肆佰贰拾伍两陆钱贰分。以上合共支银贰万贰仟玖佰伍拾叁两柒钱贰分柒厘。除支尚余存银伍仟贰佰柒拾壹两贰钱柒分，置业以为祭费计。兴工拆卸于光绪乙未年❶十一月初二日，进伙崇升于光绪丁酉年❷十月十二日，经营两载，悉获平安，此皆藉黄真人及祖宗之灵，而侥幸成功者也。惟创始既费绸缪，善后宜昭郑重，爰拟一切规条列后，各子孙务宜凛遵，以垂久远，是所厚望焉。

祠额旧名"光禄公祠"，而不系以姓，众嫌其蹈空，故名曰"林氏家庙"云。

——拟，正龛、东龛、西龛一切神主，必要绘图，分级数将神主次序一一列明，刻石并刻板，用纸印扫，装成一部。每主分一部，以为将来领主金、席金之据。

——拟，祠堂重地，不能专交祠仆看守，递年必推一掌理，明白勤慎者一人，管理照料一切。另叫后生一名，以为伙头，要时时打扫地方。该管理递年工金及饭餐银两，约以陆拾元为率。伙头现或责成祠仆，则工金及饭餐不拘多寡，须要时时在祠料理。如有名无实，诸多作弊，不守祠规者，即要革除。该掌理必要殷实人担认，不必本祖子孙，外处人更好，以免徇情。

——拟，目下余银附生取息，递年实不敷支销，众拟大科年则大祭，小试年则小祭。小祭不分主金、席金，其功名到拜者分胙肉而已。该小祭祭品、祭费，约以用银贰拾两为率。大祭祭品、祭费，约以用银叁拾两为率，功名到拜者，亦分胙肉。另每神主分主金银柒分贰厘，每神主分席金银柒分贰厘，凭部照交。至往来费用，各人自办，不干本祖之事。至递年春祭，以正月十五日为定期，风雨不改，恩科年则仍小祭。

——拟，将来文武新进花红，其文武进庠，亲到拜祖者，支交花红银贰大元。其文武中式举人，亲到拜祖者，支交花红银贰拾大元；中式副榜，亲到拜祖者，支交花红银拾大元。其文武中式进士，亲到拜祖者，支交花红银肆拾大元；其文武进士，钦点无论品级，亲到拜祖者，支交花红银陆拾大员；至钦点三及第者，花红银壹佰大元。如不亲到拜祖，则不能领取。至亲到恭谒，不拘送扇，不拘酒席，俱要支给。其余杂职功名及钦赐功名者，花红银两概不准支给。至老大袍金及文武应试卷资、举人京费，亦概不准支，所以杜滥用也。

——拟，光禄祠向无尝业，崇报祖之尝业，如缯门、鸭埠等项出息。此系植公太祖遗下尝业，不干家庙之事。

——拟，光禄祠附祠、左右皮墙外巷，其左边巷乃与金山祖祠同巷，自后永远通行，两家不得侵占。其右边原留水滴以为小巷，日后右邻各子孙之住屋不准搭盖，如有搭盖，定即拆平，至种植树木，遮蔽祠墙及瓦面，亦即斩除，不得抗阻。

——拟，正龛、偏龛各新入神主，俱于进伙日升座。该新主先分昭穆，后分长幼，不得凌乱，日后不准复议再入，以免参差。

宗亲以一本为重，间有弱枝子孙不能自立，而举家出继别房者，此风断不可长，兹集众定议严禁。此后如长大成人而竟尔举家出继别房者，一经查出，定即由太祖以下永远革胙；其许他入继之家长，亦咎有应得，即拘到祠中惩责，决不姑宽，所以敦本也。

太祖子孙，间有失婚而娶再醮之妇者，惟本祖子孙而娶本祖子孙亡人之妇，殊属不顾礼义，兹定议严禁。此后如有本祖子孙娶本祖子孙亡人之妇者，一经查出，定即由太祖以下永远革胙，决不姑宽，所以厚风俗而养廉耻也。

光绪二十四年岁次戊戌林肇基堂立石

正龛主位

（名略）

光禄祠众议规条列后

——拟，正祠及左右附祠、后楼一切地方，平日以洁净为主，为祠仆者必须时时洒扫，朔望点灯换茶，闲日晚灯朝香，以妥先灵。

——议，祠堂平日中门必要关锁，各人只由左右青云巷来往。至幼童及各妇女，不得擅进在祠内滋扰，以静地方。

——议，正祠、左右附祠及后楼一切地方，所有本祖子孙及外人不得擅自居住。亦不准各子孙在祠内一切地方设帐教学，以免涂污墙壁。即各子孙吉凶二事酒席，亦不准在祠内会叙。至粮厂一节，石咀各绅耆须另寻地方安置，断不许在祠内做粮厂，诚恐秽污地方，不安先灵。惟各子孙新进拜祖者，准在祠内陈设酒席，所以荣宗祖也。

——议，太祖现已价买本祠左侧旧屋一进半，横过三间，又吉地一段，为光禄祠仆及崇报祖祠仆永远居住之所，日后断不准两祠祠仆人子孙，复入祠内左右及后楼一切地方居住。即禾草、农具及一切器具什物，亦不得安放祠内地方，如违，重责。

——议，祠内地方，无论本祖子孙及祠仆，自后永远不准打禾、晒谷、晒草，及安放农具各什物，如违重责，另拟罚银拾大元，该银追伊家长取出，以肃地方。

——议，祠内所置公座椅、拱壁椅、挂灯椅、斗凳、长凳、床板、八仙枱、六仙枱、茶桌、拆脚枱，及一切爨具应用对象，须一一立部，列明存记，日后不准各子孙持往别处，亦不准借用，以免遗失。如有遗失一物，惟看祠是问。

——议，祖祠所建，所以妥先灵而壮观瞻，无论祠内祠外地方，如有无知后生小子，胆敢涂污墙壁、门扇及损伤木柱、石柱、一切对象，一经查出，定追伊父兄家长赔偿，另拟罚银陆大元，决不姑宽。

　　崇升后，统计进收三行息银、投什物等项银，并附生各店息银。除补支各项外，实存银伍仟伍佰贰拾捌两壹钱壹分整。现已买得本姓罗坑房乐天祖尝田一契，坐落睦洲墟、土名"三牙咀"双造围田拾壹股着壹，每股约实田伍拾陆亩整，递年上期租银壹佰零陆两整。共交价银贰仟伍佰两整，另签书中用每两银各壹分伍厘整。又买得会城邓流芳围田，土名"梅湾""茅冈头"围田叁拾亩整，每亩价银伍拾贰两伍钱整。又与崇报祖合买会城邓廷辉父子共契、亦土名梅湾，与上茅冈头同围田壹顷伍拾伍亩余，光禄祖着田壹拾伍亩，崇报祖着田壹顷肆拾亩余，每亩价银伍拾贰两伍钱，本祖共交得银贰仟叁佰捌拾伍两整，另每两签书中用各壹分伍厘整。以上合共买得尝业壹顷有奇，该租银，以为递年祭费及各费用之需，以垂永久。董理者必要量入为出，矢公矢慎可也。

梅湾、茅冈头围田形

（图略）

左龛主位

（名略）

右龛主位

（名略）

【注释】

①光绪乙未年：指光绪二十一年。②光绪丁酉年：指光绪二十三年（1897年）。

金山祖祠重建碑（道光三十年）

本碑砚石质，现镶于罗坑镇石咀村金山祖祠。碑正面尺寸：79厘米×171厘米。

金山祖祠重建碑记

尝闻：重修祠宇，非以夸壮观，所以妥先灵也。我十二世祖金山公及十三世祖觉宇公，质我公祠祀月山之麓。惟有历年桷蠹瓦裂，修葺宜亟矣。父老欲议更新，即于道光元年义联"江西会"，名曰"仁让堂"。然每年支派浩繁，屡年耗多积少，祠宇仍难更新。距道光二十年，再联"江南会"，积至道光二十九年，会金八百余两而人心踊跃，急欲更新祠宇不肯稍缓须臾。爰择己酉年八月初四日兴工伊始，又买地若干，丈尺绘图，以为前留余地，左有厨房附屋具焉。然尚虑工金不敷，再联"江南会"约金三百七十两，随收随支，连工创建，迄十二月十二日寝庙告成，金费一千六百两有奇。维时奉主入祀，添祀崇宇派三代，同堂先灵妥矣。《诗》曰："寝成孔安。"又曰："克昌厥后。"其是也乎？又谓祠坐立向，正针丙壬兼午子，辛巳辛亥分金，定式无讹，承气纳局，理宜三十年一小修，六十年一大修。则保世兹大，永垂不朽矣，以告后之入是祠登斯堂者。是为序。

裔孙明捷盥手敬志

建祠首事明启、明洪、明森、明香、明捷、道灿、道尚、道绵、道卓、道调、道荣、道绪、立敕今将本祠奉祀神主开列：

（各及生卒年等略）

本祖建祠，自道光二十九年八月初四日兴工，至三十年四月十七日竣工，共支得银一千六百两之数。仁让堂帮银五百两整，大江南会帮银六百两整，小江南会帮银二百两整，本祖尝羡银出银三百两整。

祠堂图（略）；

本祖尝业开列于左（名及税额略）；

书尝田开列于左（名及税额略）；

仁让堂尝业开列于左（名及税额略）。

道光三十年岁次庚戌孟冬旭旦立石

金山祖祠重建碑（光绪二十七年）

本碑砚石质，现镶于罗坑镇石咀村金山祖祠。碑正面尺寸：79厘米×171厘米。

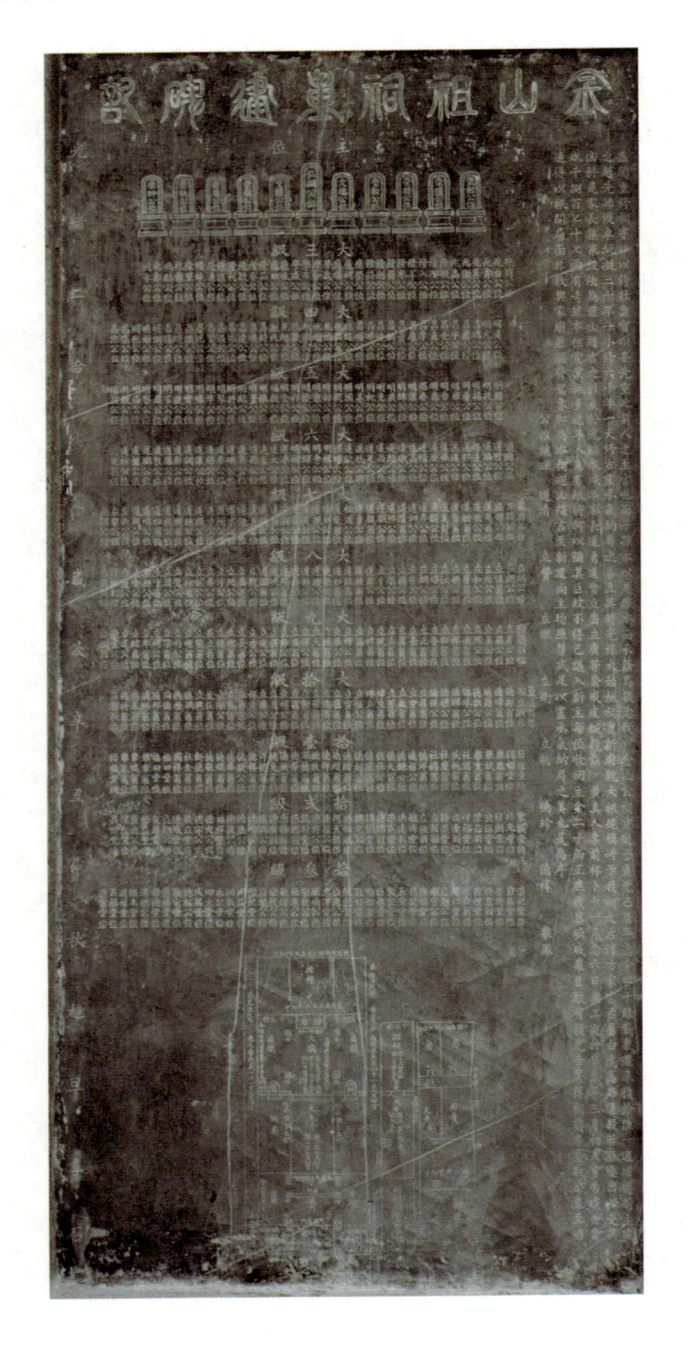

金山祖祠重建碑记

盖闻重修祠宇，非以夸壮观，实以妥先灵，此前人之至言也。而子孙亦以是报本而承荫焉！敬念我金山公祠重建于道光己酉年，迄今四十余载，气运来复，恰值一周。因遵前主建之赵先师俊卓批，拟三十年一小修，六十年一大修，方尽承气纳局之善。且其时光禄太始祖祠重新庙貌，大振规模，峙于我祠之右。据方家言，右属白虎，高昂逼杀，若非迁出，必受其凶。于是，家长集众，设法为避凶趋吉之计，爰于光绪戊戌年❶，家长道勇、道肯、立裔、立广等，斋戒虔诚，亲诣黄真人案前杯卜。十一月念六日兴工，迨于辛丑年❷三月初五日告成，金费九千八百七十七两有奇。然本祖尝业无多，递年入息有限，将何以弥其巨款，不得已议入新主，每位收回主金二十两整。庶几，集腋成裘，巨款有赖，尤幸买得祠前房屋数座直至塘边，得以振开局面。非敢与家庙并驱齐驾，亦聊为本祠避凶趋吉。至新建向主，均照旧式，足以尽承气纳局之美也。是为序。

公推总理道清、立赞、立燃、立卫、立柏、德珍、德祥、举凤。

主　　位（芳名略）　　　　　　大三级（芳名略）

大四级（芳名略）　　　　　　大五级（芳名略）

大六级（芳名略）　　　　　　大七级（芳名略）

大八级（芳名略）　　　　　　大九级（芳名略）

大十级（芳名略）　　　　　　十一级（芳名略）

十二级（芳名略）　　　　　　十三级（芳名略）

祠堂图（略）

光绪二十七年岁次辛丑仲秋旭旦立石

【注释】

①光绪戊戌年：指光绪二十四年。②辛丑年：指光绪二十七年。

重修圣母古庙题名碑

本碑砚石质，现镶于罗坑镇罗坑村圣母古庙。碑正面尺寸：80厘米×78厘米。

重修圣母古庙题名碑

（芳名及捐资额略）

首事林兆诚、昌如、昌杞、昌贺、昌烜、昌雷、明骥、道诠同立石

大清乾隆五十三年❶岁次戊申仲冬穀旦

【注释】

①乾隆五十三年：1788年。

重建文庙碑

　　本碑砚石质，原文庙已拆毁，碑现立于罗坑镇牛湾社区桂林寺外。碑正面尺寸：83厘米×80厘米。

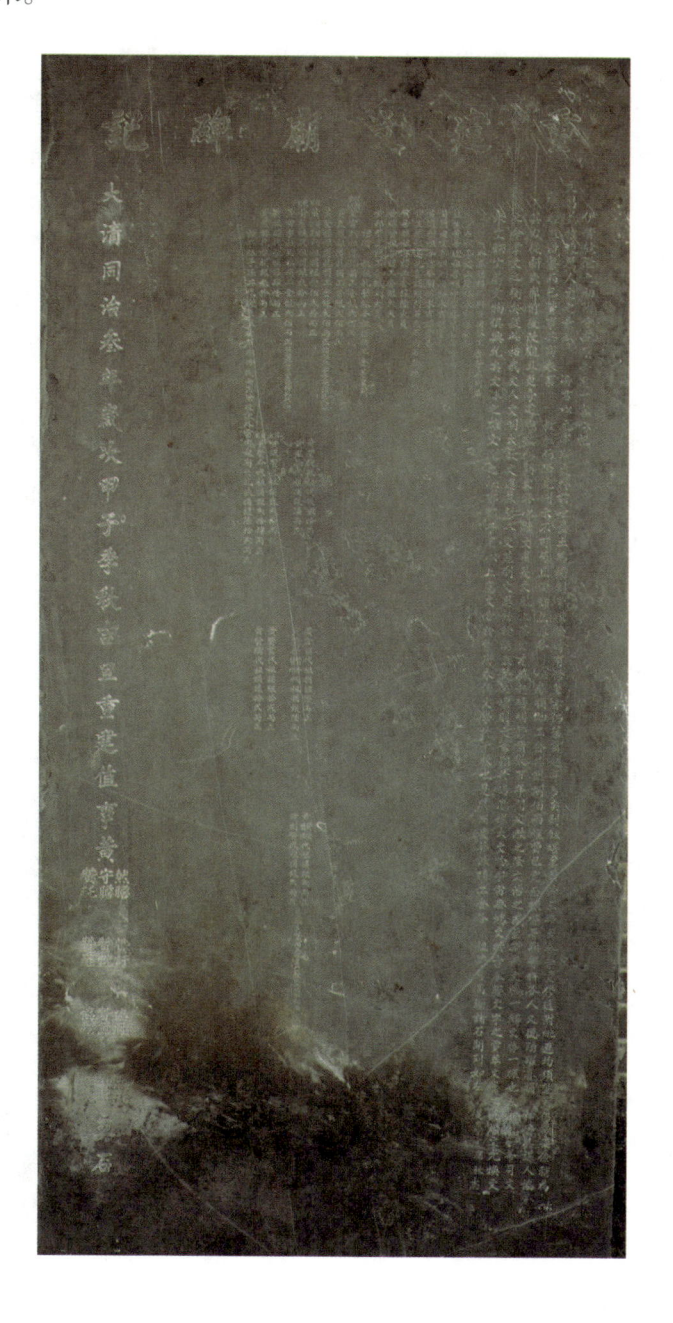

重建文庙碑记

　　伊昔乾隆之初，附寺右侧旁，建一宫以祀文昌，盖推振厉人文之意，奉帝君以主宰斯文于兹也。垒土为墙，制崇朴俭，时有修葺，亦仍旧贯，越年多矣，剥蚀堪虞。同治三年，因合寺重修，近附毗连，均须整葺，仍欲从俭，稍为补苴沿袭而已。董事共商，参禀叔祖，而降乩判示，不可苟且涂饰，并派各祖房捐助工金，共银捌佰两。经费已定，而栋梁石联等料，各人又复踊跃喜捐。神赞其谋，人协其力，从新式廊，前后改观，且更旁建魁楼，以辟文路，以显文星。是文风上蒸，文才蔚起，磅礴郁积，数百年间，文教之隆，文治之盛至斯，而文机一转，文势一振也。夫惟帝司文之命，掌文之衡矣，从此佑我文人，文明大启，文运益开。入文苑则文思勃于涌泉，登文坛则文笔翔于鸣凤。耀大文于宇宙，垂鸿文于古今，藉文字之灵萃、文墨之英灿，文光焕文采，文炳、文蔚、文物俱兴允矣。文阵之雄，文澜之壮，郁郁乎用。以上应文章于紫府，永传文学于千秋也。是为志。爰并派捐工金，各祖芳名，同勒诸石，开列如左。

后学黄应秋志

　　谨将各喜认捐工料及捐签工金芳名列后：

　　黄昆石祖喜认上座格木吉梁壹条，敕驰赠文林郎监生黄居理祖喜认中座格木吉梁壹条，黄简迪堂喜认头座格木吉梁壹条，黄瞻树祖喜认奎阁格木吉梁壹条，黄正栋祖遵乩喜认头门石夹石对石脚全副，黄居晓祖喜认工金银陆大元，黄瞻贤祖喜认工金银贰大元，黄邦赞喜认工金银贰大元。

　　谨将叔祖乩笔派各祖捐助工金芳名列：

　　（芳名及捐资额略）

大清同治三年岁次甲子季秋吉旦重建
值事黄然瞻、守瞻、赞乇、赞訏、赞忱、赞罗、协凤、
赞笃、协彪、协乇、协宗、协赐、协献立石

甲子年重修碑

本碑砚石质，现立于罗坑镇牛湾社区桂林寺外。碑正面尺寸：83厘米×180厘米。

甲子年重修碑记

岐西：协赠、芳协，缘首芳名列，该缘部共捐签银七十大元另四两二钱整。

（其中有顺邑、斗洞等地信众，芳名及捐资额略）

乔林：协熙、恭照缘首芳名列，该缘部共捐签银一百零四大元，另九两五。（芳名及捐资额略）

歧滨：瞻当缘首芳名列，该缘部共捐签银七十五大元，另一两九钱整。（芳名及捐资额略）

聚奎：直赞、协衍缘首芳名列，该缘部共捐签银四十三大元，另一十三两五钱整。（芳名及捐资额略）

群庆：协如缘首芳名列，该缘部共捐签银一十七大元，另一两四钱整。（芳名及捐资额略）

棠寿：仁赞缘首芳名列，该缘部共捐签银八大元，另四两整。（芳名及捐资额略）

长坑：协早缘首芳名列，该缘部共捐签银三十五元半，另二两整。（芳名及捐资额略）

大坑：底协诱缘首芳名列，该缘部共捐签银一十元半。（芳名及捐资额略）

恭活缘首芳名列，该缘部共捐签银二十三大元，另四钱整。（其中有潮连、荷塘、宁邑、小榄等地信众，芳名及捐资额略）

鹤邑：高明捐银芳名列，该缘部共捐签银八大元。（芳名及捐资额略）

开邑余斌章拙笔

银米碑

本碑砚石质,现镶于罗坑镇南联村长生殿。碑正面尺寸:68厘米×117厘米。

□□□□银米碑

(芳名及捐资额略)
道光七年岁次丁亥仲春旭旦
   重修

重建长生殿各捐助工金芳名石碑

五碑均砚石质，现镶于罗坑镇南联村长生殿。五碑正面尺寸均为：70厘米×139厘米。

重建长生殿各捐助工金芳名石碑记

重建长生殿碑序

沙冈乡长生殿，奉祀医灵大帝，神之显也，由来久矣。故老传言，庙前古树丹井，浑如甘露杨枝；宝墨仙方，均愈人间疾病。惟是残碑断碣，不知始自何年，仅有道光七年重修碑在。迄今百十载，土木倾颓。乡人沾泽良深，咸议重建修造。然庙只一进，后则有危墙之屋，粪土之区，均嫌秽亵。爰集众议，广为捐资，购地迁就，增建后楼，合成两座。共费二千余金，足见捐资者诚心乐助，亦由神灵丕显所致也。鸠工告成，爰将劝捐芳名刻于碑石，因以为序。里人林逊道浣手敬撰。

大清国广东广州府新会县潮阳都沙冈乡沐恩弟子、信官、绅、商人等各喜助工金芳名开列于后。

重建值事人林逊道、林皖立、林德备、林善启，协理人林仁立。

（芳名略）

进支开列：

以上共捐银二千四百一十一元。另有捐四毫、三毫、二毫、一毫不曾刻石者，共捐得银三百零九元九毫，合共捐得银二千七百二十元零九毫，七二[1]，伸实银一千九百五十九两零四分八厘。本乡由公款乐助银五百三十四两零五分八厘，由道北寺前年修容存下拨来银一十七两二钱二分八厘，投什物共银八两六钱九分三厘整，总共进得银二千五百一十九两零二分七厘。

支重建本庙增建后楼、添建屋仔、买地等项，合共支银二千四百四十五两八钱零五厘。

另，支竖石碑工料费用，共支银一百二十五两九钱一分五厘，总共支得银二千五百七十一两七钱二分。除进来之外，支过银五十三两零二分七厘，由本乡公款再乐助银五十四两整。

谨志。

另，各人诚心喜认敬送格木柱二对、神楼一座、彩门一度，神前锡灯等件。

谨将本庙连后楼图形并泥墙屋仔一间及有余地竖界为据，统列于下：

后楼后屋仔一间，深二丈一尺，阔一十三桁，另墙。

土名瓦片落处田种四斗一丘，该税一亩三分四厘整。

长生殿平面图（略）

时大清宣统元年岁次己酉仲秋吉日石咀沙冈乡众信立石

【注释】

①七二：指以库平七钱二分折算。

陈澄波公事迹碑（汉字碑）

本碑汉白玉石质，现镶于罗坑镇山咀村罗坑澄波学校内。碑正面尺寸：75厘米×152厘米。

陈澄波公事迹

陈公栋大号澄波，新会陈冲乡人也。生于清咸丰元年辛亥闰八月十五日。公幼即聪敏，长而英明，品性慈祥孝友，待人无间言。故读书仅及四年即往佛山习商。辗转而年升司职器重，诚信感人，一举逮成。数年积蓄不欲久依人下，乃集股经营广利米店，为司理。公以诚信感人，一举逮成。数年积蓄不欲久依人下，指挥如意，生意由是蒸蒸日上。公仍以待人接物无骄傲气，对新来学者助以扶掖，故凡与公正意诚相与者，无不蒙其益。公之为人如此，公之浮沉商界三十载，挫折数未尝语人，同时在海防开枝，亦逐成巨富。有令人艳羡者。公自思可谓浮天独厚若不尽力善事，业交易者咸称公平，尝语人曰：吾之今日赖以衣食资而无失学者，则有负上天眷爱之至。故老而无依者，则赠以衣食；资而无失学者，则施以药。他如修桥筑路，曾任香港东华医院总理、澳门镜湖医院其一生立身行仁之道。继任在香港保良局协理，慨捐巨款，足流芳百世。港澳人士皆知澳门仁风，以作后人模范。

民国贰拾五年 谨署述其事

山咀石渠行美乡全人谨泐

陈澄波公事迹

　　陈公栋大,号澄波,新会陈冲乡人也,生于清咸丰元年辛亥闰八月十五日。幼即聪敏,长而英明,品性慈祥孝友,人无间言,祇以家境寒微,遂立志以商业振发家声。故读书仅及四年,即往佛山习商。辗转两年,未能舒其志愿,乃往香港受职于怡泰行。以服务精明勤慎,为司理器重,升司账职。数年,薄有积蓄,不欲久依人下,乃集股经营广利米店。公以诚信感人,一举遂成。于是出其所长,指挥如意,生意由是蒸蒸日上。公仍以为未能尽展其才,乃再创设广恒兴东京米行,同时在海防开枝"广和兴""广益生""南发"三号,接办谷米生意。公任总司理,运筹帷幄,亿则屡中,加以待人接物,公正意诚。故凡与交易者,咸称公平,积十余年,遂成巨富。然公自奉俭约,无骄傲气,对于慈善事业,见义勇为。尝语人曰:"吾之得有今日,可谓得天独厚,若不尽人类互助之义务,则有负上天垂爱。"故老而无依者,赠以衣食;贫而失学者,助以学费;无力嫁娶者,则玉成之;丧葬疾病者,则施棺施药;他如修桥整路,排难解纷,无不乐为,受公惠者不可胜数。光绪三十年,曾任香港东华医院总理,继任香港保良局协理,善迹昭著,妇孺皆知。澳门镜湖医院,以经费缺乏,公慨捐在澳铺业十间,价值万余元,港澳人士,咸仰仁风。其一生立身行仁之道,可谓俯仰无愧,诚足流芳百世。谨略述其事,以作后人模范。

民国二十五年山咀石渠行美乡同人谨泐

陈澄波公事迹碑（道字碑）

本碑汉白玉石质，现镶于罗坑镇山咀村罗坑澄波学校。碑正面尺寸：75厘米×152厘米。

陈澄波公事迹

（碑文略）

【按】

这是一块"道"字碑，"道"字又叫"陈氏拼音"，是陈澄波先生创制的。陈瑞祺先生潜心研究，于1933年将其推广并出版《道汉字音》字典。

山咀乡学校地捐款芳名碑

　　本碑砚石质，现镶于罗坑镇山咀村罗坑澄波学校外墙。碑正面尺寸：74厘米×82厘米。

山咀乡学校地捐款芳名碑记

　　原夫学校之设，所以导扬文化而开通民智者也。大之固可裁成英俊，小之亦可以启迪愚蒙。其关系之重要，其稍有常识者均能知之，而亦能言之。吾乡自遭乙卯丙辰之难❶，元气丧失，百废未兴。欲嚚一简备学校而所需学费、书籍、文具等，仍非贫若乡民力量所及。但长此无教育，其何以光前裕后乎？今幸蒙陈存心堂文典❷、光典翁，爱及桑梓，乐愿慨捐巨款，为吾乡广建校舍并出常年经费，聘请教员，兴办教育，为山咀、石渠、行美培育子弟。此实吾三里乡民莫大之幸福也。然既有此规模宏伟之学校，建筑当求一最良善之地点以落成之。考地方幽雅，空气清新者莫若广益圩有益铺地，因而商允该业主人，自愿略取回地价二千余元，便永远将地让出为建校之用。但此虽区区之款，而公尝支绌及贫脊之山咀，一时殊难凑备，逼得倡设缘部出而劝捐。幸蒙各昆仲慨解善囊，乐为捐助。今大业告成，我三里子弟得以读书识字，循循然勉为良好之国民，咸感诸君子大德于靡既矣。是为序。

（芳名及捐资额略）

兹将买学校地进支数列左：

支买学校地一百九十井四十三尺（合）共银二千零九十四元，支买学校地签书银六十二□八毛，支建新铺三间担泥立碑等项共支银一千二百四十□元。总共支出银三千四百零□元，总共进捐款银三千二百四十□元。进支比对，支过银一百六十零□毛。

发起人：陈典扳、陈家亭、陈象琼；

赞成人：陈典汉、陈典严、陈象美、陈象文、陈象彩、陈象还、陈象亨、陈象聘、陈象护、陈象郁、陈象苍、陈耀贤；

理数人：陈典扳；

贮银人：石渠陈象意、陈贤本、陈贤毓、陈贤琨，新会城陈象亭，行美陈象达、陈贤修。

中华民国二十六年岁次丁丑季冬泐石

【注释】

①乙卯丙辰之难：指民国四年乙卯年，新会发生著名的陈林械斗事件。②文典，即陈瑞祺，讳祯祥，新会罗坑陈冲乡人，香港富商、慈善家。

裘焯学校纪念碑

本碑砚石质，现镶于罗坑镇牛湾社区林裘焯学校。碑正面尺寸：80厘米×48厘米。

裘焯学校纪念碑记

本校为裘焯暨其夫人许蒙恩女士所手创，校舍建筑之费皆所捐输。其校地则雷天荠祖子孙所慨送。而校中一切器物又林君裘锐、林君华彬所购赠。林君华彬之为此，盖所以纪念其先人裘活公也。教育，古昔称重，近代尤为急要，诸君合力建立本校，其造福桑梓可谓无极。爰志其崖略如此，用垂纪念并励后起。云尔。

校董会同人立

中华民国廿一年二月

崖门镇

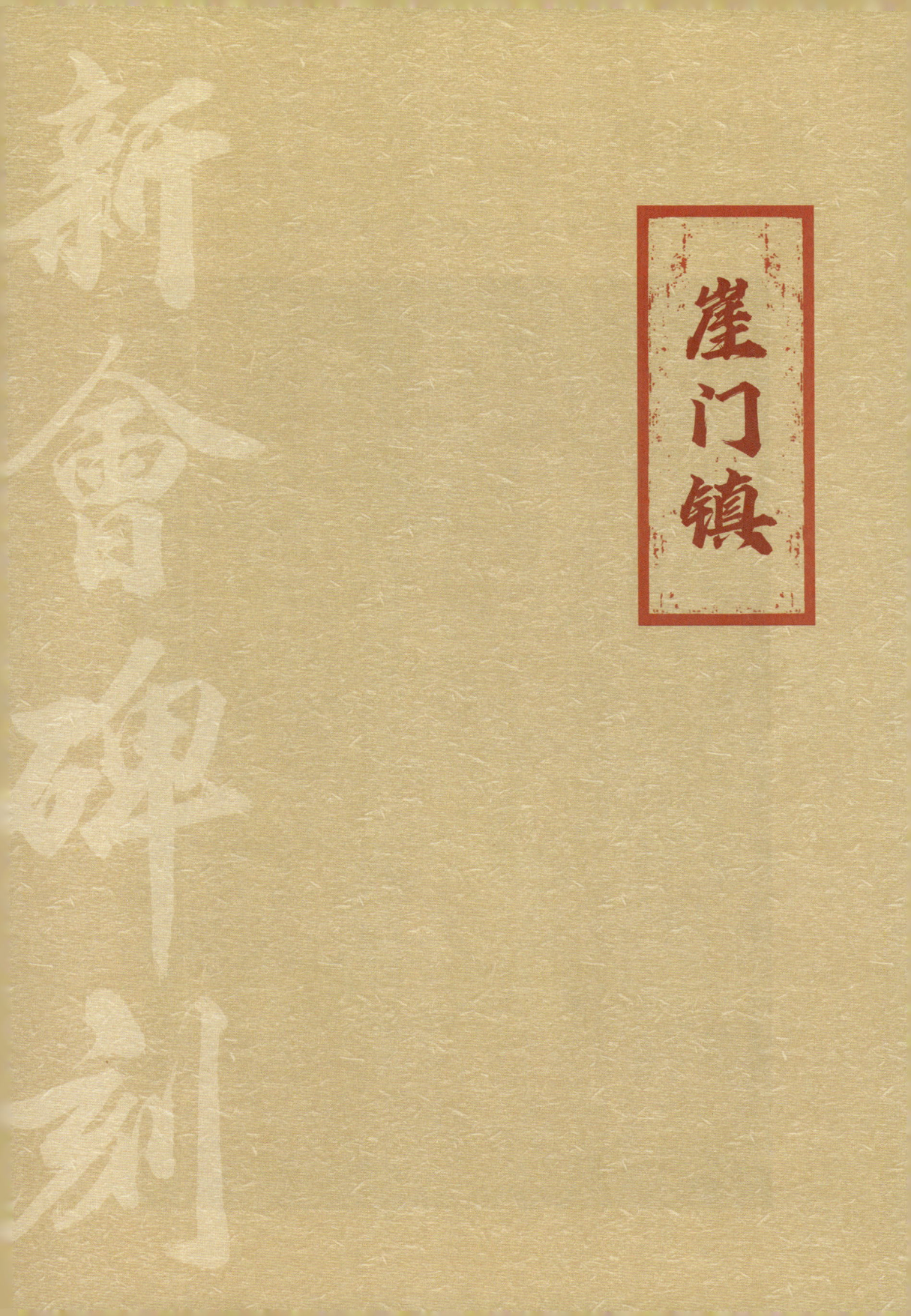

题庙地碑

本碑砚石质，现镶于崖门镇甜水村胜玄祖祠。碑正面尺寸：38厘米×55厘米。

题庙地碑记

　　立合约人李雅慎、扬侣、扬湛、扬简等，今为创建庙宇，以妥神灵，以卫风水事，四股老少集众公议，卜择松山村嘴吉地，创建庙宇一座。余横过□间，直三丈四尺为准，横四丈□尺为准。其费用每丁科钱一百五十文，母子同食亦作一丁算。另各竭力捐题，务成厥美。首事系众人公举，务要尽心办事。工竣[1]之日，科合捐题芳名勒石，名次以多寡论，钱多者居上，题钱二百已上，方得勒石。其丁钱系各房长汇收交众支用，毋得退诿。首事簪花挂红，如有藉端抗阻者，众共对理。其后山树木系渔侣祖历业，至近山嘴树木，毋碍山、山坟者，不得肆自砍伐，立合约一样四本，父老联签，各股执一本为照。

　　渔侣祖捐庙地一段，勒石。其庙高以一丈三尺，藏梁不得高压后山。总以旧庙脊平排为准，其庙□间同脊一样高，庐边直嘴，不起草花。

乾隆二十二年五月廿五日

　　立合约人李：扬髦、雅叶、雅图、成伟、成质、成护、成派、雅典、雅琚、扬恁、扬环、扬命、扬半、扬绘、扬色、扬丽、扬佩、扬暖、扬奕、扬派、扬泮、扬宽、声玫、德显、德新、德周、德仲、德玖、声问、德蔓、声响、德伸、德大、泰文、启彻、启贺、骏统、德俸、德圣、德丰、祥伟；陈：聿照、启现、启宜、有宽

【注释】

①竣：碑文为"峻"。

重修胜玄祖祠捐题碑

本碑砚石质，现镶于崖门镇甜水村胜玄祖祠。碑正面尺寸：68厘米×118厘米。

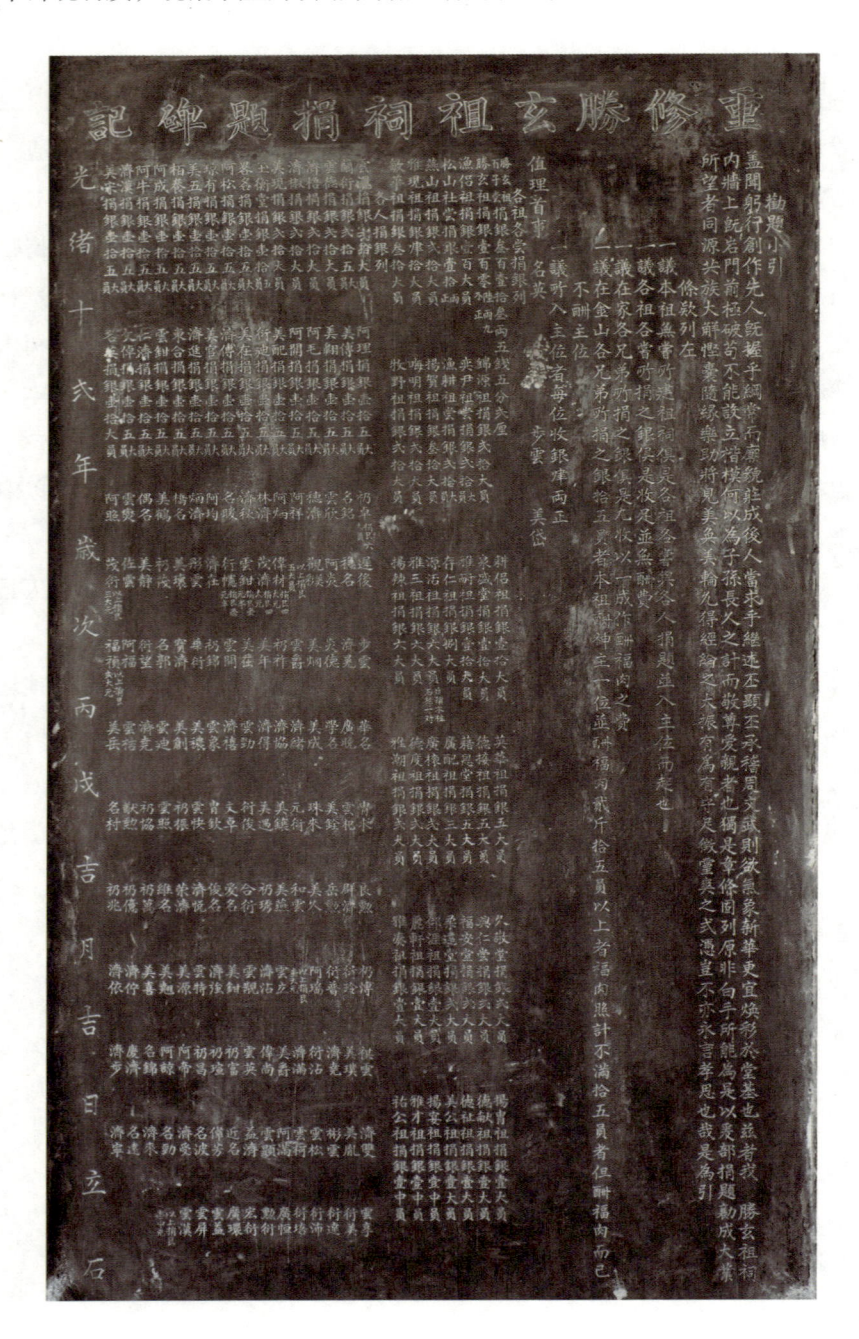

重修胜玄祖祠捐题碑记

劝题小引

盖闻躬行创作，先人既握乎纲常，而庙貌庄成，后人当求乎继述，丕显丕承❶。稽周文武❷，则欲气象新华，更宜焕彩于堂基也。兹者我胜玄祖祠内墙上、既岩门前极破，苟不能设立楷模，何以为子孙长久之计，而敬尊爱亲者也？独是章条固列，原非白手所能为。是以爰部捐题，勷成大业，所望者同源共族，大解悭囊，随缘乐助，将见美奂美轮，允得经纶之大振。有为有守，足征灵爽之式凭❸，岂不亦永言孝思也哉？是为引。

条款列左：

——议，本祖无尝，所建祖祠，俱是各祖各尝与各人捐题，并入主位而起也。

——议，各祖各尝所捐之银，俱是收足，并无酬费。

——议，在家各兄弟所捐之银，俱是九收，以一成作酬福肉之费。

——议，在金山各兄弟所捐之银，十五元者，本祖酬神主一位，并酬福肉二斤；十五元以上者，福肉照计；不满十五元者，但酬福肉而已，不酬主位。

——议，所入主位者，每位收银四两整。

值理首事：名英、茂衍、步云、美岱

各祖各尝捐银列：

（共41房祖，芳名及捐资、捐物数略）

各人捐银列：

（芳名及捐资额略）

光绪十二年岁次丙戌吉月吉日立石

【注释】

①丕显丕承：比喻继承良好的祖德。丕显，犹英明；丕承，很好地继承。②周文武：指周朝的开国君主周文王和周武王。父子俩都德才兼备，受到后人称颂。③式凭：依靠，依附。

建祠碑

本碑砚石质，现镶于崖门镇甜水村李氏宗祠。碑正面尺寸：90厘米×196厘米。

建祠碑

捐金开列：

胜矩祖房（捐金芳名及捐资额略）；

胜玄祖房（捐金芳名及捐资额略）；

潜逸祖房（捐金芳名及捐资额略）；

陵山祖房（捐金芳名及捐资额略）；

堂山祖房（捐金芳名及捐资额略）；

伯川祖房（捐金芳名及捐资额略）；

胜德祖房（捐金芳名及捐资额略）；

应元祖房（捐金芳名及捐资额略）。

首事雅畐、扬甜、扬丰、扬奏、扬璧、扬会、德伟、德换、德溥、德纯、德任、德新、德抱、启玑、启结、广昌

乾隆二十八年岁次癸未仲冬毂旦立石

邺香堂更夫规例碑

本碑砚石质，现镶于崖门镇甜水村李氏宗祠。碑正面尺寸：58厘米×100厘米。

邺香堂更夫规例

　　尝闻：国有法而乡有规，国法不立而奸邪日盛，乡规不肃而荆棘丛生。夫立国法者，贵刑罚之得中；肃乡规者，贵权衡之有准。是国法之所以治民，亦犹乡规之所以御暴耳。今因我乡十八畾与四畾更夫，为秤生气。忖思两畾均属一家，岂可酿事生端，以伤天地之和乎？是以邺香堂众衿耆，集祠劝息，设立规例，公道而行，两无干碍，以敦和睦，免启祸衅，各宜凛遵，同归于好，勿起猜嫌，是所厚望也。

　　谨将规条开列于后。

　　——议，邺香堂设立五十斤司码秤二把，司码砣一只，俱同一样。分四畾更馆收执一把，十八畾收执一把，俱司码为底，不得多添。又设立石秤架一对，更夫收谷以及薯、芋等项，须要在秤步上秤架而称，脱手离铊不用人抬，明秤明除，不得包藏笭、簀，开多斤两。若田户疑惑秤大，则取邺香堂设立五十斤司码砣，分来田户之秤较之，各照公道而行，收者不得加多，畀者无得短少。总之所称之秤要一字过为准，不得称旺。

　　——议，报更部或有漏字以及写差字，此系无意之误，不得责罚。至有失去，亦要照实赔偿。

　　——议种芋或有漏报五头以外，番薯漏报一百头以外，查出将其所漏报之头数，工食倍收，不得责罚，失去亦要赔偿。

　　——议，禾、稻、薯、芋恐有漏报，更部并无其报土名，字迹失去，不得追赔。查出工食倍收，不得责罚，如有追赔，罚钱三千文。

　　——议，田面种植禾、稻以及薯、芋、烟、花生等项，将近结实者，如有失去，多寡须将其田失剩到结实时折纽赔偿。倘其田尽行失去，须要失主对神矢心，多寡照赔。或有毁去青苗未结实者，亦要失主协同更夫，到田看过失数多寡，另照新例赔。其赔法：芋种二，只作芋一坎，每坎赔芋五斤；薯每千赔薯四担；禾苗每亩赔谷五石；烟田每田一分赔银一两整；至毁花生田一分，赔湿花生三十斤；至于毁秧最为要紧，如有毁去，每田下谷种一斗赔干谷五斗。至被毁之田，亦要任从耕者种回别物，俾有所获，免至抛荒。

——议，或有在田中煮饭、煮骰、煲茶烧草，本人无草，相近至取别人之草，无论多少，不得责罚，如将草担归，捉获有证据者，罚钱二千文。

——议，更夫收工食，总在学门里南社秤步而收，早造限以六月至七月底节次来收，晚造限以十月、十一月底节次来收。至芋更限以八月内来收，收薯更限以十二月至过年正月节次来收；花生、地迟薯，限以三月至四月底节次来收。

——议，田户或有因自己种植禾、稻以及薯、芋、花生、烟、秧等不好，自行毁伤图利喊赔，务要本人对神矢心，方得照例而赔，以杜弊端。

——议，所毁田中之物，恐有畜物无意伤残禾、稻数十头，番薯数十头，芋三五头，烟十余头，花生数十头，此是小小故事，非有意害人，不得照例赔补。

——议，赔偿不允，至有对神矢心，许在两畾关帝庙处清心，不得往城以及别处神圣，恐劳往复以至费用、人夫不便。

——议，或有插赃陷害，须要捉手之人诚实，父兄果肯代其矢心，则罚被陷之人出钱三千文；若被陷之人之父兄亦肯同其矢心，则免责罚。

——议，赔偿任从失主在工食处扣除，应入应出，亦要趁时清楚，无得拖延推诿。

——议，割差禾、稻以及挖差薯、芋等项，皆因主家未到，请人、雇工，人客错误，许其当日将割差、挖差之物送回原主，错者又持钱二百文到更馆报明，作为了事，不得责罚。如有隐匿不招，日久更夫查出有据者，罚钱五千文；或有诬赖，须要本人对神矢心，方免责罚。

——议，或有拖欠工食谷石，干谷折九成畀银，照时价每担多补银六分，薯、芋每担照时价多补钱三十文。

——议，牛只出外或于山中、田中、村中、路中踢失，若有兄弟收留，失主奉回利市钱二百文，无得多索。

——议，田亩早造做禾，晚造种番薯，报亩数者限田一亩，作种薯三千三百头。其中该田或有多种少种，无得工食倍收，亦不得责罚，总以每亩种薯三千三百为例，照税亩折计，不得多生异论。

——议，十八畾各房兄弟之更谷、薯、芋、工食，禾每亩收谷一斗，薯每一千头收薯一十二斤，芋每一百头收芋一十二斤。惟心存祖房兄弟耕种之工食，禾每亩收谷七升五，合薯每一千头限收薯一十斤，芋每一百头收芋一十斤，不得多收。

——议，本乡兄弟用船装载货物，或收谷回归，或买灰到坑，如系过夜，用更夫看守，方得支更夫工食钱三十文；若当时到坑即上清货物，即日出船，不得索收工食钱文。

——议，四畓兄弟耕十八畓之田，所种禾、稻、薯、芋等项，已上一概款例，俱照邺香堂所设此合同之例而行其秤，亦照所设之秤而称。

——议，所立之规例系照勒石之内各款而行，毋得执拗生端。

已上规例，系邺香堂众衿耆当祠设立，情理两尽，本是至公无私。凡为子侄者，务须遵守和约。当存己所不欲，勿施于人之心，毋得启衅生事。如有捏仇陷害，一经查出，定然惩责不恕。将见俗美人和，耕稼可乐，兄爱弟敬，境里[1]太平矣。所设规条，勒之于石，以为长治久安之策焉。

同治十二年岁次癸酉六月初一日立石碑人李邺香堂众衿耆：

李武戬、李武晖、李文日、李云凤、李启枝、李德星、李郁名、李勋璇、李勋瓒、李衍悠、李名立、李名蒨、李名仪、李名矛、李名执、李名开、李云就、李启盾、李云进、李名荐、李名护、李云晓、李广孔、李名奖等立石

【注释】

①境里：碑文为"境理"。

邺香堂陵山祖、守仁祖批塞草坦款式碑

本碑砚石质，现镶于崖门镇甜水村李氏宗祠。碑正面尺寸：60厘米×106厘米。

邺香堂陵山祖、守仁祖批塞草坦款式开列于后

　　为立批筑塞草坦款式，事缘本祖有咸水草坦坐落崖外地方。邺香堂各祖尝有土名乱石草坦壹段，上至古兜官冲，下至黄榄坑新围边，约税壹顷陆拾余亩。陵山祖有土名熊婆草坦壹段，上至古州角，下至熊婆冲，约税壹顷肆拾余亩。守仁祖有土❶名田螺坑草坦壹段，上至熊婆冲，下至拳头山古兜冲，约税贰顷叁拾余亩。三围因坦高成，招人自用工本筑塞成围，言明款式开列。是日衿耆老幼集祠酌议，当众各立批领贰纸，依式承塞，待塞成围，抛荒期满之日，协同衿耆首事到围落井丈量。围内税亩一批，限以贰拾捌年为期，先以抛荒贰拾年，自光绪捌年❷岁次壬午年起，至辛丑年❸底止，本祖贰拾年不取租银至抛荒期满。又因耕捌年，自壬寅年❹起至乙巳年❺底止，上肆年每年每亩纳租银陆钱整；自丙午年❻起至己酉年❼止，下肆年每年每亩纳租银壹两贰钱整。其租银限至下期交足，共批贰拾捌年，期满之日，交回本祖另行批兑。倘被风雨崩破基茔，须要在基外草茅，任从承批者取泥筑塞。间有天旱之日，须要坡水在上围圳路通行灌溉，不得阻流，无得异言。后欲有凭，立明石碑为据。

　　今将款式开列：
　　——议，围中递年，鸭埠鱼虾等物，俱系承耕者所得，不干本祖之事。至于围馆、薹场、禾塘，任从承耕者盖搭，不得抗阻。
　　——议，围基外直留老草坦叁丈整，以为傍基之要，所批草银两系承批者所得。
　　——议，写批签书、勒石银贰拾两整，系承批者所出，期满不得问本祖取回。
　　——议，或有外姓棍徒争占本围地方，系本祖理明，不干承批者之事。如因争占毁伤薹场什物，系业主补赔。
　　——议，本祖子孙倘有借端滋事，及外姓棍徒滋扰，须要本祖协同承批者送究，其费用银两系业主与承批者各出一半。
　　——议，该围期满之日，基茔修好，及水门桓板、竹木，须要俱全交回本祖。另行批兑承批者，不得私自窃去。
　　——议，倘有匪徒到围内打单寻害，毁伤围内薹场物件等项，系承批者自理，不

干本祖之事。

——议，围中所种禾稻，并基边所种薯、芋、瓜、果、竹、木，俱系承耕者所得，不干业主之事。

乱石坦：名瑄、名榜、礽杏、伟耀等承批筑塞。

熊婆坦：衍捧、名瑄、秀云、济欣等承批筑塞。

田螺坑坦：广巨、云偶、璇广、佐名等承批筑塞。

光绪柒年❽岁次辛巳捌月初伍日立石

【注释】

①土：碑刻作"上"。②光绪捌年：1882年。③辛丑年：指光绪二十七年。④壬寅年：指光绪二十八（1902）年。⑤乙巳年：指光绪三十一年。⑥丙午年：指光绪三十二年。⑦己酉年：指宣统元年。⑧光绪柒年：1881年。

陆氏祖祠捐银碑

本碑砚石质，现镶于崖门镇洞南村陆氏祖祠。碑正面尺寸：63厘米×120厘米。

陆氏祖祠捐银碑记

仙洞陆氏祖祠者，乃始祖世明公之祠也。公承簪缨[1]之世胄，生长古劳[2]，持节俭之家声，开居仙洞，派传百代，基创三龙，贻功业于千古，报馨香于万年。斯其祠也，地创仙溪，聚山川之秀毓，灵钟葫岭，庆栋宇之巍峨，祖宗规模于今为烈。然而代远年湮，瓦面倾颓，墙壁破烂，然为孝子贤孙所不忍目睹也。爰乃耆老集祠酌议，曰："若不设法重修，将何以妥先灵乎？"维是祖尝微薄，蓄积无多，必须同宗鼎[3]力签捐，俾得集腋成裘，以增其式廓。庶几，乃宗乃祖克壮有严有翼之观，若子若孙永沾俾炽俾昌之庆。是为引。

兹将各捐题银开列于左：
——议，限捐银一百、六十，赏排位二位、一位。
（捐题银芳名及捐资额略）

光绪二十八年岁次壬寅重修

【注释】

①簪缨：古代官吏的冠饰，比喻显贵。②古劳：指古劳镇，隶现属广东省鹤山市。③鼎：碑刻作"顶"。

新会碑刻

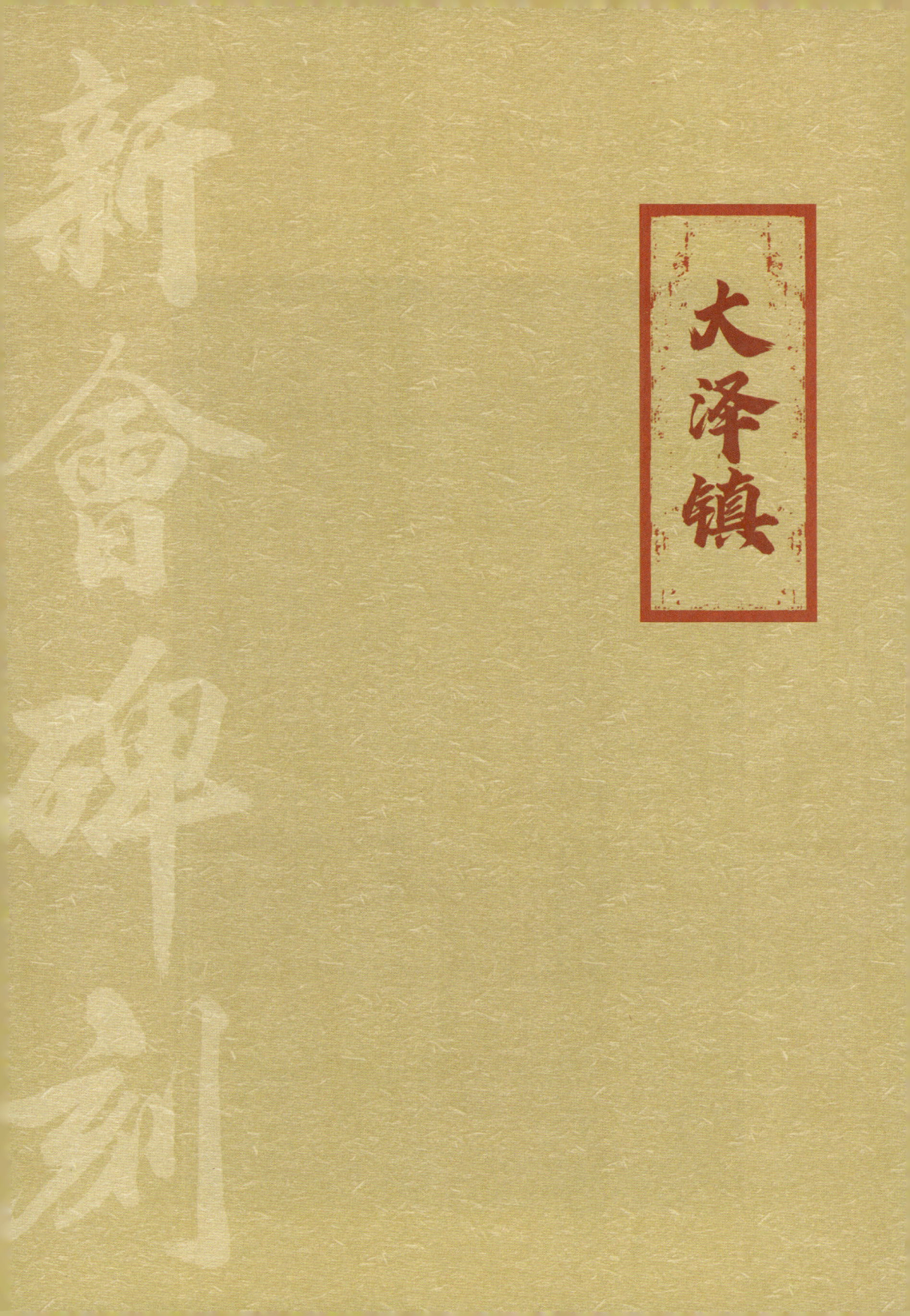

大泽镇

建庙捐题芳名碑

本碑砚石质，现镶于大泽镇大泽村侯王庙。碑正面尺寸：64厘米×112厘米。

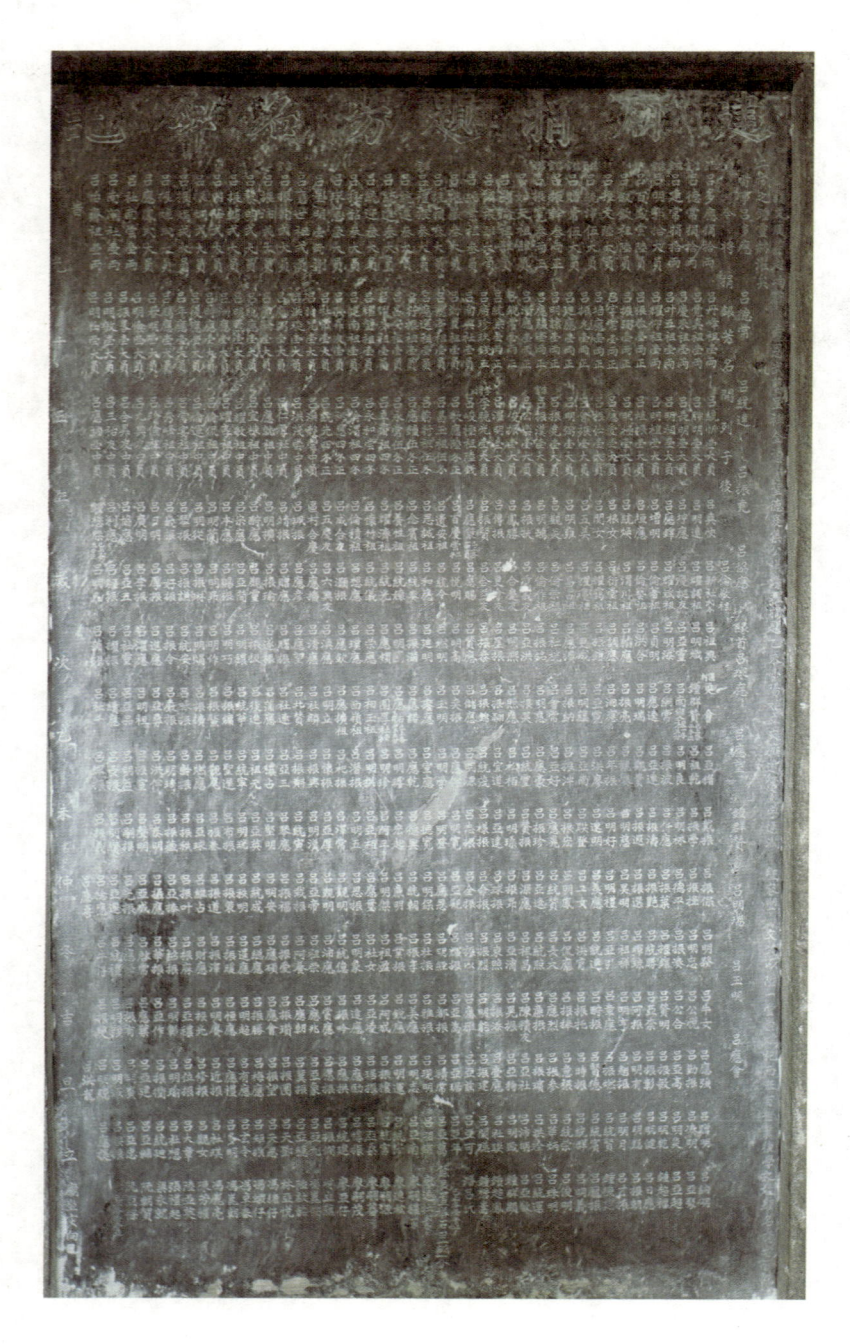

建庙捐题芳名碑记

尝谓：文风蔚起，均藉帝恩；武艺呈祥，全凭圣德。爰集公议，踊跃捐题，乙未小阳[1]始立文庙。连修庙宇，通润圣容。塑文武以升一堂，崇烟祀而奉百世。冀后学之姓显名扬者，皆二帝之钟灵赫濯矣。

首事：吕多应、吕德常、吕统达、吕振尧、吕协应；缘首：吕球应、吕应望、钟群赞、吕明瑞、吕玉明、吕应会

今将捐银芳名开列于后：

（芳名及捐资额略）

道光十五年岁次乙未仲冬吉旦立
庙坐亥向巳

【注释】

①乙未小阳：指道光十五年农历十月。

科外捐题银修庙碑

本碑砚石质，现镶于大泽镇大泽村侯王庙。碑正面尺寸：64厘米×112厘米。

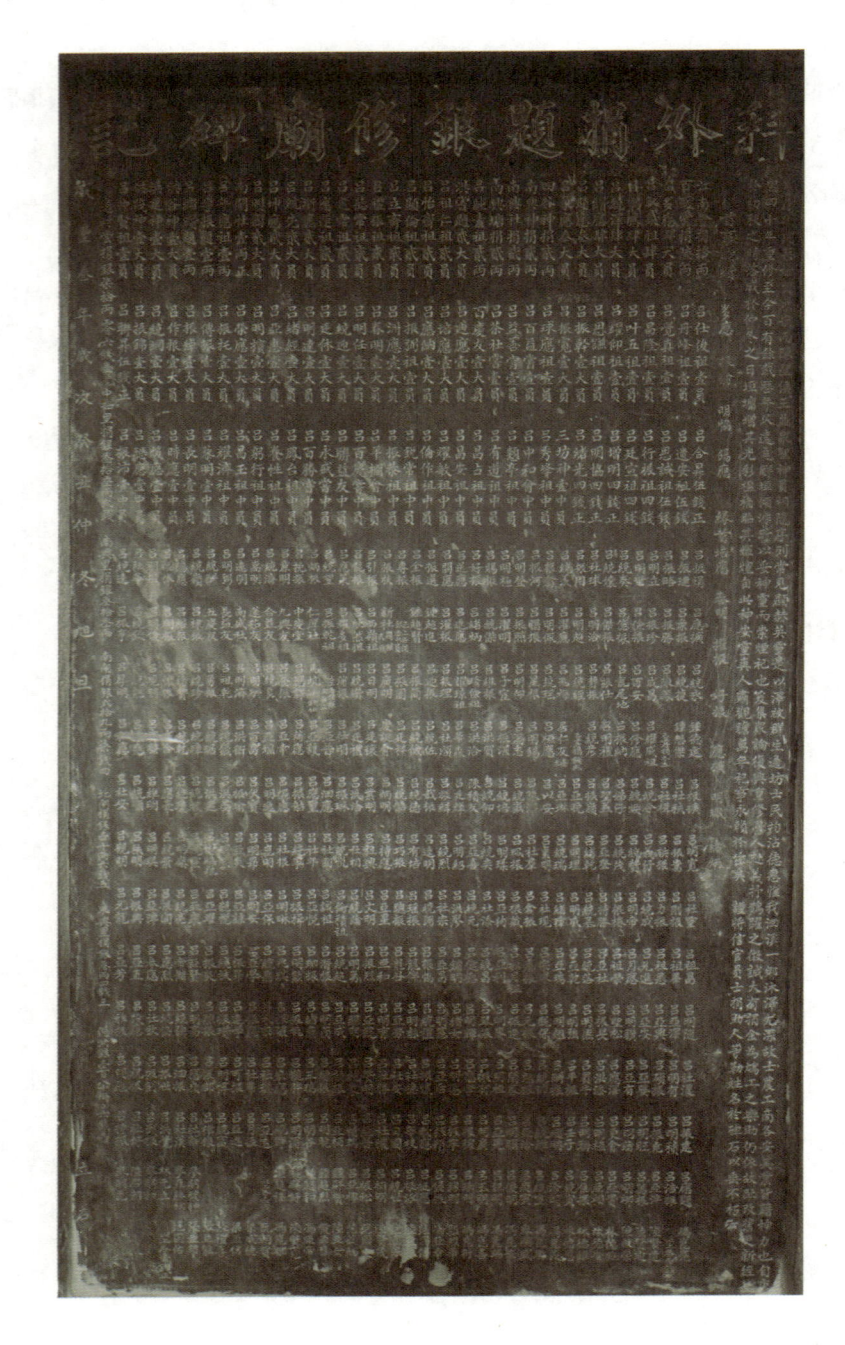

科外捐题银修庙碑记

本庙之建筑，始自大宋，而陈圣侯王[1]并众圣神员相随，序列常见，显赫英灵，是以泽被群生，通坊士民，均沾德惠。惟我洄溪一乡，沐泽尤深，故士农工商，各安其业，皆借神力也。自康熙四十年重修，至今百有余载，历年久远，瓦解垣倾，非所以妥神灵而崇烟祀也。爰集众论，复兴重修，同人赴义，抒鹊跃之微诚[2]；大有捐金为鸠工之乐助。仍依故址，改旧更新，经始于初秋之时，落成于仲冬之日。垣墉增其光彩，楹桷昭其辉煌，自此神安灵爽，人肃观瞻，万年祀事，永赖于兹矣。谨将信官员士、捐助人等，勒姓名于碑石，以垂不朽云。

首事：绪缵、多应、振禽、明协、锡应；

缘首：培应、春明、擢振、好振、应扩、明佩、绪炳。

（芳名及捐资额略）

通村尝捐银七十两零六钱一，中和里捐银三十三两二钱，南兴里捐银三十三两，南闸捐银二十九两七钱四，北闸捐银一十两六钱五，东兴里捐银三两四钱三。总共银一百八十两〇六钱三[3]。

咸丰三年岁次癸丑仲冬旭旦立石

【注释】

①陈圣侯王：即陈平（？—前178），西汉阳武（今河南原阳）人，西汉王朝的开国功臣。在楚汉相争时，曾多次出计策助刘邦，汉文帝时曾任右丞相，后迁左丞相。据《月令广义·岁令一》记载，汉相国陈平即为河神。②微诚：微小的诚意。常用作谦词。③三：碑刻作"一"。

重建龙母庙碑（嘉庆四年）

本碑砚石质，现镶于大泽镇莲塘村龙母庙。碑正面尺寸：78厘米×180厘米。

重建龙母庙碑记

《寰宇记》云："阅城君庙，一名孝通祠，在袁州府西，即秦时龙母，所谓前玉女而后金鸡是也。"自汉唐宋明以来，累代册封五龙，俱有诏赠。每岁五月初八、八月十三遣官致祭，典莫隆焉。今莲塘一堡距新会邑城而西，聚居不下十数姓，旧有龙母古庙为一方主，乃明万历间遗构也。父老相传，谓母之煦泽覃敷❶，惠我元元❷，既优且渥，祈祷襁属❸，顶祝❹皈依，盖数百年于兹矣。迩来岁久倾圮，颓垣毁瓦，亵渎不安，众谋所以新之。卜诸环珓❺，神锡曰："诺。"人心欢悦，群相与解橐❻解囊范金，合土依青乌家❼言，向主癸丁❽，背山面水，规制仍旧。左傍另一座，奉祀观音大士，楹桷刻丹，飞甍舛互，比之灵光岿然。时则屠维协洽❾仲秋吉旦也。据祀典，凡神能为民捍灾御患，则祀之；能调燮阴阳庇荫嘉谷，则祀之。溯有庙至今，阳德光亨❿，雨旸时若，物离夭札，民用丰登，母之所以劻扶默勚而跻之乐土者，又宁有涯哉？

是举也，起于本年六月，一呼百诺，踊跃捐题，不两月告竣，恍若有阴驱而默率之者。行见护国通天，椒花与蒲节齐芳，桂月共莲塘相映，利路宏施甘雨，名津广济慈航。圣母之朱衣挥钺，神龙之岭表护舟，奇应正未有艾，而号加崇福、诗纪沐灵，长与乾坤而终古矣。爰述其修举之由，更序次义捐芳名，俾勒诸贞珉，以垂永远。谨记。

原任琼州府临高县教谕加三级乾隆癸酉科乡试副贡士李珍盥手敬撰

众信官员士义捐芳名开列：

（芳名及捐资额略）

广仁里题银九十六两零七分，西贤里题银九十五两二钱六分，同仁里题银九十两零二钱八分，敦仁里题银七十一两零七分，美成里题银三十九两二钱六分，茂莲里题银三十四两五钱三分，庙莲里题银二十四两三钱六分，绍唐里题银二十两零三钱八分。

时嘉庆四年岁次己未仲冬葭月旭旦

【注释】

①罩敷：广布。②元元：指百姓，庶民。③襁属：像钱串一样连贯，形容连续不断。《新唐书·殷侑传》载："岁中，流户襁属而还，遂为营田，丐耕牛三万，诏度支赐帛四万匹佐其市。"④顶祝：指顶礼祝祷，顶礼祝颂。⑤环珓：用以占卜的器具。用玉做成蚌壳状，或以竹木制之。两片可分合，掷于地，观其俯仰，以占吉凶。⑥解橐：犹解囊。⑦青乌家：为堪舆家的美称。⑧癸丁：坐东北向西南。⑨屠维协洽：屠维为己，协洽为未，即己未年，指嘉庆四年（1799）。⑩光亨：指光显的意思。

重建龙母庙碑（道光十七年）

本碑砚石质，现镶于大泽镇莲塘村龙母庙。碑正面尺寸：70厘米×128厘米。

重建龙母庙碑记

谨将捐题银两芳名开列：
（芳名及捐资额略）
道光十七年❶岁次丁酉年孟秋兰月旭旦

【注释】

①道光十七年：1837年。

敬义堂置立庙尝碑

本碑砚石质，现镶于大泽镇莲塘村龙母庙。碑正面尺寸：55厘米×123厘米。

敬义堂置立庙尝碑记

粤启我莲塘堡，龙母太夫人庙创自前明，赖以御灾捍患，凡有祈禳无不响应。但庙尝太薄，何以由明及清，经历两朝，数百年来不闻有设法增置者？大抵事每难于图始，更难于成终，故畏难而不为也，抑为之而不成耶？抑又或事之成与不成，或迟或速，有数存乎其间耶？兹者议及增置庙尝，义会之说一倡而人皆乐从，不满一年，辄累金数百。此虽人心之踊跃，而实由神灵之显赫有以感之也。嗣后，铢积寸累，愈积愈厚，皆由此始也。庶几，同心协力，慎终如始，以成美举焉，可尔是为序。

谨将仁字号大会开列：义字号大会、礼字号中会、智字号中会、信字号中会、福字号小会、寿字号小会。

（芳名及捐资额略）

咸丰九年[1]岁次己未仲秋穀旦

【注释】

①咸丰九年：1859年。

重建文武二帝庙碑

本碑砚石质,现镶于大泽镇莲塘村龙母庙。碑正面尺寸:55厘米×123厘米。

重建文武二帝庙碑记

谨将各里捐题芳名开列:

(芳名及捐资额略)

咸丰九年岁次己未仲伙榖旦

协恭堂捐会重修碑

本碑砚石质，现镶于大泽镇莲塘村龙母庙。碑正面尺寸：73厘米×138厘米。

协恭堂捐会重修碑记

今将会友芳名开列：

天字号大会、地字号大会、元字号大会、黄字号大会、宇字号中会、宙字号中会、洪字号中会、荒字号中会。

今将各里捐题芳名开列：

（芳名及捐资额略）

同治三年岁次甲子仲秋穀旦立石

重修龙母庙捐题碑

本碑砚石质，现镶于大泽镇莲塘村龙母庙，与"协恭堂捐会重修碑"并镶一处。碑正面尺寸：73厘米×138厘米。

重修龙母庙捐题碑记

（芳名及捐资额略）

同治三年岁次甲子仲秋榖旦立石

重修龙母庙捐工金芳名碑

两碑均砚石质，现镶于大泽镇莲塘村龙母庙。两碑正面尺寸均为：78厘米×173厘米。

重修龙母庙捐工金芳名碑记

重修龙母庙启

粤有以龙纪官，太皞❶肇膺其瑞，豢龙司职刘累❷，能世其家，苟驯扰❸之多方，宜血食❹之勿替。况母仪足式，水族效灵，龙德弗违，民生共仰者乎！吾乡莲塘，奉有龙母庙，数百年于兹矣。想其孕秀晋康❺，毓祥秦代，抗节则祖龙为之夺气❻，推仁则真龙于焉感恩，温水藉姓氏而传，灵溪以神烈而著。发祥显迹，始自悦城，尸祝❼家户，遂遍吾越。仰维坤德，遥缅懿徽❽，能使应龙，霖雨天下，洵为众母，俎豆人间。故虽僻处一隅，胥愿顶礼百拜也。今者庙宇犹存，址基渐圮。半墙青草，蝙蝠夜飞；满地绿苔，鼯鼪昼出。当岁时之伏腊，村翁空忙；怅瓦砾之零星，神灵安宅？兹欲经新寝殿，重焕阶楹。恨无系树之钱，难拓铺金之地，所望广施仁粟，将伯助予❾，为解义囊，好善过我。从此合尖❿有日，屑龙涎而爇供佛之香会，看降福自天，登龙堂而奏迎神之曲。是为序。

新科举人李文富⓫撰

今将捐工金芳名开列：

（芳名及捐资额略）

谨将各字号会芳名开列：日字号会、月字号会、盈字号会、满字号会、□字号会、足字号会、□字号会、章字号会、□字号会、举字号会、律字号会、吕字号会。（芳名及捐资额略）

递年正月廿三日，标会初三日充会。

    首事伍文奉、李赞贤、李翀云、陈廷贤、林德权、李盛衍、简义球、李籣云、李蘥云、李受云、李龙衍、李赞礽、颜庆浩、李仓礽、胡理传

        光绪十八年岁次壬辰仲秋旭旦立石碑记

【按】

本碑刻"捐工金芳名"中载有：旅日本横滨的营昌盛店和林德权，助银五大元；旅日横滨的裕隆昌店，助银二大元。这些记载对研究新会华侨的旅居国情况有参考价值。

【注释】

①太皡：神话传说中的古帝名，即伏羲氏。秦汉阴阳家以五帝配四时五方，太皡以木德王天下，故配东方，为司春之神。②刘累：生于公元前1898年，卒于公元前1788年，据《元和姓纂》《史记》《帝系谱》记载，远古部落联盟三皇之首太昊伏羲氏娶少典为妻，生黄帝轩辕，刘累乃黄帝子陶唐氏首领唐尧的后裔，是被史学界所认同的刘姓历史上第一位名人，是国内外刘姓所信奉的始祖。③驯扰：驯服柔顺。④血食：谓受享祭品。古代杀牲取血以祭，故称。《左传·庄公六年》载："若不从三臣，抑社稷实不血食，而君焉取余？"⑤晋康：东晋永和七年（351）设立晋康郡，悦城龙母庙所在地古代属晋康郡管辖。⑥夺气：挫伤锐气，丧失勇气。⑦尸祝：祭祀。⑧懿徽：美善，用以称颂妇德。⑨将伯助予：请求长者帮助。此处指请求别人帮助。将，请求；伯，长者。⑩合尖：造塔工程最后一着为塔顶合尖，故以"合尖"喻克成大功的最后一步工作。⑪李文富：新会人，光绪十七年辛卯科举人。

无碑额碑（嘉庆二年）

本碑砚石质，现镶于大泽镇小泽村长湾三帝庙。碑正面尺寸：45厘米×52厘米。

无碑额

捐题芳名：

（芳名及捐资额略）

嘉庆二年十一月仲冬重修

迁建三帝庙叙碑

本碑砚石质,现镶于大泽镇小泽村长湾三帝庙。碑正面尺寸:45厘米×62厘米。

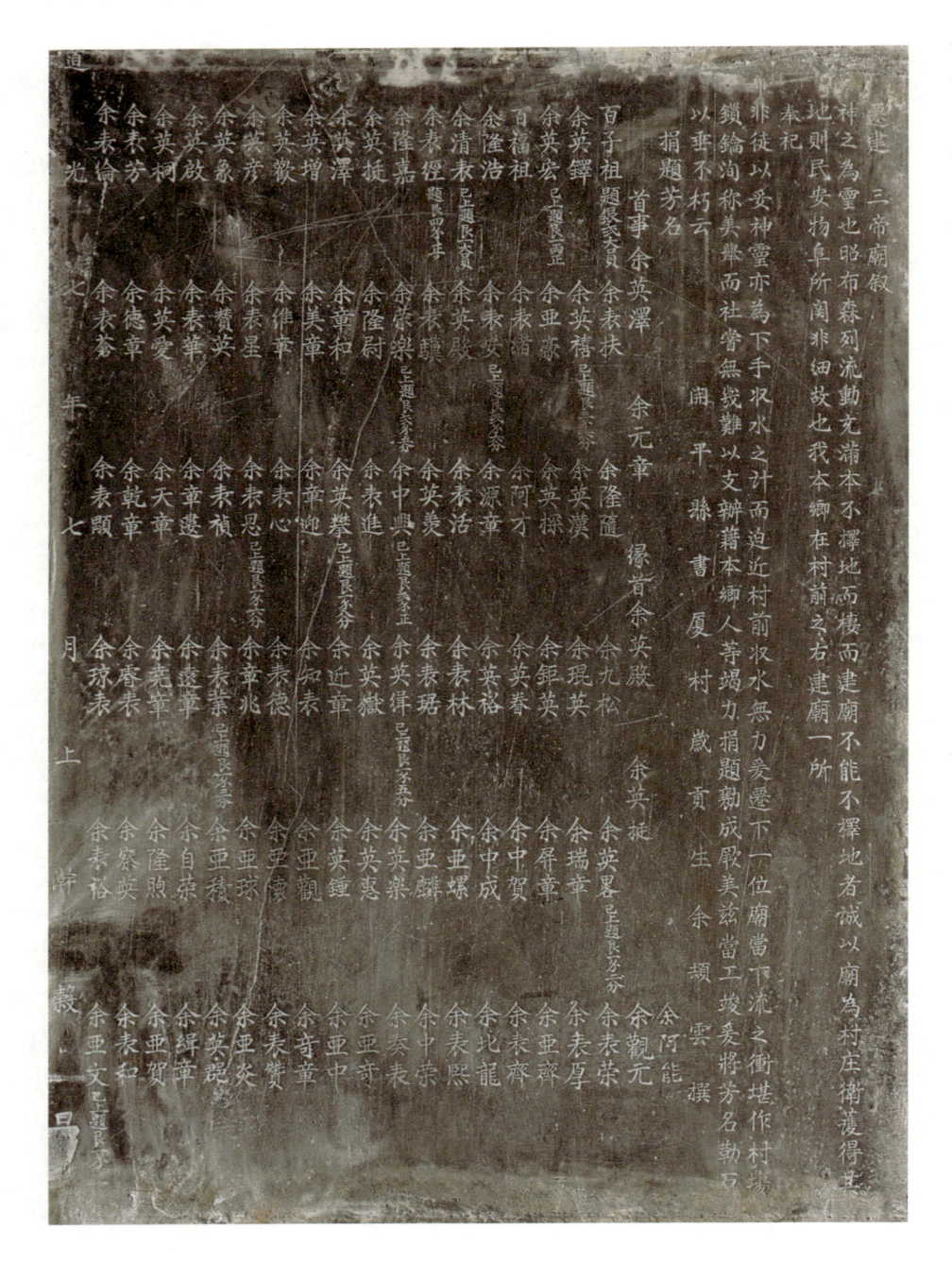

迁建三帝庙叙

神之为灵也，昭布森列，流动充满，本不择地而栖。而建庙不能不择地者，诚以庙为村庄卫护，得其地则民安物阜，所关非细故也。我本乡在村前之右建庙一所奉祀，非徒以妥神灵，亦为下手收水[1]之计。而迫近村前，收水无力，爰迁下一位，庙当下流之冲，堪作村场锁钥，洵称美举。而社尝无几，难以支办，藉本乡人等，竭力捐题，勷成厥美。兹当工竣，爰将芳名勒石，以垂不朽云。

开平县书厦村岁贡生余顿云撰

捐题芳名：首事余英泽、余元章，缘首余英殿、余英挺。
（芳名及捐资额略）

道光七年七月上浣穀旦

【注释】

①收水：是指风水学的收水到堂，即指前方来水正好是朝屋宅大堂而来，出水可以看见也可以看不见，以看不见为好。

重修三帝庙捐题碑

本碑砚石质，现镶于大泽镇小泽村长湾三帝庙。碑正面尺寸：46厘米×60厘米。

重修三帝庙捐题碑记

且夫神之为灵，变化莫测，而德之极盛，感应无方。我本里建庙尝所久藉三帝威灵神圣显赫庇护村庄人所瞻仰。迄今栋被虫瘟，墙穿雀角，何而依但无庙尝可靠，俱觉支持甚难。爰藉本里人等异域亲朋踊跃捐题勤厥美。此则庙貌更新，神人共乐者矣。今将芳各勒石以垂不朽云。

值事余胜表

首缘余赓章 首缘余章照 已上捐题银壶大员 余章钜 已上捐题银壶大员 余英贤 良半九 余表晚 余中登 余邦陣 余社鵬 已上捐题 潘庆 余连女 余社家 余表恨 余章广 余阿胜

余章传 余章祯 余章（略） 余翰表 余军镶 余南槐 余章明 余表滿 余表燦 余社培 余和威 余和芳 余耀鋒 余进章 余衛章 余謌章 余和悅 余和益 余和茂 余阿秋 余阿歸 余阿瓻 余阿江 余阿廣 余阿心 余作 余表活 余表奕

沛英 余章能 余章立 余中悦 余中志 余中快 余章槐 余章禮 余章佐 余比亨 余和戚 余阿闹 余阿良 余章勤 余章蒲 余章喜 余章培 余章護 余阿慶 余阿成 余阿昌 余阿炳 余阿结 余阿狗 余阿祐 余阿社

余表恒 余和明 余中洽 余中德 余中明 余章錫 余章歆 余章益 余比傑 余表昂 余表源 余表茂 余表煥 余继荣 余宽中 余中稳 余中茂 余中晃 余龙旺 余比成 另每位己上均派銀錢正 余表逸

百丁堂 余表宠 余章鑒 余中九 余中選 余章鑫 余章炼 余章譲 余連達 余章寅 余章夥 余章安 余潘章 余章贤 余章江 余参中 余中元 余錦中 余阿寅 余永中 余迫盛 余灶师 余堪和 梁閏安

百福堂 余章利 余表綬 余中漢 余闰洪 余闰林 余乾章 余章萬 余章振 余英蓉 余比蕪 余比長

余表經 余表華 己上捐题良半四钱正

同治十年岁次辛未季冬旦立石

重修三帝庙捐题碑记

且夫神之为灵，变化莫测，而德之极盛，感应无方。我本里建庙一所，久藉三帝威灵，神圣显赫，庇护村庄，人所瞻仰。迄今栋被虫瘟[1]，墙穿雀角，何所依？但无庙尝可靠，俱觉支持甚难。爰藉本里人等、异域亲朋踊跃捐题勷厥美。此则庙貌更新，神人共乐者矣。今将芳名勒石，以垂不朽云。

值事余肫表，缘首余赓章，缘首余逢章，缘首余章照，缘首余章巨。
（芳名及捐资额略）

同治十年岁次辛未季冬旭旦立石

【注释】

①虫瘟：为虫蛀蚀。

无碑额碑（光绪十七年）

本碑砚石质，现镶于大泽镇小泽村长湾三帝庙。碑正面尺寸：73厘米×60厘米。

无碑额

（芳名及捐资额略）

光绪十七年岁次辛卯十月初九日

新捐长湾闸桥社劝捐序碑

本碑砚石质，现镶于大泽镇小泽村长湾三帝庙。碑正面尺寸：48厘米×39厘米。

新捐长湾闸桥社劝捐序

村以桥日久矣。架梁渡津，古来济涉，利便往来，孰忍废彩虹之驾而不爱鸣鹄❶之填乎？惟兹长湾桥闸社崩破，独力难持。由是倡建之举，爰商善法，共力同心，分部劝捐，解囊襄美，集腋成裘，联志碑石，将见饮马投钱❷，津无病涉。伙岁❸十月，舆成喜望，助以成功。爰乐以为之序。

值理余章荣、章堪、中律、中□。

今将劝捐芳名列于左：

（芳名及捐资额略）

光绪二十九年岁次癸卯仲冬吉旦

【注释】

①鸣鹄：即天鹅。典出晋代张华的《博物志》："齐桓公猎得一鸣鹄，宰之。"②饮马投钱：比喻为人廉洁，不损公肥私。典出唐代徐坚的《初学记》（卷六）引《三辅决录》："安陵清者有项仲仙，饮马渭水，每投三钱。"③伙岁：次岁。

重建张村太祖祠神主坐位碑

本碑砚石质，现镶于大泽镇张村村黄氏祖祠。碑正面尺寸：185厘米×80厘米。

重建张村太祖祠神主坐位碑记

盖闻"天地之大德曰生，圣人之大宝曰位"，所以素其位而行者之可为君子也。我张村之太祖祠今已工竣，崇升以拈主坐位，而刻诸石碑者，庶免前后世数之混淆、偏正坐位之倒置，故承同事耆董诸公美意，嘱虞而为之于碑记者也。溯祖祠建自明朝初间，由善德、柏轩诸公昆仲之手，以祖屋而建为祖祠，取乾巽亥巳之线口吉壤也。历有年所，至前清道光乙酉年❶间，好事者以为原兼不佳，起而改转乾巽戌辰之线，失策极矣。幸藉前人之福荫培养深厚，故其君子犹食旧德，其小人尚服先畴❷。溯源九龄之温席❸，千顷之汪涵，其教化有起，出于寻常，万万❹者即圣人。所谓文武之道，未坠于地之说，幸薪传之不坠者，赖有此也。是以民国甲寅❺，爰集耆董等，谋诸地师余翁秋汀，改回乾巽兼亥巳璧宿八度。由甲寅六月拆卸，以至递年乙卯三月崇升。其建费概赖耆董等倡议各房入主筹款，以应支需。迄今弃繁就简，谨泐数言，亦以家乘史书，意在纪其实事而已。

维我烈祖德泽孔长，源开杜阮，派衍张村，历二十八九传之遗烈，于宋、元、明清，代之有光。裔孙等远承祖德，继述难忘，诚恐书香之莫绍，咸忧祀典之缺如。观寝室之凋零，共慨丹青剥落；有肯堂⑥之志气，孰甘楹桷倾颓。倘非鸿宇攸新，鸠工是伤；罔由门闾自大，谱牒重光。宜未雨而绸缪，敢夸回天有术；竟闻风而踊跃，何须迁地为良。从兹鸟革翚飞，睹堂构之壮丽；庶几云楣画栋，羡寝庙之辉煌。可云基业有成，善继前人统绪；自是箕裘克荷，定贻后嗣炽昌。尔是为序。

建祠耆董暖学、学仲、球立、镣学、坤学、恒茂、茂沛、茂弼、宏椿、选茂、宏锐、宏才、绍虞、绍槐、隆茂、馨宏、橙茂、绍忠、贤缉、宏芹、宏唐等立

民国四年岁次乙卯三月吉日二十八传裔孙绍虞敬撰

（神主坐位略）

【注释】

①道光乙酉年：指道光五年。②先畴：祖先留下的土地。③九龄之温席：典出《黄香温席》。《三字经》中有对黄香的描写："香九龄，能温席。孝于亲，所当执。"④万万：典出韩愈的《论佛骨表》："使天下之人，知大圣人之所作为，出于寻常万万也。"⑤民国甲寅：指1914年。⑥肯堂：亦即肯堂肯构。原意是儿子连房屋的地基都不肯做，哪里还谈得上肯盖房子。后反其意而用之，比喻儿子能继承父亲的事业。

新会碑刻

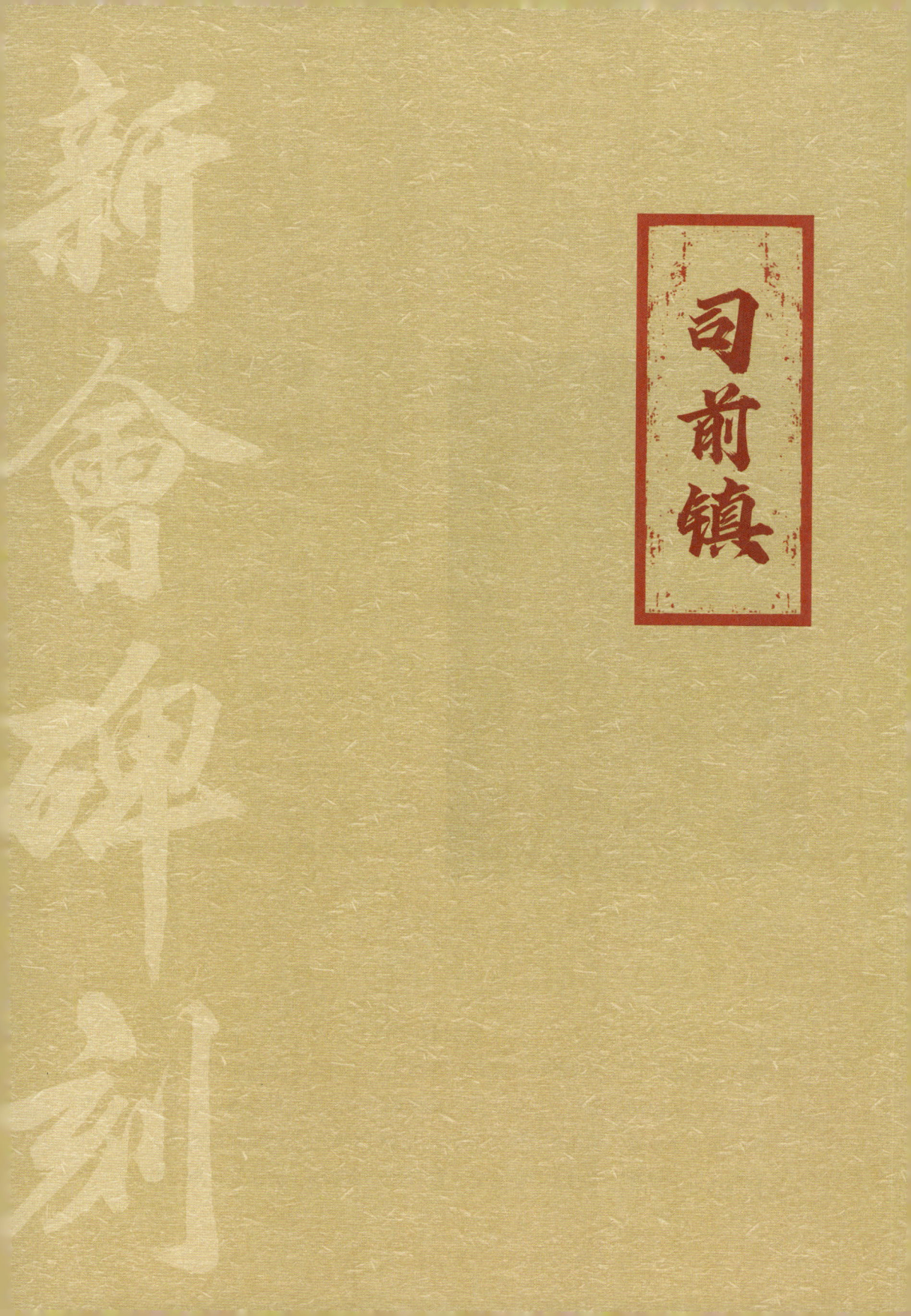

司前镇

祖祠碑

本碑砚石质，现镶于司前镇小坪村沙坪里。碑正面尺寸：53厘米×35厘米。

祖祠碑记

重建本祠记

尝思：万物各本所生，人则各本乎祖，建祠崇祀所以报本也。族情即于斯聚，后嗣即于斯昌。是祠创于大明成化七年二月吉旦，乃前人不匮孝思，奉祀伯琰祖上至四代。第累世修整，不过略涂塈茨❶，历二百余年于兹矣。泥垣鼠窝，榱桷蠹篆❷，族人曰："此非为祖宗长久计也！"相率为重建之举。鸠工上梁，于乾隆十六年十月初二日未时告成，进主于乾隆十八年❸八月十七日卯时。庙貌焕然一新，虽无翚飞鸟革之华、竹苞松茂❹之势，其为报本之意，亦云克缵前烈。从此春秋享祀，宗灵妥侑，族人欢聚，致足乐也。后嗣炽昌，不亶其然乎！

圣谕十六条

敦孝弟以重人伦，笃宗族以昭雍睦；和乡党以息争讼，重农桑以足衣食；
尚节俭以惜财用，隆学校以端士习；黜异端以崇正学，讲法律以儆愚顽；
诫匿逃以免株连，明礼让以厚风俗；务本业以定民志，训子弟以禁非为；
息诬告以全善良，完钱粮以省催科；联保甲以弭盗贼，解仇忿以重身命。

禁条

　　建立祠堂，本为敬祀祖宗，一族风水所关也。自后，不许人秽画墙壁，不许人堆积咸泥，不许人牵牛入祠，不许人在祠打禾惊动土神，致伤风水。如有恃顽抗违，集众赴祠责罚。

时乾隆十八年岁次癸酉仲秋吉旦

【注释】

①墍茨：用泥涂饰茅草屋顶。②榱桷蠹篆：屋椽为虫蛀，指经长久磨损要断的样子。③乾隆十八年：1753年。④竹苞松茂：比喻家门兴盛，喻指新祠落成。

修祠碑

本碑砚石质，现镶于司前镇小坪村沙坪里。碑正面尺寸：35厘米×53厘米。

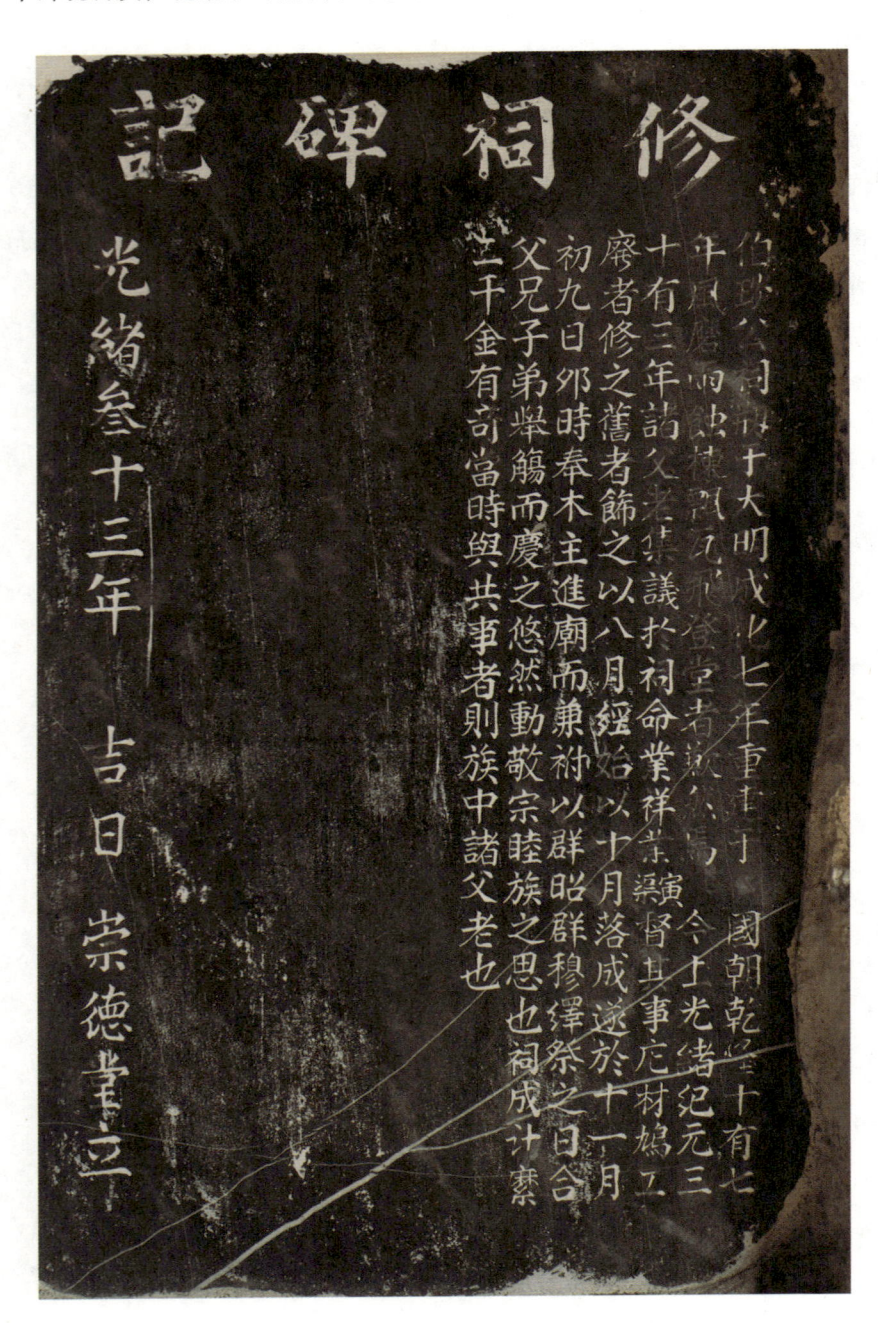

修祠碑记

伯琰公祠创于大明成化七年，重建于国朝乾隆十有七年，风磨雨蚀，栋飘瓦飞，登堂者歉然焉。今上光绪纪元三十有三年❶，诸父老集议于祠，命业祥、业寅、（业）渠督其事。庀材鸠工，废者修之，旧者饰之，以八月经始，以十月落成。遂于十一月初九日卯时，奉木主进庙而兼祔以群昭群穆。绎祭❷之日，合父兄子弟举觞❸而庆之，悠然动敬宗睦族之思也。祠成，计縻二千金有奇。当时与共事者，则族中诸父老也。

光绪三十三年吉日崇德堂立

【注释】

①光绪纪元三十有三年：即光绪三十三年。②绎祭：指正祭之次日续祭。③举觞：指举杯饮酒。

重修帅府庙碑（嘉庆十九年）

本碑砚石质，现镶于司前镇石名村帅府庙。碑正面尺寸：85厘米×122厘米。

重修帅府庙碑记

康王古庙，吾乡人之赖其怙冒❶也久矣。赫声濯灵，实无微之不烛❷，水旱疾疬者，有求而有应。士服先畴❸，人食旧德，伊惟神力，是其有功德于斯人者，与天无极。第因多历年，所堂宇倾颓，因思集众酌议修。惟是费用繁浩，不免设签劝题。赖神阴佑共表，遂尔人争雀跃，用能庀工落成，新其式廓。庶几，庙貌焕新，自应威灵倍赫，其所以绥多福将来者，愈靡涯矣。兹值告竣，爰跋数言，勒石以志无疆。

福首李基瑞题银二大元，李基登题银一两整，缘汤氏、李振储、缘林氏题银一两整，缘凌氏、李基蕃、缘刘氏题银一两整，母梁氏、李乔宗、缘周氏题银一两整，李宗弼、缘梁氏题银一两整。捐题银米芳名开列于后。

（芳名及捐资额略）

嘉庆十九年岁次甲戌季冬吉旦

【注释】

①怙冒：谓勤勉治国之大功。典出《尚书·康诰》："越我一二邦，以修我西土，惟时怙冒，闻于上帝。"②无微之不烛：即无微不烛，黝暗处无不被照亮。比喻明察隐微。③先畴，先人所遗的田地。典出《西都赋》："士食旧德之名氏，农服先畴之畎亩。"

重修帅府庙碑（光绪五年）

本碑砚石质，现镶于司前镇石名村帅府庙。碑正面尺寸：71厘米×140厘米。

重修帅府庙碑序

重修帅府庙碑序

尝闻：司分❶夏令，五方之变，理攸殊教。设先王万古之祇，承则一故❷，馨香共祝，俗以从宜，而功德在民，祀皆不朽。余乡那邓村，建有帅府庙，崇奉康、温、车❸大元帅列圣，神容肃穆，圣德巍峨。霹雳行天，消妖旗而气靖；澄清下界，降时雨以恩深。佐圣朝鼓荡之休，敷下里和平之福，于今尤烈。自昔维昭然而春秋屡易，土木不常。剥蚀星霜，讶头陀❹其古矣；摧残风雨，叹鲁殿❺之岿然。使不重光，旧物式焕新模，虽赫濯之声灵依然如昨，而生成之感戴何自肃将❻。爰于己卯❼岁，联集绅耆，用筹❽兴作，沿签分簿，鸠工庀材。时尚未移，功成勿亟，乃二三父老属拟记文。

襄以为那邓村地狭人稀，谋资匪易，隅偏壤僻，运物维艰，忽焉一倡百和，集腋成裘，非惟共辑乎人谋，实亦有资于神力。今者上栋下宇，顿易规模，废瓦颓垣，迥非畴昔❾。螭头柱拥，增庙貌之庄严；雉尾扇开，照圣颜于天日。与夫丹青辉映，金碧荧煌，群焉瞻顾以为娱，孰不踌躇而满志！从兹俎豆陈馨，蘋蘩❿荐洁，绥予士女，锡厥休祥⓫。春社⓬枌榆⓭，庆祈蚕⓮于叠鼓；秋田黍稷⓯，乐祭虎而椎牲；齿让⓰风成，安钓游⓱者，四境衣冠古处⓲。敦诗礼者万年，斯固国家之休养深，是亦神灵之流庆远也。然非有捐金之士助义之豪，亦不能遽快人心，速成美举。今落成伊始，纪其姓氏，列自贞珉⓳。庶几，永与神明，并昭遐迩，垂诸靡尽，讵不休欤！是为记。

里人邑庠生李其襄敬撰，值事人李基宽、李猷杰、李相立

今将各捐题银芳名开列：

（芳名及捐资额略）

光绪五年岁次己卯仲冬吉旦立

【注释】

①司分：谓由历法官颁布节气。②一故：即一故神，见《永乐大典·神》载：

"一故神,譬之人身,四体皆一物,故触之而无不觉,不待心使至此而后觉也。"③康、温、车:康,指康元帅,民间信仰的神祇之一,传为东岳大帝属下的十太保之一。温,指温元帅,即温琼,是玉帝赐封的亢金大神,也是东岳十太保的第一太保,兼任道教护法神将。车,指车元帅,是中国民间信仰中的一个神祇,农历年初二,是车公诞节。相传车公为南宋末年时的一名勇将,因戡平江南之乱有功,被封为大元帅。④头陀:出自梵语,原意为抖擞,指去除浣洗烦恼,即佛教僧侣所修的苦行。后世也用以指行脚乞食的僧人。⑤鲁殿:指鲁灵光殿,为汉景帝子鲁恭王在曲阜修建的宫殿,遗址在今山东省曲阜市东。汉代中叶以后,因战乱,许多宫殿被毁,鲁灵光殿竟得以幸存下来。后人用"鲁殿"来比喻硕果仅存的人或事物。⑥肃将:犹敬奉或敬献。⑦己卯:指光绪五年(1879)。⑧用筹:占卦。⑨畴昔:往昔,日前,以前。⑩蘋蘩,指蘋和蘩。两种可供食用的水草,古代常用于祭祀。典出《左传·隐公三年》:"蘋蘩蕴藻之菜……可荐于鬼神,可羞于王公。"⑪休祥:吉祥。典出《尚书·泰誓中》:"朕梦协朕卜,袭于休祥,戎商必克。"⑫春社:古时于春耕前(周用甲日,后多于立春后第五个戊日)祭祀土神,以祈丰收,谓之春社。典出《礼记·明堂位》:"是故,夏礿、秋尝、冬烝、春社、秋省,而遂大蜡,天子之祭也。"⑬枌榆:泛指故乡。⑭祈蚕:祀神以求蚕事的丰收。⑮黍稌:喻稻谷等粮食。⑯齿让:以年岁大小相让,示长幼有序。《礼记·文王世子》载:"故世子齿于学,国人观之,曰:'将君我,而与我齿让,何也?'"⑰钓游:垂钓和游玩。唐代韩愈《送杨少尹序》载:"今之归,指其树曰:'某树,吾先人之所种也;某水、某丘,吾童子时所钓游也。'"⑱古处:谓以故旧之道相处。古,通"故"。《诗经·邶风·日月》载:"乃如之人兮,逝不古处。"⑲贞珉:对石刻碑铭的美称。

溢波祖敬送戏金田亩碑

本碑砚石质，现镶于司前镇天等村瓦岗天后宫。碑正面尺寸：50厘米×95厘米。

溢波祖敬送戏金田亩碑记

恭惟齐天圣母，功德固遍乎宇内，而声灵尤著于吾乡，故家尸户祝既以各尽其诚。而当每年三月二十三日宝诞之期，又必合乡演戏以酬神，迎炮以祈福。然递年之戏金，合乡分派五股半支办，自祖有然，罔敢废也。第思钱财有紧急之门，而戏金无延缓之日，倘一时未能备办，必然致误于神功。是以溢波祖子孙，爰集老幼先行酌议：我本祖递年之戏金，名下该半股，愿将本祖祭外尝田五丘，共税六亩余，并柱头一条，统敬送于庙永远管业；每年任从各股主会投兑收租，除办纳粮务外，尽作溢波祖子孙半股戏金、炮金之需，递年将长补短，将少就多。则神人共乐，岂不美哉！是以酌议既定，即择吉日酬神，再邀各股合乡衿耆到庙叙福，声明其事。经各户衿耆超承、现业、望业、承持、徽业、先良、功质、承德、为承、先浩、法承、创先等，俱称美举，尽行悦诺。众议勒碑为凭，所有规例并土名田段，开列于后。

众议规条开列：

——议，溢波祖送来庙中田五丘，土名过桥田一丘，该税一亩一分三厘一毛一丝一忽；土名过桥洋心田一丘，该税一亩零三厘七毛八丝一忽；土名隔冲圳边田一丘，该税一亩七分四厘五毛一丝；土名隔冲田一丘，该税一亩一分八厘零零六忽；土名名辅祠前田一丘，该税一亩零二厘四毛。五丘合共：该税六亩一分一厘八毛零六忽[1]。

其五丘之田，俱竖立界石，刻有"庙田"二字为据，并送有记柱一条，其柱系在石碑都六畾十甲李金枝户内。递年粮务并或乡中科合等事，系庙中支办，不干溢波祖子孙之事。

——议，溢波祖送来庙中之田以为永远，递年名下半股炮金、戏金之需。或乡中有结讼，以及紧急用银之事，不得向此田按当典卖。如有按当典卖，则炮金、戏金不得再问溢波祖子孙科合。

——议，递年各股应炮金多少，或此田租有余，或有例禁不敢演戏，其租银多少，溢波祖子孙不得问取回。

——议，递年各股应炮金多少，或此田租不足，佃丁拖欠，或遇岁荒租银无收，亦不得再问溢波祖子孙填补炮金。

——议，递年演戏，我金枝户二、三、四房还炮金多少，我溢波祖名下四份占一。其银亦归于庙中，溢波祖亦不得取回。

道光二十九年十一月吉日立

【注释】

① 六亩一分一厘八毛零六忽：五丘合六亩一分一厘八毛零八忽，碑文统计有误。

乔轩祖敬送田亩入庙收租碑

本碑砚石质，现镶于司前镇天等村瓦岗天后宫。碑正面尺寸：51厘米×99厘米。

乔轩祖敬送田亩入庙收租碑记

伏以慈云久戴，等水咸亨，均沾厚泽，乐输真诚。每岁良辰，演梨园而颂德；递年宝诞，祝圣寿以称觥。惟是经费必需课派宜清，爰集老幼，先行滴酌，递年戏金，按股均派。我祖应派半股，务须捐田归庙代办事，乃有济章程议定，愿将乔轩祖祭外尝田九丘，共上税七亩六分七厘八毛零三忽三兀，并瑞近柱头一条，敬送于庙永远管业。每年任从各股主会将田投兑收租，除办纳粮务外，尽作乔轩祖子孙半股戏金、炮金之需，递年将长补短，将少就多，则经费有藉，课派常清矣，岂不休哉？是用禀告合乡袊耆，申明其事，蒙经各户袊耆功质、先良、法承、创先、毓元、先浩、望业、承德、超承、杰承等，俱称美举，佥曰尽善。众议勒石为凭，谨将规例条款，土名田亩开列于左。

——议，乔轩祖送来庙中田九丘，土名过桥洋心田一丘，税一亩四分七厘七毛六丝三忽三兀；土名过桥深路田一丘，税一亩零一厘六毛八丝；土名过桥凸脚田一丘，税六分八厘五毛三丝六忽；土名塘坪门楼口田一丘，税二分八厘三毛六丝六忽；土名牛牯冲田一丘，税六分八厘七毛一丝六忽；土名牛牯冲田一丘，税一亩零四毛二丝三忽；土名车禾旗田一丘，税八分一厘一毛八丝六忽；土名车禾旗田一丘，税七分四厘七毛三丝三忽；土名新村山田一丘，税九分六厘四毛。以上田九丘，合共该上税七亩六分七厘八毛零三忽三兀。其九丘之田，俱竖立界石，刻有"庙田"二字为据，并拨送瑞近柱一条，该柱系在石碑都六嘉十甲李金枝户内。递年粮务并或乡中科合等事，系庙中支办，不干乔轩祖子孙之事。

——议，乔轩祖送来庙中之田以为永远，递年本祖半股炮金、戏金之需，或乡中有结讼以及紧急用银等情，不得向此田按当典卖；如有按当典卖，则炮金、戏金不得再问乔轩祖子孙科合，书明为据。

——议，递年各股应派戏金、炮金多少，或此田租有余，或例禁不敢演戏，其租银多少，乔轩祖子孙亦不得询补取回。

——议，递年各股应派戏金、炮金多少，或此田租不足，或遇岁歉，佃丁拖欠，租银无收，亦不得再问乔轩祖子孙填偿。

——议，递年演戏，我金枝户二、三、四房还炮金多少，我祖名下四份占一，其银归于庙尝，乔轩祖子孙亦不得取回。

道光三十年岁次庚戌仲春吉旦立石

伯俊、子彬二祖敬送田亩演戏碑

本碑砚石质，现镶于司前镇天等村瓦岗天后宫。碑正面尺寸：56厘米×95厘米。

伯俊、子彬二祖敬送田亩演戏碑记

恭惟齐天圣母，坤元罔极，功德靡疆，屡代诰封，万古声灵赫濯。我乡奉祝千秋英烈著明，而值每年宝诞之期，庆演梨园以酬圣德，所需之戏金，每两各股分派。惟我俊、彬二祖两股，每年两股内之神丁，科派自昔皆然。第因财有缓急而值事往以收取，唯恐致误神功。兹我两股，因见各股子孙内亦先有章程，叙明情由入庙。是以我二祖子孙，亦触其意而厥尽其诚，照依例式，愿将二祖祭外之尝田，二共三十一丘，共税二十五亩六分八厘二毛四丝七忽余，并柱二条，会统敬送入庙，以为永远管业。每年均任主会投兑收租，除办纳粮务之外，尽为作够我二祖子孙两股递年戏金之需，亘古如斯，永无异议。业经邀齐合乡衿耆，到庙声明，各皆悦诺，合为美举。众议立碑记，以垂不朽，共获福于无疆也。

另有规例并各土名田段开列于左。

伯俊祖田亩开列：

——土名蛇兜田一丘，该税八分零零零五忽。

——土名牛牯冲田一丘，该税五分零五毛五丝。

——土名新村山田一丘，该税六分一厘七毛五丝。

——土名牛牯冲田二丘，该税一亩三分三厘五毛一丝八忽。

——土名蔄田田一丘，该税五分六厘五毛四丝九忽。

——土名仓望冈田一丘，该税六分九厘零八忽。

——土名庙边田一丘，该税一亩二分二厘八毛零八忽。

——土名仓望冈田一丘，该税九分四厘五毛四丝五忽。

——土名牛牯冲田一丘，该税五分七厘一毛五丝八忽。

——土名鹅公头田一丘，该税六分零零七丝五忽。

——土名冲表泷田一丘，该税八分二厘五毛。

——土名黎头嘴田一丘，该税一亩零九厘零三丝五忽。

——土名牛牯冲田一丘，该税一亩一分五厘二毛一丝三忽。

——土名龙丹澳田一丘，该税一亩零一厘五毛三丝三忽。

——土名高龙地田一丘，该税二分九厘六毛四丝七忽。

共税一十二亩二分三厘九毛九丝六忽六兀❶。

子彬祖田亩开列：

——土名牛牯冲田二丘，该税一亩五分八厘九毛八丝。

——土名牛牯冲田二丘，该税一亩三分九厘七毛五丝五忽。

——土名圳边田一丘，该税七分零五毛。

——土名舵布山田一丘，该税四分零二毛六丝四忽六兀。

——土名仓望冈田一丘，该税八分五厘四毛。

——土名新村山田一丘，该税八分二厘五毛三丝三忽。

——土名新塘边田一丘，该税八分四厘一毛五丝。

——土名圳边田一丘，该税四分零三毛零五忽。

——土名仓望冈田一丘，该税七分三厘零二丝五忽。

——土名新村山田一丘，该税九分九厘。

——土名下龙田一丘，该税九分五厘三毛一丝七忽。

——土名龙丹澳田一丘，该税八分八厘四毛零八忽。

——土名新村山田一丘，该税六分七厘。

——土名新村山田一丘，该税八分三厘。

——土名仓望冈田一丘，该税五分八厘三毛三丝八忽。

——土名下龙湾田一丘，该税七分八厘二毛七丝五忽。

共税一十三亩四分四厘二毛五丝一忽六兀。

咸丰元年岁次辛亥仲夏吉旦立石

【注释】

①共税一十二亩二分三厘九毛九丝六忽六兀：碑刻统计有误。

文赞祖敬田碑

本碑砚石质，现镶于司前镇天等村瓦岗天后宫。碑正面尺寸：50厘米×77厘米。

文赞祖敬田碑记

尝思：神灵有赫，宫观特创于民间；功烈维昭，礼祭必崇乎祀典。自古德泽及民，未有不俎豆千秋者也。我乡齐天圣母，自先祖奉祀以来，代食其德，世沐其恩，赫声濯灵，实为一乡之主宰，万家之香火也。则所以昭事之者，其可菲乎？无如酬恩，虽乐输诚，而动用仍归课派。每当三春演剧，皆向六股筹金，使无实基，足恃终虞，急遽难措。所以往年溢波公股，倡议送田入庙既而各股相继媲美，我股亦于其时起会，置立上下土田共十四丘，协同各房长清丈，共该税一十五亩零一厘三毫四丝二忽整。新竖赞顺柱一条，兹共奉送入庙，永归管业。其田递年所获之租，除办粮务外，适敷我股所派之数，至或年有丰歉，租有溢亏，则两不计较焉。所议章程与各股送田一体同例，毋庸赘列。

兹将田亩土名税数开列于后。

土名冲表村侧田，税九分二厘八毛三丝六忽。

土名蚬子步田，税三分六厘四毛四丝八忽。

土名隔冲下龙湾田，税八分八厘四毛八丝三忽。

土名隔冲下龙湾尖咀田，税九分二厘五毛一丝。

土名隔冲冲表陇田，税九分零三毛六丝二忽。

土名仓望冈脚田，税一亩一分二厘一毛七丝五忽。

土名庙边黄泥田，税四分一厘四毛二丝六忽。

土名庙边黄泥田，税八分九厘四毛六丝三忽。

土名横江龙尾田，税四分五厘二毛二丝五忽。

土名横江龙尾田，税一亩四分一厘七毛一丝八忽。

土名长塘路边田，税七分八厘七毛三丝一忽。

土名横篷凸脚坦一段，税一亩六分二厘。

土名过桥大坦咀坦一段，税二亩六分九厘七毛零八忽。

土名过桥大坦咀坦一段，税一亩六分零二毛五丝七忽。

同治元年①岁次壬戌季冬穀旦立

【注释】

①同治元年：1862年。

孟才祖、玲祖、绩奇祖拨田入庙碑

本碑砚石质,现镶于司前镇天等村瓦岗天后宫。碑正面尺寸:61厘米×25厘米。

孟才祖拨田開列
　土名蜆子汰田壹坵税柒分餘
　土名倉坪舘角田壹坵税捌分餘
玲祖、
績奇祖
拨田入廟碑記
　玲祖拨田開列
　　土名牛牯冲黎頭唎田壹坵税捌分
　績奇祖拨田開列
　　土名橫蓬涧田壹坵六斗
　　土名塞路田壹坵四斗
光緒四年三月重修吉

孟才祖、玲祖、绩奇祖拨田入庙碑记

孟才祖拨田开列：

土名蚬子步田一丘，税七分余；

土名仓片馆角田一丘，税八分余。

玲祖拨田开列：

土名牛牯冲黎头角田一丘，税八分。

绩奇祖拨田开列：

土名横篷角田一丘，六斗；

土名塞路田一丘，四斗。

光绪四年三月重修吉旦

亦川、进兴二祖拨田碑

本碑砚石质，现镶于司前镇天等村瓦岗天后宫。碑正面尺寸：33厘米×50厘米。

今将亦川祖田叁坵开列
土名隅冲田一坵税玖分四厘八毛三丝
土名牛牯冲田一坵税壹亩一分五厘九毛一丝四忽
土名横蓬角田二坵税柒分七厘八毛九丝六忽
三共该税贰亩捌分八厘六毛四丝
今将进兴祖由五坵开列
土名路湾田一坵税壹亩一分大厘零六丝八忽八徵
土名鹤山脚田一坵税壹亩零六厘八丝二忽
土名横江前田一坵税壹亩零七厘六毛九丝
土名梅板尾田一坵税贰亩零三厘八毛
土名桥板涌田一坵税九分五厘
五共该税六亩贰分六厘贰毛三丝八忽八徵

绪五年冬　李

亦川、进兴二祖拨田碑记

今将亦川祖田三丘开列：

土名隔冲田一丘，税九分四厘八毛三丝。

土名牛牯冲田一丘，税一亩一分五厘九毛一丝四忽。

土名横蓬角田一丘，税七分七厘八毛九丝六忽。

三共该税二亩八分八厘六毛四丝。

今将进兴祖田五丘开列：

土名路湾田一丘，税一亩一分六厘零六丝八忽八微。

土名鹤山脚田一丘，税一亩零厘六毛八丝二忽。

土名横江前田一丘，税一亩零七厘六毛九丝。

土名板桥尾田二丘，税二亩零三厘八毛。

土名板桥涌田一丘，税九分五厘。

五共该税六亩二分六厘二毛三丝八忽八微[1]。

光绪五年冬季立

【注释】

①六亩二分六厘二毛三丝八忽八微：应为六亩二分三厘二毛四丝零八微，系统计有误。

主静汤公祠碑

本碑砚石质，现镶于司前镇司前村主静汤公祠。碑正面尺寸：40厘米×60厘米。

我

十一世主静公忠愤孝思挥煌家乘立祠奉祀前代巳然惟

寝室泓蕴非所以妥先灵而光前烈爰集赏俗鸠

堂构依旧栋宇重新用规仿如左

一本祠子孙有不孝不弟逆伦败颣省傅奇各家父兄捐出

重责其桀骜刮者联名送官究辨

一本祠内聚赌者每名罚钱叁仟文仍要诶家长捐出

之人到祠领教一番

一在祠内打鹹堀及堆积者各款每罚钱一切遵

一在祠内上烟枝埝及堆积师灵察衔奖功与

各款每罚钱太仟文

一牵入祠者罚钱叁仟壶仔父

一在祠门首两边石面打禾打鹹埝堆块碑者各款每罚钱

以上罚钱捉手见证人得半例在必行如本人勤不出

则移亲及疏各家长不得徇情庇纵此属本祠子孙务

宜恪遵始经勿懒

光绪五年三月二十日阖祠绅耆公启

主静汤公祠碑记[1]

我十一世主静公，忠愤孝思，辉煌家乘，立祠奉祀前代已然。惟寝室湫隘[2]，非所以妥先灵而光前烈，爰集资修筑，堂构依旧，栋宇重新，用泐规条如左。

——本祠子孙有不孝不弟，逆伦败类者，传齐各家父兄集祠重责，其桀骜[3]难制者，联名送官究办。

——在祠内聚赌者，每名罚钱叁仟文，仍要该家长拘出犯赌之人，到祠领教一番。

——在祠内打禾、打咸泥及贮禾草、泥砖者，各款每罚钱叁仟。

——在祠内上烟、打泥磨及堆积烟籚[4]、寮桁[5]、葵篷与一切农具，各款每罚钱贰仟文。

——牵牛入祠者，罚钱壹仟文。

——在祠门首两边石面打禾、打咸泥、堆泥砖者，各款每罚钱壹仟文。

以上罚钱，捉手见证人得半，例在必行。如本人勒不出，则移亲及疏，各家长不得徇情庇纵。凡属本祠子孙，务宜恪遵，始终勿懈。

光绪五年三月二十日阖祠绅耆公启

【注释】

①标题系编者添加。②湫隘：低洼狭小。③桀骜：性情倔强不驯顺。④籚：竹器。⑤桁：桁是梁上或门框、窗框等上的横木，泛指横木。

残缺碑

本碑砚石质，现镶于司前镇司前村汤氏宗祠。碑正面尺寸：82厘米×74厘米。

残缺碑（缺上厥）

（芳名略）

大清光绪二十八年岁次壬寅季冬吉旦立碑

河村乡乐本会筑围记碑

本碑砚石质，现镶于司前镇司前村汤氏宗祠。碑正面尺寸：99厘米×65厘米。

河村乡乐本会筑围记

农者，富之源也。其植物曰九谷、曰菜、曰瓜、曰木果。其熟有早晚，其获有丰歉，兼植则多获，而无偏荒之患。我河村土脉肥饶，农田种稻，十分逾九间植黄麻、荸荠而已。地有余利，农有余力，是宜推广种植，以浚富源。甲戌之岁十月既望，耆老子弟会于宗祠，提议在石龙头筑围栽植果木，佥以政府颁令，整理农村，增加生产。斯举为当今先务，一致赞成。且有谓据形家言，石龙头东西两岸，宜分果围，巩固局势，斯为完美。是说也，与农利之旨殊途同归。由是联会集资，每股本银壹佰元，计集叁佰肆拾股，得银叁万肆仟元，给价购田，召工兴筑。先成两围，其在河外者，曰耕乐围，税田壹佰零伍亩；在红楼村前者，曰敦本围，税田捌拾伍亩。乙亥年元月开筑，四月工竣。至第六冲方面之围，众议继筑，以筹款未备，俟之他年。两围既成，召佃耕植，成绩优良，因土宜，增物产，岂惟我乡农村之利，其于国家之富源，亦有万一之裨欤！

中华民国廿七年岁次戊寅九月乡人星垣记

本会董事员定禧、联思、让思、敦思、伟思、义炯、饶义、定玲、思宏、思启

乐本围会章程

一、本会筑围两个：一在隔河渡头冲，名为耕乐围；一在红楼村前涧冲，名为敦本围。

二、本会招集会份共三佰肆拾股，每股本银壹佰元，共成股本银叁萬肆仟元，该银为购田筑围之用。

三、本会筑围收用之田分等，按照时值从优给价，业主同意清丈立契，交易清楚。

四、本会耕乐围、敦本围之税契，均经广东财政厅验印。

五、会友经缴本银者，由本会发给股份簿壹本，交会友收执存据，递年均分股息时，须携簿到司理处注明方得领取。

六、本会围田现招佃承者耕种，递年收入围租，除缴纳地租及支付公费外，该租银即按照股份均分给领。

七、本会收支由公议决，推定总理、协理人员办理以专职责。

八、递年收支数目由司理列表标贴，以示大公。

九、本会如有特别要事，须招集大会议决方得举行，不得恣意擅权滥费公款。

十、凡占有股份，永远利益均沾，倘有半途按押与本姓人者，承按人祇准递年收股息，会底权利仍归原人所有，须经本会核准，由出按人与承按人到本会注明方生效力。惟出按人可能随时赎回，如非本姓人，不得承按股份，虽执有股份簿，本会亦不公认。

十一、本会章程如有未尽事宜，得招集大会议决修正，以求尽善。

本会会友股份开列：

（芳名及股份略）

中华民国廿七年九月　日汤乐本围会立

本祠略规碑

本碑砚石质，现镶于司前镇白庙村涌翠梁公祠。碑正面尺寸：31厘米×57厘米。

本祠畧规

盖闻君子将營宫室宗廟為先後人敬事祖宗祠宇為大不獨先靈妥侑可俾族類蒸嘗戒祖綢繆深思駿業既開於昔甘艱難締造鴻基再奠於今兹自當俎豆萬年何忍榛蕪一旦從此美輪美奐各從事於十一世之堂爰始愛謀皆經營於千百年之主迺是作祠紀之良圖奚容稍弛立典章之確論各遂連存故舉多烝嘗而存畧畧以歲規祠之雅者宜潔淨事之當者最安詳凡茲舉程阮爼焖然遵照永垂是以為序

一擬祠内不得绚牛有背例者則當衆宗食盥得議論
一擬祠内不得貯炮草蓬篛薯藤麻箘等物有背例者則當衆以火焚灰無得
一擬祠内不得貯犁耙开農器等物有背例者則當衆破爛無得議論
一擬祠堂内外不得貯坭磚有背例者則當衆擲破無得議論

民國八年　　吉日　　本祠公啟

本祠略规

　　盖闻：君子将营宫室，宗庙为先；后人敬事祖宗，祠宇为大。不独先灵妥侑，可保族类蕃昌。我祖绸缪深思，骏业既开于昔日；艰难缔造，鸿基再奠于今兹。自当俎豆万年，何忍榛芜一日。从此美轮美奂，各从事于十一世之堂；爰始爰谋，皆经营于千百年之主。于是作祠纪之良图，奚容稍弛，立典章之确论，各遂遵存，故举多多为益善，而存略略以箴规。祠之雅者宜洁净，事之当者最安详。凡兹章程，既举炯然，遵照永垂，是以为序。

　　——拟，祠内不得绹牛，有背例者，则当众宰食，无得议论。

　　——拟，祠内不得贮烟草、蓬籚、薯藤、寮桁等物，有背例者，则当众以火焚灰，无得议论。

　　——拟，祠内不得贮犁、耙并农器等物，有背例者，则当众破烂，无得议论。

　　——拟，祠堂内外不得贮泥砖，有背例者，则当众掷碎，无得议论。

民国八年吉日本祠公启

附：台山市

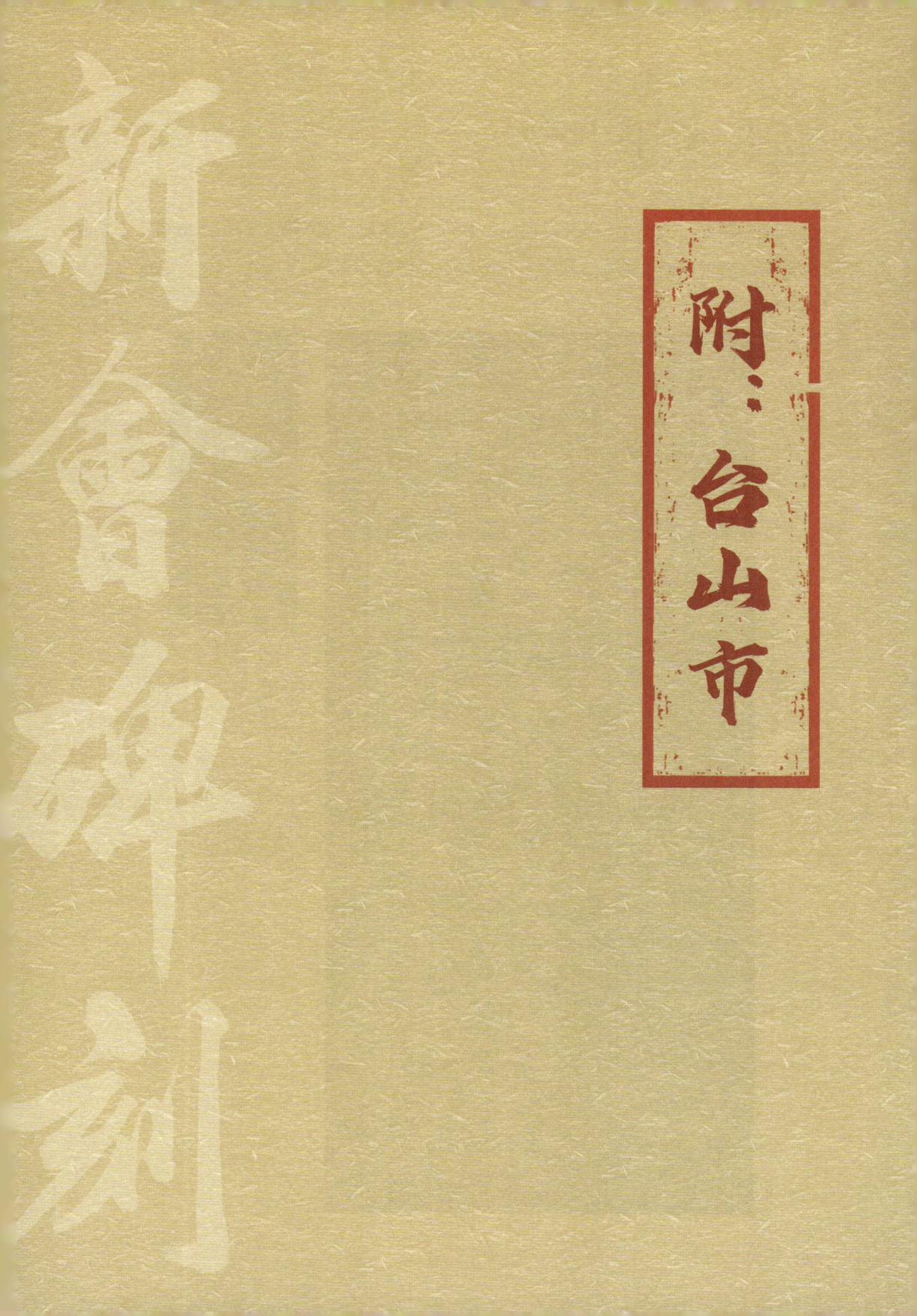

伍氏诫子书碑

本碑原立于文章里❶伍氏祖祠内,已毁,仅剩残片现收藏于台山市博物馆。拓片为新会区博物馆藏。碑正面尺寸:约69厘米×145厘米。

伍氏诫子书

　　吾始祖，宋翰林典章，自汴徙岭南之凌江。历再世，又徙新会之文章里，始买田得粟四百石，生二子。季，吾高祖也，治生有道，增业万石，先产悉让长房，仕元，官至正议大夫、高州路总管，为伍氏不迁祖。生三子，以梅、竹、松为号。梅，曾大父也，仕为浈阳簿，改翁源尉；生大父，仕为冈头、鳌冲二寨巡检，升阳江簿，生先伯、先考。考由元帅府奏议，受广州路总管，遥授元帅。生兄骐及不肖骥。骐子淳、良、恪、节、诚、让、京。居汴远祖，谱牒不具，自典章至吾子，凡九叶。前四世，皆宦达显耀，克彰先德，独吾兄弟有愧焉。慨念吾父丧时，兄方二岁，吾甫生三月，值元季扰攘，豺狼满道，有势力者，尚不能支，况于黄口孤弱者乎？赖吾母，杜门守节，躬勤劳，甘淡薄，抚育尽瘁，得以成人。奈何群讼并起，吾兄遭排，谪戍辽阳，去家万里，手足分离，死生决绝。不数年间，母亦弃世。无母无兄，载孤载苦。择交者，谓吾无教之子；相吞者，谓吾无援之人。只得垂头隐忍，竭力支撑，所幸世道承平，善人终吉，箕裘之业不亏，又幸祖德深厚，庆泽延长，兰桂之芳愈茂。然吾奉守祖宗基业，虽颇赢余，而服用不过布素，不求华美。所务者：修坟墓，奉蒸尝以报本；法祖宗，循礼义以修身；积寸土，勤三时以裕家；礼贤士，买诗书以教子。此一生行己之大略也。今思近年以来，累遭非横，诸子不暇教诲，兹又寄身五千里外，焉知人生寿命如何？略叙家世之源流，备述吾生之艰苦，欲尽心腑素怀，以示子孙世诫。而旅馆寒灯，临书百塞，但凡淳等绳祖武，体父心，睦亲姻，丰祭养，笃同气，戒妇言，勤读书，慎交友，守基业，立功名。准此十事，余可类推，思前人创造之艰难，期今日继述之无忝，斯为孝子，斯为顺孙。

　　父骥❷书付诸子淳、良、恪、节、诚、让、京。

　　　　　　　永乐癸巳年❸秋九月朔旦书于白下旅馆，石齐（斋）书

【注释】

　　①文章里：台山市伍氏族人聚居地。明代弘治十二年（1499）二月，从新会析置得行都、文章都，置新宁县，文章里位于文章都。新宁县于1914年改为台山县，后于

1992年撤县设市,即今天的台山市。②骥:指伍骥,字弘道,号讷翁,新会人,年弱冠知大义,兄伍骐以事戍辽海,请代不得,兄弟泣别,路人为恸。积书至数千卷,聘名士同邑黎贞、南海王子伦、胡济、番禺董匡为子师。虽富甲乡邑,而俭朴如寒峻。卒年五十九。③永乐癸巳年:指明代永乐十一年(1413)。

《伍氏诫子书》小考

　　一直以来,人们将碑刻《伍氏诫子书》视为陈白沙先生书迹,清代光绪《新宁县志·金石略》(卷十七)有收录,并作注:"右刻在文章都伍氏祠,末云永乐癸巳秋九月朔旦书于白下旅馆,下有'石斋书'三字。考白沙生于宣德三年戊申,上距永乐十一年癸巳凡十五年。伍骥家谱,骥年五十九,卒于洪熙元年[*],下距白沙生亦三年,骥兄谪戍辽阳,尝亲往问视,途次入京,遗诗有《白下秋感》篇。癸巳或此时距其卒时仅十三年,骥年已四十六岁或于白下旅馆书付其子。其后白沙为之重书耳。白沙重书无年月,故仍从原书年月编于此。"

　　此碑原立于文章里伍氏祖祠内,碑已毁,仅剩残片现收藏于台山市博物馆。新会区博物馆收藏了此碑刻的清代拓片,是以陈白沙书迹为条目入藏的。据新会书法研究者陈福树先生讲述,其在编写研究陈白沙先生书法艺术的相关书籍时,邀请省博物馆的专家进行过鉴定,认定此碑刻非陈白沙先生书迹,故未收录。

　　据目验台山市博物馆所收藏的残片,残片为明代之物,仔细看新会区博物馆收藏的清代《伍氏诫子书》碑文落款,在"书于白下旅馆"下方的三个字,到底是"石齐书",还是"石斋书"呢？未能定夺。若是前者,省博物馆的专家已鉴定其为赝品;若是后者,则这一块碑上不是陈白沙先生的书迹,而是另外一个人的书迹。编者对此碑刻是否为陈白沙先生书迹,暂时还无法判断,故存之留以后详考。

　　由于《伍氏诫子书》中记述的资料非常丰富,从中可以窥见在宋、元易代之际,新会的人口迁徙,仕宦、老百姓的生存和生活状态。据此可推断至明代中期新会的士绅大族的衍变过程,该碑文有着非常重要的意义。

---

　　[*] 洪熙元年:1425年。

永惜堂记碑

本碑原镶于文章里伍氏祖祠内，现由私人收藏家收藏。碑尺寸：102厘米×179厘米×12厘米。

永惜堂记

翰林院国史检（讨陈献章撰书）

古冈有处士曰伍氏常❶，晦迹❷于我洪武间，乃薄观阴阳卜筮小（数之术，以自）卑非，其素所蓄积也。依隐纳污，处己之道，无润事；当可怒，（虽仆隶，亦不出）恶语，古所谓乡先生者与❸！曰隆起者，于处士为高祖叔翁，有功于宋（末世，今配享大）忠庙。根远枝承，体光而委耀矣。其家累千金，积膏（腴田五千）余亩。（服御之具），择不取观；饮食之用，适不取费。乡间无不景仰。尝（造其从弟，从弟于）牢（执豕）以为兄馔。处士曰："食于十浆而五浆先馈，古人之所耻。（墨子尚俭，孔子亦）尚俭，俗有可违不可依，礼则无可违无不可依。"晚岁语诸子孙："平康、（泷水二都）田二顷，可得租百六十石。平康以为汝父祖墓需，泷水以为汝父祖时享。"慈（哉其）旨，变哉其例，庶几哉其家训。今夫礼学之废久矣，若处士者，岂徒其家祠乃❹不迁而已哉！元配邑东都会秋坡黎先生之妹，有兄风，有功于伍氏，得妇道甚。继配刘也。自处士殁六十有余年矣，孙曰敷、曰敬、

529

曰政、曰瑀、曰绚，曾孙曰松，始创祠以承祀事。又十八年，曰政、曰绚、曰（彻）者❺，始议塞其田租泛费，而所入益增，遂克完美焉。谒予记者，门人绚（也。其铭曰）：其无废先生，遗则永征。公享中居，二配皆淑❻。贤执匕鬯，权匪嫡（经。我田之人），美兹庙庭。他庸元事❼，丰我羞牲。有流先泽，观此南溟。

弘治十二年己未夏五月望日

【按】

本碑有部分破损，碑文缺失63字（括号内文字），现依新会南山绿围《伍氏族谱》所收录的《永恃堂记》和民国时期碑刻拓片补上。查各版本古籍《白沙子全集》，均未见收录此文。黎业明编校的《陈献章全集》收录此文，清代光绪《新宁县志·金石略》（卷十七）载明此文"刻在文章都伍氏祠"。将碑文可辨析文字分别与黎业明编校的《陈献章全集》所收录的《永恃堂记》、清代光绪《新宁县志·金石略》（卷十七）所收录的《永恃堂记》、新会南山绿围《伍氏族谱》所收录的《永恃堂记》进行比对，发现存在差异。

以下"注释"中，"志文"均指清代光绪《新宁县志·金石略》（卷十七）所收录的《永恃堂记》，"谱文"均指新会南山绿围《伍氏族谱》所收录的《永恃堂记》，"黎文"均指黎业明编校的《陈献章全集》所收录的《永恃堂记》。

【注释】

①伍氏常：即伍常，字用升，号汝梅，伍氏十世。②晦迹：谓隐居匿迹。③与：志文、谱文均作"欤"。④乃：黎文缺。⑤曾孙曰松……曰政、曰绚、曰（彻）者：黎文缺。谱文作"曾孙曰松，始创祠以承祀事。又十年，曰政、曰绚、曰彻者"。⑥皆淑：黎文作"皆升"。⑦元事：黎文作"无事"。

《永恃堂记》小考

本篇《永恃堂记》系编者依民国时期的《永恃堂记》拓片与新会南山绿围《伍氏族谱》所收录的《永恃堂记》抄录，经与黎业明编校的《陈献章全集》所收录的《永恃堂记》进行比对，发现个别地方存在文字差异。古籍各版本《白沙子全集》均未见收录《永恃堂记》。清代光绪《新宁县志·金石略》（卷十七）载明，《永恃堂记》"刻在文章都伍氏祠"。据《伍氏族谱》，永恃堂记碑与伍骥伍氏诫子书碑，原同立于伍氏祠堂，后者已遭毁坏，仅剩小块残碑，现存台山市博物馆，永恃堂记碑则由广东省内一收藏家收藏。

　　陈献章门人李承箕在《大崖李先生文集》（卷十四）所收录的《永恃堂记》，与陈献章撰的《永恃堂记》内容基本相同。从碑刻笔迹看，当为陈献章所书。有研究者认为，《永恃堂记》当是陈献章佚文，由李承箕撰稿、陈献章作修改后定稿。依此，则刻在伍氏祠堂的《永恃堂记》，系李承箕撰初稿，经陈献章改定、伍氏族人再审定后刻石，立碑。

故昭勇将军广东都指挥佥事陈公墓碑

本碑青石质，立在广海镇城西龙口山。碑尺寸：112厘米×195厘米×15厘米。

故昭勇将军广东都指挥佥事陈公墓碑

成化丁亥❶十一月十四日，昭勇将军广东都指挥佥事陈公卒。卜以是年十二月二十又八日，葬于新会县龙口山之原。今都指挥佥事陈公晖，厥孤也。属者授节钺来镇吾廉，控御经画之余，乃奉状予❷，告曰："先子之殁，且葬一十六禩❸于兹矣❹。"晖也，竟以蛮寇陆梁，齐民绎骚❺，羽檄戒严，拮据鞅掌，于事者无宁日。而墓上之碑，尚虚贞珉，先德几乎其不闻于世矣。皞之罪恶乎诜，子幸为我执笔将归而寿诸石，庶[6]先德之不泯也，慎毋靳[7]顾。予蹇钝[8]不文，第辱公之爱有日，不容以不文辞。

按状：公讳智，字文聪，先蓟人也。大父乙，父安，俱以世禄之胄，积善右文，为时闻人。公甫始龆龀[9]，以俊秀补郡庠弟子员、劬经勤史，以觊文儒科目之需。会伯兄明威将军、广海卫指挥佥事斌不嗣，正统庚申，公以荫补。其至官也，公而明，威而恩，勇而略。无何，士卒率多归心。同列凡自以为不及，识者谓其文有以济之也。未几，泷水瑶侗寇叛，公受讨捕之命。时贼锋负险甚锐，人率难之。公殊自若，徐召其将卒，谓之曰："我与若皆食人之食，我闻食人之食者死人之事。若辈知所以自奋乎！"因誓以效死，及攻刺方略，将卒皆唯诺受命。明日，鼓噪[10]而进，士卒皆以死自奋，贼众辟易大溃，斩获首级以千计，俘虏[11]倍之。寇盗用宁，深为总督之所倚重，慰[12]赉加厚。景泰辛未[13]，进怀远将军指挥同知。已而，广右蛮寇蜂起，民不胜其屠戮，公克[14]咸讨平之功[15]。其斩获首级，视前益倍。乙酉[16]，进昭勇将军指挥使，用是声称翕然。议者以阳江为二广寇盗之冲，非人不可膺，舆论檄公守之。公至[17]守，固壁垒，严号令，与士卒同甘苦，遇寇犯境，必挺身为士卒倡，以故擒斩无筭，蛮寇因之敛迹，阳江之民[18]赖以按[19]堵。时都宪韩公上其事。丁亥，进广东都指挥佥事。公颀[20]身而美髯，平居言动恂恂。至遇事机警明决，人不能回[21]。临敌必奋身自效，故士卒乐于用命，所至辄奏肤[22]功。遇暇尤留心轩岐之术，聚方书，致药品，遇疾辄济，其所全活尤多[23]。乌虖[24]！汗马间关之余，乃能用心于此，其仁矣乎[25]！其仁矣乎！是皆可书也。

公生于永乐丁亥[26]八月初六日巳时，距卒之年，得寿六十有一。配王氏，生丈夫子一人，即皞也，娶孙氏，前昭勇将军都指挥佥事孙公旺之女。女一，曰妙祥，适前怀远将军指挥同知朱勇。孙男一，曰直言。孙女二，曰慕贞、曰[27]慕洁。嗟夫，大丈夫之于世，不文则武。公少也学文，继以武进，由万夫长而拜连帅之命。脱以文举，非藩则宪矣。于此见才，而德[28]者之施，无乎不可也。其亦可谓贤也已！其亦可谓贤也已！乃为之铭。铭曰：

有美人兮，古燕之彦。仗钺南来，岭海之偏。蛇豕流毒，汗马频年。执讯获丑，奏功连连。

崇阶峻秩，报功自天。于赫申命，作镇南恩。蛮酋授首，我民孔奠。丈夫生[29]世，惟文与武。

用惟其时，时宁我负。公少而文，文已有斐。继官辕门，边勋赫奕。文耶武耶，我公全之。

将星南坠，士民凄其。于焉盖棺，大事以㉚定。龙山之阳，郁郁佳城，用昭潜德，勒此新铭。

成化壬寅㉛冬十二月望 奉政大夫廉州府同知豫章谢金撰

【按】

清代光绪《新宁县志·金石略》（卷十七）按语："右刻在广海城西龙口石山，按壬寅为成化十八年，碑文犹称新会县龙口山，则《甘泉集》《渭涯集》及《陶三广功次册》上称成化十二年平新宁白水贼立新宁县，其说误矣。得碑可以正之，此金石文字之所以可贵也。谢金，江西奉新人，举人，见阮《通志·职官表》。"

已将本碑文分别与台山广海《陈氏家谱》所收录的碑文、《广东碑刻集》所收录的碑文、清代光绪《新宁县志·金石略》（卷十七）所收录的碑文进行了比对。

以下"注释"中，"碑集文"均指《广东碑刻集》所收录的碑文，"谱文"均指台山广海《陈氏家谱》所收录的碑文，"志文"均指清代光绪《新宁县志·金石略》（卷十七）所收录的碑文。

【注释】

①成化丁亥：指成化三年（1767）。②予：谱文作"子"。③襮：谱文、碑集文、志文均作"襟"。④矣：指兽迹。谱文、碑集文、志文均作"矣"。⑤绎骚：骚动，扰动。谱文、碑集文、志文均作"驿骚"。⑥庶：谱文作"庶乎"，衍字。⑦慎毋靳：碑集文作"慎无□"。⑧钝：碑集文作"纯"。⑨龀：碑集文作"龄"。⑩噪：谱文作"谦"。⑪庬：碑集文作"掳"。⑫慰：碑集文作"忍"。⑬景泰辛未：指景泰二年（1451）。⑭克：碑集文、志文均缺。⑮功：碑集文、志文均缺。⑯乙酉：指成化元年（1465）。⑰至：谱文、碑集文均作"之"。⑱民：谱文作"居"。⑲按：碑集文、志文均作"安"。⑳顾：碑集文作"硕"。㉑回：碑集文作"已"。㉒肤：碑集文作"虏"。㉓多：谱文、碑集文均作"多焉"，衍字。㉔虖：碑集文作"呼"。㉕乎：谱文缺。㉖永乐丁亥：指永乐五年（1407）。㉗曰：碑集文缺。㉘德：碑集文作"得"。㉙生：碑集文、志文均作"在"。㉚以：碑集文作"已"。㉛成化壬寅：指成化十八年。

太淑人王氏墓志铭碑

本碑青石质，立在广海镇城西龙口山。碑尺寸：86厘米×181厘米×13厘米。

太淑人王氏墓志铭

　　敕封太淑人王氏者❶，顺天宛平人，广东都指挥使司都指挥佥事❷陈公智妻，今参将皞母也。生永乐己丑❸，卒弘治戊申，寿八十。太淑人性柔顺，在闺阃中无高声语❹，夫妻敬相待如宾，抚群小有恩。年益迈，勤慎❺如少时。佥事公自顺天之蓟州❻官广东之广❼海，盖三十余年，躬征伐，无虚岁。太淑人家政肃然，而❽不以劳闻于公，故公克勤王家，由指挥佥事历都指挥。公既卒，常语皞曰："童子备官，以世禄之余不❾怠不辱耶？"乃一造其军门，视行营，询人情，兕❿可谓无忝而父矣。故其子亦以世秩超至⓫参将，功伐闻于众人，爵称益崇，有荣于其先。于乎！妇人无外事，如玉在山，不见其贤，而光⓬景自然。戒之敬之，老而实完，吾职不隳⓭，丈夫实难。孰谓淑⓮人，其德之刊。

　　　　弘治六年⓯岁次癸丑春正月既望，翰林院检讨白沙陈献章公甫撰并书

【按】

　　已将本碑文分别与台山广海《陈氏家谱》所收录的碑文、《广东碑刻集》所收录的碑文、清代光绪《新宁县志·金石略》（卷十七）所收录的碑文、黎业明编校的《陈献章全集》所收录的碑文进行了比对。

　　以下"注释"中，"碑集文"均指《广东碑刻集》所收录的碑文，"谱文"均指台山广海《陈氏家谱》所收录的碑文，"黎文"指黎业明编校的《陈献章全集》所收录的碑文，"志文"指清代光绪《新宁县志·金石略》所收录的碑文。

【注释】

　　①者：碑集文作"囗"。②广东都指挥使司都指挥佥事：黎文作"广东都指挥使佥事"。③永乐己丑：指永乐七年（1409）。④语：碑集文文作"囗"。⑤慎：碑集文作"顺"。⑥州：碑集文作"囗"。⑦广：碑集作"囗"。⑧而：碑集文作"囗"。⑨不：碑集文作"囗"。⓾兕：碑集文作"囗"。⑪至：碑集文作"囗"。⑫光：谱文作"先"。⑬隳：碑集文作"堕"。⑭淑：谱文作"夫"。⑮弘治六年：1493年。

《太淑人王氏墓志铭》不同版本小考

太淑人王氏墓志铭碑立于台山市广海镇城西龙口山，根据台山市广海镇《陈氏家谱》记载："祖考妣合葬于广海西门外龙口石，龙蛇相会山形，山圈内外俱以青砖红石砌成如罗城样。左右修有石人、石马，石将军摆列两边，吹打亭、执事亭俱足，又有陈白沙并谢金青石碑文二块立山圈内，两旁旌奖祖德。安葬之后，两广文武官员、姻戚俱到山拜祭。"因此该碑为明代之物无疑。将碑刻与广海镇《陈氏家谱》所收录的碑文（简称谱文）、《广东碑刻集》所收录的碑文（简称碑集文）、清代光绪《新宁县志·金石略》（卷十七）所收录的碑文（简称志文）、黎业明编校的《陈献章全集》所收录的碑文（简称黎文）进行比对发现：

一、《白沙子全集》原缺该碑刻，黎文据志文、碑集文补出。

二、缺字（以□标示）方面。碑集文与志文一致，有8处，计9个字，分别是：者、语、州、广、然而、不、兒、至。

三、碑刻与碑集文、谱文、志文收录的碑文的差异。改字方面，碑集文有两处，计两个字，分别是"慎"作"顺"，"隳"作"堕"；谱文有两处，计两个字，分别是"光"作"先"，"淑"作"夫"。

四、黎文有漏字1处，计4个字，连在一处，是："司都指挥"。

碑刻年代分布统计

经过一年多时间逐村搜拍，行程近2万公里，到目前为止，编者等共拍到散落于现新会乡村的古碑共计267块。加上与陈白沙先生有关的分别在江门市蓬江区、台山市广海镇及私人收藏家的古碑24块，本次搜拍的古碑共计291块（不含已毁和散失的碑），另有诗屏2扇，摩崖石刻4面，以及印文1篇。其中，碑刻共计295面（含拓片），包括宋代碑刻2面、明代碑刻46面、清代碑刻176面、民国碑刻71面；古碑上的碑文（序、记等）共计268篇，包括宋代碑文2篇、明代碑文44篇、清代碑文156篇（其中，碑已毁但留有碑文4篇）、民国碑文66篇（其中，碑已散失但留有碑文1篇）。

碑刻年代分布统计情况分别见下面各表。

表一　宋代碑刻分布统计

序 号	所在地	碑 名	数量 碑（块）	数量 碑刻（面）	数量 碑文（篇）	备 注
1	罗坑镇	仙涌山地藏院碑	1	2	2	碑的阳面和阴面均刻文
合 计			1	2	2	

表二　明代碑刻分布统计

序 号	所在地	碑 名	数量 碑（块）	数量 碑刻（面）	数量 碑文（篇）	备 注
1	新会区博物馆	敢勇祠记碑、敬义碑、游心楼归趣碑、处士容君墓志铭碑、祭文碑、道源亭记碑、陈渭川墓碑、三广公传碑、重修石斋陈先生祠堂记碑、太中大夫祠记碑、重修岳伯祠记碑、重修南山庙记碑	12	13	11	敬义碑的阳面和阴面均刻文

续表

序号	所在地	碑 名	数量 碑（块）	数量 碑刻（面）	数量 碑文（篇）	备 注
2	慈元庙	大忠祠记碑，诗碑（陈献章），慈元庙碑，全节庙碑，重修崖山全节、大忠二祠记碑，修复崖山慈元殿、大忠祠记碑，敬题全节庙、大忠祠诗各一首诗碑，宋文丞相信国公《正气歌》石碑，重修崖山全节、大忠祠记碑，崖山览古诗碑，时万历戊申岁孟夏穀旦立碑	11	11	11	
3	陈白沙纪念馆	孝思堂记碑、嘉会楼记碑、恩平县儒学记碑、张氏迁墓志碑、鲁妙贤墓志碑、指挥倪君墓志铭碑、祭白沙陈先生碑、明翰林院检讨白沙陈先生祠记碑、重修白沙先生乡祠碑	9	9	9	
4	白沙公园	白沙先生改葬碑	1	1	1	
5	私人收藏	登陶公壮哉亭诗碑	1	1	1	私人收藏还有：和白沙先生梅花诗屏（刻诗2首）、和白沙先生菊花诗屏（刻诗3首）各一扇
6	潮连街道	谏潘季亨诗序碑、马氏拨田文碑、古冈处士马君墓表碑、奉天诰命碑、岳伯区家庙碑、追远堂祀事凡例碑	6	7	7	马氏拨田文碑的阳面和阴面均刻文
7	台山市	伍氏诫子书碑、永恃堂记碑、故昭勇将军广东都指挥金事陈公墓碑、太淑人王氏墓志铭碑	4	4	4	
	合 计		44	46	44	

表三　清代碑刻分布统计

序号	所在地		碑　名	数　量			备　注
				碑（块）	碑刻（面）	碑文（篇）	
1	新会区博物馆		官设潮连、荷塘义渡碑，卧碑，重建广济堂碑，圣旨碑，会邑城濠修浚碑，残碑	9	10	5	"官设潮连、荷塘义渡碑"已毁，现存拓片；重建广济堂碑共有2块，会邑城濠修浚碑共有2块，残碑共有3块
2	陈白沙纪念馆		丁亥中秋恭谒白沙先生家祠敬赋碑、祭文碑	2	2	2	
3	潮连街道洪圣公园		慈母石碑	1	1	1	
4	会城街道	马山钟楼	重修钟楼碑	1	1	1	系重刻碑
		城南文昌阁	重建新开滘石洲文昌阁碑	1	1	1	
		城西龙溪庙	重建慈尊宫碑	1	1	1	
		会城街道环溪庙	敕封忠勇太尉陈圣侯王像赞碑	1	1	1	
		茶坑村天后宫	重修天后宫碑、重建天后宫碑	2	2	2	
		茶坑村文武庙	建立文武庙芳名碑	2	2	2	
		都会村五显庙	建立帝尊碑	1	1	1	
		都会村宋忠武庙	义冢碑、捐资砌石碑、吕纯阳仙师庙碑	5	5	3	吕纯阳仙师庙碑共有3块（残）
		东侯五显庙华帝殿	建庙碑、建厅碑	2	2	2	两碑现均由私人收藏
		七堡社区龙母庙	创建龙母夫人庙记碑（乾隆己酉）	2	2	1	
		七堡社区仙娘庙	创建龙母夫人庙记碑（嘉庆元年）、万福攸同碑（嘉庆四年）	6	6	2	万福攸同碑共有5块
		东甲村文武庙	重建文武庙碑、重修文武庙碑	2	2	2	
		七堡社区鹤湾真武庙	万福攸同碑（嘉庆二十三年）、重修真武庙碑、重建真武庙碑	3	3	3	
		七堡社区嘉宁里	嘉宁告示碑	1	1	1	
		天马村东华里北极殿	重修佛祖殿捐银芳名碑（光绪二十四年）、重修佛祖殿捐银芳名碑（同治十二年）	2	2	2	
		会城黄竹坑	华侨义冢碑	2	2	1	
		圭峰山云峰寺	创建云峰寺碑	/	/	1	碑已毁

续表

序号	所在地	碑名	碑（块）	碑刻（面）	碑文（篇）	备注
5	三江镇	洋美村圣堂祖庙	洋美重建圣堂庙碑、临潮堡重建圣堂庙碑、无碑额碑、临潮堡重建圣堂祖庙碑、洋美乡重建圣堂祖庙碑、洋美堡修整圣堂祖庙碑、残碑、圣堂祖庙重建祖庙各捐助碑	9	9	8	圣堂祖庙重建祖庙各捐助碑共有2块
		沙岗村	重修二圣宫碑、创建斋堂前关帝行宫碑	2	2	2	
		思仁公园	创建文阁捐题工金碑、社约碑	2	2	2	
		新江村慈尊宫	重修慈尊宫石碑	1	1	1	
		新江村雷霆庙	重修雷霆庙芳名碑	1	1	1	
		联和村关圣宫	重修关圣宫碑、建造关圣宫慈尊宫公所记碑	2	2	2	
		官田村	重建玄坛庙石记碑、本里砌石路碑	2	2	2	
		新江村	新建岳王庙碑	1	1	1	
		新江村北极殿	重建北极殿劝捐序碑	/	/	1	碑已毁
		虎坑	重修洪圣庙捐银碑	/	/	1	碑已毁
6	古井镇	古泗村琼台寺	重修琼台寺芳名勒石碑（乾隆四十五年），重修琼台寺芳名勒石碑（嘉庆二十三年），重修琼台寺碑，重修观音、六祖金容碑	4	4	4	
		慈溪村岩龙庙	创建岩龙庙碑、重修岩龙庙捐题芳名碑、重修岩龙庙石碑	3	3	3	
		霞露村田寮里帝王庙	重修帝王庙碑（道光二十九年）、重修帝王庙碑（光绪元年）、重修帝王庙捐银芳名碑	3	3	3	
		长沙村三仙岩庙	重修三仙岩庙乐助芳名碑	2	2	1	
		玉洲村关帝庙	建关帝庙捐银芳名碑	1	1	1	
		洲朗村	重修安澜庙捐工金碑、中和里新建房屋章程碑	3	3	3	重修安澜庙捐工金碑共有2块
		竹乔龙村慈圣宫	重修慈圣宫捐工金芳名碑	1	1	1	

续表

序号	所在地	碑名	数量 碑（块）	数量 碑刻（面）	数量 碑文（篇）	备注
7	沙堆镇	那伏村高氏大宗祠	石台寺碑、重修石台古庙碑	2	2	2	
8	大鳌镇	三十六顷村北极殿	重修碑、重修北极殿碑（道光六年）、重修北极殿碑（咸丰三年）、重修北极殿碑（同治十二年）	4	4	4	
		东风村	奉宪勘明碑	1	1	1	
		大鳌尾村	吴敦本堂田界碑	1	1	1	
9	双水镇	富美村普仁庙	悠久无疆碑、德泽缾幪碑、恩波浩荡碑、重修长生殿芳名碑	4	4	4	
		沙萌村康王庙	康王庙碑、重建康王庙碑、重修康王庙碑	3	3	3	
		塔岭村关帝庙	重建关帝庙碑、无碑额碑、建文昌宫碑、重建本庙捐题碑、塔岭乡重修关帝庙碑、重修关帝庙碑（道光十五年）、重修关帝庙碑（道光二十一年）	9	9	7	重建关帝庙碑共有2块、重建本庙捐题碑共有2块
		塘河村慈悲宫	重建观音庙记碑	1	1	1	
		上凌村仁武庙	建庙小记碑、重建仁武庙碑、重修凌川石桥碑	3	3	3	
		上凌村大圣殿	重修军山社学庙记碑、重修大圣殿碑	3	3	3	重修军山社学庙记碑共有2块
		上凌村谭氏宗祠	大圣乩示碑	1	1	1	
		木江村	牧野简公祠碑	1	1	1	
		萌头村文昌宫	合约碑、重修文庙碑	2	2	2	
		上凌村禾仙洞避雨亭	建避雨亭捐题芳名碑	1	1	1	
		东凌村三仙岩	重修三仙岩碑、重修三仙碑、残碑	3	3	3	三仙岩还有摩崖石刻3面，各刻诗1首，未计入
		洞阁村关帝庙	重建武帝天后庙碑、重修武帝天后庙碑	2	2	2	
		洞阁村李氏家庙	重建太祖祠碑	1	1	1	
		冲茶村北极殿	重建茶溪祖庙捐资芳名碑	1	1	1	

续表

序号	所在地		碑 名	数量			备 注
				碑（块）	碑刻（面）	碑文（篇）	
10	罗坑镇	石咀村林氏家庙	重建碑、重建光禄祖祠碑	4	4	5	重建光禄祖祠碑共有3块，刻文4篇
		石咀村金山祖祠	金山祖祠重建碑（道光三十年）、金山祖祠重建碑（光绪二十七年）	2	2	2	
		罗坑村圣母古庙	重修圣母古庙题名碑	1	1	1	
		牛湾社区桂林寺	重建文庙碑、甲子年重修碑	2	2	2	
		南联村长生殿	银米碑、重建长生殿各捐助工金芳名石碑	6	6	2	重建长生殿碑共有5块，刻文1篇
11	崖门镇	甜水村胜玄祖祠	题庙地碑、重修胜玄祖祠捐题碑	2	2	2	
		甜水村李氏宗祠	建祠碑、邺香堂更夫规例碑、"邺香堂陵山祖、守仁祖批塞草坦款式碑"	3	3	3	
		洞南村陆氏祖祠	陆氏祖祠捐银碑	1	1	1	
12	大泽镇	大泽村侯王庙	建庙捐题芳名碑、科外捐题银修庙碑	2	2	2	
		莲塘村龙母庙	重建龙母庙碑（嘉庆四年）、重建龙母庙碑（道光十七年）、敬义堂置立庙尝碑、重建文武二帝庙碑、协恭堂捐会重修碑、重修龙母庙捐题碑、重修龙母庙捐工金芳名碑	9	9	7	协恭堂捐会重修碑共有2块，刻文1篇；重修龙母庙捐工金芳名碑共有2块，刻文1篇
		小泽村长湾三帝庙	无碑额碑（嘉庆二年）、迁建三帝庙叙碑、重修三帝庙捐题碑、无碑额碑（光绪十七年）、新捐长湾闸桥社劝捐序碑	5	5	5	

续表

序号	所在地	碑名	数量 碑（块）	数量 碑刻（面）	数量 碑文（篇）	备注
13	司前镇 小坪村沙坪里	祖祠碑、修祠碑	2	2	2	
	石名村帅府庙	重修帅府庙碑（嘉庆十九年）、重修帅府庙碑（光绪五年）	2	2	2	
	天等村瓦岗天后宫	溢波祖敬送戏金田亩碑，乔轩祖敬送田亩入庙收租碑，伯俊、子彬二祖敬送田亩演戏碑，文赞祖敬田碑，孟才祖、玲祖、绩奇祖拨田入庙碑，亦川、进兴二祖拨田碑	6	6	6	
	司前村汤氏宗祠	残缺碑	1	1	1	
	司前村主静汤公祠	主静汤公祠碑	1	1	1	
合计			175	176	156	《冈州重修接潮庙小引》为印文，未计入

表四　民国碑刻分布统计

序号	所在地	碑名	数量 碑（块）	数量 碑刻（面）	数量 碑文（篇）	备注
1	新会区博物馆 西南学堂	西南学堂捐款题名碑、新会西南学堂纪念碑	4	4	4	西南学堂捐款题名碑共有2块，刻文1篇；新会西南学堂纪念碑共有2块，刻文3篇
	新会书院	创建新会书院碑、正龛主位碑	3	3	5	创建新会书院碑共有2块，刻文4篇
2	慈元庙	重修慈元庙碑	1	1	1	

544

续表

序号	所在地	碑名	数量 碑（块）	数量 碑刻（面）	数量 碑文（篇）	备注
3	会城街道	东侯五显庙华帝殿	重修庙宇整路捐款芳名列碑	1	1	1	
		七堡社区冲沥里	七堡村冲沥里竹庄李公祠碑	1	1	1	
		圭峰山	吴、林二公墓志碑，关兆沅君墓志碑，李子葵君墓志铭碑，陆军中校光汉仲兄墓志碑，朝安亭碑，思源池碑，李澹愚先生圭峰祝寿序碑，新会县长李公纪念塔碑，公直路碑，正堂示碑，明锡坊碑，爱敬台碑	13	13	12	白沙讲学亭摩崖石刻及其刻文1篇未计入；明锡坊碑共有2块，刻文1篇
		象山	养拙亭记碑、秋月台碑、半山亭碑、布告碑、林仲甥先生象山纪念亭碑、亦台碑、修筑象山公园山路碑	7	7	7	
		西山	烈士纪念碑	1	1	1	
		景堂图书馆	景堂图书馆记碑	3	3	1	
		公余别墅	家训碑	1	1	1	
		天禄村	新会天禄乡抗战纪念塔碑	1	1	1	
		九龙村	阖乡全路砌石捐银芳名碑	2	2	1	
		城北水大尾	碑志碑	1	1	1	
		平安路基督堂	礼拜堂碑	1	1	1	
4	三江镇	思仁公园	冠带义士思仁公纪念碑	2	2	1	
		官田村	士迪祖祠捐款芳名开列碑	1	1	1	
		临潮村	倡建避雨亭劝捐纪念碑	1	1	1	
		联和村	白骨坟记碑、抗战烈士碑	2	2	2	

续表

序号	所在地		碑名	数量			备注
				碑（块）	碑刻（面）	碑文（篇）	
5	古井镇	慈溪村	建造艺林捐款芳名开列碑、旅美昆仲发起筹办本厚学校捐款芳名碑、一九四八年重修学校捐款芳名碑、新建怡雅轩纪念碑	4	4	4	
		文楼村	安闲书塾碑	1	1	1	
		玉洲村	重修关帝庙捐款题名碑	1	1	1	
		竹乔龙村	筹建书室纪念碑	1	1	1	
		长乐村	重修北帝庙前石桥碑	1	1	1	
6	沙堆镇	梅阁村	新会第九区梅阁乡建筑渡路码头捐款芳名刻石碑	4	4	1	
		那伏村	那伏长堤桥碑	1	1	1	
7	双水镇	塘河村	重修观音庙纪念碑	1	1	1	
		木江村	寅初公遗训碑	1	1	1	
		富美村普仁庙	沙富龙头经界涉讼碑	1	1	1	
		东凌林场水库	邑侯李公去思碑	/	/	1	碑佚
		五堡村祖师庙	重修陈巧祖师庙劝捐芳名开列碑	1	1	1	
		东凌村三仙岩庙	重修三仙岩碑	1	1	1	
8	罗坑镇	山咀村	山咀乡学校地捐款芳名碑、陈澄波公事迹碑（汉字碑）、陈澄波公事迹碑（道字碑）	3	3	3	
		牛湾社区	裘焯学校纪念碑	1	1	1	
9	大泽镇张村村		重建张村太祖祠神主坐位碑	1	1	1	
10	司前镇	司前村	河村乡乐本会筑围记碑	1	1	1	
		白庙村	本祠略规碑	1	1	1	
合　计				71	71	66	

表五　碑刻年代分布汇总

序 号	年 代	数量 碑（块）	数量 碑刻（面）	数量 碑文（篇）	备 注
1	宋代	1	2	2	
2	明代	44	46	44	
3	清代	175	176	156	已毁的4块碑未记入，存碑文
4	民国	71	71	66	已散失的1块碑未计入，存碑文
总　计		291	295	268	